Erich Garhammer (Hg.)

Theologie, wohin?

Blicke
von außen
und von innen

Für Winfried
in Dankbarkeit für die vielen
anregenden Gespräche über das
„Wohin" von Theologie und Kirche
zu Ostern 2011!

Dein

WÜRZBURGER THEOLOGIE (WTh)

Herausgegeben von der
Katholisch-Theologischen Fakultät
der Universität Würzburg

BAND 6

Julius-Maximilians-
UNIVERSITÄT
WÜRZBURG

Erich Garhammer (Hg.)

Theologie, wohin?

Blicke
von außen
und von innen

echter

Bibliografische Information der Deutschen Nationalbibliothek
Die Deutsche Nationalbibliothek verzeichnet diese Publikation in der Deutschen Nationalbibliografie; detaillierte bibliografische Daten sind im Internet über ‹http://dnb.d-nb.de› abrufbar.

www.echter-verlag.de
Gestaltung: Hain-Team Bad Zwischenahn (www.hain-team.de)
(Umschlagbild: DAM Auditorium mit Ben Willikens, Abendmahl, Aufnahme 1984 © Deutsches Architekturmuseum, Foto: Waltraud Krase, Frankfurt am Main)
Druck und Bindung: Druckerei Friedrich Pustet, Regensburg
ISBN 978-3-429-03392-7 (Print)
ISBN 978-3-429-04552-4 (E-Book)

Inhalt

Vorwort

„Die lange gängige These, in modernen Gesellschaften werde Religion bedeutungslos, hat sich als nicht haltbar erwiesen. Die gegenwärtigen öffentlichen Debatten über religiöse Fragen in Politik und Kultur lassen erkennen, dass religiöse Bindungen nach wie vor Lebenswelten prägen, Religionen einen wesentlichen Bezugspunkt kollektiver Zugehörigkeiten darstellen und einen wichtigen Aspekt globaler Konflikte ausmachen können."

Die Empfehlungen des Wissenschaftsrats vom 29. Januar 2010, in denen sich diese Sätze finden, haben aufhorchen lassen. Darin wird ausdrücklich zur Weiterentwicklung von Theologien an deutschen Hochschulen ermutigt.

Theologie wird heute doppelt in Zweifel gezogen: an der Universität steht sie häufig unter dem Verdacht der Unwissenschaftlichkeit, in kirchlichen Kreisen gilt sie als zu wenig fromm und zu kirchenkritisch. Innerhalb dieser Kontexte hat sie zu plausibilisieren, was sie tut, mit welchen Themen sie sich beschäftigt und welche Methoden sie anwendet. Theologie bleibt nur dann Theologie, wenn sie mit Gründen die Rede von Gott vertritt und die Bedürfnisse der Menschen im Blick hat.

Das vorliegende Buch ist aus einer Ringvorlesung der Katholisch-Theologischen Fakultät Würzburg mit dem Titel „Was treibt die Theologie?" erwachsen, die mit einigen zusätzlichen Beiträgen angereichert wurde.

Nach *Wolfgang Frühwald* ist die christliche Theologie als Kernbestand der europäischen Universität bedroht. Theologische Fakultäten werden von außen mit Argwohn betrachtet. Fremdheit, Skepsis und Gleichgültigkeit gegenüber der Theologie als christlicher Glaubenswissenschaft wachsen. Demgegenüber plädiert der Autor dafür, dass es einen Ort in der Gesellschaft geben müsse, wo die rationale Bindung und Durchdringung der religiösen Kräfte und Energien des Menschen reflektiert werden können. So könne die aktuelle Wertedebatte ohne Theologie nicht gelingen. Wer Theologische Fakultäten im Rahmen von Neustrukturierungsprozessen als Steinbruch betrachtet, zerstört auch die Einheit der *universitas scientiarum* und damit die Basis der modernen Universität.

Dietmar Willoweit spannt den Bogen von den Religionen der Antike bis hin zur Gegenwart. Er beschäftigt sich besonders mit der Frage, welche Rolle und Funktion Religion heute einnimmt. Eine ihrer zentralen Aufgaben ist die Begründung von Menschenpflichten.

Theodor Seidl stellt die zentralen Methoden und Fragestellungen der biblischen Exegese vor und betont dabei besonders die diachrone Zugangsweise. Er plädiert für ein Verständnis der Exegese als Textwissenschaft. Als solche ist sie stets auch theologische Wissenschaft. Unverzichtbar für die Interpretation biblischer Texte sind die Religionsgeschichte und deren Erkenntnisse über Geschichte, Gesellschaft, Literatur und Religionen des Alten Orients.

Dominik Burkard sieht die Relevanz des Faches Kirchengeschichte in seiner kritischen Funktion innerhalb der Theologie. Als *locus theologicus* ist Kirchengeschichte eine theologische Bezeugungsinstanz. Burkard legt sein Augenmerk auf drei Bereiche: die personen- und institutionenorientierte Forschung, die Theologiegeschichte sowie die Frömmigkeits- und Mentalitätsgeschichte.

Ein Problem der christlichen Theologie an der Universität besteht nach *Wolfgang Klausnitzer* darin, dass sich die Universität heute in Konzeption und Durchführung eher wie ein zufälliges Konglomerat voneinander abgeschotteter fachwissenschaftlicher Ausbildungsgänge darstellt. Das Fach Fundamentaltheologie könnte eine integrierende Funktion übernehmen, indem es sich zunehmend auch auf die Aufgabe einer Selbstvergewisserung der Theologie insgesamt besinnt.

Jürgen Bründl geht der Frage nach Ort und Kontexten Systematischer Theologie nach. Der Außenbezug auf konkrete Orte und Problemlagen der Welt hat für die Theologie verbindliche Bedeutung. Dies erläutert er an einem Vergleich lehramtlicher Vorgaben über Bedeutung und Aufgabe der Dogmatik mit anderen systematischen Ansätzen, insbesondere dem des Befreiungstheologen Jon Sobrino S. J.

Stephan Ernst entwirft Moraltheologie als theologische Ethik. Will Moraltheologie in einer säkularisierten Welt akzeptiert bleiben, darf sie kein christliches Sonderethos sein, sondern muss allgemeine Kommunikabilität besitzen. Welcher Voraussetzungen es dazu bedarf, erläutert er anhand zweier Thesen: zum einen müssen verantwortliche ethische Entscheidungen aufgrund menschlicher Vernunft zu leisten sein, zum anderen muss der konstitutiven Bedeutung von Offenbarung und Glaube für ethische Erkenntnis und ethisches Handeln Rechnung getragen werden.

Auf der Grundlage einer interdisziplinär ausgerichteten hermeneutischen Ethik geht *Gerhard Droesser* der Frage nach, wie der Mensch durch Selbstdeutung zu einer verantwortlichen, freiheitlichen Selbstkonzeptualisierung bzw. -strukturierung gelangen kann. Das Subjekt befindet sich zwischen Fremderwartung und Selbstbestimmung und muss den Balanceakt einer individuellen Identität schaffen – nicht im Sinne einer vom Konsum vorgeschriebenen uniformierten Identität, sondern aus dem eigenen Inneren heraus. Dabei können klassische (philosophische und theologische) Ethiken ein Angebot zur Erleichterung der Selbstorientierung sein.

Heribert Hallermann thematisiert den Einfluss des Zweiten Vatikanums bei der Erarbeitung des neuen kirchlichen Gesetzbuches von 1983. Er plädiert dafür, das Kirchenrecht mit der Optik des Zweiten Vatikanischen Konzils zu interpretieren und illustriert dies an zwei Beispielen, der Frage nach der Zulässigkeit nichtkatholischer Taufpaten und dem so genannten Verbot der Laienpredigt.

Martin Stuflesser bietet einen Einblick in die Liturgiewissenschaft. Er zeigt die Methodenvielfalt des Faches sowie drei paradigmatische Zugangsweisen: die historische, systematische und pastoral-praktische.

Empirische Forschung stellt nach *Hans-Georg Ziebertz* in der Praktischen Theologie eine eigenständige Form des Theologie-Treibens dar. Die empirische Forschung eröffnet einen Zugang zur religiösen Dimension der Wirklichkeit, den die biblische, historische und systematische Theologie so nicht bieten kann.

Die unhintergehbare Fremdperspektive wird nach *Erich Garhammer* von der Pastoraltheologie interdisziplinär – im Austausch mit den Human- und Kulturwissenschaften – sowie intradisziplinär – im Austausch mit biblischer, historischer und systematischer Theologie – erbracht. Pastoraltheologie verknüpft das kommunikative Gedächtnis mit dem kulturellen Gedächtnis und macht Theologie aktuell sprachfähig.

Nicole Priesching zeigt an der Herz-Jesu-Verehrung, wie aus einer introvertierten mystischen Herzensschau ein missionarisch extrovertierter Kult wurde. Im 19. Jahrhundert wurde die ganze Welt dem Herzen Jesu geweiht, ein Vorgang, der die Beleidigungen der Moderne als Beleidigung des Herzens Jesu deutete. Mit diesem Beispiel erläutert sie auch ihre kirchengeschichtliche Methode: eine Longue-Durée-Perspektive vermag Kontinuitäten über Epochengrenzen hinweg nachzuzeichnen und in der Entgrenzung der Perspektive große Linien zu ziehen.

Ausgehend vom Werdegang der Redewendung „Kommunikation des Evangeliums" kritisiert *Jörg Seip* die blinden Flecken dieses Modells: die Sicht des Evangeliums als starre Größe, das Einzwängen von Subjekten in den Diskurs und die Verunmöglichung von Kreativität durch zielgerichteten Konsens. Mit Michel de Certeau öffnet er die Pastoraltheologie für neue Bilder: Ort und Raum, Karte und Wegstrecke, Voyeur und Fußgänger.

Ein reichhaltiger Band liegt vor. Die redaktionelle Arbeit dafür haben Claudio Ettl, Nicole Priesching, Astrid Schilling und Thomas Wedel geleistet, denen mein herzlicher Dank gilt.

Würzburg, am Fest der hl. Katharina von Alexandrien 2010

Erich Garhammer

PORTAL

Theologie – Universität – Gesellschaft

WOLFGANG FRÜHWALD

Die Pluralisierung der Theologie oder Theologie in Universität und Gesellschaft heute

1. Was ist christliche Theologie?

Bekanntlich gehört die christliche Theologie seit mehreren Jahrhunderten zum Kernbestand der europäischen Universität. Sie scheint mir heute, erstmals in ihrer Geschichte, substantiell bedroht, weil die seit Jahren zu beobachtende Entkoppelung von Religion und Theologie ein Symptom ist für die sich aufstauende Woge der Irrationalität einerseits und einer gefühllosen Rationalität andererseits. Von beiden sind wir, sozial und mental, gleichermaßen bedroht. Schließlich ist Theologie – allgemein gesprochen – die rationale Bindung und Durchdringung der religiösen Kräfte und Energien des Menschen. Der Rationalismus des 18. Jahrhunderts hat zwar versucht, die Glaubenswissenschaft umzudefinieren, aber es ist ihm nicht gelungen, sie in Bestand und Ansehen entscheidend zu schmälern. Die gegenwärtige Situation, selbst dort, wo sie der des 18. Jahrhunderts zu gleichen scheint, betrifft dagegen auch die institutionelle Verfassung der Theologie. Und das ist eine neue Erfahrung für ein altes Fach. Mir scheint die Einschätzung der Theologie heute, ihr Selbstverständnis ebenso wie die Perspektive von außen, ein Vorbote gewaltiger Interessen- und Fächerverschiebungen zu sein, die sich im Untergrund vorbereiten. Die Pluralisierung der Theologie, das heißt die Rede von den Theologi*en* der monotheistischen Religionen, wie sie zum Beispiel in den im Januar 2010 veröffentlichten Empfehlungen des Wissenschaftsrates ausdrücklich erscheint, ist eines der stärksten Symptome dafür. Die Zugehörigkeit der Theologischen Fakultäten zur *staatlichen* Universität der Moderne ist dabei nicht so sehr durch Sparmaßnahmen und den Rückgang der Studentenzahlen gefährdet, als vielmehr dadurch, dass das öffentliche Interesse an ihren Forschungsergebnissen und Lehrmeinungen erlahmt, dass das interfakultative Gespräch abzureißen droht und schon weithin abgerissen ist, das über die Zeitalter hin stets kontrovers und daher lebendig geführt wurde. Dabei denke ich an wissenschaftliche Kontroversen, nicht an die allen geläufigen Konflikte zwischen dem kirchlichen Lehramt und theologischen Lehrmeinungen, die zunehmend von einer verhärteten Gehorsamsdiskussion, auch außerhalb dogmatisch bedeutsamer Fragen, belastet werden.

Die Theologischen Fakultäten – übrigens die aller christlichen Konfessionen – werden heute von den akademischen Nachbarn ebenso wie von einer wachsenden Zahl von Menschen außerhalb der Academia mit zunehmendem Argwohn betrachtet, weil Fremdheit, Skepsis und schließlich Gleichgültigkeit gegenüber der Theologie als einer „christlichen Glaubenswissenschaft" wachsen. Wenn christliche Theologie nämlich als *Theo*logie und nicht nur als *eine* Kulturwissenschaft unter anderen verstanden werden soll, dann ist sie eine Wissenschaft, welche den Glauben an das „Heilshandeln" Gottes am Menschen in der Person Jesu Christi zum Gegenstand hat und somit Glaube und Kirche für die Entfaltung ihres wissenschaftlichen Denkens voraussetzt. Oder, etwas weniger stark an Formulierungen Karl Rahners angelehnt und mit dem Fundamentaltheologen Magnus Striet gesprochen:

„Theologie ist Offenbarungswissenschaft. Sie unterstellt sich der überlieferten Glaubensüberzeugung, dass sich der freie Gott in die Geschichte hinein ausgesagt hat – und zwar in einer menschlich verstehbaren Weise. Ihre Aufgabe besteht nicht nur darin, diesen Glauben in allen Wissenskontexten Anfragen auszusetzen und dann zu bewähren. Sondern ihr obliegt es auch, das durch die nichttheologischen Wissenschaften generierte Wissen in sich zu integrieren, in seiner theologischen Valenz zu bedenken, um so überhaupt einen adäquaten Begriff des Glaubens zu bilden."

Das ist kein geringer Anspruch, aber ich fürchte, er kann nicht unterschritten werden, weil im Begriff des den Menschen zugewandten (persönlichen) Gottes „der schöpferische Ursprung aller Wirklichkeit" mitgedacht ist. Und „den Menschen zugewandt" heißt, den Menschen nahe zu sein. Das Christentum verkündet unter allen Religionen der Welt als einzige diese essentielle Nähe Gottes, in der Gestalt Jesu, der als der Christus verkündet wird. Rudolf Bultmann hat deshalb zurecht behauptet, „die Grundfrage der christlichen Theologie sei die Frage, ‚wie es zu verstehen [...] ist, dass aus dem Verkündiger Jesus der Verkündigte Jesus Christus wird'". Das ist theologisch ebenso wie historisch bemerkens- und erforschenswert. Weil die Evangelien, weil der Apostel Paulus und die anderen biblischen Autoren an der Erklärung dieser Grundfrage beteiligt sind, ist es auch philologisch interessant, und da es mit Gemeindebildung und Kult – im Rahmen der spätantiken Kultur – zusammenhängt, ist es auch soziologisch und kulturwissenschaftlich von höchstem Interesse. Schließlich ist selbst an den kanonischen Schriften des Neuen Testaments das Verhältnis der jungen Religion zum Römischen Imperium als eine komplizierte Mischung aus Konflikt und Loyalität abzulesen. In ihnen ist jene Dialektik präsent, die auch die Situation der frühen Christen im römischen Kaiserreich gekennzeichnet hat. Paul Mikat bezieht sich auf den Exegeten Ernst Haenchen, wenn er darauf hinweist, dass Lukas in der Apostelgeschichte „nicht, wie die Offenbarung des Johannes, die Christen für das Martyrium rüsten, ‚sondern der Kirche nach Möglichkeit das Martyrium ersparen‘ [wollte]“. Beide Bücher, das nach innen gewandte Trostbuch der Geheimen Offenbarung und die auch an den heidnischen Staat adressierte Geschichte der frühen Kirche, sind vermutlich in der Zeit der Domitianischen Verfolgung entstanden. Die Erforschung der theologischen Grundfrage umfasst demnach den ganzen Gegenstands- und Methodenbereich dessen, was gemeinhin Geisteswissenschaften genannt wird sowie einen gehörigen Teil der Sozialwissenschaften dazu. Sie begründet in dem die Summe der Teile überschreitenden Ganzen eine eigene Wissenschaft: die Theologie.

Es muss, meine ich, einen Ort in der Gesellschaft geben, an dem derart die Fächer übergreifende Fragen gestellt werden können, wo ein derart umfassender Begriff von Wirklichkeit und der Menschennähe Gottes, wo zugleich mit der Nähe Gottes auch die fundamentale Differenz zwischen dem Schöpfer, der Schöpfung und den Geschöpfen gedacht werden kann. Dem Philosophen Jürgen Habermas wurde bei seiner Rede zur Verleihung des Friedenspreises des Deutschen Buchhandels im Oktober 2001, wenige Wochen nach „Nine Eleven“, von der „bedrückenden Aktualität des Tages die Wahl des Themas aus der Hand gerissen“. So entschloss er sich, angesichts des religiös motivierten Fanatismus der Terroranschläge gegen die amerikanischen Machtzentren, zu einer Rede über „Glauben und Wissen“. Deren Kerngedanken lauten, dass Gott „nur so lange ein ‚Gott freier Menschen‘ [bleibe], wie wir die absolute Differenz zwischen Schöpfer und Geschöpf nicht einebnen. [...] Dieser Schöpfer braucht [so Habermas], weil er Schöpfer und Erlösergott in einem ist, nicht wie ein Techniker nach Naturgesetzen zu operieren oder wie ein Informatiker nach Regeln eines Codes. Die ins Leben rufende Stimme Gottes kommuniziert von vornherein innerhalb eines moralisch empfindlichen Universums“. Die Existenz eines solchen Universums war viele Jahrhunderte lang unbestritten und ebenso real wie die Existenz des physikalisch zu beschreibenden Kosmos. Erst unter dem Ansturm reduktionistisch verfahrender Natur- und Lebenswissenschaften ist es ins Wanken geraten. Wir müssten uns aber um der (natur- und neurowissenschaftlich niemals endgültig zu erklärenden) Freiheit des Menschen willen davor hüten, in Zerstörung und Erschaffung den Schöpfer zu spielen, das moralische Universum zu missachten und die absolute Differenz zwischen Gott und den Menschen aufzulösen. Jürgen Habermas ist weit davon entfernt, sich einen christlichen Denker zu nennen, aber die genannte Differenz denken zu dürfen, sie sogar denken zu sollen und auch auf naturwissenschaftliche Erkenntnisse anzuwenden, gehört für ihn (und für mich und ich hoffe: für viele) zur *conditio humana*. Es genügt wahrhaftig nicht, den Schöpfungsbegriff wissenschaftlich und politisch geradezu inflationär im Munde zu führen, wenn weit und breit für diese Schöpfung kein Schöpfer in Sicht ist, und wenn die alte (metaphysische) Leibnizfrage, warum denn da nicht nichts sei, einfachhin als unwissenschaftlich abgetan wird.

2. Radikale Glaubensskepsis

Papst Benedikt XVI. hat in seiner Regensburger Rede am 12. September 2006 die Theologie im Kontext der Fakultäten anhand eigener Erfahrungen als Professor an der Universität Bonn (1959) beschrieben. Damals war die Universität (nicht nur die Bonner Alma Mater) noch durchaus

„stolz auf ihre beiden Theologischen Fakultäten. Es war klar, dass auch sie, indem sie nach der Vernunft des Glaubens fragen, eine Arbeit tun, die notwendig zum Ganzen der *universitas scientiarum* gehört, auch wenn nicht alle den Glauben teilen konnten, um dessen Zuordnung zur gemeinsamen Vernunft sich die Theologen mühen. Dieser innere Zusammenhalt im Kosmos der Vernunft wurde auch nicht gestört, als einmal verlautete, einer der Kollegen habe geäußert, an unserer Universität gebe es etwas Merkwürdiges: zwei Fakultäten, die sich mit etwas befassten, was es gar nicht gebe – mit Gott. Dass es auch solch radikaler Skepsis gegenüber notwendig und vernünftig bleibt, mit der Vernunft nach Gott zu fragen und es im Zusammenhang der Überlieferung des christlichen Glaubens zu tun, war im Ganzen der Universität unbestritten."

Das eben, so scheint mir, unterscheidet Universität und Gesellschaft heute grundlegend von der Situation vor 50 Jahren, dass die radikal-skeptischen Stimmen lauter geworden sind, dass die Geschichte der Theologischen Fakultäten in Europa in den letzten 50 Jahren auch als eine Geschichte der Erosion jener Übereinstimmung gelesen werden kann, wonach es notwendig, vernünftig und bereichernd ist, mit der Vernunft nach Gott und dem Glauben und damit nach einer Wirklichkeit zu fragen, welche mehr ist als die Bindung des Menschen an Herkunft und Umgebung. Dies im Zusammenhang mit einer 2000 Jahre alten Überlieferung des christlichen Glaubens und mit einer langen, differenzierten Konfessionsgeschichte zu tun, erscheint vielen Menschen heute im besten Falle als Denkmalspflege. Wird allerdings nach der Notwendigkeit von Religions*vergleichung* gefragt, danach, ob der *eine* Gott auch in seinem Mensch gewordenen *Sohn* geglaubt werden darf, ob die heiligen Schriften als von Menschen geschriebene, zwar inspirierte, aber der Kritik nicht entzogene Texte *oder* als der von Gottes Engel unmittelbar, in arabischer Sprache dem Propheten diktierte und damit unveränderliche und nicht übersetzbare Text des Koran zu verstehen seien, – wird also dieses Fragenmuster bewusst, dann kehrt Nachdenklichkeit ein. Denn viele der gebildeten und der ungebildeten Verächter der Religion heute haben einen türkischen, einen afghanischen, einen pakistanischen, einen israelischen, kurz: einen muslimischen oder auch einen jüdischen Nachbarn und sehen, dass und wie die andere Religion (auch in liberalen Vollzugsformen) andere Lebens- und Denkformen bedingt. Es ist unmittelbar einsichtig, dass das „kompromisslose Bekenntnis" (G. Krämer) des Islam: „Es gibt keinen Gott außer Gott und Muhammad ist sein Prophet", eine ganze Theologie, die eines zwar spürbar nahen, aber ganz und gar (auch geschichtlich) unsichtbaren Gottes, und in den beiden Teilen dieses Bekenntnisses ein eminent kontroverstheologisches Programm gegen Christen und Juden enthält.

Als Gegenbewegung zu der genannten Konsens-Erosion nehmen die Fundamentalismen, sowohl christlicher wie atheistischer und szientistischer Natur, in unserer Welt, auch in Europa, rapide zu. Die breite Abkehr von der Vernunft, die sich in keinem Wertbereich deutlicher zeigt als im Umgang mit dem Begriff und der Wirklichkeit Gottes, könnte als eine Krise der Theologie ausgelegt werden. In Wahrheit belegt sie eine Krise der Gesellschaft, die den bedrohlichen Wellen des Irrationalismus und eines totalitär gewordenen Lebensgenusses nichts entgegenzusetzen hat als das angebliche Allheilmittel eines entleerten Bildungsbegriffes und die Vorstellung, durch indifferentes Gerede und öffentlich zur Schau gestellten Zynismus werde alles besser. Der sogenannte „Kick", den sich immer mehr Menschen dadurch zu verschaffen suchen, dass sie sich beim Sport, bei Abenteuerreisen, beim Katastrophentourismus freiwillig in Lebensgefahr begeben, verweist auf ein lustbetontes Lebensgefühl, wie es in dieser Ausdehnung nicht einmal im römischen Kaiserreich existiert hat. Der militante Atheismus von Richard Dawkins zum Beispiel ist nicht weniger fundamentalistisch und vernunftfern, als der von ihm bekämpfte Kreationismus. „There is probably no god. Now stop worrying and enjoy your life", lautet bekanntlich die von ihm unterstützte Kampagne des Neuen Atheismus in Großbritannien, die längst auf den Kontinent übergegriffen hat und hier wie dort mit dem Anspruch einer quasireligiösen Autorität auftritt. Man muss solche Kampagnen nicht gerade mit der Leugnung des Christentums durch die Nationalsozialisten vergleichen, aber deutlich ist doch: sie zielen auf Hedonismus, auf ein der Kreuzestheologie schroff entgegengesetztes Leben, und haben jede Verbindung zu einer rationalen Auseinandersetzung mit der Gottesfrage aufgegeben.

3. Theologie im Plural

Die vom Wissenschaftsrat im Januar 2010 vorgelegten „Empfehlungen zur Weiterentwicklung von Theologien und religionsbezogenen Wissenschaften an deutschen Hochschulen" (Drs. 9678–10) sind Empfehlungen in praktischer, nicht in normativer Absicht. Sie verwenden im Titel nicht ohne Bedacht den Plural. Dem leitenden Beratungsgremium von Bund und Ländern in Fragen von Wissenschaft und Forschung ging es schon bei der Formulierung des Arbeitsauftrages nicht so sehr um den Kernbestand christlicher Theologie, als um gesellschaftliche Notwendigkeiten, die von der akademischen Theologie in Deutschland, aber nicht nur von ihr, lange vernachlässigt wurden. Die Arbeitsgruppe befasste sich „mit den christlichen Theologien, den religionswissenschaftlichen Teilen der Islamwissenschaften und der Judaistik sowie [mit] der Religionswissenschaft im eigentlichen Sinne". In der öffentlichen Debatte sind dabei die Empfehlungen zur christlichen Theologie durch die als sensationell empfundenen Empfehlungen zur Etablierung einer islamischen Theologie an deutschen Universitäten überdeckt worden. Trotzdem verdienen die wenigen Empfehlungen zur christlichen Theologie Aufmerksamkeit, soweit sie von den eingefahrenen Vorstellungen heute üblicher Organisationsvorschläge abweichen. Abgesehen von der sehr berechtigten, dringenden „Bitte an die Kirchen, sich aus der Beteiligung an den theologischen Habilitationsverfahren zurückzuziehen", scheinen mir zusätzlich folgende Hinweise bedeutsam:

1. Die deutlich ausgesprochene Sorge, dass die Sistierung von Theologischen Fakultäten (wie unlängst in Passau und Bamberg geschehen) und der gleichzeitige Aufbau von Seminaren für Priesterbildung außerhalb des staatlichen Hochschulsystems die Gefahr einer schleichenden Auslagerung der Theologie aus staatlichen Hochschulen, mit allen negativen Folgen für die wissenschaftlichen Standards, mit sich führt. Hier wird die Beobachtung eines Brandherdes angeraten, der schneller als vermutet in hellen Flammen stehen kann.
2. Der Besorgnis erregende Hinweis darauf, dass Theologische Fakultäten sich nur allzu oft auf einen scheinbar konkordatär geschützten Schonraum verlassen und damit, wie in Bayern geschehen, an Sistierung, Umbildung und Reform ihrer selbst und ihrer Universitäten nicht mehr beteiligt werden. Die Unbeweglichkeit Theologischer Fakultäten inmitten eines in Bewegung geratenen Umfelds ist kein Zeichen von Sicherheit, sondern von Resignation.
3. 45 % aller Studierenden der Theologie studieren inzwischen an Instituten und Lehreinheiten ohne Fakultätsstatus, die oftmals die Mindestausstattung von fünf Fächern pro Standort unterschreiten. Die scheinbar gute Lehrsituation in der Theologie ist demnach eine statistische Täuschung, die mit erheblichen Defiziten in der wissenschaftlichen Ausbildung erheblicher Teile der Studierenden erkauft wird.

Alle in diesen Hinweisen genannten Fakten geben Anlass zur Sorge, weil sie sowohl die Lehrenden, wie vor allem die Studierenden der Theologie in eine Außenseiterrolle drängen, die auf Dauer den Ausschluss aus der sich rapide umgestaltenden Universität bedingt.

Der Wissenschaftsrat hält, wie die öffentliche Debatte zur Genüge deutlich gemacht hat, „die Entwicklung von Vorschlägen zur Etablierung einer islamischen (bekenntnisgebundenen) Theologie in Deutschland" für eine „besonders vordringliche Aufgabe". Die Dringlichkeit zielt natürlich nicht so sehr auf die Etablierung einer „islamischen Theologie", sondern auf die Ausbildung von islamischen Religionslehrern und damit auf die Einführung eines islamischen Religionsunterrichts an öffentlichen Schulen in Deutschland. Mir scheint diese Erläuterung des Arbeitsauftrages höchst bemerkenswert deshalb, weil im islamischen Bereich gerade das angestrebt wird, was im christlichen Bereich (zum Beispiel im Bundesland Berlin) keineswegs mehr als selbstverständlich gilt, dass theologisches Fragen und Forschen und die Ausbildung von Religionslehrern an staatlichen Universitäten geschieht, dass Religionsunterricht als Fach an den öffentlichen Schulen zugelassen ist und als Vorrückungsfach (mit Qualitätsansprüchen) zählt, dass damit auf dem Wege über Öffentlichkeit das Interesse und die Verantwortung der Gesellschaft für Form und Inhalt von Theologie und Religionslehre dokumentiert sind. Die Forderung nach der Ausbildung von Imamen und nach einem islamischen Religionsunterricht an staatlichen Schulen kennzeichnet ein gesellschaftliches Paradox, über das nachzudenken wir noch nicht bereit sind. Gelänge nämlich das fast utopische Unterfangen, eine bekenntnisgebundene islamische Theologie an staatlichen Universitäten Deutschlands, mit all ihren bildungspolitischen Folgen und unter Beteiligung der islamischen Verbände, zu etablieren, so wäre dies ein Integrationsschritt, der die von beiden Seiten betriebene oder zumindest geduldete Ghettoisierung der Muslime in Deutschland endlich aufbrechen könnte. Ein Integrationsschritt aber wäre dies nur dann, wenn nicht zugleich eine neue Ungleichheit etabliert wird und die „aufgeklärten" Theologien aus einer Verfasstheit und damit auch einer Verantwortung entlassen werden, der die islamische Theologie misstrauisch unterstellt wird. Die Etablierung eines islamischen Religionsunterrichts an Schulen, aus denen der Religionsunterricht christlicher Konfessionen soeben verdrängt wurde, machte den Traditionsbruch in unserem Bildungssystem, statt ihn zu heilen, zu einem als Krankheit zu definierenden Dauerzustand. Der Traditionsbruch wäre dann als ein Kulturbruch kenntlich, der erhebliche Folgen für Selbstverständnis und Identität Europas hätte.

Schwierig, sogar „fast utopisch" scheint mir dabei die Etablierung einer islamischen Theologie an staatlichen Universitäten Deutschlands deshalb, weil der Islam keine kirchliche Verfassung kennt und jede Gemeinde stolz ist auf ihre eigene Auslegungspraxis des Koran. Die Islamwissenschaftlerin Gudrun Krämer sagt zurecht, dass es noch immer unklar sei, wie im Widerstand gegen den militanten Islam eine islamische Auslegungsautorität institutionalisiert und auf breiter Ebene durchgesetzt, wie also innerhalb der unterschiedlichen Formen des Islam ein Konkordatspartner des Staates gefunden werden könnte? Mit der Etablierung von islamischer Theologie an europäischen Universitäten würde das Problem nicht gelöst, aber es würde sichtbar gemacht.

In Deutschland leben nach jüngsten Erhebungen (Juni 2010) 4,3 Millionen Muslime, das bedeutet einen Bevölkerungsanteil von mehr als 5 %. In einigen Bundesländern (auch in Bayern) bekennen sich mehr als 10 % der Bevölkerung zum Islam.

Dass die Etablierung einer islamischen Universitätstheologie, die staatlich geförderte Ausbildung von Imamen und der islamische Religionsunterricht an öffentlichen Schulen damit eine gesellschaftliche Notwendigkeit ersten Ranges ist, steht außer Zweifel. Die Etablierung einer bekenntnisgebundenen islamischen Theologie und die ihr folgende Einführung eines islamischen Religionsunterrichts an staatlichen Schulen könnte ein großer Schritt zur Entwicklung eines europäischen Islam werden, an dem wir um der gemeinsamen Zukunft in der globalen und multikulturellen Welt willen interessiert sein müssen. Selbst im Mutterland der *Laïcité*, in Frankreich, werden die Straßburger Theologischen Fakultäten inzwischen gedrängt, sich jener Problematik anzunehmen, die in Frankreich, mit etwa 5 Millionen Muslimen und einem Bevölkerungsanteil von 8,2 %, als „choc des cultures" bekannt ist und von ungezählten Franzosen tagtäglich hautnah erlebt wird. Die Bedeutung und die gesellschaftliche Valenz der, nach einer langen Periode der Säkularisierung, machtvoll wiedergekehrten Religion wird nirgendwo mehr geleugnet, ihre Bindung an die allen Menschen gemeinsame Vernunft wird aber gleichzeitig schwächer.

So steht die Theologie unversehens vor Zumutungen, denen sie nach Struktur und Herkunft nicht gewachsen sein kann. Sie wird für gesellschaftliche Versäumnisse in Anspruch genommen, für die ihr Lösungskompetenz unterschoben wird, ohne ihr Zeit und Möglichkeit und Personal zu geben, diese zu entwickeln. Trotzdem sollte sich die Theologie diesen Zumutungen nicht entziehen und die Solidaritätseffekte nicht unterschätzen, die von der Mithilfe beim Aufbau einer islamischen Theologie und Religionslehre ausgehen könnten. Das damit manifeste Dilemma von Unterforderung (in den bisherigen Kernaufgaben, zum Beispiel der Priesterbildung) und Überforderung (bei gesellschaftlich auferlegten Pflichten) teilt die christliche Theologie seit langem mit den Geisteswissenschaften, in jüngerer Zeit auch und vor allem mit den Wirtschaftswissenschaften. Wie von selbst ergeben sich jetzt auch aus institutionellen Gründen Gesprächspartner über die Fakultätsgrenzen hinweg. Die Theologen müssten dieses Gespräch suchen, denn es war seit Jahrhunderten der Nährboden, aus dem sich die als Einheit verstandene Gemeinschaft der Wissenschaften speiste.

4. Die spätrationalistische Kultur

Dass die Theologie zu den Kernfakultäten einer Universität gehört, ist zwar geschichtlich zu belegen, aber keineswegs selbstverständlich. Der an der Salzburger Theologischen Fakultät lehrende Philosoph Heinrich Schmidinger hat 2007 darauf hingewiesen, dass Theologie als Fakultät oder Disziplin an staatlichen Universitäten fast nur innerhalb Europas bekannt ist und dort vor allem im deutschsprachigen Raum. Demnach wird heute, im Zeitalter des Radikal-Pluralismus, der wie alle Radikalismen eine Weltanschauung mit Absolutheitsanspruch ist, sehr prinzipiell danach gefragt, „ob Theologie eine Wissenschaft ist und ob Theologie als solche auf das Forum *aller* Wissenschaften, auf eine *staatliche*, sprich weltanschaulich neutrale Universität gehört“. Dabei hat sich der Forschungsbegriff innerhalb der letzten fünfzig Jahre stark in Richtung auf den Vorrang der Erfahrungswissenschaften, das heißt der experimentellen Naturwissenschaften und der empirischen Geschichts- und Sozialwissenschaften hin verschoben. Was die Fächer der Naturwissenschaften von den Geisteswissenschaften (und ich zähle die Theologie im Methodenbereich hier vereinfachend zu den Geisteswissenschaften) grundlegend und progredient scheidet, ist das Tempo der

Wissensakkumulation, der Wettbewerbsdruck, dem viele junge Menschen kaum noch gewachsen sind. Wer in einem Fach arbeitet, in dem jährlich mehr als eine Million neue Forschungsergebnisse *referiert* werden, lebt auf einem anderen Planeten als seine Kolleginnen und Kollegen aus Disziplinen, in denen sich die Forschungslage mit einiger Mühe noch überblicken lässt. Die Messinstrumente für naturwissenschaftliche und lebenswissenschaftliche Publikationen sind weitestgehend schematisiert, häufig auf eine einzige Kennziffer (die Hirschzahl) zusammengezogen, die Wettbewerbssituation ist mathematisiert, die Sprache zieht sich aus der Ergebnisbeschreibung und -beurteilung zurück. Ob Inhalte überhaupt noch im notwendigen Ausmaß zur Kenntnis genommen werden, scheint mir zunehmend fraglich. Es ist kein Zufall, dass sich alle größeren Betrugs- und Fälschungsfälle in der Forschung innerhalb der letzten Dekade auf Graphiken, Abbildungen und Computersimulationen beziehen. Die rationale Kultur der Gegenwart, insofern sie mathematisch-ökonomistisch geprägt ist, ist auf einen anonymen (George Steiner sagt: einen ozeanisch trägen) Fortschritt hin programmiert und weitestgehend gedächtnislos.

In einer solchen Kultur gedeiht, auch in bisher wertbesetzten Bereichen, die Tendenz zur Nivellierung kultureller Unterschiede, die durch die Europäisierung (die Kontinentalisierung) aller Lebens- und Wertbereiche noch verstärkt wird. Das sogenannten Kruzifix-Urteil des Bundesverfassungsgerichtes von 1995, wonach „Kreuze oder Kruzifixe in den Unterrichtsräumen einer staatlichen Pflichtschule, die keine Bekenntnisschule ist“, gegen Art. 4 Abs. 1 GG verstoßen, hat einen Trend gesetzt, den der Europäische Gerichtshof für Menschenrechte in einem gegen Italien gerichteten Urteil 2009 bestätigt hat. Dass Italien 2010 in Berufung gegangen ist, ändert nichts am Urteilstenor. Seither ist eine Wertedebatte entstanden, die (in Deutschland) insbesondere im Bildungsbereich, vom Kindergarten bis zur Universität, geführt wird und mit unterschiedlicher Akzentsetzung an vielen Stellen, mit der Tendenz zur Ausweitung, aufbricht, zum Beispiel beim Kopftuchverbot, bei der Frage nach islamischer Theologie und Religionsunterricht, beim Bau von Moscheen in Deutschland mit oder ohne Minarette, bei der Verlegung orthodoxer Ausbildungsstätten aus dem Osten nach dem Westen Europas, bei der Leitkulturdebatte etc.. Wie solche Debatten ohne Theologie gelingen, das heißt friedlich verlaufen sollen, bleibt mir ein Rätsel. Wenn aber die christliche Theologie ihre gesellschaftliche Aufgabe, die rationale Durchdringung von Religionen und Konfessionen, erfüllen soll, muss den die Theologie tragenden Glaubensgemeinschaften auch die Möglichkeit gegeben werden, sich öffentlich zu ihren heiligen Zeichen zu bekennen, ohne dass dies sofort als Provokation von Minderheiten beurteilt wird. Eine militante Verwendung des Grundgesetzes der Bundesrepublik Deutschland müsste auf Dauer dieses Gesetz selbst zerstören. Es könnte also sein, dass die deutschen Richter ebenso wie die europäischen kräftig an dem kulturellen Ast sägen, auf dem sie selber als Verfassungsrichter sitzen.

Meine These lautet, dass die Eliminierung der wissenschaftsgestützten Frage nach Gott, zusammen mit dem zunehmenden Trend zur kulturellen Nivellierung, Leerstellen in Universität und Gesellschaft hinterlassen werden (und bereits hinterlassen haben), die augenblicklich von fundamentalistischen Strömungen besetzt werden und auf längere Sicht das freiheitliche Fundament der demokratischen Kultur gefährden. Die großen ethnischen Konflikte, die zugleich Religionskonflikte sein werden, stehen unserer Gesellschaft erst noch bevor, wenn die Zuwanderer spätestens in der dritten Generation nicht nur Mitgestaltungs-, sondern auch (berechtigte)

Führungsansprüche anmelden werden. Auf der Rückseite unserer rationalistischen Kultur gedeihen längst Aberglaube und Gewaltideologien, denen die Theologie mit der ganzen Überzeugungskraft ihrer in Jahrhunderten gewonnenen Vernunftargumente des Glaubens entgegentreten sollte.

5. Eine Kultur des Eingedenkens

Das in den Geisteswissenschaften und in Teilen der Theologie entstandene Gedächtnisparadigma, das Erinnerung an die Stelle von nackter und damit nur scheinbarer Tatsächlichkeit setzt, ist ein notwendiges Gegengewicht gegen die Sinnentleerung von Wissenschaft und Gesellschaft. Die rationalisierte und rationalisierende Moderne hat um ihrer selbst willen nichts nötiger, als die lebendige und strukturelle Konfrontation mit diesem Paradigma. Geschichte nämlich ist nicht lebendig, in dem, wie sie sich und wann sie sich ereignet hat, sondern nur in dem, wie sie erinnert wird. Das Paradigma von „memoria", „anamnesis" und „Gedächtnis" erstrebt die Entstehung einer Erinnerungskultur, in der sich auch die Naturwissenschaften ein Verständnis von sich selbst verschaffen könnten. Gemeint ist dabei weniger der offene und oftmals auch an sprachlichen Differenzen scheiternde Dialog der Fächer über sprachliche und methodische Abgründe hinweg, als vielmehr die Achtung unterschiedlicher Erkenntnisinteressen und die gemeinsame Suche nach Berührungsflächen. Ein solcher *Strukturdialog* führt die Moderne an Wurzeln, die im Zeitalter der Vernunft, unter anderem im Plausibilitätsverlust der Religion in den blutigen Konfessionskriegen, zu suchen sind. Nur ein solcher Strukturdialog ist in der Lage, der geschichts- und gedächtnislosen Moderne ihr scheinbar an Maschinen delegiertes kulturelles Gedächtnis zurückzugeben.

„Erinnerung", meinte Ludger Honnefelder, sei „der Kern der Religion, nicht nur im Judentum und Christentum [...]. In dem Maß aber, in dem die Religion an die Gegenwart des Göttlichen erinnert, erinnert sie an das Geheimnis des Menschen. Kein Buch zeichnet den Menschen so illusionslos, so realistisch wie die Bibel. Keines aber vermag zugleich so unwiderruflich daran zu erinnern, dass der Mensch nicht aufgeht in den Erhaltensbedingungen seiner Existenz, dass er nur lebt, wenn er sich selbst übersteigt." Die lebensnotwendige und zur gesellschaftlichen „Imagination" (J. Assmann) zwingend notwendige Erinnerung, die Erneuerung eines uns weitgehend verlorenen Gedächtnisses, das die Kirche schon durch die stete Feier des Erinnerungsmahles an ihren Stifter, die Theologie aber durch deren stets erneuernde Auslegung bewahren, ist ein Beitrag zur Herstellung von Kulturen, die sich der eigenen Ursprünge und ihrer historischen Entwicklung bewusst sind, das heißt ein unentbehrlicher Beitrag zur Generierung von Hochkulturen. Da Diktaturen, Revolutionen und Radikalismen jeder Art das Gedächtnis der Menschen auszulöschen versuchen und das Zerrbild einer Menschheit ohne Erinnerung kein bloßes Verfallsprodukt, sondern – nach Theodor W. Adorno – mit der Fortschrittlichkeit des bürgerlichen Lebens- und Denkprinzips notwendig verknüpft ist, ist die Herstellung einer Erinnerungskultur, an der Theologie und Kirche aus den Grundvoraussetzungen ihrer Existenz beteiligt sind, ein zentraler Akt des Widerstandes gegen die Schrumpfung der Welt auf die Dimensionen ihrer Begreifbarkeit. Der Mythos von der vollständigen wissenschaftlichen Erklärbarkeit der Welt ist ein Mythos. Er wird nur dort gepflegt, wo der gedächtnislose Fortschritt sich selbst über seine Haltbarkeit zu täuschen versucht. Die mit jedem Wissenszuwachs komplexer werdende Welt ist durch diesen Zuwachs nicht leichter, sondern immer schwerer erklärbar. Dementsprechend wächst die

Versuchung, nicht die längst prozesshaft gewordene Wissensmehrung zu begrenzen, sondern die durch dieses Wissen zu erklärende Welt auf ein begreifbares Maß zu schrumpfen. Das ist ein fast automatisierter Vorgang, den bewusst zu machen, Aufgabe der Wissenschaft ist. Ziel der Wissenschaft, meinte schon Bertolt Brechts Galilei, sei nicht, „der unendlichen Weisheit eine Tür zu öffnen, sondern eine Grenze zu setzen dem unendlichen Irrtum". Wenn sich, wie Jan Assmann mit Recht vermutet, „um den Begriff der Erinnerung [seit den achtziger Jahren des letzten Jahrhunderts] ein neues Paradigma der Kulturwissenschaft" aufgebaut hat, gerichtet auf eine anthropologisch-historische Grundlegung der zugehörigen Disziplinen, dann sind Theologie und Kirche ihre natürlichen Partner. Kunst, Literatur und rational gebundene Religion, also Theologie, haben gemeinsam die Aufgabe, in der gedächtnislosen Bürgergesellschaft jene „anamnetische Kultur" zu erzeugen und zu bewahren, die allein Kontinuität schenkt und wenigstens im sozialen Raum die leicht platzenden „Blasen" vermeidet, die das Weltwirtschaftssystem in Unordnung gebracht haben.

*

Ich bin von der Notwendigkeit und der Lebensfähigkeit der christlichen Theologie zutiefst überzeugt. Sie wird sich in den nächsten Jahren stärker zu bewähren haben als jemals in der Geschichte der deutschen Universitäten. Die Ausdifferenzierung der Theologie in Theologien und in selbständige religionsbezogene Fächer und Studieneinheiten könnte auch dann ein Bollwerk gegen die beschriebene Erosion sein, wenn dafür bestehende Fakultätseinheiten neu bedacht und in Maßen auch umgeschichtet werden müssten. Wer freilich die Theologischen Fakultäten bei diesem bevorstehenden Prozess als einen Steinbruch betrachtet, aus dem beliebig und planlos Stellen und Mittel abgezogen werden können, um anderswo aufgetretene Löcher zu stopfen, zerstört nicht nur ein traditionsreiches und gesellschaftlich notwendiges Fach, sondern die Einheit der *universitas scientiarum* und damit die Basis auch der modernen Universität.

Anmerkungen

Der vorliegende Text wurde – in abweichender Fassung – zuerst (2009) unter dem Titel „Theologie im Kontext von Universität und Gesellschaft" an der Universität Passau vorgetragen.

Zitiert werden u. a. folgende Studien und Texte:

Jan Assmann, Das kulturelle Gedächtnis. Schrift, Erinnerung und politische Identität in frühen Hochkulturen, München 1992.

Wolfgang Frühwald, Theologie als Wissenschaft. Zum Streit der Fakultäten in der modernen Universität, in: Reiner Kaczynski (Hg.), 500 Jahre Herzogliches Georgianum. Jubiläumsfeier 10.–14. Dezember 1994, Manuskriptdruck München 1995, 39–53.

Ludger Honnefelder, Ein Preis für religiöse Dramatik, in: Schwarz auf Weiß. Informationen und Berichte der Künstler-Union Köln, Köln 1994, 3–6.

George Steiner, Grammatik der Schöpfung, München / Wien 2001.

Papst Benedikt XVI., Glaube, Vernunft und Universität. Rede an der Universität Regensburg am 12. September 2006 (Internet-Fassung nach www.faz.net).

Helmut Hoping (Hg.), Universität ohne Gott? Theologie im Haus der Wissenschaften, Freiburg i. Br. 2007 (daraus vor allem die Beiträge von Peter Hünermann, Wolfgang Frühwald, Magnus Striet, Heinrich Schmidinger, André Birmelé und Georg Pfleiderer).

Paul Mikat, Konflikt und Loyalität. Bedingungen für die Begegnung von früher Kirche und römischem Imperium, Paderborn / München 2007.

Tiemo Rainer Peters / Claus Urban (Hg.), Über den Trost. Für Johann Baptist Metz, Ostfildern 2008.

Wolfgang Frühwald, Das Gedächtnis der Frömmigkeit. Religion, Kirche und Literatur in Deutschland vom Barock bis zur Gegenwart, Frankfurt a. M. 2008.

Peter Kemper / Alf Mentzer / Ulrich Sonnenschein (Hg.), Wozu Gott? Religion zwischen Fundamentalismus und Fortschritt, Frankfurt a. M. 2009 (daraus u. a. die Rede von Jürgen Habermas).

Karl Kardinal Lehmann (Hg.), Weltreligionen. Verstehen – Verständigung – Verantwortung, Frankfurt a. M. 2009 (daraus vor allem die Beiträge von Karl Lehmann, Eberhard Jüngel und Gudrun Krämer).

Wissenschaftsrat, Empfehlungen zur Weiterentwicklung von Theologien und religionsbezogenen Wissenschaften an deutschen Hochschulen, Drs. 9678–10, 29. Januar 2010 (Internet-Fassung unter http://www.wissenschaftsrat.de/download/archiv/9678–10.pdf; Zugriff: 18. 11. 2010).

DIETMAR WILLOWEIT

Religion und Wissenschaft

1. Das Weltbild der alten Religionen

Die umfassendsten Informationen über das Phänomen Religion liefert die Menschheitsgeschichte. Ein kluger Text Ignaz Döllingers über die Gründe der Christenverfolgung im Römischen Reich bietet sich als Einstieg an:

„Nach der bei den Römern herrschenden Vorstellung hing Wohl und Wehe ihres Reiches und jedes von ihm umfassten Gemeinwohls wesentlich ab von der Ehrfurcht vor den Staatsgöttern, von Beobachtung der gesetzlichen Cultusformen. An die allgemeine, emsige Pflege des Cultus der hellenisch-römischen Götter war jedes physische und staatliche Gedeihen, jeder kriegerische Erfolg, sowie die Fernhaltung öffentlicher Unglücksfälle geknüpft. Die Christen waren zugleich Feinde der Götter und der Menschen, ihre Existenz schon ein gemeinschädliches, jeden persönlich bedrohendes Unheil. Götterfeinde in einer Stadt erregten die Besorgnis, dass um ihretwillen die Schutzgottheiten entweichen oder Rache üben würden. Es waren somit weniger die alten Gesetze als Nothwehr, was den Staat gegen die Christen bewaffnete ..."[1]

Nicht nur die Römer dachten so. Diese Überzeugung, dass Wohlergehen und Unglück – individuell und kollektiv – auf dem Wirken göttlicher Mächte beruhe, war seit den Anfängen unserer Kultur im Osten des Mittelmeerraumes Allgemeingut der Menschen: „In den vier Jahrtausenden altorientalischer Geschichte hat sich die Vorstellung, dass es keine Götter geben könne, nie entfaltet. Heil und Unheil, Krankheit und Genesung, Wohl und Wehe wurden stets auf göttlichen Ratschluß

1 Ignaz Döllinger, Die Geschichte der religiösen Freiheit, in: ders., Akademische Vorträge, Bd. 3, München 1891, 274.

zurückgeführt, den der Mensch zu durchschauen nie in der Lage sein würde.“[2] So müssen wir nicht darüber erschrecken, dass auch Jahwe die Israeliten nicht nur sicher durch das Rote Meer führt, sondern auch die Heere des Pharao untergehen lässt und dass es der Herr selbst ist, der ihnen Jericho und ihre Feinde im Land der Verheißung ausliefert. Wenn Rache zu üben ist, sind es seine Befehle, denen der Mensch gehorsam sein soll: „... schlage Amalek ... schone seiner nicht, sondern töte Mann und Weib, Kind und Säugling, Rind und Schaf, Kamel und Esel“ (1 Sam 15,3).

Der Überlebenswille von Volksgruppen und Stammesverbänden ebenso wie die unberechenbaren Wechselfälle des Lebens mit Glück und Erfolg, Not und Untergang formten eine Erfahrung, die nur durch das Wirken übermenschlicher Mächte zu erklären war. Die Christen übernahmen ganz selbstverständlich dieses Denken, das sie einerseits aus dem Alten Testament, andererseits als gelebte Religionspraxis des Römischen Reiches kannten. Augustinus ist überzeugt, dass der Verlauf eines Krieges auf dem Ratschluss Gottes beruht.[3] Die europäische Geschichte bis an die Schwelle der Aufklärung ist ohne den Glauben an Gottes persönliche Teilnahme am Leben einzelner Menschen, Völker und Staaten nur unvollkommen zu verstehen. Im Gottesurteil greift Gott unmittelbar in das menschliche Leben ein und schafft Rechtssicherheit. Das Schlachtenglück verleiht der Herr. Noch in den Türkenkriegen der Neuzeit erkennen die Zeitgenossen Gottes Wirken. Klaus Schreiner hat eine erdrückende Fülle von Belegen für die Überzeugung zusammengetragen, dass die Siege

2 Stefan M. Maul, Die Religion Babyloniens, in: Joachim Marzahn/Günther Schauerte (Hg.), Babylon, Wahrheit. Eine Ausstellung des Vorderasiatischen Museums, Staatliche Museen zu Berlin mit Unterstützung der Staatsbibliothek zu Berlin, Berlin 2008, 167–184, hier: 184.

3 De Civitate Dei V, 22.

über den Feind der Christenheit bei Lepanto 1571 und am Kahlenberge vor Wien 1683 auf Gottes und der Heiligen Hilfe zurückzuführen sind. „Laß man nur die Türken klagen, wie Maria sie erschlagen."[4] Was aber, wenn dieser Feind siegreich bleibt?

Die polytheistische und die monotheistische Weltsicht unterschieden sich insofern nicht prinzipiell. Während aber eine Natur voller verschiedenartiger Götter und Dämonen das Unbegreifliche im menschlichen Leben und seine Widersprüchlichkeiten verstehen half und eine Niederlage im Krieg daher auch kein grundsätzliches Problem schuf – man denke nur an die Mitwirkung der Götter in der griechischen Mythologie – bestand für den Monotheismus Erklärungsbedarf. Am einfachsten ließ sich das gegensätzliche Handeln des einen Gottes mit dem ihn zuweilen übermannenden Zorn interpretieren. Daneben entstand der Mythos des gefallenen Engels, des Teufels also als einer Art negativen Abspaltung der göttlichen Person, die den Gegensatz von Gut und Böse auch im Weltbild des Monotheismus personifizierte. Aber die unverzichtbare Bedingung für das Wirksamwerden negativer Kräfte in der von dem einen allmächtigen Gott beherrschten Welt war die Sünde des Menschen, in der sich nur das Zusammenwirken von Satan und Mensch widerspiegelte. Und weil sich eine direkte Kausalität zwischen persönlichem Wohlverhalten oder Fehlverhalten und dem weiteren Lebensschicksal nicht immer klar erkennen ließ, oft sogar abwegig ist, musste es die Sünde einzelner sein, die kollektives Unglück aller, auch der Unschuldigen, nach sich zog. Der Sünder ist für alles Unglück verant-

4 Klaus Schreiner, Kriege im Namen Gottes, Jesu und Mariä. Heilige Abwehrkämpfe gegen die Türken im späten Mittelalter und in der Frühen Neuzeit, in: ders. (Hg.), Heilige Kriege. Religiöse Begründungen militärischer Gewaltanwendung: Judentum, Christentum und Islam im Vergleich (Schriften des Historischen Kollegs, Kolloquien 78), 151–192, hier: 163 und passim.

wortlich, das der Herr über Sünder ebenso wie über Gerechte kommen lässt. Die evangelischen Kirchenordnungen des 16. Jahrhunderts bezeugen das in vielen Texten:

> „Nachdem … wir Philipps Landgrave zu Hessen … gesehen und vernommen haben und noch täglichs spüren … die vilfaltige straff, so Gott der allmechtig mit krieg, mißwachs, hunger, teuerung, pestilenz und sonst andern vielfaltigen erschrecklichen krankheiten und plagen jetziger welt zukommen leßt, so können wir bei uns nit anders ermessen oder gedenken, dann daß solchs umb unser dieser welt vielfeltigen sünde und laster willen geschehe, und dass uns Gott … ermanen will, von solchem sündlichen, ergerlichen und bösen leben abzustehen …“[5]

Angesichts dieser Kausalität kam es jetzt darauf an, die Sünde erst gar nicht geschehen zu lassen, das heißt, sie durch strenge obrigkeitliche Maßnahmen von vorneherein zu verhindern. Historiker haben dafür den Begriff der „Sozialdisziplinierung“ geprägt, mit dem man gemeinhin das Zeitalter des Konfessionalismus protestantischer ebenso wie katholischer Ausprägung charakterisiert. Disziplin der Untertanen forderten die politischen Mächte jener Epoche aber nicht aus purer Herrschsucht ein. Es galt, den Zorn Gottes fernzuhalten und damit das Wohlergehen aller zu sichern. Dieses Weltbild war konsequent kausal und in sich schlüssig, sogar räumlich vorstellbar, solange sich das kopernikanische Weltbild nicht wirklich durchgesetzt hatte. Darin änderte die Formulierung des sog. Theodizeeproblems durch Leibniz, die Frage also, wie

5 Emil Sehling (Hg., ab Bd. II fortgeführt vom Institut für evangelisches Kirchenrecht der Evangelischen Kirche in Deutschland), Die evangelischen Kirchenordnungen des 16. Jahrhunderts, Bd. VIII, Tübingen 1965, 148. Zur Rechtfertigung obrigkeitlichen Strafens durch den Zorn und die Strafen Gottes vgl. auch Dietmar Willoweit, Die Expansion des Strafrechts in Kirchenordnungen des 16. Jahrhunderts, in: Hans Schlosser / Rolf Sprandel / Dietmar Willoweit (Hg.), Herrschaftliches Strafen seit dem Hochmittelalter (Konflikt, Verbrechen und Sanktion in der Gesellschaft Alteuropas. Symposien und Synthesen 5), Köln 2002, 331–354.

Gottes Allmacht und Barmherzigkeit mit den Übeln der Welt vereinbar sei, vorerst nichts.

2. Antworten der Naturwissenschaft und Zweifel der Geschichtswissenschaft

Und dann ereignete sich just zu einem Zeitpunkt, an dem die Aufklärung in Europa sicheren Tritt fasste, ausgerechnet am Feste Allerheiligen des Jahres 1755 das verheerende Erdbeben von Lissabon – ein Schock für alle Gläubigen und zugleich eine Bestätigung zweifelnder Skeptiker. Bekannt ist, wie tief dieses Ereignis nach eigenem Bekenntnis den kleinen Johann Wolfgang Goethe beeinflusste.[6] Nicht nur eine strahlende Residenzstadt, ein Weltbild lag in Trümmern. Die in dauerhaften Institutionen verankerte Religion geriet zwar nicht gerade in eine existentielle Gefahr. Aber sie unterlag Wandlungen, die sich einerseits an einer Tendenz zu vermehrter Innerlichkeit, andererseits an Versuchen ablesen ließen, eine „natürliche" Religion zu entwickeln.

Die längst begonnene Suche nach den innerweltlichen Kausalitäten der Natur erfuhr im 18. Jahrhundert einen gewaltigen Schub und dies auch in ganz und gar katholischen Kreisen. Im Umfeld der bayerischen Akademiegründung des Jahres 1759 ist in den großen Prälatenklöstern des Kurfürstentums und darüber hinaus eine große Zahl von Mönchen auszumachen, die sich engagiert der Naturbeobachtung und Naturforschung widmeten.[7] Eine neue Wohnung Gottes in der Natur und ihren Geset-

6 Dichtung und Wahrheit, Erster Teil, Erstes Buch.

7 Dietmar Willoweit, Johann Georg von Lori (1723–1782). Aufbruch in die Welt des Wissens: die Anfänge der Bayerischen Akademie der Wissenschaften, in: ders. (Hg.), Denker, Forscher und Entdecker. Eine Geschichte der Bayerischen Akademie der Wissenschaften in historischen Porträts, München 2009, 1–17, hier: 1, m. w. Nachw. 359 Anm. 5.

zen war zu entdecken. Aber die Wunder der Natur konnten nicht darüber hinwegtäuschen, dass nunmehr das menschliche Leben von einer endlosen Kette kausaler Bedingungen abhängig zu sein schien, die nicht mehr auf Gott zurückgeführt werden mussten, sondern alle naturwissenschaftlich und daher diesseitig zu erklären waren: Erdbeben, Unwetter und Trockenheit, ökonomische Ressourcen, politische Entscheidungen, die Wirksamkeit von Medikamenten usw. Nicht Maria gibt den Sieg, sondern die bessere Kriegstechnik und Taktik. Rückblickend scheint der Zufall in die Lebensläufe massiv hineinzuspielen, zum Beispiel bei der Entscheidung für einen Ehepartner. Um so denken zu lernen, musste man nicht die empiristische Kausalitätstheorie David Humes studiert haben. Diese versteht auch, wer die Französische Revolution und die Kriege Napoleons oder auch die Entdeckungen der Wissenschaft des 20. Jahrhunderts und ihre Folgen miterlebt hat. Und gerade in unserer Gegenwart erheben Naturwissenschaftler zunehmend wieder den Anspruch, unsere Welt als Zufallsprodukt der Natur und den Kosmos als Manifestation von Energie vollständig erklären zu können, so dass die Gottesidee als bloßer „Gotteswahn" entlarvt werden müsse. Zu beobachten ist eine Mentalität, die sich als „Verweltanschaulichung" der Naturwissenschaften bezeichnen lässt.

Die zweite Komponente strenger Wissenschaftlichkeit seit der Aufklärung, die Entdeckung der Geschichtlichkeit, trug in nicht geringerem Maße zur Relativierung religiöser Gewissheit bei. Universalgeschichtlich gesehen ist das Christentum als Religion vor allem der Europäer eine Religion unter anderen. Und die Kirchen als Hüter des Christentums haben eine Geschichte, die – wie alle menschliche Aktivität – nicht nur Licht, sondern auch unbegreifliche Grausamkeiten und Irrwege kennt. Nicht ohne Grund sind seit dem 19. Jahrhundert Themen wie die Ketzerverfolgung durch die Inquisition oder der außerordentliche politische Anspruch des hochmittelalterlichen Papsttums immer und immer wieder – oft polemisch – traktiert worden. Ebenso gern wird das Verhalten von Kirchenmännern im Dritten Reich thematisiert. Es handelt sich um Fakten, die besonders geeignet sind, das behauptete Wirken des Heiligen Geistes in den Kirchen und damit ihre religiöse Legitimation in Frage zu stellen. Aber damit nicht genug. Aus sozialgeschichtlicher und religionswissenschaftlicher Perspektive lassen sich die Kirchen als Vereinigungen verstehen, in denen gewisse soziologische Gesetzmäßigkeiten eine erhebliche Rolle spielen, die dem Selbstverständnis dieser Religionsgemeinschaften zuwiderlaufen: die Tendenz zur Verzweigung der Kirchlichkeit insbesondere – gewöhnlich „Spaltung" genannt – , in der sich seit der Antike immer wieder aufs Neue sowohl theologische wie politische Differenzen widerspiegeln. Und dies nicht nur bei den Christen, sondern ganz ähnlich auch in den anderen Weltreligionen. Die im Sinne der ökumenischen Idee angestrebte Einheit der Christen erscheint aus dieser Perspektive als ein kaum erreichbares Ziel, weil es ein außerordentliches Maß innerchristlicher Toleranz erfordern würde.

Die Wissenschaft kann gar nicht anders, als unbarmherzig den Finger in die seit der Aufklärung sichtbar gewordenen Wunden religiösen Denkens zu legen. Die Vernunft ist als eine international verständliche Sprache Gemeingut der Menschheit, deren Grundbegriffe jedermann zugänglich sind. Die Integration der Gesellschaft, eine Leistung, die einst die Religion in Europa vollbrachte, obliegt heute global der Wissenschaft. Ihrem Anspruch kann sich nichts und niemand entziehen. Eine Flut bunter wissenschaftlicher Journale sorgt für die Verbreitung der neuen Heilsbotschaften. Der Wahrheitsanspruch der empirisch oder mathematisch begründeten Erkenntnisse der Wissenschaft ist absolut.

3. Grenzen wissenschaftlicher Erkenntnis und Planbarkeit

Das Vertrauen in die Kräfte der Vernunft wird jedoch auch enttäuscht. Die Fortschritte der Neurobiologie entschlüsseln zunehmend die Funktionen der einzelnen Gehirnareale. Die Verortung der Gehirnfunktionen, etwa des Gedächtnisses, oder der Einblick in die Verarbeitung sinnlicher Wahrnehmungen enthüllen in geradezu spektakulärer Weise die materielle Basis unseres Bewusstseins. Denn der biologische Befund hat bisher im Gegensatz zur Erfahrung des Menschen mit sich selbst keinen organischen Persönlichkeitskern erkennen lassen, sondern nur ein scheinbar unendlich variables Geflecht neuronaler Netze. Dennoch erleben wir das Bewusstsein und was daraus hervorgeht – Denken, Entscheiden, Empfinden – als eine Erfahrung erstens immateriellen Charakters und zweitens um ein nicht hintergehbares „Ich" zentriert. Die Selbsterfahrung des Lebendigen ist nicht identisch mit ihren notwendigen materiellen Bedingungen. Selbst einer Schnecke, deren Gedächtnisleistung auf ähnlichen genetischen Grundlagen beruht wie die des Menschen, vermögen wir nicht zu unterstellen, dass ein bestimmtes Molekül das Gedächtnis schlechterdings ist. Für den gedanklichen Sprung von der Chemie und Molekularbiologie auf die Ebene der Selbstwahrnehmung des Individuums bieten wissenschaftliche Methoden keinen Schlüssel. Dennoch verdient der von naturwissenschaftlicher Seite unterbreitete Vorschlag Interesse, einen Gedankeninhalt, der anderen Menschen mitteilbar ist, als ein sog. Mem zu begreifen, analog zum materiell existierenden Gen. Ein Mem ist empirisch nicht nachweisbar, nichts Materielles, sondern eine gedachte Informationseinheit, die der Mensch an andere weiterzugeben sich bemüht. Ein System von Gedanken wie das einer Religion wäre ein solches Mem.

So wenig wie Gene an sich existieren, sondern nur in Lebewesen, so existieren Meme nur in der Welt der Menschen. Und wie Lebewesen in Konkurrenz zu einander stehen, sich aus genetischen Gründen durchzusetzen suchen und die lebensnotwendigen Ressourcen einander streitig machen, so können Menschen mit unterschiedlichen Memen miteinander konkurrieren, also auch Religionen und Konfessionen.

Dieses Denkmodell macht zwar plausibel, warum der Mensch seine Überzeugungen – besonders auch religiöser oder politischer Art – anderen vermitteln will, nämlich im Prinzip nach derselben Regel, mit der er seine Gene verbreitet. Aber es gibt auch Verhaltensweisen, die aufgrund eines anderen Religionsverständnisses scheinbar Widersprüchliches zu vereinbaren wissen, wie zum Beispiel die Japaner Shintoismus und Buddhismus und selbst Elemente des Christentums. Und vom einzelnen Individuum aus gesehen, handelt es sich bei der Aktivität der Meme ohnehin nur um einen beliebigen Ausschnitt aus der Fülle dessen, was der Mensch erlebt, denkt und will. Wer Musik und Kunst genießt, Landschaften durchwandert oder Sport treibt, weil es ihm Freude macht, will nichts verbreiten. Wenn das Ganze der menschlichen Erfahrungen aber durch die Meme nicht erklärbar ist, dann muss man sich fragen, ob dieses Modell überhaupt etwas erklärt. Die wissenschaftliche Erforschung der Natur findet nun einmal an deren Stoff ihre Grenze. Für den Biologen besteht daher der Sinn des Lebens eines jeden Lebewesens allein darin, seine genetisch bestimmten Lebensgrundlagen zu bewahren und an die nächste Generation weiterzugeben. Man lebt, damit weiteres Leben leben kann. Darüber hinausgehende Fragen erklären radikale „Naturalisten“ für unwissenschaftlich und daher irrelevant. Das Erlebnis des Lebens, das Liebende und Trauernde, das Künstler, Schriftsteller und Musiker umtreibt, ist wissenschaftlich schlechterdings bedeutungslos.

Der Aufbruch in die Welt rationaler Erkenntnis hat im Zeitalter der Aufklärung auch die Vorstellung geweckt, den Naturgesetzen entsprächen vergleichbar sichere Gesetzmäßigkeiten menschlichen Zusammenlebens, so dass es nun möglich sein werde, die Gesellschaft endlich richtig, vernünftig zu ordnen. Diese Erwartung ist schon im Verlauf der Französischen Revolution zwar enttäuscht worden, aber nicht erloschen. Der Versuch einer dauerhaften Organisation der Gesellschaft gemäß einer objektiven Gesetzlichkeit lebte in den Konzepten der Sozialisten weiter und kulminierte im 20. Jahrhundert im vermeintlich „wissenschaftlichen" Marxismus-Leninismus. Der Zusammenbruch des Sowjetsystems hat insofern auch seine tragische Pointe: Selbst ein solches, mit beispielloser Kraftanstrengung und unter Opferung zahlloser Menschen ins Werk gesetztes Unternehmen, eine dauerhafte Gesellschaftsordnung zu schaffen, war zum Scheitern verurteilt. Andererseits ist offensichtlich auch das ideologische Gegenstück, die gleichfalls unter Mithilfe der Wissenschaft entwickelte Glücksverheißung einer pur kapitalistischen Weltordnung, kein Kandidat für eine ein für allemal richtige Lösung der Probleme moderner Gesellschaften.

Der verfehlte Versuch Oswald Spenglers, unter dem publikumswirksamen Titel „Der Untergang des Abendlandes" es „zum ersten Male" zu wagen, „Geschichte vorauszubestimmen"[8], hat die Einsicht diskreditiert, dass bisher in der Tat noch jede Kultur über kurz oder lang ihr Ende fand. Seitdem die Menschen sesshaft wurden, ist ihnen eine dauerhafte Gestaltung ihrer Lebensverhältnisse nicht mehr gelungen. Vergeblichkeit aller solcher Anstrengungen ist das gemeinsame

8 Oswald Spengler, Der Untergang des Abendlandes. Umrisse einer Morphologie der Weltgeschichte, Bd. 1: Wien 1918, Bd. 2: München 1922, hier: Bd. 1 Vorwort.

Merkmal bisher noch aller Kulturen. Für deren Aufstieg und Niedergang sollte man nicht Metaphern aus dem Pflanzenreich bemühen und über das Werden und Vergehen auch sozialer Gebilde philosophieren. Es genügt, einfach die Frage zu stellen, warum die Evolution dem Menschen bisher nicht das Überleben in einer dauerhaften gesellschaftlichen Form ermöglicht hat – wie anderen Primaten oder den Bienen oder Elefanten. Die Geschichte scheint merkwürdigerweise umgekehrt zu lehren, dass gerade der permanente Wandel der gesellschaftlichen Verhältnisse die fortdauernde Existenz des Menschengeschlechts gesichert hat. Doch dieser Wandel, obwohl auf menschlichem Verhalten beruhend, war nicht planbar. Seit dem Ende des Mittelalters war keine der in den jeweils nachfolgenden Generationen eintretenden Veränderungen voraussehbar, sondern im Gegenteil unvorstellbar – im Mittelalter die Glaubensspaltung, im konfessionellen Zeitalter die Aufklärung, im Biedermeier das Massensterben in den Schlachten des Ersten Weltkriegs, im liberalen Bürgertum des Kaiserreiches das Hitlerregime, in der klassischen Physik die Atomspaltung und elektronische Datenverarbeitung, noch vor wenigen Jahren unvorstellbar Klimawandel und Selbstmordattentate. Ob es der Wissenschaft gelingt, die Zukunft der Menschheit in einem stabilen, nun weltumspannenden gesellschaftlichen System zu sichern, ist völlig offen und nach den bisherigen Erfahrungen eher unwahrscheinlich. Denn auch wir Heutigen können nicht wissen, welche Überraschungen das Morgen für uns bereithält. Vielleicht hat die Unberechenbarkeit, die nach Auskunft der Biologen der Evolution innewohnt, nicht zufällig ihre Parallele in der Geschichte der Menschheit. Es hat zweifellos seinen Sinn, die Aspekte der Evolution in historische Forschungen einzubeziehen. Ein allseits überzeugendes Konzept kultureller Evolution gibt es bisher aber nicht.

4. Empirische Basis und sozialer Sinn von Religion

Empirische Grundlage wohl jeder Religion sind menschliche Erfahrungen, die sich nicht zählen, wiegen und messen lassen, aber auch in der säkularen Welt der aufgeklärten Gesellschaft und ihrer Wissenschaft als rational nicht aufzulösen präsent geblieben sind: Freude und Leid, Dankbarkeit und Verzweiflung, Liebe und Hass, Menschlichkeit und Grausamkeit, die Unterscheidung von Gut und Böse, das Erlebnis von Schönheit, die Fähigkeit zur Selbstreflexion und die wissenschaftlich befriedigend nicht zu beantwortenden Fragen nach dem Woher, Wohin und Warum. Das menschliche Leben zwischen Geburt und Tod in seiner Begrenztheit wahrnehmen, erzwingt Bescheidenheit, weil sich kein Erfolg, kein noch so großer materieller Gewinn als dauerhaft erweist. Was man religiöse Erfahrung nennt, hat hier seinen genuinen Ort. Wem dieser Zugang gegeben ist, vermag auch heute nachzuvollziehen, was schon vor über tausend Jahren – hier ein Beispiel aus der orthodoxen Chrysostomosliturgie – so ausgedrückt wurde: „Herr, Du segnest, die Dich preisen und heiligst, die auf Dich vertrauen …" Im Vollzug von Lobpreis und Vertrauen weiß sich der Gläubige gesegnet und geheiligt. Viele religiöse Texte beschreiben nur, was die Menschen im Ritual erleben. Von besonderen Persönlichkeiten heißt es, Gott „wohne" in seinen „Heiligen". Intensive Religiosität mit Gebet, Studium heiliger Schriften, Meditation, Fasten, Pilgerschaft oder auch das Vertrauen in die Gnade eines zwar unbegreiflichen, aber doch allmächtigen Gottes – das alles vermag Menschen zu prägen und selbst physisch zu verändern. Das Leben ist nicht nur ein biologischer Prozeß, sondern Ausdruck jeweils einer Persönlichkeit, in welcher körperliche und geistige Komponenten zu einer unverwechselbaren Einheit verschmolzen sind. Die moderne Wissenschaft leugnet das nicht. Aber mit ihren Erfolgsmeldungen und Verheißungen hat sie die große Alternative fast vergessen lassen, die Welt überhaupt nicht von der Materie her, sondern als Emanation einer geistigen Potenz zu begreifen, die gerade auch die Materie durchdringt.

Dennoch scheint auch der Raum subjektiver Religiosität seit langem Veränderungen zu unterliegen, die mit dem Wissen um die Naturgesetze zusammenhängen. Wenn Gott nicht unentwegt regiert, Wohltaten gewährt und Strafen verhängt, sondern natürliche Kausalitäten mit unvorhersehbaren Zufällen – Erdbeben zum Beispiel – das Leben bestimmen, wenn also wieder die unberechenbaren Parzen und Nornen der griechischen und germanischen Mythologie das Schicksal bestimmen, dann ist der Mensch anders als vor der Aufklärung gefordert, aktiv in den Lauf der Dinge einzugreifen, soweit ihm dies überhaupt möglich ist. Die karitativen Aktivitäten kirchlicher und weltlicher Einrichtungen, vor allem auch in der Dritten Welt, scheinen diese Aufgabe widerzuspiegeln. Und wenn Gott nicht in einem wörtlichen Sinne über den Himmeln thront, dann ist seine Gegenwart im Mitmenschen ein nahe liegender Gedanke. Religiöse Texte dieses Inhalts gibt es seit jeher: "Was ihr dem Geringsten meiner Brüder tut, das habt ihr mir getan" (vgl. Mt 25,40).

Der soziale Sinn der Religion erschöpft sich aber offensichtlich nicht in Mitmenschlichkeit, Nächstenliebe, Mitgefühl. Es geht ihr um die Lebensführung des Menschen überhaupt, um eine umfassende Formung des menschlichen Verhaltens, der persönlichen Moral ebenso wie einer allgemeinverbindlichen Sozialethik. Diese Funktion war einst, wie schon gezeigt, eng mit der Abwendung göttlichen Zornes verknüpft. Die tieferen Wurzeln aber sind – soziologisch gesprochen – im Prinzip der Reziprozität zu vermuten, der Gegenseitigkeit des beiderseitigen Handelns also, der lebenserhaltenden Gaben Gottes einerseits, der ihm dafür geschuldeten Opfer andererseits. Daraus entwickelten die Religionen ein Handlungsgeflecht, in dem das individuelle Verhalten in rituelle Abläufe eingebunden und verpflichtend festgelegt war. Auf diese Weise erbrachten die Religionen ihre zweifellos bedeutendste Leistung für die menschliche Kultur. Das menschliche Leben ist begrenzt und seine Sinngebung durch den Wechsel der Generationen stets gefährdet. Die Religionen etablierten sich dagegen als ein die Generationen übergreifendes Lebensmodell und sicherten so die Kontinuität der gesellschaftlichen Institutionen. Sie dürften damit im Zuge der langen Evolution des Menschen, die der Mensch selbst zu gefährden in der Lage war, entscheidend zur Stabilität der gesellschaftlichen Verhältnisse beigetragen haben. Wie kann und wie soll der Mensch leben, ohne mit sich selbst und seinesgleichen in Konflikt zu geraten? Alle großen Religionen und vermutlich seit jeher auf ihre Weise auch die Naturreligionen haben dazu Einsichten festgehalten und überliefert, die oft in wesentlichen Punkten übereinstimmen. Die Schädlichkeit willkürlicher Gewalt, die soziale Kontrolle des Trieblebens, der Schutz von Leben und Familienangehörigen, die Gefährlichkeit und daher Verächtlichkeit von Hass und Habgier – solche und ähnliche Maximen müssen seit jeher Voraussetzung für das Gedeihen des homo sapiens gewesen sein. Konnten sie kraft Tradition mit einem ausdrücklichen göttlichen Gebot begründet werden, wie am Berge Sinai, dann war ihre Verbindlichkeit und Unabänderlichkeit für ewige Zeiten gesichert. Mythische Gesetzgeber sind eine wichtige Hilfe für die Festigung der sozialethischen Grundlagen menschlicher Verbände. Unentbehrlich sind sie nicht. Die japanische Geschichte kennt keine zehn Gebote. Eine sorgfältig geschützte Tradition über viele Jahrhunderte hinweg leistete dasselbe. Entscheidend ist aber die Heiligkeit, also Unantastbarkeit des Gesetzes. Als in der Meiji-Restauration der Kaiser 1868 den Shogun entmachtete und selbst die Staatsführung in die Hände nahm, geschah dies unter Berufung auf seine Abstammung von der Sonnengöttin Amaterasu.

5. Politische Religionen, Zivilreligion, Menschenrechte

Unsere Gegenwart mag Zweifel an der Richtigkeit der These wecken, es seien die Religionen gewesen, die generationenübergreifend die Stabilität und Kontinuität der Gesellschaft gewährleisteten. Die Verbindlichkeit der gemeinsamen Sozialethik hat immer wieder auch zu einer Unduldsamkeit gegenüber Andersgläubigen geführt, die uns unerträglich ist. Christenverfolgungen, Ketzerverbrennungen, Judenpogrome waren eine gleichsam logische Konsequenz religiöser Ausschließlichkeitsansprüche – die Furcht vor Gottes Zorn hat das Ihrige getan. Und erleben wir nicht, dass eine gut organisierte Gesellschaft einer gemeinsamen Religion nicht bedarf? Reichen nicht eine schöne Verfassung und vernünftige Gesetze aus? So dass die Religion auch in der Vergangenheit nur überflüssiges Beiwerk gewesen ist, Ausdruck eines abergläubischen Weltverständnisses? Aus der Perspektive der Menschheitsgeschichte bietet sich ein anderes Bild. Dann drängt sich der Gedanke auf, es könnten weltliche Surrogate sein, die seit der Aufklärung in der Öffentlichkeit den Platz der allgemeinverbindlichen Religion eingenommen haben. Mit guten Gründen wird in der Politologie der Begriff der „politischen Religion“ diskutiert. Schon der Nationalismus des 19. und der ersten Hälfte des 20. Jahrhunderts wies Züge religiöser Ergriffenheit auf, vor allem in der Bereitschaft zur Aufopferung des eigenen Lebens. Erscheint uns heute der „Heldentod“ als eine erschütternde Tragik, so haben Zeitgenossen darin nicht selten die Erfüllung ihres Daseins gesehen. Noch offenkundiger springt der quasireligiöse Charakter der politischen Ideologien in die

Augen. Die Führergestalten des Nationalsozialismus und des Marxismus-Leninismus haben wie Propheten den Weg in eine lichtvolle Zukunft gewiesen und die neue Glaubensgemeinschaft zu öffentlichen Bekenntnissen und Totenfeiern massenhaft versammeln lassen. Die Begeisterung der Anhänger mit der Bereitschaft, über die Gewalttätigkeit der Regime hinwegzusehen, ist kaum anders als mit der Sehnsucht nach einer kollektiven gesellschaftlichen Harmonie zu erklären, wie sie eben früher die gemeinsame Religion leistete. Die Grundlagen der modernen Zivilisation in den exakten Wissenschaften haben daran nichts ändern können.

Wenn wir einen Blick auf unsere Gegenwart werfen, dann scheinen wir von einer gemeinsamen politischen Religion weit entfernt zu sein. Die Freiheitsrechte des Grundgesetzes mit der Garantie des politischen und weltanschaulichen Pluralismus verpflichten uns auf die Duldung des Andersdenkenden. Und die tägliche Erfahrung lehrt, wie weit die individuellen Überzeugungen über Politik, Lebensführung, Religion in der Tat auseinanderklaffen. Doch die Väter des Grundgesetzes haben mehr schaffen wollen als ein sicheres, aber völlig leeres Gehäuse, das die Bürger mit ihren Ideen und Zielvorstellungen ausfüllen sollten. Es ist banal, an die Verbindlichkeit der Grundrechte, ihre weitgehend festgeschriebene Unabänderlichkeit und schließlich daran zu erinnern, dass sie das Bundesverfassungsgericht als eine Wertordnung begreift, die für die gesamte Rechtsordnung verbindlich ist. Daraus ergibt sich ein Kanon sozialethischer Maximen mit weitreichenden Folgen für viele Zweige des öffentlichen Lebens – mit der Tendenz einer zunehmenden Verdichtung des uns übergeworfenen Normennetzes. Das Allgemeine Gleichbehandlungsgesetz markiert einen Meilenstein dieser Entwicklung. Nicht zufällig macht der ursprünglich von Rousseau (Contrat Social IV, 8) geprägte Begriff der „Zivilreligion“ die Runde – gleichsam als wertneutraler Gegenbegriff zur Kategorie der „politischen Religion“. Es ist wohl richtig, dass jede politisch organisierte Gesellschaft nicht nur eines Minimums gemeinsamer Verfahrensregeln bedarf, sondern darüber hinaus auf die breite Anerkennung eines nicht zu schmalen Spektrums inhaltlicher Aussagen angewiesen ist. Gemeinhin pflegt man dann von den für eine Gesellschaft notwendigen „Werten“ zu sprechen. Politiker und Juristen gebrauchen den Begriff mit einer gewissen Naivität. Unter Philosophen gilt er als keineswegs unproblematisch, weil – anders als seine Erfinder glaubten – letztlich unbestimmt und in unterschiedlicher Weise auszufüllen. Der Verdacht eines jedem gesellschaftlichen Wandel abgeneigten Konservativismus liegt nahe, wenn wieder einmal die Wichtigkeit der Werte beschworen wird. Doch dieser Vorwurf bringt etwas Richtiges zur Sprache: Aus einer menschheitsgeschichtlichen Perspektive betrachtet, hängt das Überleben einer Kultur – auch der modernen – wesentlich von ihrer Fähigkeit ab, Elemente der Kontinuität zu entwickeln. Diese ehemals den Religionen obliegende Leistung hat nun die Zivilreligion zu erbringen. Es ist nicht vorstellbar, dass ihr das ohne die elementaren Wertvorstellungen, die vor allem von den Kirchen und der traditionellen philosophischen Ethik überliefert und gepflegt werden, gelingt. Ohne Bewahrung dessen, was die Erfahrung vorangegangener Generationen lehrt, geht es nicht. Die Beantwortung der Frage „Wie sollen wir leben?“ in jeder Generation neu in Angriff zu nehmen, verträgt sich nicht mit der im Verlauf der Evolution von der Natur angestrebten Überlebensfähigkeit des Lebendigen. Diesen Regeln aber sind wir weiterhin unterworfen. Die Nachgeborenen wollen nicht nur Kritik üben, sondern in glaubwürdiger Form auch erfahren, was den Alten das Leben ermöglichte.

Dass Religion in dem weltlichen Gewande einer gemeinsamen politischen Moral auch in der Bundesrepublik eine große Rolle spielt, lehrt uns jede Tagesschau und jedes ZDF-Magazin, manchmal bis zum Überdruss. Das hat mehrere und recht verschiedene Gründe. Da ist zunächst die besondere deutsche Geschichte mit ihren Erinnerungen an ungeheuerliche zwölf Jahre, die ohne moralische Begriffe nicht diskutiert werden kann: Schuld und Sühne, Verdrängung und Verantwortung, Vergessen und Erinnerung. Gut und Böse sind dabei so eindeutig verteilt, wie nur selten in der Geschichte. Das Gute und das Böse aber haben in einer konsequent naturalistischen Weltsicht nichts zu suchen. Diese Kategorien mit der Frage nach der Schuld gehören einem Weltverständnis an, das aus der Verantwortung vor einer übermenschlichen Macht hervorgegangen ist. Man mag heute versuchen, die Unterscheidung von Gut und Böse auf bloßen Konsens zu gründen. Die Wucht der Ereignisse in den zwölf Jahren des Dritten Reiches aber, mit dem Aufstieg einer beispiellosen Teufelei und dem Höllensturz in ein ebenfalls noch nie gesehenes Chaos, ist am verständlichsten immer noch in der Sprache und mit den Bildern der Religion zu beschreiben. Die sog. „Vergangenheitsbewältigung" und „Trauerarbeit" sind daher Teile eines nationalen Kultus, der zum Gründungsmythos der Bundesrepublik geworden ist.

Das andere Element der politischen Moral, das uns mit den Traditionen der westlichen Wertegemeinschaft verbindet, sind die Menschenrechte. So schwierig ihre philosophische Begründung ist, so gewiss ihre historische Notwendigkeit. Die Aufklärung hat eine tausendjährige Epoche beendet, in der dem Menschen ein bestimmter Status zugewiesen war, zwar in einer Gesellschaft extremer Ungleichheit, aber doch eingebunden in eine ständische Ordnung, die Aufgaben verteilte und Überleben ermöglichte. Mit dem Untergang dieser Sozialordnung in der Französischen Revolution und der europäischen Reformgesetzgebung jener Zeit war die Rechtsstellung des Menschen neu zu definieren: durch die Unantastbarkeit einer Reihe persönlicher Freiheiten. Die damals proklamierten Menschenrechte und seitdem formulierten Grundrechtskataloge haben ihre Aktualität nicht verloren. Nicht mehr der sog. Absolutismus eines Monarchen bedroht die Freiheiten des Menschen, sondern die Macht des modernen Staates, selbst in Demokratien, erst recht in den vielen autoritären Staaten dieser Welt. Daher hat der Schutz der Menschenrechte den Charakter eines quasireligiösen Bekenntnisses angenommen, das aus westlicher Perspektive für jedermann verbindlich ist und daher überall durchgesetzt werden muss. Selbst militärische Mittel sind dafür schon eingesetzt worden, erstmals ausdrücklich 1999 im sog. Kosovo-Krieg. Damit schließt sich ein Kreis. Um der Religion willen wurden „heilige" Kriege geführt oder umgekehrt Kriege in Hinblick auf den andersgläubigen Gegner für heilig erklärt. Die Menschenrechte als unsere Zivilreligion haben eine solche Überzeugungskraft, dass sie ebenso Kriege rechtfertigen können.

Wenn die Menschenrechte aber für eine unübersehbare Zukunft die Zivilreligion der Weltgesellschaft sein sollen, dann wird es nicht genügen, immer wieder ihren Grund und ihre Rechtfertigung in der europäischen Aufklärung zu beschwören und gar den Rest der Menschheit aufzufordern, sich dieser Aufklärung endlich anzubequemen. Es widerspricht der historischen Erfahrung, sich vorzustellen, alle Völker dieser Erde würden sich in einer fernen Zukunft rational aufgeklärt und endgültig unter dem Regiment der Menschenrechte vereinigen. Die für unsere Begriffe unveräußerlichen Rechte des Menschen sind unentbehrlich als politisches Nahziel. Als endzeitliche Utopie aber wird die menschenrechtlich organisierte Gesellschaft ebenso scheitern wie andere gesellschaftspolitische Modelle mit absolutem Geltungsanspruch auch.

6. Aufgaben jenseits von Wissenschaft: die Begründung von Menschenpflichten

Die Berufung auf die Menschenrechte allein löst die Probleme der modernen Gesellschaft auch aus einem anderen Grunde nicht. Sie können keine direkte Antwort auf die Frage nach den Menschenpflichten geben. Gerade auf diese Frage aber nach den Pflichten sich selbst gegenüber und im Verhältnis zur Gesellschaft haben die großen Religionen seit jeher Antworten gesucht und gefunden: Wie kann und soll der Mensch leben, ohne mit sich selbst und den Mitmenschen in Konflikt zu geraten? Konflikte, die Lebensmut nehmen, Lebenswege verwirren, soziale Beziehungen zerstören. Der Gläubige soll sein Verhalten kontrollieren und daher nach Regeln leben. Das kann natürlich auch der Ungläubige. Aber es bedarf dazu eines Respekt verdienenden Verantwortungsbewusstseins, mit dem nicht wenige Menschen überfordert sind. Die Religionen haben den Vorteil, dass sie sich beim Umgang mit diesen Themen auf lange Traditionen stützen können, denen unverkennbar eine legitimierende Kraft zukommt. Denn der größte Teil dessen, was man als „kulturelles Erbe" zu bezeichnen pflegt und überall als ein Symbol eigener Identität begriffen wird, ist in Europa durch das Christentum, im Vorderen Orient durch den Islam, in Asien durch Hinduismus und Buddhismus geschaffen worden.

Die Menschenrechte dagegen, als eine historisch notwendige, aber relativ junge Entdeckung, sind erst im Begriff, eine legitimierende Tradition auszubilden und ihre Grenzen auszuloten. Ihr genuines Anliegen ist Freiheit, nicht Pflicht, das Recht des Menschen gegenüber der Staatsgewalt, nicht seine Pflicht sich selbst und anderen gegenüber. Der damit verbundene Mentalitätswandel ist nicht zu übersehen. Das subjektive Recht und die mit ihm verbundenen Vermögensinteressen regieren in komplexer werdenden gesellschaftlichen Verhältnissen auch zunehmend die zwischenmenschlichen Beziehungen. Der Gewinn an Rechtssicherheit hat seinen Preis. Eine nur auf Rechten aufbauende Gesellschaft muss zwangsläufig mit sich selbst in Konflikt geraten und manche Pathologien unseres „Rechtswegestaates" haben damit zu tun. Gewiss sind die Schranken der Grundrechte und abwägende Lösungen im Verhältnis der einzelnen subjektiven Rechte zueinander nicht zufällig zentrale Themen der modernen Jurisprudenz, die auch die Frage nach den „Grundpflichten" längst entdeckt hat.[9] Aber ursprünglich hervorgegangen sind die Menschenpflichten aus jenen Erfahrungen, die sich in den Religionen zu einem Geflecht lebenswichtiger Verhaltenspflichten verdichtet hatten und weiterhin präsent sind.

Ein Versuch, das Thema aus historischer Perspektive zu erörtern, führt unweigerlich in einen Kreisverkehr: Vom Gehorsam gegenüber dem göttlichen Gebot im Rahmen des alten religiösen Weltbildes über dessen wissenschaftliche Aufklärung zurück zur Notwendigkeit, Menschenpflichten zu begründen. Dabei ist bis heute der lange Schatten der Vergangenheit ein dominierendes Element der modernen Religionen, und dies nicht nur in den Fundamentalismen der monotheistischen Weltreligionen. Diese religiösen Traditionen bedürfen in Hinblick auf den Anspruch der modernen Wissenschaft einer kritischen Reflexion. Dabei ergeben sich aber nicht nur Fragen an die Theologie, sondern auch Einsichten über die innerweltlichen Funktionen der Religionen im Verlauf der Menschheitsgeschichte. Gerade auch dann, wenn man in Kategorien der

9 Hasso Hofmann, Grundpflichten als verfassungsrechtliche Dimension, in: Veröffentlichungen der Vereinigung der deutschen Staatsrechtslehrer 41 (1983) 42–86; ders., Grundpflichten und Grundrechte, in: Josef Isensee / Paul Kirchhof (Hg.), Handbuch des Staatsrechts der Bundesrepublik Deutschland, Bd. 5, Heidelberg 1992, 321–351.

Evolution denkt, ist die gesellschaftsstabilisierende Wirkung der Religionen nicht zu übersehen. Religion und Wissenschaft regieren weiterhin zwei unterschiedliche Sphären unseres Lebens. Weil sich daran im Prinzip nichts ändern kann, ist eine aggressive Religionskritik verfehlt, den Religionen aber andererseits auch aufgegeben, über ihr Verhältnis zur Wissenschaft intensiver nachzudenken.

EINBLICKE

Die Theologie und ihre Fächer

THEODOR SEIDL

Textwissenschaft – Religionsgeschichte – Bibeltheologie?

Das Alte Testament im Widerstreit der Methoden und Disziplinen

1. Das Alte Testament als Wissenschaft

Die spezielle Aufgabe dieses Beitrags lautet: Ist das innerhalb der Theologie angesiedelte Fach Altes Testament Wissenschaft – oder: „Was treibt das Alte Testament“?

Meine Antwort fällt mit der Tür ins Haus:

Ja, das Alte Testament ist Wissenschaft, genauer: Die alttestamentliche Exegese ist Textwissenschaft. Gegenstand ihrer Forschung (das Materialobjekt) ist die Sammlung von Literaturwerken[1] und Texten, die in ca. acht Jahrhunderten (vom 9. bis 1. Jh. v. Chr.) verfasst, gesammelt, redigiert und von der Glaubensgemeinschaft des späten nachexilischen Israel als Heilige Schriften, als Leitlinien für Leben und Glauben anerkannt worden sind. Die Texte stammen also sowohl aus den Epochen[2] der Monarchien Israels und Judas (ca. 950–586 v. Chr.) als auch aus den Epochen der postmonarchischen Pe-

1 Wolfgang Richter, Exegese als Literaturwissenschaft, Göttingen 1971, 12, dessen Methodenentwurf sich dieser Beitrag verpflichtet weiß, definiert Bibelwissenschaft mit synonymer Terminologie als „Literaturwissenschaft“, durchaus in Übereinstimmung mit der obigen Begründung: „Der Gegenstand dieser Fachwissenschaft ist ... Literatur“.

2 Zur Zuweisung der einzelnen Literaturwerke des AT in die genannten Geschichtsepochen vgl. Werner H. Schmidt, Alttestamentlicher Glaube in seiner Geschichte, Neukirchen [10]2007 und, ebenfalls nach Epochen geordnet, Konrad Schmid, Literaturgeschichte des Alten Testaments, Darmstadt 2008.

riode, aus der Zeit der Perser und der hellenistischen Herrscher nach Alexander dem Großen (fachlich spricht man von „vor- und nachexilisch"). Daher sind die Texte in verschiedenen Sprachen[3] verfasst: größtenteils in Althebräisch, dem Idiom des frühen Palästina, in Reichsaramäisch, der *lingua franca* des Perserreiches, und in Griechisch, der Weltsprache der hellenistischen Reiche und des Römischen Reiches.

Kenntnis und Vertrautheit mit den drei biblischen Sprachen sind unabdingbare Voraussetzung für den textwissenschaftlichen Umgang mit den alttestamentlichen Schriften. Ein Fach Altes Testament, das nur noch aus Übersetzungen und nicht mehr aus dem Urtext arbeitet, hat keinen Platz mehr an einer wissenschaftlichen Institution, hat seinen universitären Anspruch aufgegeben.

Die Texte des AT werden als Literatur-*Sammlung* verstanden, d.h. als pluraler Gegenstand: Gesammelt sind viele Einzelwerke, die auf einen Plural von Verfassern, Tradenten, Redaktoren zurückgehen. In dieser Sammlung sind diverse und divergierende Textsorten, Texttypen, Gattungen[4] zusammengestellt: Erzählungen, Gesetze, Listen, Orakel, Lebenslehren, Gebete.

Diese Sammlung ist als „Kanon Hl. Schriften"[5] vorgegeben. Ihr Umfang ist von Entscheidungen der Glaubensgemeinschaften bestimmt, welche Texte konstituierend und verbindlich für sie sind. Für das Alte Testament erfolgte die Entschei-

3 Zu den biblischen Sprachen und ihrer sprachgeschichtlichen Einteilung vgl. Otto Kaiser, Grundriß der Einleitung in die kanonischen und deuterokanonischen Schriften des Alten Testaments, Band 1, Gütersloh 1992, 24–26, und Schmid, Literaturgeschichte (s. Anm. 2) 41 f.

4 Einen guten Überblick über die diversen Gattungen des AT bietet immer noch Georg Fohrer, Einleitung in das Alte Testament, Heidelberg [10]1965, 69–109.

5 Zu Kanon und Kanongeschichte s. Angelika Berlejung, Quellen und Methoden, in: Jan Christian Gertz (Hg.), Grundinformation Altes Testament, Göttingen [2]2007, 28–33; Schmid, Literaturgeschichte (s. Anm. 2) 212–221.

dung durch frühjüdische Autoritäten; sie wurde vom Christentum übernommen, doch erst auf dem Tridentinum für die westliche Kirche[6] festgelegt.

Exegese als Textwissenschaft fragt nun nicht primär nach Grund, Art und Weise des Umfangs und der Abfolge der Schriften (das wäre Kanongeschichte), sondern nach der Genese der Einzelschriften und Literaturkomplexe, z. B. nach der Entstehung des Pentateuch, der Prophetenbücher, der Weisheitsliteratur. Dabei setzt textwissenschaftliche Exegese nicht beim Großtextkomplex, beim Gesamtwerk ein, sondern beim Einzeltext[7] und dringt durch die Analyse vieler Einzeltexte zu Theorien des Gesamtbaus eines Literaturwerks vor.

Bei der Rekonstruktion der Textgenese bedient sie sich eines Methodenkanons (das Formalobjekt), der seit Beginn der Aufklärung bis in die Gegenwart mehr und mehr geschärft und verfeinert worden ist.[8] Diese Abfolge von Methodenschritten steigt von Untersuchungen am kleinen Textausschnitt („die kleine Einheit“[9]) zu größeren Textkomplexen auf.

Im Einzelnen sind dies die jeweils mit „Kritik“ (d. h. Beobachtung und Bewertung umfassend) bezeichneten Schritte:[10]

6 Zur Entstehung des hebräischen sowie des umfangreichen christlichen Kanons s. Erich Zenger u. a., Einleitung in das Alte Testament (KStTh 1), Stuttgart [7]2008, 26–29.

7 Zum Vorrang der Einzeltextanalyse im methodischen Vorgehen s. Richter, Exegese (s. Anm. 1) 33.44.49 f. und Berlejung, Quellen (s. Anm. 5) 41.

8 Besonders durch Richter, Exegese (s. Anm. 1) 44–47 und passim; zur Bedeutung und Weiterentwicklung des methodischen Ansatzes von Richter s. Theodor Seidl, Die literaturwissenschaftliche Methode in der Biblischen Exegese, in: MThZ 40 (1989) 27–37, und Hans Rechenmacher u. a., The Contribution of Wolfgang Richter to Current Developments in the Study of Biblical Hebrew, in: JSS 50 (2005) 59–82.

9 Zur Definition s. Richter, Exegese (s. Anm. 1) 66–69.

10 Vgl. Richter, Exegese (s. Anm. 1) 44, und Theodor Seidl, Art. „Exegese. IV. Biblisch. 1. Altes Testament“, in RGG[4] 2 (1999) 1780–1783.

- Textkritik: Sie legt einen verstehbaren, von groben Überlieferungsfehlern gereinigten Arbeitstext vor.
- Literarkritik: Sie untersucht den Einzeltext auf seine Einheitlichkeit, weil keine modernen Autorentexte erforscht werden, sondern alte gewachsene Texte, die durch anonyme Verfasser und Redaktorenhände langsam zu dem geworden sind, was sie sind.
- Formkritik: Sie untersucht den Einzeltext auf seine sprachlichen Gegebenheiten und Konstituenten: Wort, Wortfügung, Satz, Satzfügung, Text. Die Formkritik ist das eigentliche analytische Herzstück der Methode.
- Gattungskritik: Sie untersucht mehrere Texte, die in Form und Struktur ähnlich sind.
- Die Traditionskritik fragt nach den den einzelnen Autoren vorgegebenen Überlieferungen, die ihren literarisch-geistigen Horizont erkennen lassen (auch die Einordnung alttestamentlicher Texte in Kultur und Religion des Alten Orients gehört hierher).
- Die Redaktionskritik systematisiert die einzelnen Redaktionsstufen, die der Text im Laufe seiner Genese durchlaufen hat.
- Die Kompositionskritik erst fragt nach Aufbau und Anordnung von ganzen Werken, nach Anordnung und Ablauf einer Textsammlung (die Kompositionskritik steht also erst am Ende des Analyseprozesses).

So verstandene und angewandte Textwissenschaft steht unter dem Postulat der Diachronie[11] des Forschungsvorgangs; d. h., sie versucht die einzelnen Stufen und Ebenen des Werdegangs eines Textes zu benennen, zu charakterisieren und in die Geschichte einzuordnen.

11 Zur Würdigung des diachronen Ansatzes der Exegese s. Berlejung, Quellen (s. Anm. 5) 39–42.

Diesem von Anfang an diachronen Vorgehen wissenschaftlich alttestamentlicher Exegese verdanken wir z. B. die Erkenntnis und die Unterscheidung von zwei Schöpfungsberichten aus unterschiedlicher Zeit und Geisteshaltung, von mehreren Flutberichten (Gen 6–8), von mehreren Gesetzessammlungen, auch die Unterscheidung von Ijob-Rahmenerzählung und Ijob-Dichtung.

Diese Erkenntnisse und Ergebnisse diachroner Forschung und Sichtweisen sind unaufgebbar und Konsens des wissenschaftlichen Faches, mögen auch Detailergebnisse weiter im Dissens und im Diskurs der Forschung liegen.

Die momentan hochmodische und von manchen Kollegen bevorzugte Endtextexegese[12] („the text as it stands") vergibt sich großer Chancen, weil sie das reiche, vielstufige Kerygma unserer gewachsenen Texte in ihren unterschiedlichen Schichten und Entstehungsphasen nicht mehr wahrnimmt, sondern undifferenzierte, unwissenschaftlich synchrone Textauslegung betreibt.[13] Sie stellt eine Kapitulation vor den gewiss komplizierten Instrumentarien diachroner Forschung dar.

Das Alte Testament als diachrone Textwissenschaft ist vernetzt mit vielen anderen wissenschaftlichen Disziplinen: Den Philologien des Alten Orients[14] und der Semitistik, den Sprachwissenschaften im klassischen und modernen Sinn.

12 Auch „Canonical Approach" (nach B. S. Childs) oder „Kanonische Exegese" genannt; dazu mit kritischem Überblick Berlejung, Quellen (s. Anm. 5) 42–44.

13 Berlejung, Quellen (s. Anm. 5) 44, kritisiert mit Recht an der synchron orientierten Exegese, „dass sie den Anschein erweckt, als wäre mit der Endgestalt (oder Kanongestalt) des Bibeltextes eine sichere Ausgangsbasis für die Exegese vorhanden, die jenseits aller Hypothesen stünde"; die lang anhaltende Entwicklung der Textfassungen der Sammelbücher oder des Jeremiabuches sowie die erst sehr späte Festlegung des hebräischen Textes durch die Vokalisierung wird dabei vollständig vernachlässigt.

14 S. Michael P. Streck (Hg.), Sprachen des Alten Orients, Darmstadt 2005.

Die Arbeitsweisen und Methoden moderner Literaturwissenschaften in Germanistik, Anglistik und Romanistik sind, soweit sie leserbezogen, rezeptionsästhetisch[15] an modernen Literaturen arbeiten, nur bedingt und mit Vorsicht brauchbar und nicht deckungsgleich übertragbar, da wir im Alten Testament weder Autoren noch Rezipienten genau bestimmen und festlegen können.

So verstandene Textwissenschaft mündet immer in „Theologien". Denn wir haben es im Alten Testament ausnahmslos mit religiösen Texten zu tun, die aus Glaubensgemeinschaften kommen, daher die Frage nach Gott stellen und die Bedingungen der Möglichkeit von menschlichem Sprechen über Gott und göttliches Handeln an der Welt erörtern und benennen.[16] Insofern ist das Alte Testament, als Textwissenschaft betrieben, immer auch Theologie und trägt zum theologischen Diskurs bei.

Am Ende soll ein Beispiel demonstrieren, was Textanalyse für die Theologie erbringt.

2. Das Alte Testament im Kontext der Altertumswissenschaften

Da die Texte und Literaturwerke des Alten Testaments in historischen, politischen, sozialen und kulturellen Zusammenhängen der Alten Welt entstanden sind, erscheinen als

15 Dazu einführend Manfred Oeming, Biblische Hermeneutik, Darmstadt 1998, 27–29, auch 91–102 („Wirkungsgeschichtlichen Exegese").

16 Die unterschiedlichen Konzeptionen von „Theologie" in den einzelnen Literaturwerken des AT betont mit Recht Jan Christian Gertz, Grundfragen einer Theologie des Alten Testaments, in: ders., Grundinformation Altes Testament (s. Anm. 5) 509; deshalb sei jeweils „gesondert nach Ursprung und Profil der jeweiligen Konzeption zu fragen".

Voraussetzung für ihre Einordnung und für ihr rechtes Verständnis notwendig: Kenntnisse und Einsichten in Geschichte, Gesellschaft, Literaturen und Religionen des Alten Orients.[17]

Für das Alte Testament als textwissenschaftliche Disziplin steht die Notwendigkeit von Kenntnissen der älteren und umfangreicheren Literaturen von Mesopotamien, Syrien, Kleinasien und Ägypten[18] im Vordergrund. Wenn wir auch heute keine direkte literarische Beeinflussung der älteren Kulturen und Literaturen auf das jüngere Israel annehmen[19], so hat doch das Israel des 1. Jahrtausends mit dem Kulturraum des Alten Orients das Denken, das Erleben, das Erfahren, die politischen Konstellationen und die religiösen Vorstellungen gemeinsam – wegen des umgreifenden gemeinsamen Lebensraums, der geographisch von Wüsten, Flüssen und Gebirgen, wie auch von ähnlichen klimatischen Bedingungen geprägt ist („Fruchtbarer Halbmond“).

Für diese Kenntnisse und Einsichten in den größeren Kulturraum sind wir auf die Arbeit, die Ergebnisse, die Transferleistungen der Fächer Altorientalistik, Ägyptologie und Hethitologie angewiesen. Der engste fachliche Konnex mit diesen Disziplinen ist lebensnotwendig für das Fach Altes Testament als Wissenschaft.

17 Zum „Alten Orient als Verstehenshorizont biblischer Schriften“ s. Angelika Berlejung, Geschichte und Religionsgeschichte des antiken Israel, in: Gertz, Grundinformation Altes Testament (s. Anm. 5) 55–60.

18 Vorbildlich für die atl. Wissenschaft erschlossen in dem großen Übersetzungswerk Otto Kaiser (Hg.), Texte aus der Umwelt des Alten Testaments (TUAT), Gütersloh 1982–2001, und Bernd Janowski/Gernot Wilhelm (Hg.), TUAT – Neue Folge, Gütersloh 2004ff.

19 Zur breiten Diskussion dieser Frage s. den Sammelband Bernd Janowski/Klaus Koch/Gernot Wilhelm (Hg.), Religionsgeschichtliche Beziehungen zwischen Kleinasien, Nordsyrien und dem Alten Testament (OBO 129), Fribourg/Göttingen 1993.

Sehr wichtig für das Verstehen unserer Texte ist auch geworden: die Archäologie des Vorderen Orients, speziell die Palästinaarchäologie.[20] Zu Tage gefördert wurden durch sie in den letzten Jahrzehnten neues Inschriftenmaterial, Artefakte, Bauten und Siedlungen, die unser Bild von der Entstehung und der Frühgeschichte Israels[21] ebenso revolutioniert haben wie das von der religionsgeschichtlichen Entstehung des sog. biblischen Monotheismus[22], der erst das Endstadium einer Entwicklung darstellt, die über den Polytheismus zu monolatrischen Formen der Religionspraxis führt. Auch das verdanken wir der vorderasiatischen Archäologie (inkl. der Archäologie Palästinas). So ist der Alttestamentler als Textwissenschaftler auch auf diesem Sektor ganz auf die Spezialisten des heute hochdifferenzierten Fachs „Archäologie" angewiesen.

Auf diesem nur scheinbar profanhistorischen, kultur- und religionsgeschichtlichen Sektor „entsteht" ebenfalls Theologie, d.h., schreitet theologisches Erkennen fort,[23] profitiert auch die christliche Theologie davon in reichem Maße.

20 Grundlegend dafür ist Helga Weippert, Palästina in vorhellenistischer Zeit (HdA 2,1), München 1988; s. auch Wolfgang Zwickel, Einführung in die biblische Landes- und Altertumskunde, Darmstadt 2002, sowie Dieter Vieweger, Archäologie der Biblischen Welt (UTB 2394), Göttingen ²2006.

21 Eine erste große Zusammenfassung der neuen Erkenntnisse bot das Themaheft „Die Anfänge Israels", in: BiKi (38/2) 1983, 41–76; systematische Darstellungen bieten Niels Peter Lemche, Die Vorgeschichte Israels (BE 1), Stuttgart 1996, und Volkmar Fritz, Die Entstehung Israels im 12. und 14. Jh. v. Chr. (BE 2), Stuttgart 1996.

22 Dazu Fritz Stolz, Einführung in den Biblischen Monotheismus, Darmstadt 2006, Otmar Keel/Christoph Uehlinger, Göttinnen, Götter und Gottessymbole (QD 134), Freiburg i. Br. ⁵2001, Otmar Keel, Die Geschichte Jerusalems und der Entstehung des Monotheismus, Teil 1 und 2, Göttingen 2007.

23 Dies weist für den Bereich historischer Topographie eindrucksvoll nach Erasmus Gaß, Historisch-topographische Forschung als theologischer Methodenschritt, in: MThZ 61 (2010) 68–84.

Ich führe als einleuchtendes Beispiel die Gottesvorstellungen an, die wir in ihrer Fülle und in ihrem Reichtum vom Alten Orient geerbt haben:

- Die dunklen und hellen Seiten Gottes,[24] nämlich die schlagenden und heilenden, die zürnenden und reinigenden Züge der männlichen Gottheiten (Wettergott).
- Die Licht- und Feuermetaphorik[25] im Sprechen von Gottes Manifestationen (Theophanie).
- Die anthropomorphe Vorstellung Gottes als Mann und Frau[26] und das göttliche Handeln in Analogie zu menschlichem gefühls- und affektgeladenem Agieren, das Leidenschaftlichkeit und Gefühlsregungen mit einschließt.[27]

All das zu sehen, wahrzunehmen und zu deuten ist Theologie, ist theologische Arbeit und theologische Auseinandersetzung.

3. Das Alte Testament als Fundamentalwissenschaft der theologischen Disziplinen

Nach dem Gesagten versteht es sich von selbst: Die sog. „Bibeltheologie", betrieben als von all den genannten Forschungsebenen isolierte Theologie, ist kein eigenes Fach und keine

24 S. dazu die „Göttermonographie" von Daniel Schwemer, Die Wettergottgestalten Mesopotamiens und Nordsyriens, Wiesbaden 2001, ebenso die zahlreichen Studien zum „Zorn Jahwes", zuletzt Jörg Jeremias, Der Zorn Gottes im Alten Testament (BThSt 104), Neukirchen 2009.

25 Vgl. Thomas Podella, Das Lichtkleid JHWHs (FAT 15), Tübingen 1996.

26 Hingewiesen sei in diesem Zusammenhang auf die reichen Erträge des Würzburger Graduiertenkollegs, vgl. allgemein Elmar Klinger / u. a. (Hg.), Die zwei Geschlechter und der eine Gott, Würzburg 2002, und speziell Maria Häusl, Geschlechterordnung, symbolische Ordnung, Götterordnung, in: Bernhard Heininger (Hg.), Geschlechterdifferenz in religiösen Symbolsystemen, Münster 2003, 15–25.

27 Vgl. Ruth Scoralik, Gottes Güte und Gottes Zorn (HBS 33), Stuttgart 2002, und Jörg Jeremias, Die Reue Gottes (BThSt 31), Neukirchen ^{3}2002.

selbstständige Disziplin in der alttestamentlichen Exegese; sie ist keine Wissenschaft.

Den Alttestamentler als reinen Bibeltheologen gibt es nicht; ein solcher existiert nur in den irrationalen Wunschvorstellungen mancher theologischer Kollegen, die in der Bibelwissenschaft eine bloße Hilfs- und Zuliefererdisziplin für die sog. theologischen Zentralfächer sehen. „Bibeltheologie“ wächst, wie in den ersten beiden Punkten gezeigt und hervorgehoben, aus der Textwissenschaft; eine vertieft betriebene Textwissenschaft stößt per se in „theologische Bereiche“ vor und erzielt auf vielen Ebenen wichtige Einsichten und Bereicherungen für die Gesamttheologie.[28] Umgekehrt fehlt einer „Bibeltheologie“ ohne Textwissenschaft jegliche Basis; sie ist ein Haus ohne Fundament; sie entbehrt des wissenschaftlichen Anspruchs, weil sie fachfremde Methodik und eine ahistorische Hermeneutik über die alttestamentlichen Texte stülpt, v. a. wenn sie gesamtbiblische Theologie sein will.[29]

Alternativ zu der törichterweise nie verstummenden Forderung nach mehr Bibeltheologie in der Exegese nenne ich Bei-

28 Zuzustimmen ist der Formulierung des Dokuments der Päpstlichen Bibelkommission von 1993 zum Verhältnis der Gesamttheologie, vor allem der Systematik zur Exegese: „... die Heilige Schrift ... stellt ... die Hauptgrundlage der theologischen Forschungsarbeit dar. Um die Schrift wissenschaftlich gründlich zu interpretieren, sind die Theologen auf die Arbeit der Exegeten angewiesen. Die Exegeten ihrerseits müssen ihre Forschung so orientieren, daß das ‚Studium der Heiligen Schrift‘ wirklich ‚gleichsam die Seele der Theologie‘ ist (*Dei Verbum* 24). Deshalb müssen sie vornehmlich dem religiösen Inhalt der biblischen Schriften ihre Aufmerksamkeit widmen“ (s. Päpstliche Bibelkommission, Die Interpretation der Bibel in der Kirche [Verlautbarungen des Apostolischen Stuhls115] D2., zitiert nach: Die Interpretation der Bibel in der Kirche. Das Dokument der Päpstlichen Bibelkommission vom 23.4.1993 mit einer kommentierenden Einführung von Lothar Ruppert und einer Würdigung durch Hans-Josef Klauck (SBS 161), Stuttgart 1995, 152).

29 Als abschreckendes Beispiel: Brevard S. Childs, Die Theologie der einen Bibel, Band 2: Hauptthemen, Freiburg i. Br. 1996.

spiele, wie das wissenschaftliche Fach Altes Testament den Diskurs der anderen theologischen Disziplinen anregen und bereichern könnte:

- Die Erkenntnisse und Ergebnisse zur sog. Monotheismusdebatte[30] (die Genese des biblischen Monotheismus aus Polytheismus und Monolatrie) haben höchste Relevanz für die systematische Gotteslehre der Dogmatik.
- Die Sichtweise und Bewertung der Schöpfungstexte und der Schöpfungsthematik im Alten Testament und im Alten Orient[31] sind die Grundlage für die Befassung des Schöpfungsthemas in Anthropologie, Ethik, Gesellschaftslehre und in der praktischen Theologie.
- Die Meinung und der Standpunkt des Exegeten zur Offenbarung und zum Werden des Kanons Heiliger Schriften[32] berühren unmittelbar das Interesse der Fundamentaltheologie.
- Das Spezifikum unserer Texte, auf Situationen und Aporien von Glaubensgemeinschaften zu antworten und aus ihren Gegebenheiten herausgewachsen zu sein, bietet Ansatzpunkte für die Pastoral- und praktische Theologie, wie etwa die Minoritätssituation des Exils und der Nachexilsgemeinde.[33]
- Die Gattungen der Prophetie und der Gebetsliteratur[34] bieten natürliche Gemeinsamkeiten und Gesprächsebenen mit der Liturgiewissenschaft.

30 S. Anm. 22.

31 Vgl. Gregor Ahn / Reinhard G. Kratz / Hermann Spieckermann, Art. „Schöpfer, Schöpfergott I. II", in: TRE 30 (1999) 250–283.

32 Vgl. etwa Bernhard Lang, Die Bibel, Paderborn 1990, 15–33.169–218 und Schmid, Literaturgeschichte (s. Anm. 2) 212–221.

33 Intensiv herausgearbeitet von Rolf Zerfaß, Engagement in Babel, in: Diakonia 3 (1968) 323–334.

34 Vgl. etwa Bernd Janowski, Konfliktgespräche mit Gott. Eine Anthropologie der Psalmen, Neukirchen 2003.

– Die vielen Rechtssammlungen[35] im AT brauchen das Expertenwissen des Kanonisten.
– Die reiche Wirkungs- und Rezeptionsgeschichte[36] alttestamentlicher Texte eröffnet das Gespräch mit der Kirchen- und der Theologiegeschichte, aber auch mit Kunst-, Musik- und Literaturwissenschaft.

In Anbetracht der Komplexität und Differenziertheit der Nachbardisziplinen gilt grundsätzlich: Der einzelne Forscher muss und darf sich auf sein eigenes, begrenztes Forschungs- und Spezialgebiet beschränken; er kann längst nicht mehr alles beherrschen und übersehen. Der enge Kontakt zwischen den Disziplinen ist eine operationale Notwendigkeit.

Als Universitätslehrer freilich und Vermittler seines Faches muss er einen Überblick über sein ganzes Fach und die Nachbardisziplinen gewährleisten – und das heißt auch einen Überblick über Geschichte, Archäologie und Altorientalistik.

4. Ein Textbeispiel

Ich schließe mit einem bekannten Textbeispiel[37] und zeige aus einem Übersetzungsvergleich, wie das Alte Testament, als Textwissenschaft betrieben, das Verstehen von Bibeltexten fördert und für andere theologische Disziplinen relevant wird:

35 Einen fundierten rechtsgeschichtlichen Einblick verschafft Frank Crüsemann, Die Tora, München 1992.

36 Literatur dazu stellt zusammen Gertz, Grundinformation (s. Anm. 5) 542f.

37 S. dazu auch Theodor Seidl, Schöpferwort, Menschenwort, Sprachenverwirrung, in: Theodor Berchem u. a. (Hg.), Weltwunder Sprache, Stuttgart 2000, 265f.

Gen 1,1–3 (nach der Einheitsübersetzung)
1 Am Anfang schuf Gott Himmel und Erde;
2 die Erde aber war wüst und wirr, Finsternis lag über der Urflut,
und Gottes Geist schwebte über dem Wasser.
3 Gott sprach: Es werde Licht. Und es wurde Licht.

Gen 1,1–3 (Wiedergabe nach der Syntax des Urtextes)
1 An dem Anfang,
an dem Gott den Himmel und die Erde erschuf, –
2 *wobei die Erde (noch) wüst und wirr war,*
und Finsternis über der Oberfläche der Urflut war,
und ein starker Sturm über der Oberfläche des Wassers wehte, –
3 sprach Gott:
„Es werde Licht!“
Da wurde es Licht.

Bewertet man die althebräische Syntax der ersten Sätze des priesterschriftlichen Schöpfungsberichtes sprachwissenschaftlich korrekt[38], so ist das erste, grundlegende und erstursächliche Schöpfungshandeln Gottes die Sprache, sein initiierendes Wort, und das erste Schöpfungswerk, das durch das Wort wurde, ist nicht Himmel und Erde, auch nicht die Bannung des „Chaos“ durch den Geist Gottes, sondern es ist das Licht, das durch das Schöpferwort geworden ist. Denn Gen 1,1–3 ist eine Satzfügung mit Unterordnungen, keine Satzreihe mit gleichrangigen Sätzen. Alles strebt auf das initiierende Schöpferwort zu. Das Wort schafft Wirklichkeit. Das Schöpfungshandeln geschieht durch das Sprechen des Schöpfers.

38 Grundlegend ist Walter Groß, Syntaktische Erscheinungen am Anfang althebräischer Erzählungen, in: John A. Emerton, Congress Volume Vienna 1980 (VTS 32), Leiden 1980, 131–145, bes. 142–145.

In der Einheitsübersetzung ist dagegen das erste Schöpfungswerk Himmel und Erde. Danach hat der Schöpfer zunächst eine wüste und wirre Erde erschaffen. Gottes Geist war aber schon über den Wassern. Dann folgen die bekannten Schöpfungswerke.

Die Übersetzung nach den Kriterien hebräischer Syntax beachtet die Satzfügung: Himmel und Erde stehen als Globalaktion und Überschrift voraus; dann folgt in Unterordnung die Nennung der vorgeschöpflichen Gegebenheiten; das erste Schöpfungswerk ist das Licht, das durch das göttliche Wort erschaffen wird.

So könnte alttestamentliche Wissenschaft, betrieben als Textwissenschaft, noch viel Licht in manches Dunkel des Faches Theologie bringen.

DOMINIK BURKARD

Das kritische Auge der Theologie

Aufgabe und Funktion von Kirchengeschichte

„Sag, was enthält die Kirchengeschichte?
Sie wird mir in Gedanken zunichte;
Es gibt unendlich viel zu lesen,
Was ist denn aber das alles gewesen?“ –

Zwei Gegner sind es, die sich boxen,
Die Arianer und Orthodoxen,
Durch viele Säcla dasselbe geschicht,
Es dauert bis an das Jüngste Gericht.[1]

Goethes tölpelnde Knittelverse über die Kirchengeschichte mögen manch' leidgeprüftem Theologiestudierenden so recht aus der Seele sprechen. Was ist „Kirchengeschichte“? Doch nur ein Wust aufgehäufter Fakten, mühsam angelesen und für die Prüfung ins Hirn gepresst? Ohne Aktualitätsbezug und direkte Verwertbarkeit? Ein Selbstzweck, ein „Mauerblümchenfach“ für Retrovertierte? Also: letztlich verzichtbar?

Tatsächlich glaubte auch die Theologie lange Zeit, ohne Kirchengeschichte auszukommen. Bis weit ins 18. Jahrhundert galt an nahezu allen katholischen Universitäten unumstritten die Studienordnung der Jesuiten von 1599[2]. Kirchengeschichte

1 Johann Wolfgang von Goethe, Gedichte aus dem Nachlaß. Zahme Xenien, 2. Abt., hg. v. Peter Boerner u. a., München 1961, 70.

2 Gedruckt erstmals 1599 in Neapel unter dem Titel „Ratio atque Institutio Studiorum Societatis Iesu“. Die erste deutsche Ausgabe erschien 1600 in Mainz. Vgl. vor allem das vierbändige Werk von Georg Michael Pachtler, Ra-

war hier nicht vorgesehen, wurde folglich auch nicht gelehrt. Die universitäre Theologie beschränkte sich strukturell und inhaltlich auf die Aneignung der Dogmatik und auf deren Anwendung im Rahmen der Kasuistik. Die historischen Fächer (Kirchengeschichte, Exegese) kamen meist nur zum Zuge, wenn sie der Begründung und Verteidigung der Glaubenslehre oder der Bekämpfung der Gegner dienten. Das änderte sich nur langsam. 1720 fand die Kirchengeschichte erstmals an einer deutschen Universität in Würzburg Eingang in den Reigen der im Theologiestudium gelehrten Disziplinen[3]. Mehr oder weniger flächendeckend etablierte sie sich als eigenständige theologische Disziplin an den katholisch-theologischen Fakultäten des deutschsprachigen Raumes jedoch erst im Zuge der Aufklärung, nämlich im Rahmen der österreichischen Studienreformen[4] und insbesondere nach Aufhebung des Je-

tio Studiorum et Institutiones Scholasticae Societatis Jesu per Germaniam olim vigentes, Tom. 1–4, Berlin 1887–1894 (insbes. Bd. 1); auch Bernhard Duhr, Geschichte der Jesuiten in den Ländern deutscher Zunge, insbes. Bd. 1., Freiburg i. Br. 1907, 280–294; Bd. 2, Freiburg i. Br. 1913, 529–534. Auszüge bei Bernd Roeck (Hg.), Gegenreformation und Dreißigjähriger Krieg 1555–1648 (Deutsche Geschichte in Quellen und Darstellung 4), Stuttgart 1996, 109–118.

3 Die Universität Würzburg bildete im Gegensatz zur allgemeinen Entwicklung insofern eine Ausnahme, als hier unter Fürstbischof Johann Philipp Franz von Schönborn (1673–1724) bereits 1720 ein Lehrstuhl für Geschichte eingerichtet und mit dem Jesuiten Johann Seyfried (1678–1742) besetzt wurde. Dieser sollte neben der Kirchengeschichte zwar auch die Allgemeine Geschichte vertreten, doch war der Lehrstuhl explizit nicht der philosophischen oder juristischen, sondern der theologischen Fakultät zugeordnet. Damit war Würzburg die erste deutschsprachige Universität mit einem eigenen Lehrstuhl für Kirchengeschichte. Vgl. auch: Sebastian Merkle, Die Vertretung der Kirchengeschichte in Würzburg bis zum Jahre 1879, in: Max Buchner (Hg.), Aus der Vergangenheit der Universität Würzburg. Festschrift zum 350jährigen Bestehen der Universität, Berlin 1932, 146–214.

4 Weil die „Ratio studiorum“, und vor allem ihre spekulativ-systematische Einseitigkeit, auf die Herausforderungen der Aufklärung nicht angemessen reagieren konnte, wurden zunächst in Österreich unter Maria Theresia und Joseph II. neue Standards der Klerusausbildung definiert. Eine grundle-

suitenordens 1773. Die Organisationsformen des Faches Kirchengeschichte waren dabei noch durchaus disparat: Teils handelte es sich um einen bloßen Lehrauftrag, teils wurde die Fachvertretung einer anderen Disziplin (meist dem Kirchenrecht oder der Allgemeingeschichte) zugeordnet, teils erfolgte die Errichtung als eigener Lehrstuhl mit expliziter Umschreibung des Faches[5].

Noch 1864 behauptete der Jesuit Carlo Maria Curci (1809–1891)[6] in einem langen Artikel der offiziösen römischen Zeit-

gende Umgestaltung des Theologiestudiums erfolgte im Rahmen der von Gerhard van Svieten angeregten Universitätsreform von 1752. Die Leistung der neuen Studienordnung bestand vor allem darin, dass die Theologie durch Erweiterung des Fächerkanons und Schaffung zusätzlicher Lehrstühle institutionell ausdifferenziert wurde. Die theologischen Fächer wurden in zwei Klassen eingeteilt. Alle Studenten mussten sich die zur Seelsorge notwendigen Kenntnisse erwerben, welche in der „niederen" Klasse (Moraltheologie, Exegese, Polemik, Kirchengeschichte, Geistliche Beredsamkeit) geboten wurden. Nur die Talentierteren studierten auch die Fächer der „höheren" Klasse (Spekulative Theologie, Hebräisch, Kirchen- und Staatsrecht). Nach der Aufhebung des Jesuitenordens wurde das Studienprogramm weiterentwickelt. Eine wesentliche Neuerung der Rautenstrauchschen Reform von 1774 bestand in der Ausweitung der biblischen Hilfswissenschaften. Neu waren auch die Fächer „Kirchliche Literaturgeschichte" und „Theologische Enzyklopädie". Die Pastoral wurde aus der Moraltheologie und dem Kirchenrecht herausgelöst. Mit außerordentlichen Vorlesungen sollten auch Religionsgeschichte, Dogmen- und Häresiegeschichte, Dekretalenrecht, Symbolik, Liturgik, Katechetik und Homiletik abgedeckt werden. 1779 erfuhr der Studienplan noch einmal wesentliche Modifikationen, das Studium der Pastoral, der biblischen Hilfswissenschaften und der Kirchengeschichte wurde genauer spezifiziert, für die Kirchengeschichte eine neue Methode eingeführt. Vgl. Hermann Zschokke, Die theologischen Studien und Anstalten der katholischen Kirche in Österreich. Wien 1894, u. a. 45–47.

5 Dazu noch immer: Emil Clemens Scherer, Geschichte und Kirchengeschichte an den deutschen Universitäten. Ihre Anfänge im Zeitalter des Humanismus und ihre Ausbildung zu selbständigen Disziplinen, Freiburg i. Br. 1927, 293–298.

6 Zu ihm: Giandomenico Mucci, Il primo direttore della „Civiltà Cattolica". Carlo Maria Curci tra la cultura dell'immobilismo e la cultura della storicità, Roma 1986; ders., Carlo Maria Curci. Il fondatore della „Civiltà Cattolica", Roma 1988.

schrift „Civiltà Cattolica“, die Geschichte gehöre *nicht wesentlich zur Theologie*[7]. Diese Herabsetzung der Geschichte, ja der Versuch, sie aus dem seit dem Ende des 18. Jahrhunderts im Wesentlichen feststehenden Kanon der theologischen Disziplinen zu verdrängen, war eine Reaktion auf jene berühmte Rede, die 1863 der aus Bamberg gebürtige Münchener Kirchenhistoriker Ignaz Döllinger (1799–1890) vor der Münchener Gelehrtenversammlung über „Die Vergangenheit und Gegenwart der katholischen Theologie“ gehalten hatte[8]. Döllinger hatte der scholastischen – sprich: römischen – Theologie vorgeworfen, an einem Geburtsfehler zu leiden: sie sei „einäugig“, denn sie besitze nur das „spekulative“, nicht aber das „historische Auge“.

Die *Kirchengeschichte – das andere Auge der Theologie.* Es ging Döllinger damals darum, die Relevanz der Kirchengeschichte, die historisch-kritischen Methode – und mit ihr den Charakter der „Wissenschaftlichkeit“ – für die Theologie sicherzustellen. Hatte sich doch im 19. Jahrhundert die Geschichtsschreibung zur Leitdisziplin in fast allen Wissenschaftszweigen entwickelt. Dem stand das weitgehend „ungeschichtliche Verhältnis“ der neuscholastisch geprägten Theologie gegenüber[9].

Die römische Reserve gegenüber der Geschichte kam nicht von ungefähr. Wie „gefährlich“ die Kirchengeschichtsschreibung für Theologie und Kirche werden konnte, zeigte sich wenige Jahre später im Streit um das Unfehlbarkeits-

7 Vgl. Wolfgang Klausnitzer, Döllingers Theologierede vom 28. September 1863 in ihrem theologiegeschichtlichen Kontext, in: Georg Denzler / Ernst Ludwig Grasmück (Hg.), Geschichtlichkeit und Glaube. Zum 100. Todestag Johann Joseph Ignaz von Döllingers (1799–1890), München 1990, 417–445, hier: 433.

8 Abgedruckt zuletzt bei: Johann Finsterhölzl, Ignaz von Döllinger, Graz 1969, 227–163.

9 Klausnitzer, Theologierede (s. Anm. 7) 422.

dogma des 1. Vatikanischen Konzils[10]. So hatte Döllinger neben anderen Kirchenhistorikern – etwa dem Rottenburger Bischof Carl Joseph Hefele (1809–1893)[11] oder dem Präfekten des Vatikanischen Archivs Augustin Theiner (1804–1874)[12] – größte Bedenken, die Definition der Infallibilität anzuerkennen. Schwierigkeiten bereiteten nicht etwa nur die Definitionen der Reformkonzilien des 15. Jahrhunderts, sondern auch die Haltung Papst Honorius' I. im Monotheleten-

10 Vgl. Dominik Burkard, Gelenkte Geschichtsschreibung? Das 1. Vatikanische Konzil und der Index der verbotenen Bücher, in: RQ 96 (2001) 240–289. – Zum I. Vaticanum: Klaus Schatz, Kirchenbild und päpstliche Unfehlbarkeit bei den deutschsprachigen Bischöfen auf dem I. Vaticanum (Miscellanea Historiae Pontificae 40), Rom 1975; August Bernhard Hasler, Pius IX. (1846–1878). Päpstliche Unfehlbarkeit und 1. Vatikanisches Konzil. Dogmatisierung und Durchsetzung einer Ideologie (Päpste und Papsttum 12), 2 Bd. Stuttgart 1977; Klaus Schatz, Vaticanum I. 1869–1870 (Konziliengeschichte, Reihe A: Darstellungen), 3 Bd., Paderborn 1992–1994.

11 Zu ihm: Hubert Wolf (Hg.), Zwischen Wahrheit und Gehorsam. Carl Joseph von Hefele (1809–1893), Ostfildern 1994; ders., „Ist es möglich, bis zum 18. Juli etwas für unwahr und von da an für wahr zu halten?" Neue Quellen zur Rezeption des Unfehlbarkeitsdogmas in Württemberg, in: ZNThG 3 (1996) 88–115; Dominik Burkard, Ein Hirtenbrief als moralischer Selbstmord? Weitere Quellen zur Rezeption des Unfehlbarkeitsdogmas aus dem Jahre 1871, in: ZNThG 5 (1998) 114–132. Eine Sammlung von brieflichen Äußerungen Hefeles bei Johann Friedrich von Schulte, Der Altkatholicismus. Geschichte seiner Entwicklung, inneren Gestaltung und rechtlichen Stellung in Deutschland. Aus den Akten und anderen authentischen Quellen dargestellt, Giessen 1887, 215–238.

12 Zu ihm: Herman H. Schwedt, Augustin Theiner und Pius IX., in: Erwin Gatz (Hg.), Römische Kurie. Kirchliche Finanzen. Vatikanisches Archiv. Studien zu Ehren von Hermann Hoberg, Bd. 2 (Miscellanea Historiae Pontificiae 46), Rom 1979, 825–868; Dominik Burkard, Augustin Theiner – Ein deutscher Doppelagent in Rom? Oder: Vom Umgang mit Quellen am Beispiel der Rottenburger Bischofswahlen von 1846/47, in: RJKG 19 (2000) 191–251; Hubert Wolf, Simul censuratus et censor. Augustin Theiner und die römische Indexkongregation, in: Peter Walter / Hermann-Josef Reudenbach (Hg.), Bücherzensur – Kurie – Katholizismus und Moderne. Festschrift für Herman H. Schwedt (Beiträge zur Kirchen- und Kulturgeschichte 10), Frankfurt / u. a. 2000, 27–59.

streit[13]. Für Döllinger und andere war klar, dass nicht als wahr geglaubt werden könne, was historisch widerlegt sei.

Als nach der Definition der Unfehlbarkeit viele ihre Bedenken, ja ihre Ablehnung der Infallibilität unterdrückten, beklagte sich Döllinger bitter über das „Buckeln" seiner Kollegen. Insbesondere den Tübinger Theologen warf Döllinger vor, aus Furcht vor drohenden lehramtlichen Konsequenzen alle theologischen Probleme im Zusammenhang mit dem Unfehlbarkeitsdogma weiträumig zu umschiffen[14]: Sie druckten in ihrer Quartalschrift nur noch theologische Allotria, und glaubten Hamlet ohne Hauptfigur in reduzierter Besetzung, „ohne den Hamlet, nur mit Rosenkranz und Güldenstern", aufführen zu können[15]. Tatsächlich wurde Döllinger exkommuniziert, während sich die Tübinger in ihrer theologischen Arbeit auf ungefährliches Terrain zurückzogen.

Das Dogma ging freilich über Döllingers Bedenken hinweg, das Lehramt verwarf alle historischen Interventionen. Hatte also, wie der Erzbischof von Westminster, Henry Edward

13 Vgl. dazu etwa Carolus Josephus de Hefele, Causa Honorii papae, Neapoli 1870; Karl Joseph von Hefele, Honorius und das sechste allgemeine Konzil. Autorisierte Übersetzung. Mit einem Nachtrag des Verfassers, Tübingen 1870; Aemil Ruckgaber, Die Irrlehre des Honorius und das vaticanische Decret über die päpstliche Unfehlbarkeit. Ein Versuch zur Verständigung, Stuttgart 1871.

14 Die Tübinger Katholisch-Theologische Fakultät hatte sich – unter dem Druck eines von Hefele und Johann Evangelist Kuhn (1806–1887) auferlegten allgemeinen Schweigens zum Vatikanischen Konzil – nicht der breiten professoralen Oppositionsbewegung angeschlossen. Vgl. Hasler, Pius IX. (s. Anm. 10) 505–512; Hubert Wolf, Ketzer oder Kirchenlehrer? Der Tübinger Theologe Johannes von Kuhn (1806–1887) in den kirchenpolitischen Auseinandersetzungen seiner Zeit (VKZG.B 58), Mainz 1992, 343–350.

15 Adolf von Harnack, Aus der Werkstatt des Vollendeten. Als Abschluß seiner Reden und Aufsätze, hg. von Axel von Harnack, Gießen 1930, 116 f. Nach Hubert Wolf, Indem sie schweigen, stimmen sie zu? Die Tübinger Katholisch-Theologische Fakultät und das Unfehlbarkeitsdogma, in: ders. (Hg.), Wahrheit (s. Anm. 11) 78–101, hier: 79.

Manning (1808–1892)[16], einer der eifrigsten Befürworter der Infallibilität, nach dem Konzil mit Genugtuung formulierte[17], „das Dogma die Geschichte besiegt“?

Die grundlegende Frage, die hinter Döllingers Auseinandersetzung mit dem Lehramt stand, war die nach der Relevanz kirchenhistorischer Forschung für die Theologie. Sie ist auch heute aktuell. Sie stellt sich nicht zuletzt bei der teils schon durchgeführten, teils noch ausstehenden Reform der theologischen Studienpläne und damit bei der Entscheidung, welcher Rang der Disziplin im Gesamt des theologischen Studiums zusteht. Hat die Kirchengeschichte Gewicht, ist ihre Stimme unverzichtbar, wenn es um theologische Fragen geht?[18] Oder ist sie nur „Hilfswissenschaft“ der „eigentlichen“ Theologie? Gehört sie vielleicht sogar nicht einmal zur Theologie, sondern ist – mit historischen Fragestellungen und in Anwendung historischer Methodik – „nur“ Teil der Geschichtswissenschaft? Welchen genuinen Beitrag für die Theologie leistet Kirchengeschichte denn überhaupt?

Umstrittene Theorie: Kirchengeschichte – Geschichte oder Theologie?

Die Frage nach dem wissenschaftlichen Standort der Kirchengeschichte wurde und wird immer wieder gestellt, und auch

16 Zu ihm: Günter Biemer, Art. „Manning“, in: LThK[3] 6 (1997) 1283.

17 Das Diktum will Döllinger aus dem Mund Mannings gehört haben. Vgl. Hasler, Pius IX. (s. Anm. 10) 346.

18 Vgl. etwa: Franz Dünzl, Forschung ohne Resonanz? Zu Intention und Wirkung Historischer Theologie in Gegenwart und Zukunft, in: ThQ 184 (2004) 224–231; Roland Kany, Einbalsamierte Antike. Beobachtungen zum Fach „Alte Kirchengeschichte“, in: ThQ 184 (2004) 232–242.

unterschiedlich beantwortet[19]. In der Formulierung des Selbstverständnisses des Faches beziehen im Wesentlichen zwei Modelle Position: Ein theologisch-heilsgeschichtliches, nach dem das Fach sein Materialobjekt („Minimalbegriff von Kirche") und sein Formalobjekt („Credo ecclesiam") vom kirchlichen Lehramt (Erwin Iserloh) bzw. der Dogmatik (Hubert Jedin) empfängt, und ein historisch-kritisches Modell, wonach über Wert und Unwert der Arbeit „nicht die rechte Theologie, sondern die rechte historische Methode" entscheidet (Viktor Conzemius / Giuseppe Alberigo).

Beim *theologisch-heilsgeschichtlichen* Modell wird Kirchengeschichte von einem apriorischen dogmatischen Kriterium her konstruiert. Der Definitionsbereich der Ergebnisse ist vorgegeben, weil die historische Untersuchung „letztlich gar nichts an-

19 Vgl. dazu v.a. Hubert Jedin, Kirchengeschichte als Heilsgeschichte? in: Saeculum 5 (1954) 119–128; Hubert Jedin, Kirchengeschichte ist Theologie und Geschichte, in: Raymund Kottke (Hg.), Kirchengeschichte heute – Geschichtswissenschaft oder Theologie? Trier 1970, 33–48; Giuseppe Alberigo, Neue Grenzen der Kirchengeschichte? in: Conc(D) 6 (1970) 486–495; Victor Conzemius, Kirchengeschichte als „nichttheologische" Disziplin. Thesen zu einer wissenschaftstheoretischen Standortbestimmung, in: ThQ 155 (1975) 187–197; Klaus Schatz, Ist Kirchengeschichte Theologie? in: ThPh 55 (1980) 481–513; Hans Reinhard Seeliger, Kirchengeschichte – Geschichtstheologie – Geschichtswissenschaft. Analysen zur Wissenschaftstheorie und Theologie der katholischen Kirchengeschichtsschreibung, Düsseldorf 1981 (mit erzählparadigmatischem Ansatz); Erwin Iserloh, Kirchengeschichte – Eine theologische Wissenschaft, in: RQ 80 (1985) 5–30; Hubert Wolf, „Ein dogmatisches Kriterium der Kirchengeschichte"? Franz Xaver Funk (1840–1907) und Sebastian Merkle (1862–1945) im Streit um die Identität des Faches, in: Raimund Haas / u.a. (Hg.), „Im Gedächtnis der Kirche neu erwachen". Studien zur Geschichte des Christentums in Mittel- und Osteuropa, Köln 2000, 713–732; Andreas Holzem, Die Geschichte des „geglaubten Gottes". Kirchengeschichte zwischen „Memoria" und „Historie", in: Andreas Leinhäupl-Wilke / Magnus Striet (Hg.), Katholische Theologie studieren: Themenfelder und Disziplinen (Münsteraner Einführungen 1), Münster 2000, 73–103; Hubert Wolf, Zwischen Theologie und Geschichte – Zur Standortbestimmung des Faches Kirchengeschichte, in: ThRv 98 (2002) 379–386.

deres erbringen kann, als was lehramtlich definiert wurde" (Erwin Iserloh). Im Grunde geht es darum, für die Stabilisierung des katholischen Milieus und seiner Norm- und Wertestandards historische Belege zu liefern. Dabei wird allerdings vergessen, dass bereits der Kirchenbegriff selbst geschichtlich ist. Zudem fehlt dem Kirchenhistoriker die Methodik, Heilsgeschichte aufzuweisen. Er kann also nicht „Deuter der Wirksamkeit des Heiligen Geistes auf Erden" (Hubert Jedin) sein.

Das *historisch-kritische Modell* ist bei näherer Betrachtung nichts anderes als ein religionswissenschaftlicher Ansatz im Kontext der Profangeschichte. Wenn die Forderung, Kirchengeschichte zu „säkularisieren" (Giuseppe Alberigo), um dem Postulat unbedingter Objektivität zu genügen, ernst genommen wird, so stellt sich verschärft die Frage nach der Berechtigung von Kirchengeschichte im Rahmen der Theologie.

Die wissenschaftstheoretische Situation in ihrem Spannungsverhältnis zwischen *theologischer Programmatik* und *historischer Pragmatik* erweist sich so insgesamt als aporetisch. Meist kommt es deshalb nur zu dem nicht näher begründeten Formalkompromiss: Kirchengeschichte sei eben ein theologisches Fach mit historischer Methode.

Hubert Wolf hat – in den Spuren Yves Congars (1904–1995)[20] – bereits vor einigen Jahren den Vorschlag gemacht, die skizzierte Aporie im Rahmen einer fundamentaltheologischen Erkenntnislehre zu lösen, die sich am System der *loci theologici* von Melchior Cano (1509–1560)[21] orientiert, von Max Seckler

20 Zu ihm: Ekkart Sauser, Art. „Congar", in: BBKL 21 (2003) 282–285. – Vgl. Yves Congar, Die Geschichte der Kirche als „locus theologicus", in: Conc(D) 6 (1970) 496–501.

21 Zu ihm und seiner Schrift: Albert Lang, Die Loci Theologici des Melchior Cano und die Methode des dogmatischen Beweises. Ein Beitrag zur theologischen Methodologie und ihrer Geschichte, München 1925, ND Hildesheim 1974; Bernhard Körner, Melchior Cano De locis theologicis. Ein Beitrag zur theologischen Erkenntnislehre, Graz 1994; José Antonio García

als erkenntnistheoretische Katholizität beschrieben[22]. Danach sind immer, wenn eine theologische Frage zu beantworten ist, zehn theologische Dokumentationsbereiche bzw. Bezeugungsinstanzen zu befragen. Zu den *loci theologici proprii* zählt Cano die Heilige Schrift, die traditiones Christi et Apostolorum, die Katholische Kirche, die Konzilien, die Römische Kirche, die Väter und die Theologen, zu den *loci alieni* die ratio naturalis, die Philosophie und die Geschichte. Den loci kommt im System eine Wächterfunktion zu. Erst im kritischen Zusammenwirken der Zeugnisträger erhellt sich die *veritas catholica.*

Ein Großteil der loci sind selbst wieder historisch zu befragende Bezeugungsinstanzen. Darüber hinaus wird die Geschichte explizit als eigener locus aufgeführt. Dem entspricht das Selbstverständnis heutiger katholischer Theologie: Christlicher Glaube und Theologie gründen „auf dem geschichtlich ein für allemal ergangenen Wort Gottes in seinem Handeln in der Geschichte. Die geschichtliche Argumentation ist deshalb grundlegend für jede Theologie" (Walter Kasper)[23]. Es gibt „nicht nur eine Geschichte zum Dogma hin, sondern eine Geschichte des Dogmas selbst" (Joseph Ratzinger)[24].

Die Situierung der Kirchengeschichte im Kontext einer fundamentaltheologischen Erkenntnislehre impliziert ein theo-

Martínez, Die erkenntnistheoretischen Grundlagen der Loci Theologici von Melchior Cano, München 2005.

22 Max Seckler, Die ekklesiologische Bedeutung des Systems der loci theologici. Erkenntnistheoretische Katholizität und strukturale Weisheit, in: ders., Die schiefen Wände des Lehrhauses. Katholizität als Herausforderung, Freiburg i. Br. u. a. 1988, 79–104.

23 Walter Kasper, Glaube und Geschichte, Mainz 1970.

24 Joseph Ratzinger, Das Problem der Dogmen-Geschichte in der Sicht katholischer Theologie (Arbeitsgemeinschaft für Forschung des Landes Nordrhein-Westfalen. Geisteswissenschaften Heft 139), Köln / u. a. 1966, 7–30, hier: 21.

logisches Vorverständnis. Geschichte wird nicht nur als Geschichte befragt, sondern als theologische Bezeugungsinstanz. So kommt Kirchengeschichte nicht nur zu *historisch interessanten*, sondern zu *theologisch relevanten* Ergebnissen.

Man muss dabei nicht so weit gehen und jene Folgerungen daraus ziehen, die der Würzburger Kirchenhistoriker Sebastian Merkle (1862–1945)[25] zog, als er 1904 – im Frust über die Ignoranz der übrigen theologischen Fächer und des Lehramts – forderte: „Der Historiker [...] darf nicht Advokat sein, welcher nur das vorbringt, was zugunsten seiner Gesinnungsgenossen und zuungunsten der Gegenpartei spricht, sondern er soll *ein über den Parteien stehender Richter* sein; Wahrheit und Unwahrheit, Recht und Unrecht hat er zu scheiden, nicht aber das zu sagen, was übelberatenes, kurzsichtiges Parteiinteresse ihm diktieren möchte."[26] Aus den Worten Merkles spricht das Bewusstsein der hohen Verantwortung des Kirchenhistorikers, seines wissenschaftlichen „Ethos", nämlich über der „Parteien Gunst und Hass" zu stehen, das Urteil nicht den vorgefassten Meinungen, auch nicht den „konstruierenden" Theologen, sondern allein den Quellen zu überlassen.

Allerdings kommt der Kirchengeschichte im Streit der theologischen Fächer (sofern sie denn überhaupt streiten) *nicht die Rolle der Richterin* zu. Denn auch der Befund, den die Kirchengeschichte erhebt, bleibt perspektivisch. Er wird meist anders ausfallen als das, was die Bibelwissenschaft ans Tageslicht bringt, anders auch als das, was praktische und systematische

25 Zu ihm: Theobald Freudenberger (Hg.), Sebastian Merkle. Ausgewählte Reden und Aufsätze. Anläßlich seines 100. Geburtstages in Verbindung mit dem Sebastian-Merkle-Institut der Universität Würzburg (Quellen und Forschungen zur Geschichte des Bistums und Hochstifts Würzburg 17), Würzburg 1965.

26 Sebastian Merkle, Reformationsgeschichtliche Streitfragen. Ein Wort zur Verständigung aus Anlaß des Prozesses Beyhl-Berlichingen, München 1904, 32f.

Theologie zu sagen haben. Kirchengeschichte teilt damit das Schicksal der anderen theologischen Disziplinen und loci, denn sie alle haben ebenfalls kontingenten, perspektivischen Charakter. Erst im „Zusammenwirken der Zeugnisträgerschaften (loci)" – das heißt allerdings auch: erst *mit* der gewichtigen Stimme der Kirchengeschichte, mit den „Harmonien, Disharmonien und mit der ganzen Last der Geschichte" – stellt sich das „Klangbild authentischer Katholizität"[27] ein.

Die Geschichte – und damit auch die Disziplin Kirchengeschichte – ist also konstitutiv für den theologischen Diskurs. Sie bildet einen der „wesentlichen Zweige der einen Theologie", die „aus den Quellen der Überlieferung schöpft und die Geschichtlichkeit des Glaubens immer wieder verdeutlichen muß" (Joseph Höffner)[28]. Sie hat dies in hermeneutischem Sinne zu tun. Sie hat ihre Ergebnisse einzubringen in den wissenschaftlichen, innertheologischen Diskurs. Sie hilft der Theologie, indem sie Geschichte nicht nur archivarisch sammelt, sondern zum geschichtlichen Verstehen der Sache selbst beiträgt. Sie hat nicht lediglich „Tradition" zu konstatieren, zu konstruieren oder fortzuschreiben in milieubildendem oder milieustabilisierendem Sinne. Wenn sie zeigt, dass im theologischen Diskurs querläufige Traditionen bzw. „Gegentraditionen" (Elisabeth Gößmann), einen Platz haben, ist sie nicht nur Archivierung einer vorgegebenen Norm, sondern immer auch Instrument der Traditionskritik. So übernimmt die Kirchengeschichte für die Theologie als solche eine erkenntnistheoretische und zugleich hermeneutische, d. h. kritische Funktion. Beide Funktionen gehören zusammen und bilden die zwei Seiten einer Medaille. Wissenschaftlich-theologisches Arbei-

27 Seckler, Bedeutung (s. Anm. 22) 97.

28 Joseph Höffner, Grußwort an die Herausgeber der RQ (31. Juli 1987), in: RQ 83 (1988) 1.

ten ist – auch dort wo es scheinbar um eindeutig feststellbare, nichtdiskutable Fakten geht – stets Suchbewegung. Theologie hat die Aufgabe, das genetische, letztlich „historische" Prinzip, dem Mensch, Welt und Kirche unterworfen sind, mit dem normativen, ahistorischen, entzeitlichten Anspruch des „Göttlichen", den die Kirche geltend macht, zu vermitteln.

Bei der Befragung der loci theologici ist freilich deren „methodologisch zu wahrende Eigenständigkeit und Unverletzlichkeit" (Max Seckler) zu beachten. Wie aber sind geschichtliche loci adäquat zu befragen, wenn nicht mit Hilfe historischer Methoden? Für die Kirchengeschichtsschreibung kann es deshalb keine von den allgemein geltenden geschichtswissenschaftlichen Regeln unterschiedene Methodik geben.

Die hier vertretene theologische Positionierung der Kirchengeschichte dürfte im Konnex der Geschichtswissenschaften auf keine Probleme stoßen. Denn längst hat sich in der modernen Theoriediskussion jenseits des Historismus die Erkenntnis Bahn gebrochen, dass es keinen objektiven Sinngehalt von Quellen gibt: „Das, was eine Geschichte zur Geschichte macht, ist nie allein aus den Quellen ableitbar: es bedarf einer Theorie möglicher Geschichten, um Quellen überhaupt erst zum Sprechen zu bringen. Parteilichkeit und Objektivität verschränken sich dann auf neue Weise im Spannungsfeld von Theoriebildung und Quellenexegese" (Rainer Koselleck)[29]. Das heißt: Quellen sprechen nicht unmittelbar aus sich. Erst indem eine bestimmte Frage, ein „positives Vorurteil" an die Quellen herangetragen wird, offenbaren sie einen spezifischen Aussagegehalt. Das positive Vorurteil der Kirchengeschichte ist die Betrachtung der Geschichte als locus theologicus. Dar-

29 Reinhart Koselleck, Standortbestimmung und Zeitlichkeit, in: ders. / Wolfgang J. Mommsen / Jörn Rüsen (Hg.), Theorie der Geschichte (Beiträge zur Historie 1), München 1977, 17–46, hier: 46.

aus folgt, dass Kirchengeschichtsschreibung wie jede Geschichtsschreibung immer auch *subjektiv* ist, insofern subjektiv für eine perspektivische Quellenauswertung steht, die stets eine Befragung derselben Quellen auch unter ganz anderem Blickwinkel zulässt. *Objektiv* bleibt sie insofern, als sie ihre Quellen methodisch einwandfrei auslegt, wissenschaftlich verantwortlich interpretiert und ihre Ergebnisse somit als diskussionsfähig erweist.

Ernüchternde Realität: Die Rolle der Kirchengeschichte im Rahmen des Theologiestudiums

Trotz der Evidenz solcher Überlegungen ist nicht von der Hand zu weisen, dass der Kirchengeschichte im Rahmen des theologischen Studiums nicht jener Ort zugewiesen ist, der sie als gleichberechtigt neben den anderen theologischen Disziplinen bezeichnet. Das lässt sich etwa am „Pflichtprogramm“, also an den Semesterwochenstunden ablesen, die im Vollstudiengang Katholische Theologie durch die Rahmenordnung für die Priesterausbildung (2003) vorgegeben sind. Zum Ausdruck kommen hier noch die alten, aus dem 19. Jahrhundert stammenden (römischen) Vorbehalte gegenüber einer vor allem historisch-philologisch geprägten (deutschen) Theologie. Demzufolge werden von römischer Seite Systematik und Philosophie wesentlich stärker gewichtet als die Exegese, und diese wiederum stärker als die Kirchengeschichte oder die Fächer der praktischen Theologie.

Gleichwohl ist die Kirchengeschichte im Vollstudiengang Katholische Theologie noch relativ stark vertreten. In den Lehramtsstudiengängen sieht das Bild wesentlich düsterer aus. Hier kam es in den vergangenen Jahren zu erheblichen Reduzierungen der im Bereich der Kirchengeschichte verlangten Studiennachweise und Prüfungen. Das hängt möglicherweise damit zusammen, dass das Studium immer mehr als Ausbildung (mit Blick auf die rasche, oberflächliche „Brauchbarkeit" und „Anwendbarkeit" des Gelernten) und immer weniger als Bildung (im Sinne eines Koordinatensystems, das zuverlässig Orientierung zu geben vermag) gesehen wird – auch wenn Floskeln wie die von der hohen Bedeutung von „Schlüsselqualifikationen" in den gegenwärtigen „Reformen" die Substanzlosigkeit derselben verschleiern helfen. Dass sich eine derart kurzatmige „Verzweckung" des Studiums nachteilig auf jene Fachdisziplinen auswirken muss, die von ihrer Struktur her darauf angelegt sind, zum Verstehen langfristiger Vorgänge und Entwicklungen zu führen, liegt auf der Hand.

Die Marginalisierung der Geschichte – die inzwischen übrigens auch, trotz gegenteiliger Empfehlung des Wissenschaftsrates[30], in anderen Wissenschaftszweigen (etwa im juristischen Studium) vorherrscht, findet ihre Fortsetzung in den schulischen Lehrplänen. Auch hier ist die Kirchengeschichte – ganz anders als noch vor nicht allzu langer Zeit – nur mehr marginal vertreten, in kaum mehr als illustrierender Funktion. Dies kann nur bedauert werden. Denn zum einen wird dadurch die Tatsache einer zunehmend „vaterlosen", d.h. geschichtsvergessenen, nur im Gegenwärtigen lebenden Gesellschaft verstärkt, die sich einengt, und auch unter den Zwang gerät, das Rad stets aufs neue erfinden zu müssen. Zum anderen geht mit mangelhaftem geschichtlichen Verständnis und Wissen die diachrone Komparatistik verloren – und damit auch die Möglichkeit zu fundierter Kritikfähigkeit (was nichts mit dem verbreiteten Ignoran-

30 So unterstützte der Wissenschaftsrat 2004 in seiner „Stellungnahme zum Akademienprogramm" (Drs. 6129/04) „Ansätze, durch interdisziplinäre, z.B. wissenschaftshistorische Vorhaben, den Dialog von Geistes-, Natur- und Technikwissenschaften zu verbessern".

tentum zu tun hat). Die Chancen, Möglichkeiten und Ressourcen der Kirchengeschichte werden ja nicht genutzt, wenn man sie lediglich als Reservoir missbraucht, etwa, wie von vielen Lehrplänen vorgesehen, um heiligmäßige Frauen und Männer aus der „Kiste" zu holen und sie der Jugend als *exempla* vor Augen zu führen. In einer Zeit überbordender Regale historischer Roman- und „Enthüllungsliteratur" à la Da Vinci-Code müsste dagegen Theologiestudierenden (als künftigen Repräsentanten von Kirche und Theologie) wie Schülern, in weitaus stärkerem Maße als es geschieht, historisches Wissen und historisches Rüstzeug an die Hand gegeben werden.

Die zum Teil bereits vollzogene Einführung konsekutiver Studiengänge (BA, MA) und die damit verbundene Modularisierung des Theologiestudiums bringt die Kirchengeschichte zusätzlich in Schwierigkeiten. Im neuen System wird sie gezwungen, ihren bislang genetischen Zugriff und ihre eigene Methodik teilweise aufzugeben, um sich in die thematischen Vorgaben womöglich unglücklich formulierter Module hineinzwängen zu lassen. Diese Module wurden vor allem aus systematischer und didaktischer Perspektive konzipiert. Die Gefahr besteht, dass Kirchengeschichte lediglich als „Fakten"-Steinbruch oder zur Illustration von Vorgegebenem missbraucht wird. Entsprechend dem Vorschlag des Fakultätentages zur Modularisierung des theologischen Diplomstudiengangs (2004) wird die Alte Kirchengeschichte künftig in der Regel in den fachübergreifenden Modulen „Gotteslehre" (Modul 7), „Jesus Christus und die Gottesherrschaft" (Modul 8) und „Wege christlichen Denkens und Lebens" (Modul 9) vertreten sein, die Mittlere und Neuere Kirchengeschichte in den Modulen „Wege christlichen Denkens und Lebens" (Modul 9), „Kirche als Mysterium und als Volk Gottes" (Modul 10) sowie „Dimensionen und Vollzüge des Glaubens" (Modul 11).

Indessen dürfte die Modularisierung auch für die Kirchengeschichte einen positiven Effekt haben, und zwar vor allem bezüglich ihrer Wahrnehmung. Dass sie künftig tatsächlich das ganze Studium begleiten wird und nicht mehr als „Hilfswissenschaft“ nach dem „Vordiplom“ abgehakt werden kann, macht sie jedenfalls in den Augen der Studierenden (und hoffentlich auch der Dozierenden) stärker als *theologische* Disziplin erkennbar. Die engere thematische Verzahnung mit den anderen Disziplinen in den einzelnen Modulen zwingt zur Auseinandersetzung und könnte zumindest ein Schritt in Richtung erkenntnistheoretischer Katholizität im Sinne Melchior Canos sein, zumal wenn es gelingt, die Kirchengeschichte auch in zentralen Modulen adäquat zum Sprechen zu bringen, wo sie wirklich etwas zu sagen hat (etwa bei der Ekklesiologie). Von daher liegen in der Modularisierung – trotz quantitativer Ungleichgewichte und realer Kürzungen – auch Chancen. Es wird sich zeigen, inwieweit sie, abseits einer veränderten Lehre, die Zukunft der kirchenhistorischen und theologischen Forschung zu beeinflussen vermag.

Vielfalt der Themen, Ansätze, Methoden: Kirchengeschichte – Christentumsgeschichte – Kulturgeschichte

Nicht nur über den wissenschaftstheoretischen Standort und den Stellenwert der Kirchengeschichte für die Theologie gibt es unterschiedliche Ansichten. Bereits der Zuständigkeitsbereich, also das „Materialobjekt“, auf das sich Kirchengeschichte bezieht, ist umstritten.

Als 1774 an der Universität Heidelberg ein kirchenhistorischer Lehrstuhl errichtet wurde – bis dahin hatte die ganze Katholisch-Theologische Fakultät lediglich aus zwei dogmatischen und einem moraltheologischen Lehrstuhl bestanden – sah die damit betraute kurpfälzische Organisationskommission die Sache jedenfalls komplexer als Goethes Xenie: Das Fach sei so weitläufig, dass dazu ein „vollkommenes Subjectum“ gewonnen werden müsse, das „nicht allein die Gabe der Unverdrossenheit und unermüdlichen Nachlese des fast unzähligen Haufens deren gleichzeitigen Geschichtsschreiberen von unterschiedlichen Nationen und Sprachen, auch deren Wissenschaft und Geschicklichkeit im leicht faßlichen Vortrag besitzt, sondern auch alle Begebenheiten der KirchenVersammlungen, ihre Decreta, Meinungen, deren Vätteren, und UrQuellen, woraus solche geschöpft worden, kennt, und in jeglichen Theilen der Theologie so gründlich bewandert ist, daß um zugleich den Zuhörern einen schätzbaren Nutzen aus dem Unterricht in der Historie zu verschaffen, [...] Er solche mit besagten anderen Gelehrsamkeiten zu verbinden im Stande seye.“[31]

Der Kirchenhistoriker also eine Art Enzyklopädist? Ein Allrounder, der sich überall auszukennen hat? Möglich – und doch, selbstverständlich, unmöglich. Denn auf die Frage, was denn der Gegenstand der Kirchengeschichte sei, gibt es viele Antworten. Ist Kirchengeschichte vorrangig die Geschichte der kirchlichen Hierarchie: Papstgeschichte, Bischofsgeschichte und Geschichte des Klerus? Oder die Geschichte ihrer Verfasstheit: Kuriengeschichte, Diözesangeschichte, Konzilsgeschichte, Pfarreigeschichte, Kloster- und Ordensgeschichte? Ist Kirchengeschichte mehr die Geschichte kirchlicher Institutionen, Organe, Strukturen und Mechanismen? Oder Geschichte von Per-

31 Dominik Burkard, „Oase in einer aufklärungssüchtigen Zeit“? Die katholisch-theologische Fakultät der Universität Heidelberg zwischen verspäteter Gegenreformation, Aufklärung und Kirchenreform (Contubernium. Tübinger Beiträge zur Wissenschafts- und Universitätsgeschichte 42), Sigmaringen 1995, 70.

sonen und Gruppen, geistesgeschichtlicher Entwicklungen und sozialen Veränderungen, die Geschichte von Institutionalisierungsprozessen? Wird eher die Gesamtkirche in den Blick genommen, die Geschichte einer Ortskirche oder das Verhältnis zwischen „Peripherie" und „Zentrum"? Eher die Funktionselite oder das „Kirchenvolk"? Eher das Recht der Kirche oder die Politik, die Theologie, Alltag und Frömmigkeit? Und schließlich: umfasst die Kirchengeschichte nur den (wie auch immer definierten) Raum von Kirche oder auch „Ketzer" und „Häretiker", schismatische Gruppen und überhaupt die Kirche in ihrer Umwelt?

Die Antwort, die der Kirchenhistoriker und die Kirchenhistorikerin auf die Frage nach dem „Materialobjekt" der Kirchengeschichte gibt, hängt freilich von persönlichen Vorlieben und Interessen, von aktuellen Fragen und theologischen Notwendigkeiten, auch von jubiläums- oder wissenschaftspolitisch bedingten „Anreizen" ab, sicher aber auch vom zugrundegelegten Kirchenbegriff[32]. Denn auf die Frage, wie denn die Kirche der Kirchenhistoriker aussieht, gibt es viele mögliche Antworten: Ekklesia als die Gemeinschaft der von Gott zum Heil Berufenen, die neuzeitliche Konfessionskirche (unter Ausschluss der „Deformationen" am Rande oder jenseits dieser Kirche), die Gemeinschaft derer, die ohne Rücksicht auf die Zugehörigkeit einer organisierten Kirche durch den Glauben untereinander verbunden sind, die Gemeinschaft aller Christen oder gar die Ökumene der Weltreligionen. Selbst wenn man so weit nicht gehen will, gibt es auch innerhalb des Kirchenbilds der einzelnen Konfession verschiedene Akzentsetzungen: Da steht ein papal-monokratisches Kirchenmodell

32 Vgl. Rudolf Reinhardt, Standortbestimmung der deutschen katholischen Theologie, Folge 13: Die Kirchengeschichte, in: Rheinischer Merkur / Christ und Welt 1986, Nr. 15 (5. April), 22.

neben einem eher konziliar-synodalen, das im Anschluss an das 2. Vatikanischen Konzil etablierte „Volk Gottes"-Verständnis neben dem eher „amtskirchlichen" Kirchenbild.

Klar ist auch: Je nachdem, für welche Antwort sich der Kirchenhistoriker jeweils entscheidet, wird sich nicht nur seine Bezugsgröße und der Horizont, vor dem er sein Thema zu bearbeiten hat, verändern, sondern auch sein methodisches Instrumentarium, wird er über die vielfältigen historischen Methoden hinaus Anleihen zu machen haben bei Rechts- und Politikwissenschaften ebenso wie bei Soziologie oder gar Psychologie. Dazu kommt, dass sich der Kirchenhistoriker das weite Feld ohnehin mit Mediävisten, Frühneuzeithistorikern, Neuzeithistorikern und Zeitgeschichtlern ebenso teilt wie mit Soziologen, Politik- oder Rechtshistorikern, wenn auch unter anderen Voraussetzungen, Fragestellungen und Perspektiven. In *dieser* Hinsicht ist dem eingangs zitierten Vers also durchaus zuzustimmen: „Es gibt unendlich viel zu lesen"! Denn die Ergebnisse „fremder" Forschung wollen zur Kenntnis genommen, neue Paradigmen überprüft und vielleicht weitergeführt werden, auch wenn man nicht jedem „cultural turn"[33] mit vielleicht nur geringer Halbwertszeit hinterherlaufen muss. Die de facto gegebene Anschlussfähigkeit und Anschlussnotwendigkeit an benachbarte geisteswissenschaftliche Disziplinen jedoch verpflichtet.

Drei Bereiche seien – unter weitgehender Beschränkung auf die Neuzeit – genannt, in denen deutschsprachige kirchenhistorische Forschung derzeit stattfindet[34]:

33 Doris Bachmann-Medick, Cultural turns. Neuorientierungen in den Kulturwissenschaften, Reinbek bei Hamburg 2009; Mariano Delgado, Religion und Kultur. Kirchenhistorische Überlegungen zum „cultural turn", in: SZRKG 99 (2005) 403–416.

34 Die verschiedenen Bereiche können im Folgenden lediglich angedeutet werden. Die Literaturhinweise bieten verständlicherweise nur eine sehr begrenzte, keineswegs repräsentative Auswahl.

Ein erster Bereich kirchenhistorischer Arbeit ist die *personen- und institutionenorientierte Forschung*. Es fällt auf, dass Papst- und Kuriengeschichte inzwischen ein von Kirchenhistorikern eher vernachlässigtes Gebiet darstellt. Ausgenommen hiervon ist die Erforschung der Römischen Inquisition und der Indexkongregation in der Neuzeit, die durch die Öffnung der diesbezüglichen Archivbestände im Jahr 1998 und eine großzügige Förderung durch die DFG ermöglicht wurde[35]. Auch die Rolle Eugenio Pacellis (Pius' XII.) und überhaupt die Haltung des Vatikans gegenüber den Totalitarismen des 20. Jahrhunderts ist Gegenstand kirchenhistorischer Forschung[36]. Im Übrigen wird die Papst- und Kuriengeschichte inzwischen auch unter neuen Fragestellungen betrachtet[37].

35 Die Ergebnisse erscheinen in der von Hubert Wolf herausgegebenen Reihe „Römische Inquisition und Indexkongregation". Von Bedeutung sind vor allem die Bände zur Grundlagenforschung.

36 Zu nennen sind etwa Dominik Burkard, Häresie und Mythus des 20. Jahrhunderts. Rosenbergs nationalsozialistische Weltanschauung vor dem Tribunal der Römischen Inquisition (Römische Inquisition und Indexkongregation 5), Paderborn 2005; ders., Alois Hudal – ein „Anti-Pacelli"? Zur Diskussion um die Haltung des Vatikans gegenüber dem Nationalsozialismus, in: ZRGG 59/1 (2007) 61–89; Hubert Wolf, Papst und Teufel. Die Archive des Vatikan und das Dritte Reich, München 2008. – Von nichttheologischer Seite etwa: Philipp Chenaux, Pie XII. Diplomate et pasteur, Paris 2003. Ein neues von der DFG gefördertes Langzeitprojekt von Hubert Wolf (Münster) beschäftigt sich in den kommenden Jahren intensiv mit der Nuntiatur Pacelli.

37 Vgl. etwa – im Rahmen des SFB 496 „Symbolische Kommunikation und gesellschaftliche Wertesysteme vom Mittelalter bis zur Französischen Revolution" – Günther Wassilowsky / Hubert Wolf (Hg.), Werte und Symbole im frühneuzeitlichen Rom (Symbolische Kommunikation und gesellschaftliche Wertesysteme. Schriftenreihe des SFB 496, 11), Münster 2005; dies. (Hg.), Päpstliches Zeremoniell in der Frühen Neuzeit. Das Diarium des Zeremonienmeisters Paolo Alaleone de Branca während des Pontifikats Gregors XV. (1621–1623) (Symbolische Kommunikation und gesellschaftliche Wertesysteme. Schriftenreihe des SFB 496, 20), Münster 2007.

Abgesehen davon liegen vor allem die „Ortskirchen" im Focus kirchenhistorischer Arbeit.[38] Einen deutlichen Impuls dürften diese Forschungen durch die großen lexikographischen und grundlegenden Unternehmungen von Erwin Gatz[39] erhalten haben. Einen Großteil der kirchenhistorischen Detailforschung tragen in diesem Bereich nach wie vor die zahlreichen diözesangeschichtlichen Zeitschriften und Publikationsreihen, die allein schon durch ihre Existenz und in der Regel gesicherte Finanzierung eine gewisse Kontinuität garantieren. Dabei ist die diözesangeschichtliche Forschung meist durchaus eingebunden in den breiteren historischen Kontext. Eher selten sind Untersuchungen, die auch die Rechtsgeschichte mit in den Blick nehmen.[40] Einen gewissen Schwerpunkt bildet das Verhältnis von Staat und Kirche vor allem im 19. und 20. Jahrhundert[41], wobei mitunter Gedenk-

38 Neben zahllosen Einzelforschungen etwa die Gesamtdarstellungen der Bistumsgeschichte von Münster (5 Bd. hg. v. Arnold Angenendt), Trier (5 Bd. hg. v. Martin Persch und Bernhard Schneider), Mainz (3 Bd., hg. v. Friedhelm Jürgensmeier) oder Regensburg (2 Bd., hg. v. Karl Hausberger).

39 Zu nennen sind insbesondere das 5-bändige Bischofslexikon, das die Zeit von 1198 bis zur Gegenwart umfasst (1983–2001), außerdem das 2-bändige Bistumslexikon (2003–2005) sowie die 8-bändige „Geschichte des kirchlichen Lebens in den deutschsprachigen Ländern seit dem Ende des 18. Jahrhunderts" (1991–2008).

40 Etwa Dominik Burkard, Rechtsfiktion und Rechtspraxis bei der Neuordnung der deutschen Bistumsgrenzen im 19. Jahrhundert, in: Edeltraud Klueting/Harm Klueting/Hans-Joachim Schmidt (Hg.), Staatliche Normierung und kirchliche Strukturierung. Bistümer und Bistumsgrenzen von der Spätantike bis zur Gegenwart (RQ, Suppl. 58), Rom u. a. 2006, 212–246; ders., Zum Wandel der Domkapitel von adeligen Korporationen zum Mitarbeiterstab der Bischöfe, in: RQ 99 (2004) 134–162; ders., Diözesansynoden und synodenähnliche Foren sowie Kirchenvolksbegehren der letzten Jahrzehnte in den deutschsprachigen Ländern, in: RQ 101 (2006) 113–140; ders., Aktivitäten von Laien in der ersten Hälfte des 19. Jahrhunderts, in: Erwin Gatz (Hg.), Geschichte des kirchlichen Lebens, Band 8: Laien in der Kirche, Freiburg i. Br. 2008, 71–113.

41 Etwa Dominik Burkard, Staatskirche – Papstkirche – Bischofskirche. Die „Frankfurter Konferenzen" und die Neuordnung der Kirche in Deutsch-

jahre (Revolution von 1848, Säkularisation) eine Rolle spielten.[42] Dies gilt auch für die Erforschung der Geschichte von Orden und Klöstern; im Kontext des Säkularisationsgedenkens entstanden mit Hilfe von profanhistorischer und archivarischer Seite zahlreiche Publikationen. An großen ordensgeschichtlichen Unternehmungen wäre die derzeit von Klaus Schatz vorbereitete Geschichte der Jesuiten in Deutschland zu nennen[43].

Einen zweiten Bereich kirchenhistorischer Arbeit bildet die *Theologiegeschichte.* Jüngst wurde von prominenter Seite festgestellt, in der Kirchengeschichte habe im letzten Jahrzehnt des 20. Jahrhunderts durch die Rezeption soziologischer sowie kulturhistorischer Fragestellungen und Methoden eine „Wende hin zur Religionswissenschaft" stattgefunden, welche zu einer „Enttheologisierung" des Faches Kirchengeschichte führe[44]. Ob diese Analyse zutrifft, sei dahingestellt. Ebenso, ob durch die Beschäftigung mit der Geschichte der Theologie bereits eine „Theologisierung" des Faches greifbar wird. Gleichwohl wird niemand bestreiten, dass Forschungen zur Geschichte der Theologie von hoher theologischer Relevanz sind.

land nach der Säkularisation (RQ, Suppl. 53), Rom/Freiburg i. Br./Wien 2000.

42 Vgl. dazu etwa die Literaturüberblicke von Marcel Albert, Die Gedenkveranstaltungen zum 200. Jahrestag der Säkularisation 1803–2003. Ein kritischer Rückblick, in: RQ 100 (2005) 240–274; Claus Arnold, Die Revolution von 1848/49. Eine Literaturumschau – besonders im katholischen und südwestdeutschen Raum, in: RJKG 19 (2000) 253–261.

43 Das Spektrum ist jedoch weit. Vgl. Erwin Gatz unter Mitwirkung von Marcel Albert und Gisela Fleckenstein (Hg.), Klöster und Ordensgemeinschaften (Geschichte des kirchlichen Lebens in den deutschsprachigen Ländern seit dem Ende des 18. Jahrhunderts VII), Freiburg i. Br. 2006.

44 Vgl. Walter Brandmüller, Kirchengeschichte in Deutschland, in: Die neue Ordnung 60 (2006) 422–435. Zurückhaltender Hubert Wolf, Den ganzen Tisch der Tradition decken. Tendenzen und Perspektiven neuzeitlicher Kirchengeschichte, in: ThQ 184 (2004) 254–276, hier: 271.

Gerade die Öffnung der historischen Archive der Glaubenskongregation hat nun aber der Theologiegeschichtsforschung starke Impulse verliehen. Schwerpunkte sind die Modernismusforschung[45] sowie die Geschichte der Exegese[46]. Deutlich wird hier freilich bei aller Konzentration auf die theologischen Traditionen der eigenen Kirche, dass der Blick auch über die Konfessionsgrenzen hinausreichen muss. Ins Feld der Theologiegeschichte gehört die historische Erforschung der Ökumenischen Bewegung und der diesbezüglichen lehramtlichen Haltung[47]

45 Zu nennen sind etwa Karl Hausberger, Thaddäus Engert (1875–1945). Leben und Streben eines deutschen „Modernisten" (Quellen und Studien zur neueren Theologiegeschichte 1), Regensburg 1996; ders., Herman Schell (1850–1906). Ein Theologenschicksal im Bannkreis der Modernismuskontroverse (Quellen und Studien zur neueren Theologiegeschichte 3), Regensburg 1999; ders., Franz Xaver Kiefl (1869–1928). Schell-Verteidiger, Antimodernist und Rechtskatholik (Quellen zur neueren Theologiegeschichte 6), Regensburg 2003; Wolfgang Weiß, Modernismuskontroverse und Theologenstreit. Die Katholisch-Theologische Fakultät Würzburg in den kirchenpolitischen und theologischen Auseinandersetzungen zu Beginn des 20. Jahrhunderts (Quellen und Forschungen zur Geschichte des Bistums und Hochstifts Würzburg 56), Würzburg 2000. Außerdem das von der DFG geförderte Projekt von Claus Arnold zum Thema „Antimodernismus und römische Lehramt", u. a. Claus Arnold (Ed.), La censure d'Alfred Loisy (1903). Les documents des Congrégations de l'Index et du Saint Office (Fontes Archivi Sancti Officii Romani 4), Roma 2009.

46 Vgl. die beiden Habilitationsschriften: Claus Arnold, Die römische Zensur der Werke Cajetans und Contarinis (1558–1601). Grenzen der theologischen Konfessionalisierung (Römische Inquisition und Indexkongregation 10), Paderborn 2008; Dominik Burkard, Exegese zwischen Aufklärung und Inquisition. Johann Lorenz Isenbiehls „Neuer Versuch über die Weissagung vom Emmanuel" (1778) als Testfall historisch-kritischer Schriftauslegung (Habilitationsschrift Münster 2002, 783 S.).

47 Vgl. Dominik Burkard, … Unam Sanctam (Catholicam?). Zur theologiegeschichtlichen Verortung des Ökumenismusdekrets „Unitatis redintegratio" aus der Sicht des Kirchenhistorikers, in: Thomas Franz/Hanjo Sauer (Hg.), Glaube in der Welt von heute. Theologie und Kirche nach dem Zweiten Vatikanischen Konzil, Bd. 1: Profilierungen (FS für Elmar Klinger), Würzburg 2006, 57–109; Jörg Ernesti, Ökumene im Dritten Reich (Konfessionskundliche und kontroverstheologische Studien 77), Paderborn 2007; ders., Die Entdeckung der Ökumene. Zur Beteiligung der katholischen Kir-

ebenso wie das Editionsprojekt des Verfassers zur Evolutionstheorie[48].

Ein fester Bestandteil der Theologiegeschichte war stets die Konziliengeschichte, die unter anderem ihren Niederschlag in der von Walter Brandmüller herausgegebenen Reihe „Konziliengeschichte“ und dem „Annuarium Historiae Conciliorum“ gefunden hat. An den theologischen Fakultäten wird sie derzeit eher wenig betrieben[49] – zu Unrecht, denn die Interpretation sollte nicht unbedingt alleine den Systematikern überlassen werden.

Obwohl das Faktum der Geschichtlichkeit der Theologie nie akzeptierter war, wird in den theologischen, nicht-kirchenhistorischen Disziplinen weniger denn je historisch gearbeitet. Nur wenige Fachvertreter sind willens oder imstande, über die Entwicklung ihres eigenen Faches historisch verant-

che an der ökumenischen Bewegung (Konfessionskundliche Schriften des Johann-Adam-Möhler-Instituts für Ökumenik 24), Paderborn 2008.

48 Vgl. die Würzburger Antrittsvorlesung: Dominik Burkard, Der Primat und die Primaten. Oder: Wildes „Haeckeln“ im Garten Gottes? Evolution, Schöpfung und kirchliches Lehramt (11. Juni 2007, ungedruckt). In Kürze erscheint eine vom Verfasser vorbereitete Edition vatikanischer Gutachten zur Evolutionstheorie.

49 Eine gewisse Ausnahme macht das 2. Vatikanische Konzil. Vgl. etwa Giuseppe Alberigo / Klaus Wittstadt (Hg.), Geschichte des 2. Vatikanischen Konzils, 5 Bd. (Bd. 4 hg. von Giuseppe Alberigo und Günther Wassilowsky), Mainz / u. a. 1997–2008; Günther Wassilowsky / Karl Lehmann (Hg.), Zweites Vatikanum – vergessene Anstöße, gegenwärtige Fortschreibungen, Freiburg i. Br. 2004; Franz Xaver Bischof / Stephan Leimgruber (Hg.), Vierzig Jahre II. Vatikanum. Zur Wirkungsgeschichte der Konzilstexte, Würzburg [2]2005. Wassilowsky bereitet derzeit eine Edition der Konzilstagebücher Semmelroths vor. – In der Vergangenheit viel geleistet hat die deutsche Kirchengeschichtsschreibung zur Erforschung des Konzils von Trient (etwa durch die Würzburger Kirchenhistoriker Sebastian Merkle, Theobald Freudenberger, Klaus Ganzer). – Die mittelalterlichen Konzilien sind inzwischen eher eine Domäne der Profanhistoriker geworden. Einen Forschungsüberblick bietet Heribert Müller, Konzilien des 15. Jahrhunderts und Zweites Vatikanisches Konzil. Historiker und Theologen als Wissenschaftler und Zeitgenossen, in: ThRv 103/1 (2007) 1–18.

wortet zu sprechen. Gleichwohl gibt es Ansätze zur Disziplinen- und Diskursgeschichte; sie zeigen allerdings, auf welch rudimentärem Kenntnisstand wir uns befinden[50]. Im Rahmen des langfristig angelegten Projekts „Katholische Theologie im Nationalsozialismus“ etwa ist eine solche Disziplinen- und Diskursgeschichte zumindest für einen begrenzten Zeitraum angestrebt.[51]

Ein dritter Bereich kirchenhistorischer Arbeit umfasst das klassische Feld der *Frömmigkeitsgeschichte*[52], das allerdings durch sozial-, alltags-, kultur- und mentalitätsgeschichtliche Fragestellungen erhebliche Weiterungen erfuhr. Es geht um nichts weniger als um „Geschichte, die das politische, soziale, kulturelle und wirtschaftliche Leben der Menschen in engster

50 Vgl. etwa den Sammelband von Hubert Wolf (Hg.), Die katholisch-theologischen Disziplinen in Deutschland 1870–1962. Ihre Geschichte, ihr Zeitbezug (Programm und Wirkungsgeschichte des II. Vatikanums 3), Paderborn 1999.

51 Dominik Burkard / Wolfgang Weiß, Katholische Theologie im Nationalsozialismus. Strukturen – Disziplinen – Personen. Koordinaten eines Forschungsprojekts, in: dies., (Hg.), Katholische Theologie im Nationalsozialismus. Teilband 1/1: Institutionen und Strukturen, Würzburg 2007, 11–18.

52 Vgl. in diesem Bereich etwa die Studien von Andreas Holzem, Konfession und Lebensform. Katholische Konfessionalisierung im Sendgericht des Fürstbistums Münster 1570–1800, Paderborn u.a. 2000; Bernhard Schneider (Hg.), Wallfahrt und Kommunikation, Kommunikation über Wallfahrt (Quellen und Abhandlungen zur mittelrheinischen Kirchengeschichte 109), Mainz 2004; ders., Maria und Lourdes. Wunder und Marienerscheinungen in theologischer und kulturwissenschaftlicher Perspektive, Münster 2008; Stefan Samerski, Die Kölner Pantaleonsverehrung. Kontext – Funktion – Entwicklung (Forschungen zur Volkskunde 51), Norderstedt 2005; Anna Ohlidal / Stefan Samerski (Hg.), Jesuitische Frömmigkeitskulturen. Konfessionelle Interaktion in Ostmitteleuropa 1570–1700 (Forschungen zur Geschichte und Kultur des östlichen Mitteleuropa 28), Stuttgart 2006; Nicole Priesching, Maria von Mörl (1812–1868). Leben und Bedeutung einer „stigmatisierten Jungfrau“ im Kontext ultramontaner Frömmigkeit, Brixen 2004; dies., Unter der Geißel Gottes. Das Leiden der stigmatisierten Maria von Mörl (1812–1868) im Urteil ihres Beichtvaters, Brixen 2007.

Beziehung zu deren christlicher Identität begreift“[53]. Doch ist dies nicht unbedingt neu, wie das Beispiel von Theologen zeigt, die sich schon früher diesem Bereich zuwandten, wenn auch unter der Flagge der „Kulturgeschichte“ und nicht der „Kirchengeschichte“[54].

Gerade im Bereich der Frömmigkeits- und Mentalitätsgeschichte wurden in den letzten Jahrzehnten Paradigmen, die im Kontext der Profangeschichte entstanden waren (Konfessionalisierungsparadigma, Milieubegriff), aufgegriffen und (z. T. mit zeitlicher Verzögerung) weitergeführt. Die Anschlussfähigkeit einer sozial-, mentalitäts- und kulturhistorisch verstandenen Kirchengeschichte an benachbarte geisteswissenschaftliche Disziplinen ist offenkundig[55]. Entsprechende Projekte sind denn auch meist in größere, drittmittelfinanzierte Kontexte eingebunden[56].

53 Holzem, Geschichte (s. Anm. 19) 74.

54 Zu nennen ist in diesem Zusammenhang der Theologe und Kulturhistoriker Georg Grupp (1861–1922) mit seinem umfangreichen literarischen Oeuvre. Der Verfasser arbeitet an einer kritischen Edition der Autobiographie Grupps.

55 Hubert Wolf/Jörg Seiler, Kirchen- und Religionsgeschichte, in: Michael Maurer (Hg.), Aufriß der Historischen Wissenschaften. Bd. 3: Sektoren, Stuttgart 2004, 271–338.

56 So das Projekt „Päpstliches Zeremoniell in der Frühen Neuzeit“ von Hubert Wolf (SFB 496), das Projekt „Armenfürsorge und katholische Identität: Armut und Arme im katholischen Deutschland des frühen 19. Jahrhunderts“ von Bernhard Scheider (SFB 600 „Fremdheit und Armut. Wandel von Inklusions- und Exklusionsformen von der Antike bis zur Gegenwart“), oder das Projekt „Religion und Kriegserfahrung“ von Andreas Holzem (SFB 437 „Kriegserfahrung – Krieg und Gesellschaft in der Neuzeit“). Zu nennen sind außerdem die Projekte „CrossingOver“ und „Transformation der Religion in der Moderne“ von Wilhelm Damberg, „Gotteskindschaft“ und „Christliche Friedensvorstellungen“ von Hubertus Lutterbach.

Auf dem Weg ins globale 21. Jahrhundert oder zurück in die Provinzialität?

Der Weg der theologischen Disziplin Kirchengeschichte in die Zukunft ist interessant und spannend, aber auch spannungsreich und problemgepflastert.

Eines dieser Probleme liegt in der Unüberschaubarkeit des Gegenstandsbereichs. Im Gegensatz zur Kirchengeschichte des Altertums ist die Mittlere und Neuere Kirchengeschichte hiervon in besonderem Maß betroffen: Zum einen dehnt sich der von ihr zu behandelnde Zeitumfang stetig aus (in der Regel vom 7. Jahrhundert bis zur Gegenwart, also ca. 13 Jahrhunderte), zum andern werden auch Themen, Paradigmen, Quellen und methodische Zugriffe facettenreicher. Längst lässt sich selbst in den persönlichen Schwerpunktbereichen die neu erscheinende Literatur kaum mehr angemessen durchsichtigen. Wer sich dem „Sparring" trotzdem nicht versagt, dem wird Einiges abverlangt. Eine Teilung des Faches in zwei getrennte Lehrstühle „Mittlere und Neuere Kirchengeschichte" sowie „Neueste Kirchengeschichte und kirchliche Zeitgeschichte" ist längst überfällig, soll eine kompetente Forschung und Lehre sichergestellt werden.

Auch die zunehmende gesellschaftliche Globalisierung, das beschleunigte Wachstum unseres Wissens und die damit natürlicherweise gegebene Komparatistik, nicht zuletzt die seit dem 19. Jahrhundert stärkere Ausdifferenzierung der Lebenswirklichkeiten fordern mehr denn je eine entsprechende Ausgestaltung der Disziplin. Wird sich diese doch auf Dauer nicht damit begnügen können, nur die Entwicklungen einer „Teilkirche" – der deutschen etwa – zu verfolgen oder den Focus vor allem auf das Papsttum zu richten. Angesichts einer zunehmenden Globalisierung müsste die außerdeutsche europäische und nichteuropäische Kirchengeschichte wesentlich stärker Berücksichtigung finden als bisher[57]. Die daraus resultierenden Impulse für Theologie und Kirche sind nicht von der Hand zu weisen. Doch wer beschäftigt sich beispielsweise wirklich fundiert mit den vielfältigen Fragen des Verhältnisses von Staat und Kirche, mit entsprechenden Entwicklungen, mit ihren Ursachen, Ausprägungen und Folgen, die zu den heute gültigen, verschiedensten Modellen in Italien oder Spanien, Frankreich oder den USA etc. geführt haben und die Gegenwart bestimmen? Es wäre zu wünschen, dass im Zuge der begonnenen „Konzentration" theologischer Forschung weitsichtige Politiker und Bischöfe entsprechende Weichenstellungen vornehmen, um einzelne Standorte der Theologie durch Schaffung von Lehrstühlen für „europäische" oder „außereuropäische" Kirchengeschichte auszubauen.

In Zeiten knapper Kassen sicher eine (un-)gebührliche Forderung! Stattdessen kam es in der jüngsten Vergangenheit zu Streichungen von Lehrstühlen. Nur noch an wenigen Standorten (München, Würzburg) gibt es beispielsweise Professuren für regionale Kirchengeschichte. Vielerorts hat (nur noch) *ein* kirchenhistorischer Lehrstuhl die „ganze Kirchengeschichte" zu vertreten, also Alte Kirchengeschichte und Patrologie ebenso wie die Kirchengeschichte des Mittelalters und der Neuzeit und die Zeitgeschichte abzudecken. Die Gefahr liegt nahe, dass es – zumal wo die Einbindung in eine konkrete Diözese und die Archivsituation vor der eigenen Haustür die intensivierte Beschäftigung mit di-

57 In diesem Bereich nimmt Johannes Meier (Mainz) noch immer eine Ausnahmestellung ein. Aber auch: Nicole Priesching, Von Menschenfängern und Menschenfischern. Die christliche Praxis von Sklavenhaltung und Loskauf am Beispiel des Kirchenstaates in der Frühen Neuzeit (Habilitationsschrift Münster 2009).

özesangeschichtlichen Themen fordert oder begünstigt – zu Einseitigkeiten kommt[58].

Ein weiteres Problem, das künftig auf die Theologie insgesamt, und verstärkt auf die Kirchengeschichte, zukommen wird, ist der zunehmende Mangel an qualifiziertem Nachwuchs. Die finanziell bedingten schlechten Berufsaussichten für Volltheologen einerseits und die abnehmende Attraktivität des wissenschaftlichen Berufsfeldes (Dauer der Ausbildung, begrenzte Arbeitsstellen, unattraktive Bezahlung) werden nicht nur die Studierenden- sondern auch die Promotions- und Habilitationszahlen insgesamt zurückgehen lassen, in der Kirchengeschichte deutlicher als bei anderen Disziplinen, denen man gemeinhin – ob aber auch zu Recht? – eine größere „Anwendbarkeit“ in spezifischen kirchlichen oder gesellschaftlichen Themen zuschreibt.

Generell war der wissenschaftliche Nachwuchs im kirchenhistorischen Bereich schon immer eher überschaubar. Die Zahl der Studierenden, die sich an eine kirchenhistorische Abschlussarbeit wagen, ist vergleichsweise gering, zumal dann, wenn vom Betreuer Themen vergeben werden, die langwierige Archivstudien voraussetzen und wirklich die Anwendung des kirchenhistorischen Instrumentariums verlangen. Auch die Anzahl der Promotionen lässt sich nicht mit jener im Bereich der systematischen oder praktischen Theologie messen. Umso härter wird die Kirchengeschichte der zu erwartende deutliche Rückgang der Volltheologen treffen, d. h. jener, die ein volles Theologiestudium absolvieren und in diesem Rah-

58 Dahinter stehen ganz praktische Probleme: So ist kirchengeschichtliche Forschung auf Quellen angewiesen, lässt sich also nicht nur im stillen Kämmerlein, am häuslichen Schreibtisch oder in der institutseigenen Bibliothek betreiben. Was dem Physiker oder Chemiker das Labor, das ist dem Kirchenhistoriker das Archiv. Ausgedehnte Archivfahrten lässt die finanzielle Ausstattung der Lehrstühle in der Regel jedoch nicht zu.

men sich mit der Kirchengeschichte in gebührendem Maße beschäftigt haben. Selbst wenn aus dem Lehrberuf später ein gewisser Rücklauf an die Universität (zur Promotion und evtl. auch Habilitation) erfolgen sollte, so sind die aus dem Studium resultierenden Defizite erst einmal auszugleichen. Von vornherein sind Absolventen eines Theologiestudiums, wenn sie sich nicht gleichzeitig auch einem Studium der Geschichte gewidmet haben, gegenüber ausgebildeten Historikern, die sich früh spezialisieren können und sollen, benachteiligt. Hier liegt wohl *ein* Grund, weshalb etwa gerade der Bereich der Mediävistik, der – soll sie nicht nur mit gedrucktem Quellenmaterial arbeiten, sondern unausgeschöpfte Archivbestände erschließen – sehr spezielle Fertigkeiten verlangt, seit Jahrzehnten von kirchenhistorischer Seite äußerst vernachlässigt ist[59]. Was für die Mediävistik gilt, gilt inzwischen ebenso für die frühneuzeitliche und neuzeitliche Kirchengeschichte. Gefordert sind auch hier spezielle, nicht rasch erlernbare Fähigkeiten, insbesondere auf dem paläographischen und quellenkundlichen Gebiet. Da die Möglichkeiten, sich während des Theologiestudiums in hilfswissenschaftlicher Hinsicht umzusehen und auch praktisch einzuüben, gering sind, flüchten sich viele historisch interessierte Studierenden inzwischen in die kirchliche Zeitgeschichte, wo mit größtenteils maschinenschriftlichen Quellen zu rechnen ist und die Hoffnung besteht, mit geringerem Zeitaufwand schneller ans Ziel zu gelangen.

Diese der kirchengeschichtlichen Forschung schon immer prinzipiell eher ungünstigen Rahmenbedingungen, verstärkt durch die Kürzung der realen Studienzeit und das allgegen-

59 Zum Befund vgl. Gisela Muschiol, Kirchenhistorische Marginalien? Mittelalter, Genderdifferenzierung und ihre Forschungsperspektiven, in: ThQ 184 (2004) 243–253, hier: 243–246.

wärtige Damoklesschwert der Studiengebühren, dürften auf Dauer dazu führen, dass sich immer weniger Theologiestudierende im Bereich der Kirchengeschichte wirklich qualifizieren wollen und, wenn sie es denn wollen, auch im notwendigen Maße können.

WOLFGANG KLAUSNITZER

Im Spannungsfeld von Universität und Kirche

Die fundamentaltheologische Debatte um den gesellschaftlichen und institutionellen Ort der Theologie

Die Funktion der „Fundamentaltheologie" ist ihrer von 1 Petr 3,15 her abgeleiteten Aufgabenstellung nach sehr alt in der Christentumsgeschichte[1], wenn auch das Fach selbst aufgrund der fächerspezifischen Aufteilung der Theologie insgesamt sich in seinem neueren katholischen Ansatz erst Johann Sebastian von Drey[2] und in seiner sich gegenüber anderen theologischen Fächern abgrenzenden Traktatsbezeichnung (und institutionell in der Schaffung eines eigenen Lehrstuhls) Jo-

1 Vgl. die Artikel von Wilhelm Geerlings, Gerhard Larcher, Johann Reikerstorfer und Max Seckler, in: Walter Kern / Hermann Josef Pottmeyer / Max Seckler (Hg.), Handbuch der Fundamentaltheologie (HFTh 4 [Traktat Theologische Erkenntnislehre. Schlussteil: Reflexion auf Fundamentaltheologie]), Tübingen / Basel ²2000, 217–264, 331–402. In der geschichtlichen Ableitung stimmt auch Hansjürgen Verweyen (Gottes letztes Wort. Grundriss der Fundamentaltheologie, Regensburg ³2000, 13–29) überein, obwohl er durchaus Ausstellungen am Projekt des vierbändigen „Handbuches der Fundamentaltheologie" notiert (vgl. die Rezensionen in: ThRv 82 [1986] 91–101; 83 [1987] 45–48; 85 [1989] 42–44). Neuere Hinweise: Christoph Böttigheimer, Lehrbuch der Fundamentaltheologie. Die Rationalität der Gottes-, Offenbarungs- und Kirchenfrage, Freiburg i. Br. 2009, 55–76; Hansjürgen Verweyen, Einführung in die Fundamentaltheologie, Darmstadt 2008, 16–110.

2 Johann S. Drey, Die Apologetik als wissenschaftliche Nachweisung der Göttlichkeit des Christenthums in seiner Erscheinung, 3 Bde., Mainz 1838–1847; Nachdruck: Frankfurt a. M. 1967.

hann Nepomuk Ehrlich[3] verdankt[4]. Max Seckler hat in einem programmatischen Artikel im „Handbuch der Fundamentaltheologie“[5] „*zwei Hauptfunktionen der Fundamentaltheologie* – eine primär *fundierende* oder *fundamentale* und eine *apologetische*“[6] und damit im Grunde zwei Zielrichtungen des fundamentaltheologischen Diskurses unterschieden, nämlich „nach innen“, also binnenkirchlich, und „nach außen“. Das „Handbuch der Fundamentaltheologie“ hat, für manche überraschend, die traditionelle Strukturierung der Disziplin in den Stufen der „demonstratio religiosa“, „demonstratio christiana“ und „demonstratio catholica“, die ihrerseits auf Pierre Charron zurückgeht[7], mit der Aufgliederung in die drei Traktate Religion, Offenbarung und Kirche (und der zusätzlichen fundamentaltheologischen Aufgabe einer Theologischen Erkenntnislehre) aufgegriffen. Allerdings hat Seckler die mit dieser Einteilung gewöhnlich einhergehende Unterscheidung der Diskurspartner speziell der Fundamentaltheologie in „Glaubende“ (näherhin Christen und „nicht christlich

3 Johann N. Ehrlich, Leitfaden für Vorlesungen über die allgemeine Einleitung in die theologische Wissenschaft und die Theorie der Religion und Offenbarung als I. Theil der Fundamental-Theologie, Prag 1859; ders., Leitfaden für Vorlesungen über die Offenbarung Gottes als Thatsache der Geschichte. II. Theil der Fundamental-Theologie, Prag 1862.

4 Lit. zum Fach und zur Geschichte der Fundamentaltheologie: Wolfgang Klausnitzer, Forschungsstand Fundamentaltheologie, in: Godehard Ruppert (Hg.), Gott zur Sprache bringen … Katholische Theologie in Bamberg (Forschungsforum. Berichte aus der Otto-Friedrich-Universität Bamberg 8), Bamberg 1996, 47–49.

5 Max Seckler, Fundamentaltheologie: Aufgaben und Aufbau, Begriff und Namen, in: HFTh 4 (s. Anm. 1) 331–402, 367–375. Vgl. auch ders., Art. Fundamentaltheologie, in: LThK³ 4 (1995) 227–238.

6 Seckler, Fundamentaltheologie: Aufgaben und Aufbau, Begriff und Namen (s. Anm. 5) 368.

7 Pierre Charron, Les Trois Veritez contre les (in späteren Auflagen: tous) Athées, Idolâtres, Juifs, Mahumétans, Hérétiques et Schismatiques, Bordeaux 1593. Für die Abhängigkeit Charrons von der zeitgenössischen evangelischen Theologie: Verweyen, Gottes letztes Wort (s. Anm. 1) 15 (mit Lit.).

Glaubende") und „Nichtglaubende" – bei aller grundsätzlichen Beibehaltung der jeweiligen Perspektive nach „innen" und nach „außen" – durchaus problematisiert[8]. Die Reklamierung der „Theologischen Erkenntnislehre" als eines Spezialtraktates der Fundamentaltheologie durch die Herausgeber des „Handbuches der Fundamentaltheologie"[9] macht die Fundamentaltheologie nun nicht geradezu zur „Königsdisziplin" unter den theologischen Disziplinen, wobei die Frage offenbleiben kann, ob tatsächlich heute ein einzelnes Fach und, wenn ja, welches legitim diesen Anspruch erheben darf[10], gibt ihr aber doch eine gewisse Verantwortung für die durch den Titel dieses Artikels umrissenen Problemfelder. Im Kontext der je spezifischen Zuständigkeiten der theologischen Disziplinen und ihrer je eigenen Verankerung im binnenkirchlichen Raum, im Universitätsbetrieb und im Dialog mit der Gesellschaft hat Hans Waldenfels die Fundamentaltheologie „vorwiegend" als „eine Wissenschaft an der Tür" bezeichnet[11]. Von daher ergibt sich die spezifisch fundamentaltheologische Argumentationsmethode, die sich um eine theologische Plausibilität bemüht, die auch Außenstehenden vermittelt werden kann.

8 Seckler, Fundamentaltheologie: Aufgaben und Aufbau, Begriff und Namen (s. Anm. 5) 369.

9 Vgl. Walter Kern/Franz-Josef Niemann, Theologische Erkenntnislehre (Leitfaden Theologie 4), Düsseldorf (1981) ²1990; Max Seckler, Die Theologische Prinzipien- und Erkenntnislehre als fundamentaltheologische Aufgabe, in: ThQ 168 (1988) 182–193, sowie die Einleitung (XV–XX) zum 4. Band des HFTh (s. Anm. 1).

10 Josef Blank, Exegese als theologische Basiswissenschaft, in: ThQ 159 (1979) 2–23, scheint diesen Anspruch für die Exegese zu erheben.

11 Hans Waldenfels, Kontextuelle Fundamentaltheologie, Paderborn (1985) ³2000, 87. Ebd.: „Wer auf der Türschwelle steht, befindet sich gleichsam zugleich draußen und drinnen. Er hört die Argumente derer, die vor der Tür, und derer, die im Hause sind. Es geht ihm aber um den Eintritt in das Haus."

1. Zur Klärung der Termini und zum geschichtlichen Diskussionsstand

Die Wörter „Theologie" und „Universität" (und übrigens auch „Kirche"[12]) werden aufgrund ihrer Wort- und Begriffsgeschichte nicht univok gebraucht.

Das Wort „Theologie" ist zusammengefügt aus den beiden Grundelementen „theos" (griechisch „Gott", vielleicht sogar ursprünglich im Sinne einer Prädikation[13]) und „logos" bzw. „logia" (griechisch „Wort", „Rede"). Dem ursprünglichen und eigentlichen Wortsinn nach bezeichnet „theologia", „theologein" das Sprechen von Gott, Gott-Rede, „God-Talk"[14], wobei in dieser formalen Bestimmung weder der institutionelle Ort noch die anzuwendende Methode noch die präzise Definition dieses „theos" präjudiziert sind[15]. Die (neu-)scholastische Theologie hat noch einmal unterschieden zwischen einer „theologia positiva" und einer „theologia reflexa". Die „theologia positiva" ist die („direkte" bzw. „unmittelbare") Rede Gottes (im Sinne eines Genetivus subiectivus), etwa in der Form einer Offenbarung; die „theologia reflexa"

12 Wolfgang Klausnitzer, Kirche, Kirchen und Ökumene. Lehrbuch der Fundamentaltheologie für Studierende, Religionslehrer und Religionslehrerinnen, Regensburg 2010, 232–343.

13 Karl Rahner, Theos im Neuen Testament, in: ders., Schriften zur Theologie, Bd. 1, Einsiedeln [7]1964, 91–167, 104: „Überall dort, wo eine tiefste Wirklichkeit, ein großes, tragendes Sein in der Welt mit Herrlichkeit heraustritt, kann der Grieche nicht anders sagen als: eben dies – und nicht etwa der ‚ganz Andere' – ist Gott."

14 So der englische Originaltitel von John Macquarrie, Gott-Rede, Eine Untersuchung der Sprache und Logik der Theologie, Würzburg 1974.

15 Zum Ganzen dieses Abschnittes vor allem: Max Seckler, Theologein. Eine Grundidee in dreifacher Ausgestaltung. Zur Theorie der Theologie und zur Kritik der monokausalen Theologiebegründung, in: ThQ 163 (1983) 241–264; ders., Theologie als Glaubenswissenschaft, in: HFTh 4 (s. Anm. 1) 132–184, 132–140; Wolfgang Klausnitzer, Grundkurs Katholische Theologie. Geschichte – Disziplinen – Biographien, Innsbruck 2000, 10–18.

als menschliches Tun reflektiert auf diese göttliche Vorgegebenheit, ist also Gott-Rede im Sinne eines Genetivus obiectivus. Innerhalb der „theologia reflexa“ ist die (christliche) Theologie als „Glaubenswissenschaft“ (in der anselmianischen Konzeption der „fides quaerens intellectum“) neben dem „Gott-Künden“ und dem vernunftgeleiteten, aber nicht der kirchlichen Gemeinschaft verpflichteten philosophischen Sprechen von Gott („Vernunftinteresse an Gott“) eine in der Christentumsgeschichte erst relativ spät auftretende Grundform von Theologie. In manchen Stellungnahmen wird sie als die exklusiv dem Christentum eigene und seinem wirklichen Wesen allein adäquate Gestalt von Theologie dargestellt[16], wobei die ganze Fragestellung speziell für die Fundamentaltheologie dadurch noch einmal eine eigene Akzentuierung erhält, weil verschiedentlich eine „erstphilosophische“, der autonomen Vernunft des Menschen verantwortete Reflexion geradezu als die zentrale Aufgabe der Fundamentaltheologie eingeführt[17] oder die Apologetik / Fundamentaltheologie als vor- oder außertheologische Disziplin beschrieben wird[18]. Wissenschaftlichkeit bzw. der Anspruch, dem

16 Gerhard Ebeling, Art. Theologie. I. Begriffsgeschichtlich, in: RGG³ 6 754–769; Richard Schaeffler, Glaubensreflexion und Wissenschaftslehre. Thesen zur Wissenschaftstheorie und Wissenschaftsgeschichte der Theologie (QD 82), Freiburg i. Br. 1990. Schaeffler unterscheidet verschiedene Formen von Theologie und Wissenschaft und fordert auch ein „wissenschaftskritisches“ und „wissenschaftsgeschichtliches“ Einwirken der Theologie „auf das jeweils gültige Wissenschaftsverständnis“ (195), setzt aber den Zusammenhang von Theologie und Wissenschaft als notwendig voraus.

17 Hansjürgen Verweyen, Fundamentaltheologie – Hermeneutik – Erste Philosophie, in: PhTh 56 (1981) 358–388. Klaus Müller (Hg.), Einführung und Bestandsaufnahme: Fundamentaltheologie – Fluchtlinien und gegenwärtige Herausforderungen, in konzeptioneller Zusammenarbeit mit Gerhard Larcher, Regensburg 1998.

18 Gegenüber dieser Konzeption hat Karl Rahner sein Modell einer „Fundamentalen Theologie“ (als Aufgabe der Dogmatik) entwickelt: Karl Rahner, Über den Versuch eines Aufrisses der Dogmatik, in: ders., Schriften zur

Wissenschaftsideal einer bestimmten Zeit zu genügen, mag es in allen Ausprägungen von Theologie geben. Wenn im Folgenden von Theologie die Rede ist, soll damit eine Form christlicher Gott-Rede verstanden werden (deren geschichtlicher Ort vor allem die Universität war und ist), die den beiden Kriterien der Wissenschaftlichkeit und zugleich der Kirchlichkeit unterliegt.

Ähnlich mehrdeutig hat sich in der Vielfalt seiner geschichtlichen Konkretionen der Begriff der Universität entfaltet[19]. Seit der Gründungsmotivation der (mittelalterlichen) Universitäten als „universitas magistrorum et scholarium", d.h. als organisatorischer und institutioneller Zusammenschluss einzelner Forscher und Studenten aus allen Regionen der europäischen Christenheit, und der seit dem 18. Jahrhundert damit verbundenen Idee der „universitas litterarum", d.h. der Gesamtheit der wissenschaftlichen Disziplinen, ohne dass diese „litterae" einem einheitlichen Begriff der „scientia" verpflichtet waren[20], bietet die in der Geschichte und heute zumeist

Theologie, Bd. 1 (s. Anm. 13) 9–47, 27; ders., Art. Formale und fundamentale Theologie, in: LThK² 4 (1960) 205f. Die Aufgabe der Fundamentalen Theologie sollte die Begründung des theologischen Charakters der Fundamentaltheologie sein (Schriften zur Theologie, Bd. 1 [s. Anm. 13] 27).

19 Aus der umfangreichen Literatur: Ernst Anrich (Hg.), Die Idee der deutschen Universität. Die fünf Grundschriften aus der Zeit ihrer Neubegründung durch klassischen Idealismus und romantischen Realismus, Bad Homburg vor der Höhe 1959 (mit den Denkschriften zur Universitätsreform von Schelling, Fichte, Schleiermacher, Steffens und Wilhelm von Humboldt); Ernst Anrich, Die Idee der deutschen Universität und die Reform der deutschen Universitäten, Darmstadt 1960; Manfred Eigen u.a., Die Idee der Universität. Versuch einer Standortbestimmung, Berlin 1988. Einen informativen Überblick der Geschichte der (deutschen) Universität gibt Manfred Eigen, Die deutsche Universität – Vielfalt der Formen, Einfalt der Reformen, in: ebd., 73–112, besonders 77–87. Im späten Mittelalter studierten an einer Universität etwa 100–200 Studenten bei einer Personalausstattung von durchschnittlich 10–15 Professoren (79).

20 Schon Aristoteles hatte den Wissenschaftsbegriff analog gebraucht: Peter Hünermann, Die Theologie und die universitas litterarum. Eine histori-

Universität genannte Bildungsinstitution kein idealtypisches Muster, sondern stellt sich dar in einem kaum auf einen gemeinsamen Nenner zu bringenden Spektrum von Bezeichnungen („Studium generale", Akademie, Lyzeum …), Trägerschaften, Organisationsstrukturen, Fächer- und Fakultätskombinationen und Zielbestimmungen, wobei von Anfang an neben der „Idee" der Universität als dem Ort des allein der Suche nach der Wahrheit und dem Wissen- und Erkennen-Wollen verpflichteten wissenschaftlichen Ethos die Konzeption eines Dienstleistungsbetriebes zur praktischen Berufsvorbereitung und -ausbildung bestand[21]. Die Theologie gehört zu den klassischen vier Gründerfakultäten der Universität, wenn auch nicht alle Universitäten schon in ihrer Gründerphase oder auf Dauer alle diese vier Fakultäten umfasst haben[22]. Das

sche und systematische Reflexion im Ausgang vom II. Vaticanum, in: ThQ 171 (1991) 316–329, 320. Walter Rüegg (Hg.), Zur Universitätsgeschichte: Geschichte der Universität in Europa, Bd. 1: Mittelalter; Bd. 2: Von der Reformation bis zur Französischen Revolution (1500–1800), München 1993. 1996 (Lit.).

21 Walter Rüegg, Themen, Probleme, Erkenntnisse, in: Zur Universitätsgeschichte, Bd. 1 (s. Anm. 20) 24–48, 29. Vgl. auch: Hans Michael Baumgartner, Von der Königin der Wissenschaften zu ihrem Narren? Bemerkungen zur Frage, warum Theologie zur Universität unserer Tage gehört, in: ThQ 171 (1991) 278–299, 297–299. Ebd., 297: „Die Frage nach der Zugehörigkeit zur Universität kann weder von einer allgemein verbindlichen ‚Idee' der Universität noch von einem idealtypisch und normativ gefassten Wissenschaftsbegriff her beantwortet werden: wenigstens nicht mehr heute, nachdem das Definitionsmonopol zunächst der Philosophie, dann den sie diesbezüglich ablösenden Naturwissenschaften abhanden gekommen ist und der Wissenschaftsbetrieb der Massen- und Gruppenuniversität den Anschein erweckt, es handele sich bei ihr eher um einen lockeren Verband von gegeneinander abgeschotteten Fachschulen als um eine alle verbindende Institution wissenschaftlicher Studien. … In der Tat, die deutsche Universität ist nach einem Wort von Hermann Lübbe zu einem ‚Ausbildungsdienstleistungsgroßbetrieb' geworden, an dem bildungsbürgerliche ‚Idee der Universität'-Konzeptionen wirkungslos abprallen."

22 Alexander Gieysztor, Organisation und Ausstattung, in: Zur Universitätsgeschichte, Bd. 1 (s. Anm. 20) 108–138, 110–113. Der klassische Organisati-

sogenannte „Humboldtsche Universitätskonzept“ (in dessen Sinn die Berliner Universität 1809/1810 gegründet wurde), das sich zu wesentlichen Teilen dem Denken des Berliner Theologen Friedrich Schleiermacher[23] und den älteren Reformuniversitäten Halle und Göttingen, an denen Schleiermacher gewirkt und Wilhelm von Humboldt studiert hatte, verdankt, hat ganz dezidiert die Theologie als Bestandteil der Universität gefordert[24]. Für die Zwecke dieses Artikels mag die pragmatische Definition der Universität genügen, die Hans Michael Baumgartner aus einer angedeuteten „Theorie der Universität (statt einer Idee), die ihre Geschichte im Blick behält“, ableitet[25]: „Die Universität ist jene höchste Institution im Bildungssystem einer Sozietät, an der allein man das wissen kann, was einer Zeit an Wissbarem zur Verfügung steht: dargeboten in Forschung und Lehre nach je spezifischen methodischen Standards der Disziplinen.“ Die Antwort auf die Frage nach dem Existenzgrund der Theologie an der Universität ergibt sich aufgrund dieser Definition aus der Antwort auf die Frage, ob die Theologie tatsächlich den Zugang zu Wahrheit und Wissbarem eröffnet.

Das 19. Jahrhundert hat in vielem die heutige Debatte um den Fortbestand der theologischen Fakultäten an staatlichen Universitäten vorweggenommen. Das gilt für die innerkatho-

onstyp („artes liberales“, d.h. die „Artistenfakultät“ als Vorstufe jeder höheren Fachbildung, und die „höheren“ bzw. – in der Sprache Kants – „oberen“ Fakultäten Theologie, Recht und Medizin) des Mittelalters war „das Pariser Modell“ (112). Vgl. Ruedi Imbach/Thomas Ricklin, Art. Universität. I. Geschichte der Universität im Mittelalter, in: LThK³ 10 (2001) 420–423.

23 Erich Schrofner, Theologie als positive Wissenschaft. Prinzipien und Methoden der Dogmatik bei Schleiermacher (ThÜb 6), Frankfurt a.M. 1980.

24 Christoph Markschies, Die Theologie in der Humboldtschen Universität, in: ThLZ 134 (2009) 1–11.

25 Baumgartner, Von der Königin der Wissenschaften zu ihrem Narren? (s. Anm. 21) 296.

lische Bestreitung des Existenzrechtes katholischer Fakultäten an staatlichen Universitäten[26] wie für innerevangelische Polemik[27]. In Deutschland war der erste bedeutende Denker (und Universitätspolitiker), der im 19. Jahrhundert eine theologie-

26 Vgl. etwa die Polemik von Augustin Theiner, Geschichte der geistlichen Bildungsanstalten, Mainz 1835, besonders 281, 283, 294, 302. Zu Theiners kirchlichem Förderer: Erich Garhammer, Seminaridee und Klerusbildung bei Karl August Graf von Reisach. Eine pastoraltheologische Studie zum Ultramontanismus des 19. Jahrhunderts (MKHS 5), Stuttgart 1990. Hünermann, Die Theologie und die universitas litterarum (s. Anm. 20) 327 f., hebt diesen Punkt besonders hervor: „Vergegenwärtigt man sich die kritischen Stimmen, die gegenwärtig gegen die theologischen Fakultäten an staatlichen Universitäten plädieren, analysiert man ihre Argumentationen, so ergeben sich auffällige, bis in die Metaphern und die Wortwahl hineinreichende Parallelen zu ganz gleichlaufenden Bestrebungen im 19. Jahrhundert." Hünermann zitiert dazu Martin Kriele, Aktuelle Probleme des Verhältnisses von Kirche und Staat, in: IkaZ 19 (1990) 541–555. Ein pointiertes Beispiel: Johannes Dyba, Staatstheologen, in: Frankfurter Allgemeine Zeitung v. 5. April 1995, 14.

27 Bekannt ist der Ausspruch des Nietzschefreundes Franz Overbeck, die Theologie, die den anderen Wissenschaften nichts geben könne, sitze in der Universität wie ein „Parasit an der Tafel", die andere gedeckt haben (Christentum und Kultur. Gedanken und Anmerkungen zur modernen Theologie, aus dem Nachlass hg. v. Carl Albrecht Bernoulli, Basel 1919 [Neudruck: Darmstadt 1963], 15; ähnlich ders., Über die Christlichkeit unserer heutigen Theologie, Leipzig ²1903 [Neudruck: Darmstadt 1963], 34, 161 f.). Die ersatzlose Streichung theologischer Fakultäten fordert 1873 Paul de Lagarde, Über das Verhältnis des deutschen Staates zu Theologie, Kirche und Religion. Ein Versuch Nicht-Theologen zu orientieren, in: ders., Deutsche Schriften, Göttingen ⁵1920, 40–83, 73 f. Für eine Umwandlung der theologischen Fakultäten in Ausbildungsstätten für wissenschaftliche Religionstheorie und pastorale Religionspraxis plädieren Carl Albrecht Bernoulli, Die wissenschaftliche und die kirchliche Methode in der Theologie. Ein encyclopädischer Versuch, Freiburg i. Br. 1897, und 1898 Ernst Troeltsch, Über historische und dogmatische Methode in der Theologie, in: ders., Zur religiösen Lage, Religionsphilosophie und Ethik (Gesammelte Schriften 2), (Tübingen ²1922) Neudruck: Aalen 1962, 729–753. Karl Ludwig Schmidt spricht sich für die Überführung theologischer Fakultäten in kircheneigene Einrichtungen aus: Evangelisch-theologische Fakultät und Kirche, in: ThBl 9 (1930) 235–240; 10 (1931) 74–80. Eine aktuelle Debatte in der Evangelisch-Lutherischen Kirche in Bayern: Martin Schuck, Theologische Wissenschaftskultur oder Rückzug in klerikale Gegenwelten? Friedrich Wil-

freie (allerdings auch eine medizinfreie) Universität gefordert hatte, Johann Gottlieb Fichte[28]. Fichtes Nachfahren mit dieser Forderung im außertheologischen Bereich im 20. und 21. Jahrhundert wollen die theologischen Fakultäten in religionswissenschaftliche umwidmen[29] oder bestreiten, wie Fichte auch, die Wissenschaftlichkeit der Theologie und damit ihre Existenzberechtigung an der Universität[30], manchmal allerdings mit stark polemischem Einschlag und eher in Pamphlet-Manier[31]. Gegenüber innerkatholischen Positionen, die den

helm Grafs Angriff auf die Augustana-Hochschule in Bayern, in: MdKI 54 (2003) 75–79.

28 Johann Gottlieb Fichte, Deducirter Plan einer zu Berlin zu errichtenden höheren Lehranstalt, die in gehöriger Verbindung mit einer Akademie der Wissenschaften stehe (1807), in: Immanuel Hermann Fichte (Hg.), Fichtes Werke, Bd. 8, Neudruck: Berlin 1971, 95–219, 130–140. Vgl. Johannes Wirsching, Evangelische Theologie an der Universität. Anmerkungen und Überlegungen, in: ThQ 171 (1991) 299–316, 302 f.

29 Vgl. Ernst Hermann Haenssler, Theologie – ein Fremdkörper in der Universität der Gegenwart (Sammlung „Wissen und Wahrheit" 8), Bern 1960. Fichte, Deducirter Plan (s. Anm. 28) 138, hatte erklärt, die Theologie sei im Grunde längst tot, und die Hochschule habe nur noch religionsgeschichtlich ihren Nachlass zu verwalten.

30 Hans Albert, Traktat über kritische Vernunft, Tübingen ^{5}1991, 124–155 (wobei er der katholischen Theologie wegen ihrer Bindung an das Lehramt unterstellt, sie habe damit „offiziell ihrem Denken Grenzen" gesetzt: 137 Anm. 29). Johannes Fischer, Die Theologie und die Wissenschaften. Untheologische Betrachtungen zum Ort der Theologie, Habilitationsschrift masch., Tübingen 1988, argumentiert umgekehrt, der Platz der Theologie sei deswegen an der Universität, weil sie keine Wissenschaft sei. Sie sei auf diese Weise (gleichsam institutionalisiert) die Kritik aller Wissenschaft. Zur Wissenschaftsgeschichte der Theologie vgl. den instruktiven Überblick: Gerhard Sauter, Theologie als Wissenschaft. Historisch-systematische Einleitung, in: Gerhard Sauter (Hg.), Theologie als Wissenschaft. Aufsätze und Thesen (TB 43), München 1971, 9–72.

31 Rütger Schäfer, Die Misere der theologischen Fakultäten. Dokumentation und Kritik eines Tabus, Schwerte 1970. Zur Behauptung Schäfers, die Existenz staatlicher theologischer Fakultäten sei mit dem Grundgesetz nicht vereinbar: Martin Heckel, Die theologischen Fakultäten im weltlichen Verfassungsstaat (JusEcc 31), Tübingen 1986 (auch zu anderen Rechtsfragen, besonders der evangelisch-theologischen Fakultäten); Richard Puza,

Rückzug der Ausbildung künftiger Priester aus den staatlichen Universitäten in die kirchlich verantworteten Seminarien forderten, hat im 19. Jahrhundert Joseph Hergenröther, der damalige Würzburger Theologieprofessor und spätere Kurienkardinal, Stellung bezogen[32]. Er nennt offen die Schwachpunkte der Universitätsausbildung. Von einem kirchlichen Standpunkt aus seien dies vor allem die staatliche Verfügungsgewalt über die Universitäten, die bei einem die Kirche unterdrückenden System natürlich auch Auswirkungen auf die Theologie habe[33], und die von der Kirche nicht zu kontrollierende offene Sozialisation der Studenten[34]. Vom Standpunkt der Wissenschaft aus sei die Aufsplitterung der Universität in

Staatskirchenrechtliche und kirchenrechtliche Stellung und Aufgaben der Theologischen Fakultäten, in: ThQ 171 (1991) 108–114; Alexander Hollerbach, Aktuelle Fragen aus dem Recht der Theologischen Fakultäten, in: ThQ 171 (1991) 251–264. Matthias Gatzemeier, Theologie als Wissenschaft? (problemata 20. 21), 2 Bde., Stuttgart-Bad Cannstatt 1974. 1975, vergleicht „Gott“ erkenntnistheoretisch mit „Kentauren, Sirenen, Nymphen, Faune(n)“ oder dem „Klabautermann“ (Bd. 2, 90).

32 Joseph Hergenröther, Universitäts- oder Seminarbildung der Geistlichen, in: Chilianeum. Blätter für katholische Wissenschaft, Kunst und Leben NF 1 (1869) 438–458.

33 Vgl. ebd., 449 f.

34 Vgl. ebd., 448. Aus soziologischer Sicht gesteht Franz-Xaver Kaufmann diesem Gravamen „prima facie durchaus eine gewisse Plausibilität zu: Eine Institution, welche ein Höchstmaß an Loyalität ihren Ideen, Normen und Führungskräften gegenüber erzeugen will, tut gut daran, die Mitgliedschaftsregeln so auszugestalten, dass sie ein starkes Überwiegen der Innenbeziehungen gegenüber den Außenbeziehungen sicherstellen. Stellt man sich den Klerus als eine mit Korpsgeist beseelte geistliche Elite vor, so spricht vieles dafür, zum mindesten in der Initiations- und Ausbildungsphase ein möglichst dichtes Interaktionsmilieu zu schaffen und den Einfluss konkurrierender Sinndeutungen zu minimieren“ (Theologie zwischen Kirche und Universität, in: ThQ 171 [1991] 265–277, 273 f). Das Problem liege dann allerdings darin, dass die hier erworbenen Loyalitäten und kognitiven Strukturen auch nach der Ausbildungsphase einer Unterstützung bedürften und die mit dem Weltauftrag des Klerus notwendig verbundene Spannung schon in der Ausbildungszeit eingeübt werden müsse. Kaufmann plädiert deshalb für eine Form der „vita communis“ wäh-

eine Vielzahl von Spezialdisziplinen zu konstatieren, so dass die Universitäten „Anstalten werden, die wegen der Mannigfaltigkeit und Disparität der an ihnen neben einander gestellten Richtungen und Strebungen nicht mehr zu einem festen organischen Ganzen zusammenwachsen können“[35]. Damit entfällt von der traditionellen Vision der „universitas litterarum“ her ein klassisches Argument für die notwendige Existenz der Theologie an solchermaßen strukturierten „Specialschulen“. Hergenröther zeigt indes, dass bei aller Problematik der Universität in ihrem Aufbau und ihrer Praxis das Lehramt der Kirche (einschließlich des Konzils von Trient) seit der Gründung der Universitäten für diese und für das Studium der Theologie an ihnen eingetreten war[36]. Er schildert detailliert die Möglichkeiten und die Schwachpunkte der bloßen Seminarausbildung. Insbesondere nennt er den häufigen Wechsel der Dozenten, die zuweilen ungenügende Ausbildung der Lehrer und die manchmal festzustellende Enge der vermittelten Bildung als Missstände[37]. Vor allem jedoch hebt er hervor, dass die Qualität der Seminarausbildung und das Ansehen des Klerus wesentlich abhänge von der Existenz (staatlicher) theologischer Fakultäten. An ihnen finde ja die Ausbildung der Seminarprofessoren statt; sie qualifizierten geeignete Kandidaten für besondere Aufgaben und böten die Chance für das Ge-

rend der Ausbildung und zugleich für das Bleiben der Theologie an der Universität (ebd., 274 f.).

35 Hergenröther, Universitäts- oder Seminarbildung der Geistlichen (s. Anm. 32) 450.

36 Ebd., 440–447. Vgl. jetzt auch: Congregation for Catholic Education – Pontifical Council for the Laity – Pontifical Council for Culture, The Presence of the Church in the University and in University Culture, Vatikanstadt 1994.

37 Vgl. Hergenröther, Universitäts- oder Seminarbildung der Geistlichen (s. Anm. 32) 452.

spräch mit anderen Akademikern[38]. Er plädiert für ein ausgewogenes Nebeneinander von theologischen Fakultäten und kirchlichen Ausbildungseinrichtungen, so dass alle Begabungen der Studenten angesprochen werden[39].

2. Fundamentaltheologische Entwürfe

Es ist etwas schwierig, für ein Fach, das sich erst spät als eigene Disziplin und mit einem spezifischen Formalobjekt aus der ursprünglichen einen „sacra doctrina" oder „theologia" herausentwickelt und das bis ins 20. Jahrhundert zusätzlich die Hypothek eines konfessionellen Vorbehaltes trägt[40], aus der gemein-christlichen Theologiegeschichte bestimmte Autoren oder Positionen exklusiv für die eigene Fachgeschichte zu rekla-

38 Ebd., 439 f. Ebd., 440: „Da, wo die Bedingungen für eine gedeihliche und erfolgverheißende Durch- und Weiterbildung der Candidaten gegeben sind, die anderwärts nicht so leicht sich herstellen lassen, wäre das Aufgeben oder eine Destruction der theologischen Fakultät irgend einer Hochschule oder eine Abberufung aller Clericer von derselben nicht zu rechtfertigen; kaum könnte die Kirche ihren Todfeinden einen größeren Gefallen erweisen."

39 Vgl. ebd., 456–458. Ebd., 457, eine Spitze gegen das gerade im 19. Jahrhundert ausgeprägte professorale Selbstbewusstsein: „Man kann selbst Professor einer Universität sein und diese Stellung über Alles lieben, und doch jenes Professorenthum verabscheuen, das unserer Nation im Auslande beinahe ebenso viel Spott und Hohn, als Ruhm und Ehre eingetragen hat, jenes Professorenthum, von dem man einst sagte, es würde, falls Christus der Herr jetzt unter uns wieder erschiene, seiner Lehre schon darum entgegentreten, weil er auf keiner deutschen Universität regelmäßige Studia gemacht und nicht ordnungsgemäß für das Lehramt sich habilitirt habe."

40 Vgl. Gerhard Ebeling, Erwägungen zu einer evangelischen Fundamentaltheologie, in: ZThK 67 (1970) 479–524; Max Seckler, Evangelische Fundamentaltheologie. Erwägungen zu einem Novum aus katholischer Sicht, in: ThQ 155 (1975) 281–299; Heinrich Petri, Die Entdeckung der Fundamentaltheologie in der evangelischen Theologie, in: Cath 33 (1979) 241–261; Harald Wagner, Einführung in die Fundamentaltheologie, Darmstadt [2]1996, 104–121.

mieren. Auch ist die Fundamentaltheologie seit dem Vaticanum II durchaus auf der Suche nach einem konsensfähigen Selbstverständnis[41]. Trotzdem lässt sich mit der Aussicht auf Zustimmung innerhalb der Fundamentaltheologie die These vertreten, dass eine Vermittlung von „Glaube“ und „Wissen“ zwischen den Extrempositionen eines „Fideismus“ und eines „Rationalismus“ die Grundaufgabe (und damit das auch interkonfessionelle Charakteristikum) dieser Disziplin war und ist[42]. Bedingung und Betätigungsfeld dieser Vermittlung ist die Darstellung der Glaubensinhalte in der Sprache diskursfähiger Rationalität. Das zeigt sich in den Schriften der frühchristlichen Apologeten bis hin zur Schrift „De civitate Dei“ eines Augustinus[43]. Das erscheint sehr deutlich als Programm bei Anselm von Canterbury[44] und noch einmal systematisiert bei Thomas von Aquin[45], mit dem natürlich nicht die Theologie als Wissenschaft beginnt[46], obwohl er einer ihrer bedeutendsten Vertreter an den entstehenden Uni-

41 Vgl. Heinrich Fries, Zum heutigen Stand der Fundamentaltheologie, in: TThZ 84 (1975) 351–363; Karl-Heinz Neufeld, Über fundamentaltheologische Tendenzen der Gegenwart, in: ZKTh 111 (1989) 26–44; Hans Waldenfels, Tendenzen in heutiger Fundamentaltheologie. Anmerkungen zu neueren Veröffentlichungen, in: ZMR 78 (1994) 216–224; Wagner, Einführung in die Fundamentaltheologie (s. Anm. 40) 31–42.

42 Vgl. Franz Trauth, Fundamentaltheologie zwischen Rationalismus und Fideismus. Wilfried Joests theologische Theorie im ökumenischen Gespräch, in: Cath 38 (1984) 265–304.

43 Vgl. Wilhelm Geerlings, Apologetik und Fundamentaltheologie in der Väterzeit, in: HFTh 4 (s. Anm. 1) 217–230.

44 Vgl. Klaus Kienzler, Glauben und Denken bei Anselm von Canterbury, Freiburg i. Br. 1981; Hansjürgen Verweyen, Nach Gott fragen. Anselms Gottesbegriff als Anleitung, Essen 1978. Hintergrund: Wolfgang L. Gombocz, Renaissance der Anselm-Forschung seit 1960, in: ThPQ 123 (1975) 66–69.

45 Vgl. Otto Hermann Pesch, Thomas von Aquin. Grenze und Größe mittelalterlicher Theologie. Eine Einführung, Mainz ²1989. Populär geschrieben, aber erhellend: Max Seckler, Thomas von Aquin und die Theologie, in: ThPQ 156 (1976) 3–14.

46 Vgl. Henri Dominique Saffrey, Les débuts de la théologie comme science (IIIe–VIe siècle), in: RSPhTh 80 (1996) 201–220.

versitäten des Mittelalters ist[47]. Eine herausragende Stelle in dem Bemühen, die Rationalität der Offenbarung und den Offenbarungscharakter nicht-institutionell vermittelter religiöser „Loci", d.h. Erscheinungsorten von Wahrheit und Wissbarem wie z.B. Philosophie oder Geschichte, aufeinander zu beziehen, nimmt Melchior Cano ein, auch wenn sich die Forschung über den genauen Status und Beitrag der Theologie Canos an der Schwelle zwischen Thomas und der philosophisch-theologischen Neuzeit noch kontrovers äußert[48]. Ausdrücklich fundamentaltheologisch sind die Stellungnahmen von John Henry Newman[49] und Maurice Blondel[50]. Im 20. Jahrhundert hat

47 Leo Scheffczyk, Die Theologie und die Wissenschaften, Aschaffenburg 1979, 163: „Er [der Entwurf des Thomas; Anm. W. K.] hält die Mitte zwischen den Extremen einer szientistischen Wissenschaftsauffassung von der Theologie und einer fideistischen Anschauung, in welcher Theologie nur die bekenntnismäßige Explikation der geglaubten Wahrheit sein könnte. Diese Mitte hat aber keineswegs den Charakter eines vordergründigen Kompromisses zwischen den gegensätzlichen Momenten. Die Konzeption veranschlagt im Ganzen das Moment des Gnadenhaften und Übernatürlichen so stark, dass die Theologie ihre Eigenart als Glaubenswissenschaft vollauf wahrt und die Dominante des Glaubens in Kraft bleibt. Andererseits wird sie in ihrem demonstrativen Verfahren als natürliche Wissenschaft anerkannt."

48 Vgl. Bernhard Körner, Melchior Cano. De locis theologicis. Ein Beitrag zur Theologischen Erkenntnislehre, Graz 1994; zu der Hauptschrift Canos: Michael Eckert/Eilert Herms/Bernd Jochen Hilberath/Eberhard Jüngel (Hg.), Lexikon der theologischen Werke, Stuttgart 2003, 182f. Vgl. Max Seckler, Die ekklesiologische Bedeutung des Systems der „loci theologici". Erkenntnistheorethische Katholizität und strukturale Weisheit, in: ders., Die schiefen Wände des Lehrhauses, Freiburg i.Br. 1988, 79–104.

49 Vgl. Wolfgang Klausnitzer, Päpstliche Unfehlbarkeit bei Newman und Döllinger. Ein historisch-systematischer Vergleich (IThS 6), Innsbruck 1980, 42–69. Relevant sind: John Henry Newman, An Essay in Aid of a Grammar or Assent, Introduction by Nicholas Lash, London 1979; ders., The Idea of a University. Defined and illustrated, ed. with an Introduction and Notes by Martin J. Svaglic, Notre Dame, Indiana (1982) ³1986. Vgl. Ian Ker, The Idea of a Catholic University, in: LouvSt 21 (1996) 203–215.

50 Maurice Blondel, Zur Methode der Religionsphilosophie, eingeleitet v. Hansjürgen Verweyen, Einsiedeln 1974. Vgl. Christoph Theobald, Maurice

Bernard J. F. Lonergan eine bemerkenswerte Synthese geliefert[51]. All diesen in sich wieder sehr unterschiedlichen Ansätzen ist ein roter Faden gemeinsam, der die katholische Fundamentaltheologie in ihrem Verständnis bestimmt, nämlich der Widerspruch zu der These, die „Welt“ (wie auch immer qualifiziert) habe dem „Glauben“ grundsätzlich nichts Bedenkenswertes zu sagen. Tertullian hat diese Auffassung in dem bekannten Satz festgehalten, „Athen“ bzw. die Akademie habe mit „Jerusalem“ bzw. der Kirche nichts zu schaffen[52]. Was sagen heutige Positionen?

Peter Hünermann[53] ordnet die Frage ein in den Kontext internationaler wirtschaftlicher, gesellschaftlicher, gesamtwissenschaftlicher und kirchlicher Transformationsprozesse. Speziell in Deutschland rechnet er „bei einem quantitativen Schrumpfungsprozess der katholischen Kirche“ aufgrund der seit Jahren in den beiden Großkirchen anhaltenden Austrittswelle auch mit einem „gesellschaftlichen Bedeutungsverlust“, der die Stellung der Theologie berührt[54]. Für die Theologie als Wissenschaft fordert er (neben organisatorischen Verände-

Blondel und das Problem der Modernität. Beitrag zu einer epistemologischen Standortbestimmung zeitgenössischer Fundamentaltheologie (FTS 35), Frankfurt a. M. 1988.

51 Bernard J. F. Lonergan, Methode in der Theologie, übersetzt und hg. v. Johannes Bernard, und einem Nachwort v. Giovanni B. Sala, Leipzig 1991.

52 Tertullians rhetorische Frage: „Was ist Athen für Jerusalem?“ findet sich in: De praescriptione haereticorum VII 9 (CCSL 1, 193): „Quid ergo Athenis est Hieronolymis? Quid academiae et ecclesiae?“ Der Satz: „Credo quia absurdum“, der Tertullian zugeschrieben wird, ist wörtlich in seinen Schriften nicht nachweisbar: Gottlieb Söhngen, Art. Credo, quia absurdum, in: LThK² 3 (1959) 89.

53 Peter Hünermann, Gegenwart und Zukunft der Theologie in Deutschland, in: European Society for Catholic Theology: Bulletin 7 (1996) 122–129.

54 Ebd., 126. Weiter: „Für die Theologie bedeutet diese Situation einen Rückgang an Studierenden, ein geringeres Reservoir an wissenschaftlichem Nachwuchs, möglicherweise einen Rückgang der Anzahl theologischer Fakultäten.“ Ein Schlaglicht: Theodor W. Köhler / Bernhard Schwaiger, Wer studiert heute Theologie? Studienbeweggründe und Studienverläufe bei Theologiestudierenden. Eine Langzeitstudie, Weinheim 1996.

rungen wie einer breiteren Rekrutierung des Lehrpersonals aus allen „Gruppen" der Kirchen und Studienreformen, die eine gründliche philosophische Schulung und eine Vertrautheit mit der theologischen Tradition aufgrund relevanter Sprachkenntnisse fördern)[55] eine neue Prioritätensetzung der theologischen Themen (im Sinne der „thomanischen Bestimmung von Formal- und Materialobjekt der Theologie") in der Reihenfolge Gottesfrage, die Frage „nach dem Menschen als Individual- und Sozialwesen" und erst an dritter Stelle „die Fragen nach Kirche, Amt, Sakramenten und die anderen damit verbundenen Topoi", die seit dem Vaticanum II vielfach im Vordergrund des theologischen Interesses gestanden waren[56]. Hünermann macht damit die gesellschaftliche (und universitäre) Relevanz der Theologie davon abhängig, ob es ihr gelingt, im Verbund aller theologischen Disziplinen[57] sich wieder auf ihre ureigene Aufgabe, nämlich die Thematisierung der Gott-Rede, zu besinnen.

Max Seckler gehört zu den Fundamentaltheologen von heute, die am ausführlichsten über die Funktion und das Wesen der Theologie geschrieben haben[58]. In einem Artikel von 1983 über die drei Grundgestalten der Theologie (im Gott-Künden, im Vernunftinteresse an Gott und im Verstehenwollen des Glaubens) vertritt er die Meinung, dass die „neue Denkform

55 Hünermann, Gegenwart und Zukunft der Theologie in Deutschland (s. Anm. 53) 12f.

56 Ebd., 127–129.

57 Ebd., 128: „Besorgniserregend ist insbesondere die Unverbundenheit der Ansätze in den verschiedenen Disziplinen und der Relevanzmangel, der sich für die Theologie daraus im Ganzen ergibt."

58 Vgl. z. B. die Sammlung: Max Seckler, Im Spannungsfeld von Wissenschaft und Kirche. Theologie als schöpferische Auslegung der Wirklichkeit, Freiburg i. Br. 1980 – neben den erwähnten Arbeiten in den Anm. 5, 10, 15. Eine Zusammenfassung: Böttigheimer, Lehrbuch der Fundamentaltheologie (s. Anm. 1) 23–85.

und die neuen Methoden, für welche die Bezeichnung ‚Wissenschaft' oder ‚Wissenschaftlichkeit' steht" nicht notwendig an eine bestimmte Gestalt von Theologie gebunden seien, sondern in jeder dieser Formen ihren Platz finden könnten[59]. Die „entscheidende Definition" von Theologie ist für ihn der Begriff „Glaubenswissenschaft", „indem er die beiden für die wissenschaftliche Theologie maßgeblichen Elemente namhaft macht und zu einer programmatischen Einheit verbindet"[60]. Daraus leitet er die fünf konstitutiven „Momente" der Theologie ab:

1) Der Gegenstandsbereich der Theologie sei „formell *Gott*, sei es Gott direkt (Gottesfrage), sei es Welt und Mensch im Hinblick auf Gott als die alles und alle bestimmende Macht"[61]. 2) Ihre beiden „*Erkenntnisquellen und Wahrheitskriterien*" seien Vernunft und Offenbarung, „wobei dem Wort Gottes sowohl erkenntnismäßig wie kriteriologisch der absolute Vorrang zukommt"[62]. 3) Die ihr „eigentümliche *Subjektivität und Wirklichkeitshabe*" heiße Glaube („auch in wissenschaftstheoretischer [!] Hinsicht"), „insofern jenes bejahende Bei-der-Sache-Sein, welches ‚Glauben' heißt (*fides qua creditur*), für die Glaubenswissenschaft konstitutiv ist, da sich ihr nur darin hermeneutisch und axiomatisch ihr Zugang zur Sache des Glaubens (*fides quae creditur*) … eröffnet"[63]. 4) Der „*gesellschaftliche* Ort" der Theologie sei die Kirche. Und 5): Als Glaubenswissenschaft sei die Theologie „den Bedingungen und Regeln der ihr gemäßen *Wissenschaftlichkeit* verpflichtet"[64]. Konkret beinhaltet dieses

59 Seckler, Theologein (s. Anm. 15) 264.
60 Seckler, Theologie als Glaubenswissenschaft (s. Anm. 15) 131–184, 143.
61 Ebd., 144.
62 Ebd.
63 Ebd.
64 Ebd.

zuletzt genannte Moment die Teilnahme der Theologie am wissenschaftstheoretischen Diskurs einer bestimmten Zeit, da sich der Begriff der Wissenschaft, wie die Geschichte zeigt, durchaus wandelt und fällige Revisionen der Wissenschaftstheorie und -praxis der Theologie nur im Rahmen dieses wissenschafts- und universitätsinternen Gespräches möglich sind[65]. Damit meint er nicht, die Theologie müsse sich quasi kritiklos den Wissenschaftsbegriff durch andere Wissenschaften vorgeben lassen. Die theologische Kritik gegenüber einer solchen „Fremdbestimmung" hält er für „sachlich zweifellos stichhaltig"[66]. Er plädiert jedoch für

65 Ebd., besonders Anm. 33. Einen informativen Überblick über konkrete Reaktionen auf diesen wissenschaftstheoretischen Diskurs und evangelisch-theologische Positionierungen des 20. Jahrhunderts (mit einer Auswahlbibliographie der Diskussion auf evangelischer Seite seit 1900 und auf katholischer Seite seit 1923) gibt das Arbeitsbuch: Gerhard Sauter (Hg.),Theologie als Wissenschaft, München 1971. Die im Artikel von Heinrich Scholz, Wie ist evangelische Theologie als Wissenschaft möglich? (1931) (ebd., 221–264), angeführten Minimalforderungen an Wissenschaft haben 1981 Kern / Niemann, Theologische Erkenntnislehre (s. Anm. 9) 31 f., als Widerspruchsfreiheit der Axiome, Ableitungsrichtigkeit, Genauigkeit und intersubjektive Verständlichkeit rezipiert – unter Hinweis darauf, dass sie auch „von den angestrengten wissenschaftstheoretischen Erörterungen der letzten zwei Jahrzehnte – siehe zuletzt die Bücher von Sauter, Pannenberg und Peukert – nicht umgestürzt wurden" (ebd., 31). Sie beziehen sich dabei auf Wolfhart Pannenberg, Wissenschaftstheorie und Theologie, Frankfurt a. M. 1973, und Helmut Peukert, Wissenschaftstheorie – Handlungstheorie – Fundamentale Theologie. Analysen zu Ansatz und Status theologischer Theoriebildung, Düsseldorf 1996. Relevant ist auch Gerhard Sauter u. a., Wissenschaftstheoretische Kritik der Theologie. Die Theologie und die neuere wissenschaftstheoretische Diskussion. Materialien, Analysen, Entwürfe, München 1973. Scholz hatte seine („nichtumstrittenen") Mindestforderungen Satzpostulat, Kohärenzpostulat und Kontrollierbarkeitspostulat (231–233) genannt – und sich dabei im Rahmen einer Diskussion mit Karl Barth und seinen Schülern in Bonn den Vorwurf eingehandelt, „sein Wissenschaftsbegriff" eröffne „der katholischen Theologie viel bessere Aussichten als der evangelischen" (260).

66 Seckler, Theologie als Glaubenswissenschaft (s. Anm. 15) 155. Zustimmend referiert er die theologische Gegenargumentation (ebd., 154): „... über ihre

eine Positionierung der Theologie innerhalb der allgemeinen wissenschaftstheoretischen Diskussion und insbesondere gegenüber der Religionsphilosophie und den Religionswissenschaften[67]. Auf jeden Fall dürfe sie nicht hinter einem akzeptierbaren Standard von Wissenschaftlichkeit zurückbleiben[68]. Mit dem Kompositum Glaubens-Wissenschaft ist aber präzise auch das Problem beschrieben[69]. Der Unterschied der Theologie gerade zur Religionsphilosophie oder -wissenschaft ist ja, dass sie den Glauben nicht nur zum Gegenstand (Materialobjekt), sondern „auch zum Prinzip und Kriterium ihrer Arbeit" hat[70]. Damit ist das Problemfeld der Kirchlichkeit der Theologie umschrieben, die heute interkonfessionell anerkannt ist[71], wenn auch gerade hier die

Wissenschaftsfähigkeit habe allein die Theologie selbst zu entscheiden. Wie jede Wissenschaft, so entwerfe und reguliere auch die Glaubenswissenschaft sich selbst in grundsätzlicher Eigenständigkeit. Weder gebe es einen einheitlichen, für alle verbindlichen Wissenschaftsbegriff, noch gebe es eine für die Zu- oder Aberkennung des Prädikats der Wissenschaftlichkeit zuständige Oberinstanz. Jede Wissenschaft arbeite autonom die für ihren Bereich erfolgversprechenden Grundsätze und Methoden selbst aus." Eine in dieser Hinsicht klassische Zusammenfassung: Scheffczyk, Die Theologie und die Wissenschaften (s. Anm. 47).

67 Vgl. Seckler, Theologie als Glaubenswissenschaft (s. Anm. 15) 155. Dazu: Seckler, Theologie – Religionsphilosophie – Religionswissenschaft, in: ders., Im Spannungsfeld von Wissenschaft und Kirche (s. Anm. 58) 26–41.

68 Vgl. Seckler, Theologie als Glaubenswissenschaft (s. Anm. 15), 158.

69 Ebd., 159: „Aus dem bisher Gesagten ergibt sich, dass die Glaubenswissenschaft zwei Gruppen von Kriterien unterliegt: denjenigen, für die das Wort *Glaube*, und denen, für die das Wort *Wissenschaft* in ihrem Namen steht. Es liegt auf der Hand, dass die Antinomien, die mit dem Projekt einer Glaubens-Wissenschaft gegeben sind, hier besondere Virulenz erfahren."

70 Ebd.

71 Aus der umfangreichen Literatur dazu: ebd., 161–173. Weiter: Karl Heinz Neufeld, Adolf von Harnack. Theologie als Suche nach der Kirche (KKTS 41), Paderborn 1977 (Lit.); Joseph Ratzinger, Theologie und Kirche, in: IkaZ 15 (1986) 515–533; Ulrich Kühn, Die Kirche als Ort der Theologie, in: KuD 31 (1985) 96–115.

außerchristliche Kritik an der Theologie als Universitätswissenschaft ansetzt.

Hans Waldenfels[72] hebt ab auf die Gewichtsverlagerung innerhalb der katholischen Theologie in den letzten Jahrzehnten, die die systematischen Fächer zugunsten der exegetischen (und historischen) Disziplinen zurücktreten ließ[73], und auf neue Akzente innerhalb der Fundamentaltheologie, die ein praktisches und kommunikationsbezogenes (interreligiöses, interdisziplinäres, ökumenisches ...) Interesse bezeugen[74]. Er konstatiert zwar eine heutige Öffnung mancher (Natur-)Wissenschaftler gegenüber dem Religiösen, wobei aber „Religion nicht mehr einfachhin mit dem Christentum identifiziert wird, sondern vielfach die asiatischen Religionen meint“[75]. Zur Bestimmung der Aufgabe der Theologie greift er auf ein lange in den Hintergrund getretenes, vereinzelt in der gegen-

72 Hans Waldenfels, Die theologische Wissenschaft im Rahmen einer leistungsorientierten Gesellschaft, in: Gert Hummel (Hg.), Der Beitrag der Wissenschaften zum gegenwärtigen und zukünftigen Menschenbild. Vorträge beim Symposion der Gemeinschaft der Fakultätentage in Frankfurt 12./13. Oktober 1990, Bonn 1991, 167–187.

73 Ebd., 170. Weiter: „Dadurch, dass die historischen Abläufe in ihrer Bedeutsamkeit höher bewertet werden und zugleich bedacht wird, dass auch systematisches Denken in seinem Werden und seiner Entwicklung historischen Bedingtheiten unterliegt, wird auch letzteres in seiner Zeitlosigkeit und Zeitüberlegenheit relativiert.“

74 Waldenfels (ebd.) verweist auf Johann Baptist Metz, Glaube in Geschichte und Gesellschaft. Studien zu einer praktischen Fundamentaltheologie, Mainz (1977) ⁵1995, und seine eigene Veröffentlichung: Kontextuelle Fundamentaltheologie (s. Anm. 11). Zu nennen wären weiter: Karl Bauer, Der Denkweg von Jürgen Habermas zur Theorie des kommunikativen Handelns. Grundlagen einer neuen Fundamentaltheologie?, Regensburg 1987; Eugen Biser, Glaubensverständnis. Grundriß einer hermeneutischen Fundamentaltheologie, Freiburg i. Br. 1975; Peter Hofmann, Glaubensbegründung. Die Transzendentalphilosophie der Kommunikationsgemeinschaft in fundamentaltheologischer Sicht, Frankfurt a. M. 1988; Peter Knauer, Der Glaube kommt vom Hören. Ökumenische Fundamentaltheologie, (Graz 1978) Freiburg i. Br. ⁶1991.

75 Waldenfels, Die theologische Wissenschaft (s. Anm. 72) 172.

wärtigen Diskussion aber wieder beachtetes Wesenselement des Christentums (und der Religion) zurück, das Element des „Nonkonformismus“[76]. Diese prophetisch-kritische, die Gesellschaft nicht stabilisierende, sondern destabilisierende Seite speziell auch des Christentums habe Leszek Kolakowski unter dem Stichwort des „Narren“ aufgegriffen[77]. Von daher benennt Waldenfels diese Aufgabe des In-Frage-Stellens „Die Stimme des Narren oder Theologie in der Universität“[78] – und kann sich dafür auf Karl Rahner berufen, der (nicht als die einzige, aber doch) als eine zentrale Funktion der Theologie „der Gesamtuniversität gegenüber“ „die Rolle des Unfriedensstifters, die Rolle der unbedingten Relativierung alles eindeutig Angebbaren, die Rolle des Schreckens über eine ewige Unvollendbarkeit, die Rolle eines richtig verstandenen existentiellen, aber lebbaren Skeptizismus“ proklamiert[79], die der Theologie deswegen zukomme, weil sie gerade auch in der

76 Ebd., 178: Lange stand „im Vordergrund des Interesses die Leistung, die die Religion für die Stabilisierung des öffentlichen Gemeinwesen oder auch der einzelnen Persönlichkeit erbringt. Gesellschaftliche und individuelle Funktionalität berühren sich hier. Doch darf nicht übersehen werden, dass parallel … eine Geschichte des Nonkonformismus, des Weltentzugs, der Nicht-Identität mit ‚Welt‘, des Leidens und der Verfolgung verläuft, deren Anlässe außerhalb der Kirche im Widerspruch zu Staat und Gesellschaft, innerhalb der Kirche im Konflikt mit den Leitungsorganen und dem durchschnittlichen Selbstverständnis des Kirchenvolkes gelegen haben.“ Er führt dazu an: Norbert Lohfink, Kirchenträume, Freiburg i.Br. 1982; Gerhard Lohfink, Wie hat Jesus Gemeinde gewollt?, Freiburg i. Br. 1983; Johann Baptist Metz, Zeit der Orden?, Freiburg i. Br. 1977; ders., Jenseits bürgerlicher Religion, Mainz 1980; Franz-Xaver Kaufmann/Johann Baptist Metz, Zukunftsfähigkeit, Freiburg i. Br. 1987.

77 Vgl. Leszek Kolakowski, Der Mensch ohne Alternative. Von der Möglichkeit und Unmöglichkeit Marxist zu sein, München 1960, 224–252. Dazu Waldenfels, Die theologische Wissenschaft (s. Anm. 72) 179–181.

78 So die Überschrift eines Abschnittes, in: ebd., 182–184.

79 Karl Rahner, Theologie heute, in: ders., Schriften zur Theologie Bd. 15: Wissenschaft und christlicher Glaube, bearbeitet v. Paul Imhof, Zürich 1983, 63–75, hier: 73.

Universität die Rede von Gott (und nicht bloß die Rede von der Rede von Gott oder eine Meta-Reflexion auf die Rede von Gott) sei[80]. In einer etwas späteren Äußerung[81] expliziert Waldenfels deutlicher die Themen Wissenschaftlichkeit, Kirchlichkeit und Zeitgemäßheit der Theologie. Ähnlich wie Max Seckler[82] den er allerdings an dieser Stelle nicht erwähnt, sieht er ein zukunftsweisendes Modell für das Verhältnis von Kirchlichkeit und Wissenschaftlichkeit der Theologie skizziert in der Rede Johannes Pauls II. vor Wissenschaftlern und Studenten im Kölner Dom am 15. November 1980[83], in der der Papst die Eigenrechte der wissenschaftlichen Rationalität der Theologie anerkennt, aber auch ihre Verpflichtung dem Lehramt gegenüber im gemeinsamen Dienst an der Glaubenswahrheit und dem Volk Gottes unterstreicht. Waldenfels sieht die Theologie „stets in einem elliptischen Verhältnis durch ihre Zuordnung zur Zeit, in der sie sich abspielt, und zum Ursprung, aus dem sie lebt und schöpft", d. h. genauerhin zu „ihrem geschichtlichen Ursprung in Jesus von Nazaret"[84]. Die heutige Zeit sei geprägt von einem radikalen Pluralismus in allen gesellschaftlichen Vollzügen. In dieser Situation plädiert er entschieden für den Dialog, an dem die Theologie mitzuwirken

80 Ebd., 66–68, 74f.

81 Vgl. Hans Waldenfels, Theologie als Wissenschaft im Spannungsfeld von Kirche und Gesellschaft, in: European Society for Catholic Theology: Bulletin 7 (1996) 131–135.

82 Max Seckler, Kirchliches Lehramt und theologische Wissenschaft. Geschichtliche Aspekte, Probleme und Lösungselemente, in: Walter Kern (Hg.), Die Theologie und das Lehramt (QD 91), Freiburg i. Br. 1982, 17–62, hier: 54–57.

83 Vgl. Waldenfels, Theologie als Wissenschaft (s. Anm. 81) 133. Die Rede war 1980, nicht 1983, wie Waldenfels angibt: Predigten und Ansprachen von Papst Johannes Paul II. bei seinem Pastoralbesuch in Deutschland ... vom 15. bis 19. November 1980 (VApS 25), hrsg. v. Sekretariat der Deutschen Bischofskonferenz, Bonn 1980, 26–34.

84 Waldenfels, Theologie als Wissenschaft (s. Anm. 81) 133.

habe, sowohl innerhalb der Kirche, aber vor allem im „interdisziplinären Diskurs" „der zwischen Vertretern der Wissenschaften, der Philosophie, aber auch solchen, die aus anderen religiösen Traditionen heraus denken, stattfindet"[85]. Angesichts dieser Situation des auch religiösen Pluralismus gibt er die Möglichkeit zu bedenken, Theologie analog zu den angelsächsischen Departments for Religious Studies ebenfalls institutionell in einer multireligiösen Fakultät zu betreiben[86].

Siegfried Wiedenhofer[87]sieht drei Aufgaben für „die zukünftige katholische Universitätstheologie", die „als differenzierter Zusammenhang von spiritueller Theologie, kirchlicher Theologie[88] und Ziviltheologie entwickelt werden" sollte[89]. Damit meint er, dass die Theologie als ihr Materialobjekt 1) die je individuelle religiöse Erfahrung von Religiosität (auch im Dialog mit anderen religiösen Erfahrungen), 2) die kirchlich gebundene Religiosität und 3) die sich in der „Zivilreligion" niederschlagende „gesellschaftliche" Grundform oder Gestalt von Religiosität hat[90], wobei das zu den drei genannten unterschiedlichen Formen von Theologie führt.

Der „künftigen" Theologie sei allerdings der überlebensnotwendige Spagat aufgegeben, einerseits formal und inhaltlich zu integrieren, andererseits aber je nach dem Gegenstandsbereich und Kontext eigene Methoden zu entwickeln[91]. Wieden-

85 Ebd., 135.

86 Ebd., 132.

87 Siegfried Wiedenhofer, Theologie als Universitätswissenschaft. Versuch einer Neubestimmung, in: European Society for Catholic Theology: Bulletin 7 (1996) 139–147.

88 Ebd., 142: „Diese Gestalt von Theologie ist freilich in der neuzeitlichen katholischen Theologie fast exklusiv entwickelt worden."

89 Ebd., 141.

90 Ebd., 141–143.

91 Ebd., 140: „Im Bereich der Wissenschaft ist nicht konfessionell, sondern wissenschaftlich zu argumentieren, im Bereich der Gesellschaft ist nicht akademisch-abstrakt oder kirchlich-fromm, sondern politisch, praktisch

hofer schlägt vor, die Funktion der Theologie im Rahmen der Universität nicht mehr vorrangig „historisch oder kulturpolitisch" (als Gründungsfakultät der abendländischen Universität, als Bestandteil des kulturellen Erbes des Abendlandes) oder „sozial, politisch und staatsrechtlich" (aufgrund des immer noch bestehenden gesellschaftlichen Rangs der Großkirchen, die noch einen erheblichen Teil der Gesamtbevölkerung umfassen, so dass daraus staatskirchenrechtlich abgesicherte Rechtsansprüche entstehen) zu begründen[92]. Eine Legitimation der Theologie an der Universität besteht für ihn in ihrer doppelten wissenschaftstheoretischen Vorbildfunktion für die anderen Wissenschaften[93]. Die Theologie habe zum einen „beispielhaft für alle anderen Disziplinen" „in den Fragen der Voraussetzungslosigkeit der Wissenschaft und in den Fragen der Funktion der Wissenschaft die Karten auf den Tisch gelegt"[94]. Und zweitens halte die Theologie wegen ihrer Geschichte und ihres Anspruches „die Frage nach der Einheit der Wahrheit und Wirklichkeit" im Kontext der Universität[95] und durch ihren Bezug auf eine bestimmte gesellschaftliche Traditionsgemeinschaft die „Frage der Außenbeziehungen von Wissenschaft, d. h. ihrer gesellschaftlichen Bedingtheit und Funktionalität und ihrer Einbettung in lebensweltliche und lebensphilosophische Zusammenhänge und wissenschaftsexterne Institutionen"[96] offen. Die Theologie sei von ihrer „Sonderstellung" besonders auf diese Aufgaben verwiesen. Erst aus

und rational zu agieren, im Bereich der Kirche ist nicht akademisch-abstrakt oder ethisch-praktisch, sondern spirituell, erfahrungs- und praxisbezogen und konfessionell-bestimmt zu reden."

92 Ebd., 144.

93 Ähnlich argumentiert Schaeffler, Glaubensreflexion und Wissenschaftslehre (s. Anm. 16) 193–195.

94 Wiedenhofer, Theologie als Universitätswissenschaft (s. Anm. 87) 144.

95 Ebd., 145; vgl. 144–146.

96 Ebd., 147.

der konkreten Erfüllung dieser Aufgaben lasse sich allerdings „ihre gesellschaftliche und wissenschaftliche Notwendigkeit" „tatsächlich vermitteln"[97].

3. Ein Resümee als Aufgabe

Abschließend sei der Versuch eines Resümees und einer Aufgabenbeschreibung anhand dreier Begriffe unternommen:

3.1 Kirchlichkeit

Das Thema der „Kirchlichkeit" der katholischen Theologie ist durch die Veröffentlichung des „Motu proprio" „Ad Tuendam Fidem" (18. Mai 1998)[98] wieder in den Blickpunkt der Öffentlichkeit geraten, wie es auch immer wieder angesprochen wird, wenn bei der Berufung auf eine universitäre Stelle ein bischöfliches oder römisches „Nihil obstat" verweigert wird. Der Text der mit dem „Motu proprio" eingeschärften „neuen" „Professio fidei" und des damit verbundenen Treueides ist schon 1989 vorgestellt, allerdings nur zögerlich rezipiert worden[99]. Beide Formeln reichen in ihren Ursprüngen weit zurück. Die „Professio fidei" findet einen Vorläufer in dem Glaubensbekenntnis des Konzils von Trient von 1564[100], die dann nach dem Vaticanum I im Jahr 1877 durch die Nennung der

97 Ebd.

98 Text AAS 90 (1998) 457–459; DH 5065 f.

99 Vgl. die kritische Auseinandersetzung: Glaubensbekenntnis und Treueid. Klarstellungen zu den „neuen" römischen Formeln für kirchliche Amtsträger, mit Beiträgen v. Gustave Thils und Theodor Schneider, Mainz 1990. Text der „Professio fidei" und Lehranmerkung der Glaubenskongregation, die die Schlussformel des Glaubensbekenntnisses erläutert: AAS 90 (1998) 542–549; DH 5070–5072.

100 DH 1862–1870.

Definitionen dieses Konzils ergänzt und nach Abschluss des Vaticanum II im Jahr 1967 durch einen vereinfachten Text, nämlich das sogenannte „Nicaeno-Constantinopolitanum", das dem Konzil von Konstantinopel I (381) vorlag[101], und einen Zusatz[102], ersetzt worden war. Der Treueid findet einen Vorgänger im Antimodernisteneid von 1910[103]. Ganz unabhängig von der inhaltlichen Ausgestaltung der „Professio fidei" und der neutestamentlichen Problematik eines „Eides" (Mt 5,33–37) stellt aber doch allein die Tatsache einer solchen geforderten Festlegung die Frage nach der Möglichkeit der für die Suche nach der Wahrheit unverzichtbaren wissenschaftlichen Freiheit in der katholischen Theologie. Das Prinzip, dass Theologie stets auch eine Funktion der Kirche sei, ist nach dem Ende der „Liberalen Theologie" wieder weithin in der evangelischen Theologie[104] und, theoretisch wenigstens, durchgängig in der katholischen Theologie anerkannt. In der katholischen Theologie wird die Kirchlichkeit der Theologie durch das Lehramt garantiert. Allerdings ist die heute praktizierte oder lehramtlich eingeforderte Gestalt des Verhältnisses dieser beiden Größen selbst eine geschichtlich gewordene und angesichts anderer legitimer Paradigmen durchaus auch revidierbare Form[105]. Die konkrete Form des Theologietreibens als ei-

101 DH 150.

102 AAS 59 (1967) 1058.

103 DH 3537–3550.

104 Karl Barths „Die kirchliche Dogmatik" beginnt (KD I/1, 1): „Dogmatik ist eine theologische Disziplin. Theologie ist aber eine Funktion der Kirche." Ein polemischer Zwischenruf: Ulrich H. J. Körtner, Schiffbruch ohne Zuschauer. Mit der Kirche schwinden die theologischen Fakultäten, in: EK 30 (1997) 591–593. Vgl. auch: Die Bedeutung der wissenschaftlichen Theologie in Gesellschaft, Universität und Kirche. Ein Beitrag der Kammer der evangelischen Kirche in Deutschland (EKD-Texte 104), hrsg. v. Kirchenamt der EKD, Hannover 2009, 26–28.

105 Vgl. Seckler, Kirchliches Lehramt und theologische Wissenschaft (s. Anm. 82) 17–62 passim. Vgl. Yves Congar, Bref historique des formes du

ner Funktion in der Kirche ist allerdings auch deshalb strittig, weil das Kirchenverständnis heute nicht eindeutig ist, sondern selbst in der Diskussion steht[106]. Papst Johannes Paul II. hat in zwei bemerkenswerten Reden, die er 1980 in Köln und Altötting gehalten hat, die kirchliche Bedeutung der Theologie gerade in ihrem selbstständigen theologischen Forschen gesehen und dabei die „Einbeziehung der Theologie in die staatlichen Fakultäten", wie sie in Deutschland durch Konkordatsrecht festgelegt ist, sogar als „Modell" dargestellt[107]. Die Geschichte der jeweiligen Verhältnisbestimmungen von Theologie und Lehramt zeigt indes, dass selbst päpstliche Äußerungen jeweils nur eine zeitgebundene Zustandsbeschreibung geben oder eine Option treffen, und dass die Balance zwischen den beiden Lehrämtern (in der Sprache des Thomas von Aquin: dem „magisterium cathedrae pastoralis", also der Bischöfe, und dem „magisterium cathedrae magistralis", also der Theologen[108]) in jeder geschichtlichen Epoche neu bestimmt werden muss. Das gilt natürlich auch von der „Symphonie" (Hans Urs von Balthasar) oder der „conspiratio" (John Henry Newman) der anderen Glaubenssubjekte in der Kirche. In der geschichtlichen Phase des 21. Jahrhunderts ist in Deutschland die besondere lehramtliche Ermächtigung (Stichworte: „Nihil obstat", Lehrbeanstandungsverfahren) durch den jeweiligen

„magistère" et de ses relations avec les docteurs, in: RSPhTh 60 (1976) 99–112; Franz-Josef Niemann, Das Verhältnis von Theologie und Lehramt. Übereinstimmungen, Unterschiede und Annäherungen zwischen evangelischer und katholischer Auffassung, in: StZ 219 (2001) 17–29.

106 Vgl. Klausnitzer, Kirche, Kirchen und Ökumene (s. Anm. 12) 309–337.

107 Predigten und Ansprachen von Papst Johannes Paul II. vom 15. bis 19. November 1980 (VApS 25 bzw. 25A), hrsg. v. Sekretariat der Deutschen Bischofskonferenz, Bonn 1980, 26–34, 167–172 (bzw. 169–174). Würdigung: Seckler, Kirchliches Lehramt und theologische Wissenschaft (s. Anm. 82) 54–57.

108 Vgl. ebd., 26–33.

Ortsbischof bzw. das entsprechende römische Dikasterium die konkrete Weise, in der sich die Kirchlichkeit einer an staatlichen oder kirchlichen Fakultäten vertretenen Theologie erweist. Die Kehrseite dieser „Unterordnung" der Theologie ist jedoch ihre innerkirchliche Relevanz (etwa im Gegensatz zur „Unabhängigkeit" der Religionswissenschaften). Das grundsätzliche Prinzip wird in der katholischen Theologie kaum bestritten. Nicht immer konsensfähig ist jedoch das ‚Kleingedruckte'[109] – und hier liegt die Aufgabe der Theologie im Gespräch mit den anderen Glaubenssubjekten in der Kirche.

3.2 Wissenschaftlichkeit

Der Wissenschaftscharakter die Theologie ist auch in den eigenen Reihen nicht unumstritten. Die Debatte um den Wissenschaftscharakter der jeweiligen Disziplin wird auch in anderen an der Universität vertretenen Fächern (darunter nicht nur unter den üblichen Verdächtigen wie Pädagogik, Philosophie, Soziologie oder den Literaturwissenschaften, sondern auch in manchen Naturwissenschaften oder in der Jurisprudenz und der Medizin) geführt[110]. Helmut Thielicke hat die

109 Ilona Riedel-Spangenberger, Mehr kirchlicher Rechtsschutz. Die Bedingungen für Berufungen auf Lehrstühle für katholische Theologie in Deutschland, in: HerKorr 48 (1994) 418–424. Auch: Kongregation für die Glaubenslehre, Instruktion über die kirchliche Berufung des Theologen (VApS 98), Bonn 1990; Peter Hünermann / Dietmar Mieth (Hg.), Streitgespräch um Theologie und Lehramt. Die Instruktion über die kirchliche Berufung des Theologen in der Diskussion, Frankfurt a. M. 1991; Heribert Schmitz, Mandat und Nihil obstat des Theologieprofessors, in: ThPQ 139 (1991) 265–283.

110 Einige Hinweise: William J. Hoye, Lehramtliche Aussagen und wissenschaftliche Wahrheit in der katholischen Theologie, in: ZKTh 105 (1983) 156–167, hier: 157–159. Ein philosophischer Klassiker ist die Spätschrift Immanuel Kants „Der Streit der Fakultäten" (1798): Immanuel Kant, Werke in sechs Bänden, Bd. 6: Der Streit der Fakultäten und kleinere Abhandlungen, hg. v. Rolf Toman, Köln 1995, 5–140.

Theologische Fakultät als eine Art „Universität im Kleinen" bezeichnet, in der die Gegenstandsbereiche, aber auch die Methodenprobleme „nahezu aller geisteswissenschaftlicher Disziplinen" erscheinen[111]. Bekannt ist die (nicht nur kokettierende) Kritik Karl Rahners am „wissenschaftliche(n) oder quasiwissenschaftliche(n) Betrieb der Theologie"[112], an ihrem „Formelkram", „wissenschaftlichen Getue" und „gelehrten Gehabe", wie es wiederholt heißt[113]. Er versteht seine eigene Theologie speziell im „Grundkurs"[114] als „wissenschaftlich" in der Weise des „Vorwissenschaftlichen" und damit, wie Max Seckler[115] vorgeschlagen hat, eher „sapiential". Die neuere theologische Diskussion um den Wissenschaftsstatus der Theologie lässt, etwas grob dargestellt, drei Grundpositionen

111 Helmut Thielicke, Was ist Wahrheit? Die Theologische Fakultät im System der Wissenschaften (SGV 209), Tübingen 1954, 9.

112 Karl Rahner, Die Theologie im interdisziplinären Gespräch der Wissenschaften, in: ders., Schriften zur Theologie, Bd. 10, Zürich 1972, 89–103, hier: 95. Ebd.: „Die Theologie leitet dort, wo sie sich nicht insgeheim schon aufgegeben hat, ihr Selbstverständnis und ihr Selbstbewusstsein nicht davon ab, dass sie in ein interdisziplinäres Gespräch aufgenommen wird und die anderen Wissenschaften den Eindruck haben, der Theologe könne ihnen etwas erzählen, was für sie interessant oder nützlich ist. Selbstverständlich kann auch die Theologie wie jede andere Wissenschaft in Art einer Hilfswissenschaft für eine andere Disziplin fungieren. Aber wenn die Theologie ihr Selbstverständnis davon abhängig machen würde, dass sie im Symposion der Wissenschaften wohlwollend angehört wird, wenn die Theologie durch ihren Beitrag zum interdisziplinären Gespräch überhaupt erst konstituiert würde…, dann hätte die Theologie im Grunde sich schon aufgegeben und hätte auch im interdisziplinärem Gespräch zu schweigen, weil sie nichts zu sagen hat."

113 Dazu: Max Seckler, Das eine Ganze und die Theologie, in: Elmar Klinger/Klaus Wittstadt (Hg.), Glaube im Prozess. Christsein nach dem II. Vatikanum, FS Karl Rahner, Freiburg i. Br. 1984, 826–852, hier: 842–847.

114 Karl Rahner, Grundkurs des Glaubens. Studien zum Begriff des Christentums (Sämtliche Werke 26), bearbeitet v. Nikolaus Schwerdtfeger und Albert Raffelt, Freiburg i. Br. 1999, 6 f.

115 Seckler, Das eine Ganze und die Theologie (s. Anm. 113) 847–852.

sichtbar werden[116]: „(1) Positionen, die ausdrücklich den Anschluss an die moderne Wissenschaftstheorie suchen; (2) Ansätze, die den Status der Theologie mehr oder weniger exklusiv innerhalb eines theologischen Kontextes (z. B. in Relation zu Offenbarung und Glaube) bestimmen; (3) Entwürfe, die die Eigenart der Theologie integrativ im Blick gleichermaßen auf Glaube (Kirche), Wissenschaft und Kultur bzw. Gesellschaft profilieren wollen." Durch die Darstellung im 4. Band des „Handbuches der Fundamentaltheologie" ist Max Secklers These in der Fundamentaltheologie bedeutsam geworden. Er plädiert für eine Erweiterung des Theologiebegriffs. Damit stellt sich natürlich die Frage nach der Wissenschaftlichkeit der Theologie sehr differenziert. Wenn allerdings die Theologie in Deutschland sich im Sinne des dritten Grundmodells von Max Seckler als kirchlich verantwortete Glaubenswissenschaft an der Universität versteht, dann ist die Frage nach der Wissenschaftlichkeit der Theologie nicht nur theologie- und damit systemintern zu beantworten, sondern muss im Kontext des wissenschaftstheoretischen Diskurses der Wissenschaft behandelt werden oder wenigstens in ihn hinein übersetzbar sein.

3.3 Funktion in der Gesellschaft

Wenn heute theologische Positionen sich darum bemühen, die Offenbarung (bzw. den Glauben) und die Rationalität der Gesellschaft gegenseitig zu integrieren bzw. zu vermit-

116 Hans Günther Türk, Positionen und Perspektiven in der Wissenschaftstheorie der Theologie, in: Fundamentaltheologie – Fluchtlinien und gegenwärtige Herausforderungen (s. Anm. 17) 45. Türk nennt für die erste Position exemplarisch Pannenberg, für die zweite Bayer und Seckler und für die dritte Dalferth und das Projekt der Innsbrucker „Dramatischen Theologie" (Schwager, Niewiadomski).

teln, dann war dies traditionell die Aufgabe der Fundamentaltheologie, wofür sie jedenfalls in ihrer neuthomistischen Ausprägung den entschiedenen Widerspruch reformatorischer Theologien und speziell der „Dialektischen Theologie“ erfuhr[117]. Dieses Bedenken des Verhältnisses von Glaube und Vernunft wurde unter dem Stichwort der „analysis fidei“[118] vorbereitet und seit der „Nouvelle Théologie“ zumeist in Überwindung des supranaturalistischen Zwei-Stockwerk-Modells vorgetragen. Vorläufer dieser fundamentaltheologischen (zumal in der „deutschen Form“ der Fundamentaltheologie) Rezeption der (philosophischen) Neuzeit waren die französische Immanenzapologetik (Maurice Blondel) und die Maréchalschule, in deren Tradition Karl Rahner steht, dessen Buch „Hörer des Wortes“[119] sich religionsphilosophisch und fundamentaltheologisch versteht[120]. Georg Essen hat angesichts dieser Situation eine doppelte Aufgabe der Fundamentaltheologie proklamiert: Sie „bestünde dann zum einen darin, die Frage nach den realen Bedingungen für die Konstitution verantwortlichen Subjektseins ausdrücklich zu stellen. Zum anderen aber hätte sie darauf zu achten, dass sich das Christentum von seiner Verantwortung für das weitere Schicksal der neuzeitlichen Frühzeitgeschichte nicht abermals dispensiert.“[121]

117 Vgl. Ferdinand Hahn, Exegese und Fundamentaltheologie. Die Rückfrage nach Jesus in ihrem Verhältnis zu Kerygma und Heiliger Schrift. Ein Beitrag zu Grundfragen der Theologie aus evangelischer Sicht, in: ThQ 155 (1975) 262–280, hier: 262–263 und 280.

118 Erhard Kunz, Glaubwürdigkeitserkenntnis und Glaube (analysis fidei), in: HFTh 4 (s. Anm. 1), 301–330.

119 Karl Rahner, Hörer des Wortes, München 1941.

120 Zum Ganzen: Georg Essen, „Und diese Zeit ist unsere Zeit, immer noch“. Neuzeit als Thema katholischer Fundamentaltheologie, in: Müller (Hg.), Fundamentaltheologie – Fluchtlinien und gegenwärtige Herausforderungen (s. Anm. 17) 23–44.

121 Ebd., 44.

Die erste Frage wird offensiv nach „außen“ wie nach „innen“ zu stellen sein[122]. Das zweite Thema wird binnenkirchlich und -christlich behandelt werden müssen. Wo ist der Ort dieser Debatte? Er ist sicherlich nicht notwendig an der Universität, zumal dort nicht, wo die Einheitsvision der hochmittelalterlichen Gründungsintention der Universität im Sinne der „universitas litterarum“, die noch in Fichtes Terminus der „Wissenschaftsgemeinde“ lebendig war, im öffentlichen Diskurs nicht mehr konsensfähig ist, weil die Universität in der Konzeption wie in der Durchführung sich als eher zufälliges Konglomerat voneinander abgeschotteter fachwissenschaftlicher Ausbildungsgänge darstellt[123]. Aber die Auseinandersetzung um die Bestimmung der Universität ist ja noch nicht beendet und eine Rückbesinnung „ad fontes“ scheint noch möglich. Welche Themen kann spezifisch die Fundamentaltheologie einbringen? Ein Überblick über die Handbücher und die Veröffentlichungen der Fundamentaltheologie seit 1985 zeigt, dass die Fundamentaltheologie sich wieder auf ihre klassischen Themen (Religionen und Gottesfrage, Offenbarung und Frage nach der Bedeutung Jesu von Nazaret, Ekklesiologie im Kontext der Ökumene) und zunehmend auch auf die Aufgabe einer Fundamentierung und Selbstvergewisserung der

122 Vgl. Klaus Müller, Wieviel Vernunft braucht der Glaube? Erwägungen zur Begründungsproblematik, in: Müller (Hg.), Fundamentaltheologie – Fluchtlinien und gegenwärtige Herausforderungen (s. Anm. 17) 77–100.

123 Hans-Georg Gadamer, Die Idee der Universität – gestern, heute, morgen, in: Anrich (Hg.), Die Idee der Universität (s. Anm. 19) 1–22, 12: „Wo ist die ‚Universitas Litterarum‘ angesichts der Fraktionierung und Departmentierung, die durch die zahlenmäßige Größe der Institutionen unvermeidlich geworden ist? Man kann nicht bestreiten, dass diese Fraktionierung die Universität in Fachschulen zerfallen lässt, die mehr oder minder dicht gegeneinander abgeschottet sind.“ Vgl. auch das Zitat von Baumgartner, Von der Königin der Wissenschaften zu ihrem Narren? (s. Anm. 21) 297!

Theologie insgesamt (Theologische Erkenntnislehre) zu besinnen scheint. Auf diese Weise könnte sie – nach „innen“ wie nach „außen“ – die Funktion einer integrierenden Wissenschaft übernehmen. Die Frage bleibt, ob ihr gesellschaftlich, kirchlich und theologisch ein Raum für dieses Angebot zur Verfügung gestellt wird.

JÜRGEN BRÜNDL

Wo(hin) weltliche Not und Gottes Menschlichkeit Theologie stellen

Dogmatik als Arbeit am Begriff eines prekären Glaubens

In der öffentlichen Diskussion um den Stellenwert von Glaube und Kirche in der Gesellschaft von heute lässt sich das Problem der Theologie in einem einzigen Adjektiv zusammenfassen. Dieses Adjektiv lautet „dogmatisch“. Alles Bedenkliche, da Normative, um nicht zu sagen Besserwisserische und ideologisch Voreingenommene, das der christlichen Glaubenswissenschaft gemeinhin vorgehalten wird, bringt dessen Nennung zum Ausdruck. Immer wenn der Glaube als Lehre, d.h. in einem *systematischen*, orientierenden Format auftritt, regt sich Unbehagen den von ihm erhobenen Wahrheitsansprüchen gegenüber. Ist doch dem Begriff „System“ spätestens seit Hegels absoluter Geisteswissenschaft ein Bedeutungsaspekt von Zwang eingeschrieben, der auch in der theologischen Systematik manipulative Tendenzen und eine entmündigende Fremdbestimmung am Werk sieht. Beteuerungen der Lebensdienlichkeit der Glaubenslehre helfen gegen solche Vorbehalte in der Regel wenig. Es ergeht der Theologie hier wie jener vornehmen Dame in der Sprachwissenschaft, welche sich von einem nicht ganz so vornehmen Herrn darauf aufmerksam machen lassen muss, dass Bedeutungen die sie begleitenden Werturteile nicht beherrschen können, weshalb das Adjektiv zu Herr „herrlich“, dessen Pendant zu Dame jedoch „dämlich“ lautet.

„Dogmatisch“ ist das Adjektiv zu Dogmatik, jener Disziplin aus der systematischen Fächergruppe der Theologie, der in Würzburg neben ihr selbst noch die Fächer Fundamentaltheologie und Moraltheologie angehören. Der Name Dogmatik leitet sich her von dem griechischen Begriff für Verfügung, Erlass, Verordnung sowie Lehre, Lehrsatz oder Lehrmeinung δόγμα.[1] Entsprechend versteht sich das Fach als wissenschaftliche Lehre von den theologischen Lehrmeinungen sowie von der offiziell verbindlichen Lehre der Kirche. Schon diese Aufgabenbeschreibung ist problematisch, weil sich die Frage aufdrängt, ob ein ganzheitlich-personaler Lebensvollzug wie der Glaube einer solchen Lehre bedarf, ja ob Glaube überhaupt *gelehrt* werden kann. Denn in Gesellschaften individueller, d. h. erfahrungsbezogener Erprobung von Wahrheit gerät jedes Lehrformat zunächst unter den Verdacht der Bevormundung. Und als Erbe der Aufklärung steht auch im Stammbuch des westeuropäischen Christen das „Sapere aude!“ Kants,[2] also die Aufforderung, den *eigenen* Verstand zu benutzen, sich nicht von den herrschenden Vorurteilen leiten zu lassen, sondern selbst kritisch und mündig die Verantwortung für die persönliche Lebensgestaltung zu übernehmen. Starke Normative leidet ein solches Autonomie-Bewusstsein nicht und wehrt deshalb genauso wie andere, z. B. staatliche Regularien eine Dogmatik ab, welche von ihrer systematischen Funktion her die lehrhaften wie lehramtlichen Optionen der Wahrheit des Evangeliums zur Geltung zu bringen hat.

Ob es dieses eben profilierte, autonome und mündige Subjekt der Kritik in unserer Gesellschaft tatsächlich gibt, ist eine interessante Frage, der nicht zuletzt mit Instrumentarien empirischer Theologie nachzugehen wäre. Nicht dieses Thema soll al-

1 Vgl. Kurt Aland / Barbara Aland (Hg.), Griechisch-deutsches Wörterbuch zu den Schriften des Neuen Testaments und der frühchristlichen Literatur, Berlin / New York [6]1988, Sp. 402 f.

2 Vgl. Immanuel Kant, Beantwortung der Frage Was ist Aufklärung?, in: Kant – Werke, Bd. 9: Schriften zur Anthropologie, Geschichtsphilosophie, Politik und Pädagogik. Erster Teil, Sonderausgabe, hg. v. Wilhelm Weischedel, Darmstadt 1964, 51–61, hier: 53.

lerdings im Folgenden die Untersuchung bestimmen. Anknüpfend an das eingangs gestellte *magisteriale* Kennzeichen der Dogmatik schlägt die Klärung ihrer fachspezifischen Eigenart einen Weg ein, der jedoch nicht weniger Berührungspunkte mit den praktisch-empirischen Disziplinen der Theologie, namentlich der Religionspädagogik, aufweist. So wird sich die folgende Analyse dem Problem widmen, was es bedeutet, dass Dogmatik eine Glaubens*lehre* ist. Näherhin soll der Frage nachgegangen werden, *wo* eine solche Lehre ihren Ort hat, von woher sie ihre Bestimmung empfängt und wohin ihre Orientierungskraft ausgreift. Die Aufmerksamkeit richtet sich also auf den systematischen *Kontext* der Lehre des christlichen Glaubens oder noch präziser auf die Begründung der Einsicht, dass diese Lehre *mehrere* Orte, unterschiedliche Kontexte besitzt und dass sich deren situationsgebundene Relativität auf die Formulierung und Bewährung der Heilsbedeutung des Glaubens auswirken muss. Darum trägt der Titel dieser Erörterung die auf den ersten Blick vielleicht etwas ungewöhnliche Form einer Ortsfrage.

Was die Vorgehensweise einer solchen Standortbestimmung betrifft, werden zunächst einige lehramtliche Vorgaben für die Lehr-Methode systematischer Theologie dargelegt. Vor ihrem Hintergrund soll dann die Gegenüberstellung zweier grundsätzlich differierender Auffassungen von der Aufgabe systematischer Theologie zeigen, warum das Orts- bzw. Kontextproblem hier zentrale Bedeutung beansprucht. Konfrontiert werden im einzelnen Aspekte der Befreiungstheologie Jon Sobrinos und die einschlägige römische Notifikation zu den in ihnen „aufgedeckten Ungenauigkeiten und Irrtümer[n]“[3]. Die Gegenüberstellung beider verdankt sich

3 Notifikation zu den Werken von P. Jon Sobrino SJ, in: Knut Wenzel (Hg.), Die Freiheit der Theologie. Die Debatte um die Notifikation gegen Jon Sobrino, Ostfildern 2008, 10–21, hier: 10.

dem erkenntnisleitenden Interesse, dass ihre Auswahl nicht beliebige, sondern *exemplarische* Alternativen des Selbstverständnisses von Dogmatik als Wissenschaft vor Augen führt und auf solche Weise zu verstehen hilft, worin die Arbeit systematischer Theologie besteht bzw. wie sie sich vollzieht. Wie angedeutet liegt der Untersuchung dabei die These zugrunde, dass der kirchliche Außenbezug auf die verschiedenen geschichtlichen Orte und Problemlagen der Welt für die überzeugende Formulierung der Heilswahrheit des Glaubens dogmatische und d.h. verbindliche Bedeutung besitzt. Ihre begriffliche Erfassung muss deshalb den – ausgesprochen *prekären* – Stil einer Offenheit ausprägen, die sich der paradox anmutenden Forderung verbindlicher Vorläufigkeit stellt, insofern sie sich der Bewährung der Wahrheit ihrer Aussagen *in* der Welt nicht entzieht.

1. Dogmatik als theologischer Dienstleister für eine pastorale Ausbildung

Im Dekret des II. Vatikanischen Konzils für die Priesterausbildung *Optatam totius* (OT) ist die Nummer 16 dem Studium der theologischen Disziplinen gewidmet. Für das Fach Dogmatik wird hier ein progressiv voranschreitender Kursplan vorgesehen, der mit einer systematischen Präsentation biblischer Themen beginnt und dann über die Darlegung der apostolischen Lehre der Kirchenväter zu einer spekulativen Durchdringung des Glaubensgutes voranschreitet. Für die letzte gibt nach dem Urteil des Konzilstextes die Theologie des Thomas von Aquin das paradigmatische Vorbild ab.[4] Die 1970

4 Vgl. Dekret über die priesterliche Ausbildung „Optatam totius“, in: HThK Vat. II 1 (2004) 305–332, hier: 324–326.

veröffentlichte Grundordnung für die Priesterbildung, welche die konkrete Umsetzung des Konzilsdekrets durch die nationalen Bischofskonferenzen in die Wege leiten sollte, stellt diesem chronologisch fortschreitenden Studienplan ein *regressives* Modell als Alternative an die Seite. Nach seiner Methode würde die Vermittlung des *depositum fidei* zunächst bei den Konzilsdefinitionen ansetzen und von hier zur Väterlehre und zur Heiligen Schrift „aufsteig[en]“, wie es in den Ausführungen der *Ratio fundamentalis* heißt, so dass die biblische Botschaft „im Licht der lebendigen kirchlichen Überlieferung gelesen und verstanden werden kann“[5].

Beide Vorgehensweisen, die progressive wie die regressive, verfolgen nach eigener Darstellung dieselbe Zielsetzung, nämlich die Studierenden der Theologie zu einer problemorientierten Auseinandersetzung mit ihrer aktuellen Gegenwart, und zwar nach Maßgabe der Heilszusage des Evangeliums Jesu Christi, zu befähigen. In diesem Sinn stellt die konziliare Ausführungsbestimmung für die Priesterbildung *Optatam totius* im Schluss-Satz ihres Abschnitts 16,3 paradigmatisch fest: Die Kandidaten sollen „lernen, Lösungen für die menschlichen Probleme im Licht der Offenbarung zu suchen, ihre ewigen Wahrheiten auf die wandelbare Bedingung der menschlichen Angelegenheiten anzuwenden und sie auf eine den zeitgenössischen Menschen angemessene Weise mitzuteilen“[6]. Diese pastorale Zielsetzung für den Heilsdienst an den Menschen in Not wird auch von dem jüngsten Kommentar zu *Optatam totius*, den Ottmar Fuchs zusammen mit Peter Hünermann verantwortet, als positiv zu würdigende Erneuerung des kirchlichen Sendungsauftrags hervorgehoben.

5 Kongregation für das Katholische Bildungswesen (Hg.), Grundordnung für die Ausbildung der Priester, in: Priesterausbildung und Theologiestudium (NK 25), Trier 1974, 69–263, hier: 223.

6 HThK Vat. II 1 (s. Anm. 4) 325 f.

Dabei erscheint das Fach Dogmatik unter einer interdisziplinären und dialogischen Akzentsetzung. Denn der Text des Dekrets erhebt Fuchs' Darstellung zufolge mit der erstgenannten biblischen Theologie nicht nur einen fächerübergreifenden Außenbezug auf die Exegese für eine verantwortliche wissenschaftliche Gestaltung systematischer Theologie zur Norm, sondern gewinnt über den Bezug auf die Entfaltung der apostolischen Vätertheologie in der Geschichte der Kirche auch die historische Dimensionierung theologischen Lehrens zurück. Insbesondere den Hinweis auf die herausragende Bedeutung des spekulativen Ansatzes Thomas von Aquins interpretiert Fuchs in einem geschichtsoffenen, relativen Sinn, da die spekulative Autorität des Aquinaten eben nicht auf dessen neuthomistische Lesart reduziert werden dürfe. Der Vorbildcharakter des Thomas bestehe vielmehr in dessen Fähigkeit, „die Zeichen der Zeit und die Theologie miteinander in eine gegenseitige Erschließung zu bringen" und zwar gleich ob es sich dabei um ein Verhältnis der „Korrespondenz" oder des „Widerspruchs" handelt.[7] Im Blick steht also gerade nicht die sakrosankte Geschlossenheit des Thomanischen Lehrsystems, sondern der Weltbezug einer Glaubenslehre, die sich aus dem immanent mit den zeitgenössischen Adressaten zu führenden Streit um die Akzeptanz ihrer normativen Aussagen nicht heraushalten kann.

Eine derart positive Würdigung des Konzilstextes ist beachtenswert und hinsichtlich der Rezeptionsgeschichte von *Optatam totius* nicht selbstverständlich.[8] Gerade deshalb darf sie je-

7 Vgl. Ottmar Fuchs/Peter Hünermann, Theologischer Kommentar zum Dekret über die Ausbildung der Priester *Optatam totius*, in: HThK Vat. II 3 (2005) 315–489, hier: 436.

8 Moniert wird vor allem, dass *Optatam totius* das ekklesiologische Niveau von *Lumen gentium* und *Gaudium et spes* nicht erreiche und zu einer eigenständigen Theologie des Priesteramtes nicht vorstoße. Vgl. Ludwig Mödl,

doch nicht darüber hinweggehen, dass im Duktus des ganzen, der universitären Ausbildung gewidmeten Abschnitts vor allem die Sorge um den Erhalt der orthodoxen Signatur der theologischen Wissenschaften zum Ausdruck kommt. Die zu beachtende Führungsrolle des kirchlichen Lehramts vermerkt OT 16,1 ausdrücklich. Und trotz der pastoralen Zielvorgabe am Ende fehlt hier – anders übrigens als bei den Ausführungen zu den philosophischen Studien (vgl. OT 15,1) – der Hinweis auf die Eigenbedeutsamkeit *aktueller* theologischer Entwicklungen. Die Zurückhaltung gegenüber Versuchen einer zeitgenössischen Kontextualisierung des Glaubens ist mit Händen zu greifen. In dieses Bild fügt sich passgenau, dass der zitierte pastorale Schluss-Akzent aus OT 16,3 pointiert von der göttlichen als einer „ewigen" Wahrheit spricht, die auf die wandelbare Weltgeschichte nur „anzuwenden" sei. Derartige Formulierungen spiegeln die instruktionstheoretische Auffassung von Offenbarung der konservativen Richtung unter den Konzilsvätern wider. Ihre Ansicht prägt eine doppelte Naivität: zum einen die Annahme, dass Gottes Wort unmittelbare Problemlösungsstrategien enthält, die gewissermaßen fertig zur Anwendung bereitlägen; zum anderen dass die Orientierung der weltlichen Notlagen durch das Licht der Offenbarung einer Einbahnstraße gleichkommt, auf der nur die Welt von der Kirche, nicht aber diese auch von der Welt zu lernen hätte. Die Formulierungen des Ausbildungsdekrets *Optatam totius* erwecken unter dieser Perspektive den Eindruck, als wären die mundanen Geschichten irrelevant für die Heilsbedeutung des Evangeliums. Dessen universales und als solches *allgemeines* Hilfsangebot repräsentiert im Gegenteil den ewig gültigen Wahrheitsschatz der Kirche, den es nur auszugie-

Das Dekret über Dienst und Leben der Priester, in: Franz Xaver Bischof/Stephan Leimgruber (Hg.), Vierzig Jahre II. Vatikanum. Zur Wirkungsgeschichte der Konzilstexte, Würzburg 2004, 297–315, besonders 309f.

ßen bzw. anzuwenden gilt, um alle relativen Nöte und Probleme der Welt in welcher Zeitsituation auch immer lösen zu können.

Nur am Rande sei vermerkt, dass noch das II. Vatikanische Konzil selber die Position einer solchen Anwendungsdoktrin überwindet. Die Pastoralkonstitution *Gaudium et spes* (GS) z. B. kommt in ihrer Nummer 44 ausdrücklich auf die Hilfe zu sprechen, welche „die Kirche von der heutigen Welt empfängt"[9]. Ebenso macht die zu Recht berühmte Nummer vier desselben Dokuments auf einen konstitutiven Wechselbezug zwischen Kirche und Welt aufmerksam, weshalb sie die Ausübung der kirchenamtlichen Orientierung der Weltlagen im Licht des Evangeliums verbindlich der Verpflichtung nachordnet, *zuerst* die Zeichen der Zeit und d. h. die Weltsituation an sich zu erforschen.[10] Aus dem Wissen um die Sachlagen vor Ort resultiert dann die Autorität der lehramtlichen Wegweisung. Anders gesagt: Nur wenn die Verkündigung der Wahrheit des Glaubens sich auf die unübersichtlichen Notlagen der Geschichte einlässt, d. h. nur wenn sie sich an ihren inhärenten Problemstellungen messen lässt und *bewährt*, erschließt sie das Heilspotenzial des Evangeliums auf glaubwürdige und anerkennungsfähige Weise. Eine solche Bewährung bzw. die ihr zugrundeliegende Sachkompetenz wächst der Kirche aber nicht „von oben" oder per göttlicher Eingebung zu. Sie ist zu erlernen von den Trägern des einschlägigen Weltwissens und erfordert zwingend einen Dialog mit ihnen, der auf Augenhöhe geführt werden muss.

Allein das ist schwierig genug, da es sich bei den Gesprächspartnern zwar nicht ausschließlich, aber jedenfalls immer auch um die Opfer der mundanen Geschichte/n handelt. Sie

9 Vgl. Pastoralkonstitution über die Kirche in der Welt dieser Zeit „Gaudium et spes", in: HThK Vat. II 1 (2004) 592–749, hier: 660–662.

10 Vgl. ebd., 595.

wissen, was Sache ist, haben oft genug am eigenen Leib erfahren, wie es zugeht in der Welt. Deshalb, und weil die Opfer als erste mundtot gemacht zu werden pflegen, verdient ihre Sicht der Dinge privilegierte Aufmerksamkeit. Die Konsequenz für die lehramtliche Heilsverkündigung besteht deshalb vor allem darin, dass sich die Kirche vor Ort, an den Schauplatz des Geschehens zu begeben und seiner jeweiligen Notlage zu stellen hat. Denn wo sonst könnte sie den sachkompetenten Ratgebern wirklich begegnen, ihre Ortskenntnis – das Leid der Opfer – kennen lernen?

Die Aufgabe derartiger Bewährung vor Ort konterkariert der theologisch doktrinäre Standpunkt des Ausbildungsdekrets, wenn er sich mit einer Strategie der Anwendung ewiger, d. h. orts- und zeitunabhängiger, von der Opferperspektive unbelasteter Wahrheit der Offenbarung begnügt. Es verfehlt damit prinzipiell die von ihm selbst als zweite wesentlich ins Auge gefasste Zielbestimmung, nämlich das Licht des Evangeliums den Menschen der Gegenwart auf eine „angemessene Weise" mitzuteilen, so dass diese seinen Bedeutungsgehalt für ihr Leben entdecken können. Die kritische Frage richtet sich deshalb darauf, ob die profane Welt für die Verkündigung der Kirche und die sie bestimmende Erkenntnis der göttlichen Heilsbotschaft ein dogmatisch verpflichtender Ort sein kann oder nicht. Wer diese Frage *verneint*, optiert mit seiner Entscheidung für eine hierarchisch von oben nach unten gerichtete Heilsvermittlung, die linear vom Binnenraum der Kirche in deren weltliches Außen verläuft. Die Stärke einer solchen Position liegt in der klar profilierten Orthodoxie ihrer Lehre. Binnenkirchlich kann sie diese zwar von den Unwägbarkeiten der Welt frei halten, handelt sich dafür aber die eingangs genannten Vorbehalte der Menschen *draußen* ein, die sich von derart aufoktroyierten Wahrheiten in ihren Lebensproblemen nicht ernst genommen bzw. bevormundet wähnen. Ein solches Verdikt schadet umso mehr, als die lehramtliche Weisung hier in ihrem möglichen Wahrheitsgehalt überhaupt nicht erkannt werden kann, insofern dem abstrakt ewigen Format, in dem es erscheint, alle konkret geschichtlichen Lebensweltbezüge abgehen.

Zeigt sich im Fehlen dieses realistischen Bedeutungsaspekts eine beachtenswerte Schwäche der doktrinären Position, erweist sich das Problem, das sich derjenige einhandelt, der die Frage nach dem dogmatischen Verpflichtungscharakter des kirchlichen Weltbezugs *bejaht*, als kaum weniger bedrängend. Denn seine Einsicht in die situative Verfasstheit der Anerkennungsbedingungen von Wahrheit sprengt jede binnensystemisch angesetzte Validierung, d. h. macht eine theologische Letztbegründung der Wahrheitsansprüche des Evangeliums *ein für alle Mal* unmöglich. Die Berufung auf die Ewigkeit Gottes trägt für die weltliche Bewährung der christlichen Lehre leider nichts aus. Stattdessen wird diese sich auf die jeweiligen Zeitläufe einlassen müssen, um die Orte kennen zu lernen, an denen sich die konkrete Heilsbedeutung des Evangeliums je neu erschließen kann. Ein solcher Ortsbezug bedingt notwendig geschichtliche Relativität und Fortschritt auch in der Erkenntnis der christlichen Botschaft. Allerdings *lebt* die Verkündigung der Kirche, die sich selber als *Pastoral*, als Hirtensorge für die Menschen in Not versteht, genau von dieser Wandelbarkeit und Flexibilität. Das Heil, das Jesus Christus am Kreuz für uns sündige Menschen erwirkt hat, ist eine situationsbezogen konkrete, befreiende Macht – oder es ist nicht. Und deshalb muss es auch immer wieder neu und partiell errungen werden. Der totalitäre Anspruch übergeschichtlicher oder nur *allgemeiner* Lösungen wie z. B. jene Versöhnung in einem absoluten Begriff von Geschichte, welche die bereits erwähnte philosophische Systematik Hegels als Wissenschaft des Geistes vorschlägt, erscheinen aus dieser Perspektive wenig glaubwürdig.[11] Allerdings bleibt im Gegenzug der Makel des Vorläufigen und Unabgegoltenen, dem eine geschichtliche Erschließung christlicher Heilswahrheit nicht entkommen kann, bestehen. Noch gravierender wiegt der Einwand, dass die ihr entsprechende Positionierung von Kirche, welche deren Sendung maßgeblich von dem Außenbezug auf die Probleme und Nöte der Welt bestimmt sieht und die lehramtliche Orientierungsvollmacht für dieses Außen an jenen Ansprüchen misst, in eine prekäre Lage gerät. Relativiert sie nicht den ewigen Offenbarungsschatz der Kirche und reduziert ihn so auf die Befriedigung weltlicher Bedürfnisse? Dazu ein zweiter Punkt:

2. Der Streit um die rechte Ortsbestimmung von Theologie und Glaube

Die Auseinandersetzung um die *Option für die Opfer*, mit der die Theologien der Befreiung das pastorale Programm des II. Vatikanischen Konzils in ein systematisch eigenständiges Lehrformat, vor allem aber in die Tat umgesetzt haben, konzentriert sich auf das Problem der Universalität der in Kreuz und Auferstehung Jesu Christi Wirklichkeit gewordenen Heilsverheißung. Den Streitpunkt bildet die eingangs genannte Ortsfrage, die nun eine nochmals modifizierte Fassung erhält: Von woher hat sich die theologische Entfaltung der christlichen Heilswahrheit bestimmen zu lassen, damit der allumfassende Versöhnungswille Gottes zur Geltung kommen kann und niemand ausgeschlossen wird? Denn Gott

11 Vgl. Georg Wilhelm Friedrich Hegel, Phänomenologie des Geistes (PhB 414), neu hg. v. Hans-Friedrich Wessels und Heinrich Clairmont. Mit einer Einleitung v. Wolfgang Bonsiepen, Hamburg 1988, 530 f.

will das Heil *aller* Menschen. Die Parteinahme für eine bestimmte Gruppe – und seien es die Opfer, die „Armen und Bedrängten aller Art“[12] (GS 1,1), die der Programmsatz von *Gaudium et spes* der Sendung der Kirche immerhin besonders ans Herz legt – erscheint vor diesem Hintergrund nicht selbstverständlich.

Auch die lehramtlichen Beanstandungen der Christologie Jon Sobrinos wiederholen dieselbe Problemanzeige als Frage nach dem basalen Ort bzw. Ansatzpunkt der kirchlichen Heilslehre. „Obgleich der Sorge um die Armen und die Unterdrückten Anerkennung gebührt“, heißt es in der römischen Notifikation, kann doch „der grundlegende theologische Ort […] nur der Glaube der Kirche sein; in ihm findet jeder andere theologische Ort die richtige epistemologische Einordnung.“[13] Die Notifikation führt weiter aus, dass sich vor allem der Theologe, „– seiner besonderen kirchlichen Berufung entsprechend – stets vor Augen halten [muss], daß die Theologie Glaubenswissenschaft ist. Andere Ausgangspunkte der theologischen Arbeit laufen Gefahr, willkürlich zu werden und letztlich ihre Inhalte zu entstellen.“[14]

Die lehramtliche Kritik macht also einen grundlegenden theologischen Bezugspunkt geltend, der alle weltlichen Bestimmungsorte der Theologie epistemologisch, d. h. von ihrer systemischen Erkenntnisordnung her, relativiert, nämlich den Glauben der Kirche. Seine zeitübergreifende, abstrakte Örtlichkeit residiert allein in der autoritativen Berufung auf die apostolische Abgeschlossenheit der Offenbarung und kennt darüber hinaus keine ausgezeichnete Nähe zu aktuellen Kontexten. Nicht die Kenntnis der Welt,

12 HThK Vat. II 1 (s. Anm. 9) 593.
13 Notifikation (s. Anm. 3) 11.
14 Ebd.

ihrer Parteiungen und lokalen Eigenheiten, sondern der universale, da geschichtsunabhängige Überblick göttlicher Transzendenz bilden in dieser Sichtweise den Maßstab für die systematische Arbeit der Theologie als Wissenschaft. Umgekehrt gilt: Wer den überragenden Ortsbezug auf den apostolischen Glauben der Kirche vermissen lässt, insofern er ihm partikulare Orte in der Welt kriteriell vorzieht – z. B. die Armen –, der gibt nicht nur die Allgemeinheit des universalen Heilswerkes Gottes auf, sondern erweist sich zugleich als unwissenschaftlich, da er den eigentümlichen Gegenstand seiner Disziplin verkennt. Dogmatik als Wissenschaft vom Glauben an die Offenbarung Gottes wird auf diese Weise einer wissenschaftlichen Entfaltung der heilvollen Bedeutung dieses Glaubens als Heilszusage in konkreten Weltlagen geradezu *entgegen*gesetzt. Da die Allgemeinheit göttlicher Offenbarung über jede raum- oder zeitbedingte Beschränkung erhaben scheint, kennzeichnet die Wahrheit ihres Evangeliums eine ewige, d. h. immer und für alle gleich gültige, im Zweifelsfall jedoch *gleichgültige* Signatur. Geschichtliche Entwicklung der Glaubenswahrheit oder der ihr folgenden Theologie kann es jedenfalls nicht geben. Der Glaube ist als apostolischer von Gott autorisiert und folglich ein für alle historischen Male wahr.

Entsprechend moniert die Notifikation Sobrinos systematisch-theologische Unwissenschaftlichkeit immer dann, wenn dessen Theologie die weltliche Bedeutung der Glaubenserkenntnis über ihre geschichtliche Entfaltung und die damit verbundenen spezifischen Ortsbezüge zu erschließen versucht. Ob es um die Göttlichkeit Jesu Christi, das Bewusstsein von der Gottessohnschaft oder die überzeitliche Heilsbedeutung seines Todes geht, stets lässt Sobrino in den Augen seiner lehramtlichen Kritiker die gebotene Aufmerksamkeit auf die Absolutheit der göttlichen Wahrheit vermissen. Als zu einseitig beurteilen diese insbesondere Sobrinos Deutung der Heiligen Schrift, weil er deren Aussagen nicht im Licht der dogmengeschichtlichen Normative liest, wie es explizit die *Ratio fundamentalis* von 1970 vorschreibt,[15] sondern sie sozusagen umgekehrt den Theologien der neutestamentlichen Autoren nachordnet bzw. noch vor den letztgenannten die auch ihnen vorausliegende geschichtliche Wirklichkeit des Jesus von Nazaret in den Blick nehmen will.[16]

Nicht dieser Geschichtsbezug der biblischen Schriften, welche im Text der römischen Notifikation durchaus problematisch als Offenbarungs-„Quellen“ angesprochen werden,[17] ist für die lehramtliche Perspektive verbindlich. Nor-

15 In einer gewissen Spannung hierzu bestimmt OT 16,1, dass die „katholische Lehre sorgfältig aus der göttlichen Offenbarung“ zu „schöpfen“ sei, weshalb OT 16,2 im „Studium der Heiligen Schrift“ in emphatischer Diktion „die Seele der gesamten Theologie“ erblickt. Vgl. HThK Vat. II 1 (s. Anm. 4) 324.

16 Dass Sobrinos geschichtliche Zielbestimmung tatsächlich ein schwerwiegendes theologisches Problem mit sich führt, kann nicht geleugnet werden. Allerdings liegt dessen Sachgrund nicht in der Relativierung der ontologischen Absolutheit des göttlichen Sohnes, sondern in der spezifischen Bedingtheit historischer Erkenntnis seiner Menschlichkeit. In den historistischen Auseinandersetzungen des 19. Jahrhunderts zerbricht die Naivität einer Geschichtsschreibung, die sich dem Programm verschrieben hatte, einfach zu zeigen, *wie es gewesen ist*. An seiner Statt wird auch hier die für jedes moderne Wissenschaftsformat maßgebliche Einsicht virulent, dass das forschende Subjekt den Gegenstand seiner Erkenntnis nicht unberührt lässt, vielmehr eine ihm kontextuell entsprechende Objektivität erst konstruiert und also im besten, d.h. selbstkritischen Fall eine einzelne Perspektive auf das Gewesene, nicht aber dieses selbst entfalten kann. In der Theologie hat sich die daraus folgende Selbstbescheidung im Scheitern der sogenannten Leben-Jesu-Forschung auf der einen und in der um Bultmanns exegetisches Entmythologisierungsprogramm geführten Debatte auf der anderen Seite niedergeschlagen.

17 Vgl. Notifikation (s. Anm. 3) 11. Dagegen unterscheidet die Offenbarungskonstitution des Zweiten Vatikanischen Konzils *Dei verbum* das göttliche Ereignis der Offenbarung an sich selbst (vgl. DV 2) kategorisch von ihrer biblischen wie auch lehramtlichen Überlieferung als reiner Weitergabe dieser göttlichen Offenbarung (vgl. DV 7).

mativ erscheint ihr vielmehr allein die dem Schriftzeugnis zugrundeliegende, zeitlos ewige Wahrheit eines von Anfang an vollendeten und deshalb eigentlich a-historischen Glaubensgutes. Die neutestamentlichen Erzählungen von Jesus darf man dann nur mit der ontologischen Brille des Gottessohnes lesen, was bedeutet, dass der Mensch Jesus immer schon von seiner Personalität als trinitarischer Logos gewusst haben muss und ihm kein Glaube im strikten, allgemeinmenschlichen Sinn zugeschrieben werden kann. Aus demselben übergeschichtlichen Grund kann die gegenwärtige Heilsbedeutung des Todes Jesu nicht allein in der Befreiung der Armen und Unterdrückten der Dritten Welt liegen. Die Parteilichkeit der soziologischen, um nicht zu sagen *sozialistischen* Analyse-Instrumentarien der Befreiungstheologie wird seitens der lehramtlichen Beanstandungen ob ihres aufdringlichen Weltbezugs sogar als Verengung der ewigen Glaubenswahrheit gerügt. In der Tat eignet sich ihre Entschiedenheit nicht für die Erschließung absoluter, universaler Heilsaussagen. Die Hochschätzung der „Sorge um die Armen und die Unterdrückten", welche die Notifikation am Beginn ihres Statements zum Ausdruck bringt, erscheint vor diesem Hintergrund in einem merkwürdig abgeblendeten Licht. Denn die methodischen Ausgrenzungsstrategien, die sie im selben Atemzug zur Geltung bringt, reinigen den unmittelbar befreienden Sinn einer systematischen Option für die Armen von jeder konkret zeitgeschichtlichen Bedeutung und verschieben ihre Heilsbotschaft damit in den Bereich allgemein religiöser Abstraktheit.[18] Maßgeblich bleibt

18 Vgl. das sprechende Zitat aus der Instruktion *Libertatis conscientia*, das die der Notifikation nachgereichte Erklärung strategisch in dem genannten Sinn einsetzt, wenn sie davon spricht, dass „die Kirche diese Option nicht mit Hilfe von einengenden soziologischen und ideologischen Kategorien zum Ausdruck bringen darf". Kongregation für die Glaubenslehre, Erklä-

hier allein, dass die Absolutheit des kirchlichen Wahrheitsanspruches vor jeder geschichtlichen Relativität bewahrt werden muss. Theologie als Glaubenswissenschaft braucht nach einer solchen Auffassung keine weltlichen Kontexte, ja darf sie nicht brauchen, weil deren aufdringliche Zeitsignatur jede universale Heilslehre zu spezifischen Parteinahmen zwingen, ihre Allgemeinheit bedrohen würde. Deshalb braucht auch das Lehrformat zeitloser Apostolizität keine Aufmerksamkeit für die Welt, vielmehr hat diese sich nach den Vorgaben ihrer Lehre zu richten.

Verschafft jedoch nicht allein jener Ortsbezug, der dem an ewiger Orthodoxie orientierten Überblick zu einseitig erscheint, der christlichen Heilsbotschaft konkrete und konkret glaubwürdige Bedeutung? Um diese Glaubwürdigkeit und ihre Bewährung, in der nicht weniger als die Bewährung der Wahrheitsansprüche der Offenbarung Jesu Christi und d. h. des Glaubens der Kirche auf dem Spiel steht, geht es Theologen wie Jon Sobrino – und muss es einer systematischen Theologie gehen, die sich der wissenschaftlichen Aufgabe kritischer Verantwortung des Glaubens in der Welt von heute stellt. Nur in der differenten Kontextualität unserer Weltwirklichkeit, nur an den verschiedenen aktuellen Orten unseres Lebens vermag die Heilsbotschaft des Evangeliums innerweltlich Bedeutung zu gewinnen. Gerade eine Glaubens*lehre* verlangt die Bewährung ihrer Wahrheit an den Orten der Welt, d. h. verlangt nach dem Bezug auf die Welt, damit in deren unmittelbarer Not und ganz perspektivischen Parteilichkeit ihre eigene, geschichtliche Bedeutung aufscheinen kann. Mit Bezug auf den christologischen Kern aller Theologie stellt Sobrino deshalb fest, dass deren

rende Note zur Notifikation zu den Werken von P. Jon Sobrino SJ, in: Wenzel, Freiheit (s. Anm. 3) 22–25, hier: 22.

basaler Ansatz allein am Kreuzungspunkt von Glaube und Leben gefunden werden kann: „So the basic locus of Christology is the place where faith and life meet."[19] Erst im Bezug auf die Lebenswelt der Menschen kann die Orientierungskraft des Glaubens erschlossen bzw. seine Autorität erwiesen werden. Im Umkehrschluss ist eine Theologie, die systemisch auf die geschichtlichen Außenbezüge der Kirche Verzicht leistet, bestenfalls wahr, in den Augen der Menschen, um deren Heil es ihr doch zu tun sein müsste, oftmals aber nur bedeutungslos. Positiv gewendet: Die Lehre der Kirche ist systematisch zwingend auf *loci theologici alieni* angewiesen, auf die kirchen-, ja glaubens*fremden* Orte der Theologie, das aber bedeutet auf einen weltgesättigten Außenbezug, an dem die Wahrheit des Evangeliums sich zeigen, ihre Heilsbedeutung Anerkennung finden kann.

3. Ein maßgeblicher Kontext systematischer Theologie heute

Nichts anderes als die Notwendigkeit der genannten Ortsbestimmung klagt Sobrino für die Theologie ein. Seine erste, von Rom zumindest nicht ausdrücklich der Kritik unterzogene christologische Monographie „Christology at the Crossroads" – ein Titel, der frei übersetzt als „Christologie am Scheideweg", aber besser als Christologie an dem eben genannten Kreuzungspunkt von Glauben und Leben zu verstehen ist – beginnt mit der beachtenswerten Einsicht, dass die Situation der Unterdrückung und Ausbeutung des größten Teils der Völker Lateinamerikas eine neue Art theologischer Reflexion

19 Jon Sobrino, Christology at the Crossroads. A Latin American Approach. Translated by John Drury, Oregon 2002, 34 (spanische Erstausgabe 1976).

nötig macht. „This particular Christology", so das Vorwort zur englischen Ausgabe, „was written against the backdrop of Latin America"[20]. Der Hintergrund Lateinamerikas, die konkret unheilvolle Weltlage seiner Armen und Unterdrückten erlangt für Sobrino dogmatisches Gewicht. Sie stellt der systematischen Theologie die Aufgabe, die Bedeutung der Offenbarung in einem *spezifischen*, nämlich für die katastrophale Situation der Armen Lateinamerikas *befreienden* Sinn zu bewähren. An die Stelle ewiger und immer gültiger Wahrheitsaffirmation tritt also die Erhebung ihrer geschichtlich zeitbedingten Heilssignatur. Diese wird stets perspektivisch und parteiisch sein müssen, denn es *gibt* Opfer und Täter. Eine Haltung der Neutralität – und sei sie auch universalen Heilsansprüchen geschuldet – verbietet sich aus Gründen der Menschlichkeit. Dagegen wiegt es leicht, dass eindeutige Stellungnahmen und ihre unumgängliche Vorläufigkeit begrifflich arbeitende Lehrgebäude und Orthodoxien zumal in eine prekäre Lage bringen. Denn genau sie, besser: den Mut zu ihr verlangt der Glaube von der Theologie: nämlich dass sie sich und ihre Reflexionen ständig von den Problemen der Welt umbrechen lässt und damit die Entfaltung der Bedeutung des Evangeliums Jesu Christi in einen unabschließbaren geschichtlich-relativen Traditionsprozess überführt.

Die Entschlossenheit zu einer Reflexion des Glaubens, die ihre Geschichte *in* der Welt schreibt, beweist Sobrino bereits am Entstehungsgrund aller Christologie. Er nimmt nämlich auf die unterschiedlichen Christusbilder der urkirchlichen Gemeinden Bezug, die sich in den neutestamentlichen Texten niedergeschlagen haben. Entsprechend ihrer je verschiedenen lebensweltlichen Situation entfalten sie die Heilsbedeutung Christi theologisch auch in differenter Weise, verlieren dabei

20 Ebd., XV.

den gemeinsamen Bezug auf den vorösterlichen Jesus aber nicht aus den Augen. Genau diese Einheit in der Verschiedenheit des Überlieferungsprozesses bedeutet für Sobrino den *kirchlichen* Akzent seiner, ja jeder Christologie. „In the New Testament itself we find not one but several different Christologies. That points up the relationship that has existed between Christology and ecclesiology from the very start.“[21] Ohne die Möglichkeit eines Panoramablicks göttlicher Allwissenheit funktioniert menschliche Erkenntnis eben nur perspektivisch und relativ, d. h. notwendig traditorisch und plural. Die hermeneutische Einseitigkeit eines konkreten Ortsbezugs verhindert folglich nicht die Erschließung der Bedeutung von Wahrheit, sondern macht diese überhaupt erst möglich. Darauf beruht – das sei vor allem im Blick auf die religiösen und auch kirchlich grassierenden Fundamentalismen unserer Gegenwart hervorgehoben – die systematische Pointe im Autoritätsverständnis des katholischen Traditionsprinzips. Eine solche Tradition erweist durchaus nicht jede Perspektive als gleichwertig. Ausdrücklich stellt Sobrino fest, dass die Armen in den Verelendungszonen Lateinamerikas eine *besondere* Nähe zu der Situation Jesu und der ersten Christen auszeichnet gerade wegen der Armut, Unterdrückung und sozialen Ausgrenzung, die ihre gemeinsame Erfahrungsgrundlage bilden. Die Ähnlichkeit, auf der die Privilegierung der Opferperspektive beruht, resultiert also aus den sündhaften Strukturen, welche die Lage der Armen in vergleichbarer Weise wie jene Jesu und der ersten christlichen Gemeinden in seiner Nachfolge beherrschen. Mit den Worten Sobrinos: „[...] there is a clearly noticeable resemblance between the situation here in Latin America and that in which Jesus lived. [...] At bottom the resemblance lies in the fact that in Latin America, as op-

21 Ebd., XX.

posed to other historical situations, the present condition is acutely felt and understood to be a sinful situation."[22] So leben gerade die Armen, und zwar die Armen „aller Art" (GS 1,1), als Opfer in einer zu Jesus analogen Welt und wissen aufgrund dieser Ähnlichkeit sozusagen *aus erster Hand*, was sein Evangelium, was der Einbruch des Reiches Gottes in unsere Welt, der mit Leben, Tod und Auferstehung Jesu Christi anhebt, zu sagen hat.

Auch das muss eine theologische Systematik zur Kenntnis nehmen. Sie hat sich von den Armen dafür sensibilisieren zu lassen, was Heil konkret bedeutet, nämlich die Befreiung von den Mächten der Unterdrückung in einer von Sünde beherrschten Welt. Lernt die Dogmatik diese geschichtliche Lektion, wird sie nicht nur in die Lage versetzt, sachgemäß biblisch zu argumentieren, die apostolische Väterlehre und ihre Dogmen spekulativ zu durchdringen, sondern all dies auch hinsichtlich ihrer aktuellen Bedeutung in einer den Menschen angemessenen Weise zur Sprache zu bringen, so wie das Ausbildungsdekret *Optatam totius* dies fordert. Es bedarf dazu allerdings einer systematischen Theologie, die sich den Problemen der Welt ihrer Zeit stellt, d. h. die sich in ihren zeitgenössischen Horizonten behaften lässt und das „*first-hand knowledge*"[23] der Betroffenen nicht geringschätzt.

Deshalb kann auch die Antwort auf die Titelfrage dieses Statements nach dem Ort, dem sich Theologie maßgeblich auszusetzen hat, am Ende seines Argumentationsgangs bündig nur lauten: die geschichtliche Welt und ihre vielfältigen Kontexte. Sich in die Welt zu stellen bedeutet für die Theologie dann aber auch, sich an die Seite der Armen zu stellen. Derartige Verpflichtung auf Solidarität beruht nicht auf der Sozi-

22 Ebd., 12.
23 Ebd., XXI.

alromantik einer akademischen Laune, die um Volksnähe buhlt. Es gibt für die weltliche Kontextualität der Theologie vielmehr einen systematischen, da offenbarungstheologischen Grund: das inkarnatorische Heilshandeln Gottes selbst. Denn wer sich zu dem christologischen Grundsatz bekennt, dass Gott um unsretwillen Mensch wurde, dass Gott in die unglaubliche Partikularität, ja Einseitigkeit des vor zweitausend Jahren gestorbenen Juden Jesus aus Nazaret einging, welcher in einer nach weltgeschichtlichem Maßstab bedeutungslosen Provinz am Rande des römischen Imperiums sein Dasein fristete, der behauptet damit nicht weniger als dass die Lehre von der Menschwerdung, Konkretisierung, Vergeschichtlichung Gottes das universale Strukturprinzip der Dogmatik, ja aller theologischen Glaubensreflexion sein muss. In der Nachfolge dieses Gottes hat die Kirche eine Sendung in die Welt und Theologie einen kontextgebundenen Auftrag, der sie normativ dafür in Dienst nimmt, sich an die notvollen Orte der Welt zu stellen und in dieser lokalen Solidarität die Menschlichkeit ihrer Heilsbotschaft zu bewähren. Das II. Vatikanische Konzil fasst eine solche Mission unter dem Stichwort der „Pastoral", der Hirtensorge der Kirche zusammen. Um deren systematische, wissenschaftliche Reflexion und die aus ihr hervorgehende Befähigung zu befreiender Praxis geht es in der Dogmatik.

Und wenn diese Position eine Kritik verdient, dann nicht die, dass sich die Kirche hier von ihrem Außen bestimmen lasse – darin liegt vielmehr die Entsprechung zum Willen Gottes, der sich so sehr von der Welt bestimmen lässt, dass er seinen eigenen Sohn nicht schont, wie der Hinweis auf die Inkarnation und das Kreuz Christi belegen –, sondern jenes Eingeständnis, das Sobrino selbst vorbringt, nämlich dass sein Ansatz zwar die Theologie derer widerspiegle, die sich für die unterdrückten Massen einsetzen, nicht aber die Theologie dieser Massen als solche. „But while it [= this Christology] is addressed to those Christians who have committed themselves to the cause of the masses, to the cause of the majority of Latin Americans, it does not offer an adequate analysis of the problems to be found in the Christology held by the majority of the population. Nor does it provide a clear and direct expression of what the majority think about Jesus."[24] Noch bedingter, noch empirischer also hätte systematische Theologie zu sein, damit sie den Menschen auf angemessene Weise die Heilsbotschaft und Orientierungskraft des Evangeliums Jesu Christi aufzuschließen vermag! Die bloße Anzeige der Aufgabenstellung, die aus dem Gesagten folgt, muss für den Augenblick genügen. Schon das ist nicht wenig. Denn über das markierte Desiderat nach empirischer Einholung des Glaubenslebens reichen die Analysen dieser kurzen Untersuchung zu Aufgabe und Methode systematischer Theologie unversehens an die Aufdringlichkeit jenes ganz spezifischen Kontextes einer Würzburger Ringvorlesung heran, in deren lokaler Topologie neben den anderen theologischen Disziplinen und insbesondere neben der empirischen Religionspädagogik auch die systematische Dogmatik davon erzählt, was die Theologie der Gegenwart so alles treibt.

24 Vgl. ebd., XXVI.

STEPHAN ERNST

Moraltheologie als Theologische Ethik

Die Bedeutung des christlichen Glaubens für das ethische Handeln

I.

Seit einer Reihe von Jahren werden in immer mehr Krankenhäusern und Kliniken so genannte Klinische Ethik-Komitees gebildet. Eine Flut von Literatur[1], Seminaren und Fortbildungsveranstaltungen begleitet diese Entwicklung. Auch wenn manches davon den Qualitätssicherungs- und Leitbildprozessen dieser Einrichtungen geschuldet ist, so entspringt diese Entwicklung doch auch dem dringenden Bedürfnis von Ärzten und Pflegern, in schwierigen Situationen nicht allein entscheiden zu müssen, sondern sich beraten zu lassen. In solche Klinischen Ethik-Komitees sind meist auch Theologen eingebunden, und dies nicht nur in katholischen Krankenhäusern, sondern auch in konfessionell ungebundenen Einrichtungen wie etwa den Uni-Kliniken, die dabei ausdrücklich Wert auf weltanschauliche Neutralität in der Formulierung und Begründung ethischer Entscheidungen, Kriterien und Richtlinien legen. Klinische Ethik-Komitees stellen aber nur eines von vielen Beispielen für ethische Diskurse in unserer Gesellschaft dar, in denen Theologen, speziell Moraltheologen, als Ethiker hinzugezogen werden. So gibt es – um im

1 Vgl. beispielhaft: Norbert Steinkamp / Bert Gordijn, Ethik in der Klinik – ein Arbeitsbuch. Zwischen Leitbild und Stationsalltag, Neuwied / Köln / München 2003; Andreas Frewer / Uwe Fahr / Wolfgang Rascher (Hg.), Klinische Ethikkomitees. Chancen, Risiken und Nebenwirkungen, Würzburg 2008.

Bereich der medizinischen Ethik zu bleiben – Kommissionen zur Genehmigung von Forschungsprojekten mit humanen Stammzellen, es gibt den Deutschen Ethikrat, Enquêtekommissionen, Kommissionen auf europäischer Ebene zur Bioethik usw.

Solche und ähnliche Situationen, in denen Theologen in den allgemeinen ethischen Diskurs eingebunden sind oder sich selbst durch Publikationen in einen bestehenden Diskurs einmischen, bedeuten für die Moraltheologie – verstanden als wissenschaftlicher Reflexion solcher Stellungnahmen – eine deutliche Herausforderung. Einerseits nämlich ist sie der biblischen und moraltheologischen Tradition sowie der lehramtlichen Moralverkündigung bleibend verpflichtet. Andererseits kann sie sich – will sie als Gesprächspartnerin in einer säkularen, weltanschaulich nicht gebundenen Gesellschaft akzeptiert bleiben und auch ihren eigenen universalen Anspruch nicht aus dem Blick verlieren – nicht als Vertreterin eines nur für Christen einsichtigen Sonderethos verstehen. Sie muss sich vielmehr um allgemeine Kommunikabilität ihrer Bewertungen und Handlungsoptionen nach außen bemühen.[2] Doch wie kann sie diesen Spagat leisten?

Spätestens seit dem Zweiten Vaticanum hat sich im Blick auf diese Herausforderung das Selbstverständnis der Moraltheologie deutlich verändert.[3] Sie sieht – bildlich gesprochen – ihren Ort nicht mehr ausschließlich im Raum der Theologie, wo sie aus der theologischen Reflexion des christlichen Glaubens

2 Vgl. dazu grundlegend: Alfons Auer, Autonome Moral und christlicher Glaube, Düsseldorf [2]1984, 12; 214.

3 Einen Überblick über die Veränderungen gibt: Gerfried W. Hunold, Moraltheologie im Umbruch. Feststellungen zu den geschichtlichen Verwerfungen einer theologischen Disziplin, in: Josef Römelt / Bruno Hidber (Hg.), In Christus zum Leben befreit (FS Bernhard Häring), Freiburg i. Br. / Basel / Wien 1992, 54–65.

heraus moralische Normen entwickelt und begründet, sondern wesentlich in der Beteiligung am allgemeinen ethischen Diskurs der Gesellschaft.[4] Dies deutet sich bereits darin an, dass die traditionelle – heute eher irreführend konnotierte – Benennung des Fachs als „Moraltheologie" zunehmend von der – innerhalb der protestantischen Theologie ganz selbstverständlichen – Bezeichnung „Theologische Ethik" abgelöst wird. Während nämlich der Ausdruck „Moraltheologie" einen speziellen Bereich innerhalb der Theologie als Ganzer oder auch eine spezielle Ausprägung der Theologie bezeichnet, „Moral" also als Spezifizierung der Theologie als Gattungsbegriff dient, deutet der Ausdruck „Theologische Ethik" an, dass es primär um Ethik, also um das allgemeine Anliegen ethischer Reflexion innerhalb der Gesellschaft geht, die hier allerdings in theologischer Perspektive und auf der Grundlage des christlichen Glaubens wahrgenommen wird.

Doch: Wie sieht dieses veränderte Selbstverständnis der Moraltheologie als theologischer Ethik näherhin aus? Dazu sollen im Folgenden zwei Thesen erläutert werden.

II.

Die 1. These lautet: *Auch in einer theologischen Ethik ist die Begründung verantwortlicher Entscheidungen und Handlungsoptionen aufgrund menschlicher Vernunft und Erfahrung zu leisten.*

Diese Einsicht ist an sich nicht neu, sondern in der Tradition der christlichen Ethik fest verankert. Sie wurde aber nach dem Zweiten Vaticanum durch die so genannte Autonome Moral – maßgeblich vertreten vor allem von Alfons Auer und

4 Vgl. dazu: Franz Böckle, Fundamentalmoral, München [4]1985, 15–19.

Franz Böckle – in spezifischer Weise zur Geltung gebracht. Sie wendeten sich gegen eine Konzeption christlicher Ethik, die ihre Normen aus einem fest gefügten, durch Offenbarung und Metaphysik begründeten Menschenbild ableitet, Normen, die dann unwandelbar feststehen und sich bis in Detailfragen hinein deduktiv entfalten lassen und für deren vollständige Kenntnis und richtige Auslegung der Christ letztverbindlich – noch verbindlicher als auf sein eigenes Gewissen – auf das Lehramt der katholischen Kirche angewiesen ist. Gegenüber diesen drei Vorgaben betonte die Autonome Moral die Autonomie und Eigenständigkeit ethischer Erkenntnis und sah ihre Bezugspunkte eher in der philosophischen Ethik und vor allem in den Natur- und Humanwissenschaften.

1. Die Grundlage dafür bildete zunächst das inzwischen ebenfalls gewandelte Offenbarungsverständnis. Entgegen einem instruktionstheoretischen Offenbarungsmodell, wonach Gott dem Menschen konkrete Inhalte über die Welt, den Menschen und sich selbst bekannt gibt, die sich in Satzform fassen lassen und die zu glauben, d. h. für wahr zu halten sind, hatte das Zweite Vaticanum ein kommunikationstheoretisches Offenbarungsmodell zur Geltung gebracht, wonach Offenbarung in der Selbstoffenbarung bzw. Selbstmitteilung Gottes besteht.[5] Hier geht es nicht um die Mitteilung einzelner Satzwahrheiten, sondern darum, dass Gott sich dem Menschen öffnet und lebendige Gemeinschaft mit sich schenkt, darum also, dass wir Menschen hineingenommen sind in die innertrinitarische Liebe zwischen Vater und Sohn, die der Hl.

5 Zur Unterscheidung zwischen einem instruktionstheoretischen und kommunikationstheoretisch-partizipativen Offenbarungsmodell vgl. Max Seckler, Der Begriff der Offenbarung, in: Walter Kern / Hermann Josef Pottmeyer / Max Seckler (Hg.), Handbuch der Fundamentaltheologie (HFTh 2, Traktat Offenbarung), Tübingen / Basel ^{2}2000, 45–48. – Vgl. auch Max Seckler, Aufklärung und Offenbarung, in: CGG 21 (1980) 5–78.

Geist ist. Glauben bedeutet entsprechend nicht, Unverständliches für wahr zu halten (trotzdem oder gerade deshalb), sondern von der Gewissheit dieser unbedingten Zuwendung Gottes zu uns Menschen in unserem Leben auszugehen. Auf der Grundlage dieses Offenbarungsverständnisses aber lassen sich dann konkrete ethische Einzelnormen nicht mehr als direkter Gegenstand göttlicher Offenbarung verstehen.

Dazu kommt, dass das Zweite Vaticanum der Moraltheologie in seinem Dekret „Optatam totius", Nr. 16 – wie auch etwa der Dogmatik – die Rückbesinnung auf die biblischen Quellen ans Herz gelegt hatte.[6] Diese Rückbesinnung ließ wieder – wie dies nach dem Zweiten Vaticanum in ausgeprägter Form etwa von Hans Rotter herausgearbeitet wurde[7] – die personale Beziehung zwischen Gott und Mensch als Maßstab des Handelns in den Mittelpunkt treten und half so, die starre, rein juridische Kasuistik der Neuscholastik zu überwinden. Allerdings wurde zugleich mit der Rückbesinnung auf die Bibel und ihre vielfältigen ethischen Weisungen auch deutlich, dass diese geschichtlich und kulturell bedingt und – blickt man in die Umwelt – auch keineswegs einzigartig sind. Die Berufung auf ein biblisches Ethos oder gar ein einzelnes Gebot der Bibel als auch für heute verbindlicher Weisung kommt deshalb – will man sich nicht in ein christliches Sonderethos zurückziehen – nicht um die Notwendigkeit herum, auch

6 Der Text lautet: „Besondere Sorge verwende man auf die Vervollkommnung der Moraltheologie, die, reicher genährt aus der Lehre der Schrift, in wissenschaftlicher Darlegung die Erhabenheit der Berufung der Gläubigen in Christus und ihre Verpflichtung, in der Liebe Frucht zu tragen für das Leben in der Welt, erhellen soll" (OT 16).

7 Vgl. dazu Hans Rotter, Person und Ethik. Zur Grundlegung der Moraltheologie, Innsbruck 1993; ders., Grundgebot Liebe. Mitmenschliche Begegnung als Grundansatz der Moral, Innsbruck / Wien 1983. Zur ganzen Entwicklung vgl. Josef Römelt, Christliche Ethik in moderner Gesellschaft, Bd. 1: Grundlagen, Freiburg i. Br. / Basel / Wien 2008, 19 f.

noch eine vernünftige und allgemein nachvollziehbare Begründung für seine Gültigkeit und Verbindlichkeit anzugeben. Insgesamt wurde deutlich, dass die Bedeutung des Glaubens und der Offenbarung für das ethische Handeln weniger in der Begründung einzelner Handlungsanweisungen als vielmehr in der Motivation zum ethischen Handeln überhaupt liegt: Weil Gott barmherzig ist, sollen auch wir es sein; weil Gott sich den Menschen zuwendet, sollen auch wir dies tun.

Sicher mag es sein, dass durch die jüdisch-christliche Glaubensgeschichte auch gewisse inhaltliche Vorstellungen von Humanität entstanden sind und zur Geltung gebracht wurden, etwa – ausgehend von der Gottebenbildlichkeit des Menschen – der Gedanke der unbedingt zu achtenden Menschenwürde. Dennoch bedeutet dies nicht, dass sich für die Gültigkeit dieses Gebots nur unter Berufung auf den jüdisch-christlichen Glauben argumentieren ließe. Vielmehr ist – auch im Rahmen einer christlichen Ethik – die Gültigkeit dieses Gebots auf der Basis allgemeiner menschlicher Vernunft zu begründen. Andernfalls müsste man, um die Forderung nach Achtung der Menschenwürde allgemein einsichtig zu machen, alle Menschen erst zum christlichen Glauben bekehren. Grundsätzlich ist eben – dies hat vor allem Bruno Schüller immer wieder eingeschärft[8] – zu unterscheiden zwischen der faktischen, geschichtlich bedingten *Genese* einer ethischen Einsicht und dem logischen *Erweis ihrer Wahrheit* bzw. ihrer Gültigkeit.

Diese Einsicht, dass konkrete Normen und Handlungsoptionen – auch im Rahmen einer christlichen Ethik – mit Hilfe von Vernunft und Erfahrung begründet werden müssen, gilt

8 Vgl. Bruno Schüller, Die Begründung sittlicher Urteile. Typen ethischer Argumentation in der Moraltheologie, Düsseldorf ²1980, 33–40.

dabei auch für das kirchliche Lehramt.[9] Dass sich die Unfehlbarkeit des Papstes nicht nur auf „Fragen des Glaubens", sondern auch auf „Fragen der Sitten" bezieht[10], ist nicht auf konkrete normative Entscheidungen zu beziehen, sondern auf diejenigen Aussagen, die die unmittelbare Anwendung des Glaubens auf das ethische Handeln betreffen[11], etwa die Aussage über die erbsündliche Verfasstheit des Menschen, oder dass der Mensch nur mit Hilfe der Gnade wahrhaft verdienstlich handeln kann. In allen anderen ethischen Fragen hat auch das Lehramt mit der Vernunft zu argumentieren. Allerdings muss dies auch die Bereitschaft einschließen, die eigene Position der Kritik durch säkulare Vernunft und Erfahrung auszusetzen. Es ist deshalb zu wünschen, dass das Lehramt angesichts der – fatalerweise nun gerade im Jahr des Priesters bekannt gewordenen[12] – Missbrauchsfälle die Bereitschaft

9 Vgl. dazu grundlegend: Alfons Auer (Hg.), Die Autorität der Kirche in Fragen der Moral, München / Zürich 1984.

10 Vgl. Erstes Vaticanum, Erste dogmatische Konstitution „Pastor aeternus" über die Kirche Christi, Kap. 4 (DH 3074): „doctrina de fide vel moribus".

11 Entsprechend heißt es in der dogmatischen Konstitution des Zweiten Vaticanums über die Kirche „Lumen gentium" 25,1: „Denn die Bischöfe sind Glaubensboten, die Christus neue Jünger zuführen; sie sind authentische, das heißt mit der Autorität Christi ausgerüstete Lehrer. Sie verkünden dem ihnen anvertrauten Volk die Botschaft zum Glauben und zur Anwendung auf das sittliche Leben (fides credenda et moribus applicanda) und erklären sie im Licht des Heiligen Geistes."

12 In seiner Predigt zum Abschluss des Priesterjahres (2009/10) vom 11. Juni 2010 deutete Papst Benedikt XVI. dieses Zusammentreffen folgendermaßen: „Es war zu erwarten, dass dem bösen Feind dieses neue Leuchten des Priestertums nicht gefallen würde, das er lieber aussterben sehen möchte, damit letztlich Gott aus der Welt hinausgedrängt wird. So ist es geschehen, dass gerade in diesem Jahr der Freude über das Sakrament des Priestertums die Sünden von Priestern bekannt wurden – vor allem der Missbrauch der Kleinen, in dem das Priestertum als Auftrag der Sorge Gottes um den Menschen in sein Gegenteil verkehrt wird." (www.vatican.va/holy_father/benedict_xvi/homilies/2010/documents/hf_ben-xvi_hom_20100611_concl-anno-sac_ge.html) Dazu lässt sich mindestens Folgendes fragen: a) Wen meint der Papst eigentlich mit dem „bösen Feind"? Den Teufel? Die Jour-

entwickelt, der Moraltheologie auch im Bereich der Sexualethik mehr Freiraum zuzugestehen und in diesen Fragen eine offene Auseinandersetzung mit säkularer Vernunft und Wissenschaft zuzulassen. Nur dies – und nicht ein sich selbst immunisierendes und Denkverbote erlassendes ideologisches Beharren auf den eigenen Positionen – kann im Interesse des Glaubens und der Kirche selbst sein. Andernfalls steht das Lehramt in der Gefahr, durch überzogene Einzelnormen in der Sexualethik die Autorität ihrer gesamten Moralverkündigung zu untergraben.

2. In diesem Zusammenhang kommt noch ein weiteres Anliegen der Autonomen Moral in den Blick. Es ging ihr nicht nur um die Autonomie ethischer Erkenntnis gegenüber Offenbarung, Metaphysik und Lehramt. Auch die traditionelle Theorie der Normbegründung selbst, nämlich die Berufung auf das natürliche Sittengesetz bzw. das Naturrecht, darauf also, dass es natürliche Zielgerichtetheiten (Teleologien der Natur) gäbe, die bereits ethische Handlungsoptionen nahelegen und vorgeben, wurde fragwürdig. In der Öffnung auf den allgemeinen ethischen Diskurs wurden die Zweifel an der Tragfähigkeit eines solchen Konzepts nicht nur durch die Re-

nalisten? Oder gar die Opfer? – b) Selbst wenn es der böse Feind war, der den Missbrauch aufgedeckt hat, so muss man doch zugestehen, dass es etwas aufzudecken gab und dass Dinge aufgedeckt wurden, von denen der Papst selbst sagt, dass sie den Auftrag der Sorge Gottes um den Menschen pervertieren. Wäre es denn besser gewesen, wenn dies nicht aufgedeckt worden wäre? Oder ist lediglich der Zeitpunkt inopportun? Aber muss man solche Dinge nicht aufdecken, sobald sie bekannt werden? – c) Woher weiß der Heilige Vater, dass es tatsächlich der böse Feind war? Lässt sich dafür ein Kriterium angeben? Kann der böse Feind wirklich ein Interesse daran haben, Dinge aufzudecken, die gegen die Sorge Gottes um den Menschen sind? Könnte es nicht genauso gut auch der Heilige Geist gewesen sein, der doch die Wahrheit offenbar macht? Könnte es nicht sein, dass er die Kirche auf diese Weise zum Nachdenken über die Wirklichkeit der Priester und ihre Lebensweise bringen wollte?

aktionen vieler Katholiken auf das Verbot künstlicher Kontrazeption, sondern auch von Seiten der philosophischen Ethik deutlich formuliert. So lässt sich von Seiten philosophischer Ethik bezweifeln, dass sich solche teleologischen Zielgerichtetheiten in der Natur überhaupt wissenschaftlich und allgemein nachvollziehbar feststellen lassen. Doch auch dann, wenn dies möglich sein sollte, bliebe immer noch die Frage, warum ein diesen Zielausrichtungen entsprechendes Handeln auch ethisch verbindlich sein soll.[13] Dazu kam der grundsätzliche wissenschaftstheoretische Zweifel des Kritischen Rationalismus an der Letztbegründbarkeit ethisch-normativer Aussagen durch Ableitung aus einem vorausliegenden Grund, etwa aus der Natur. Ein solches Vorhaben führe – so Hans Albert – zwangsläufig entweder in einen infiniten Regress, in einen Zirkelschluss oder in einen willkürlichen Begründungsabbruch (Münchhausen-Trilemma).[14]

Die Moraltheologie versuchte solchen grundsätzlichen Bestreitungen ihres Wissenschaftscharakters bzw. der Möglichkeit einer wissenschaftlichen Ethik überhaupt zunächst dadurch zu begegnen, dass sie sich als *integrative Wissenschaft* bzw. *Integrationswissenschaft* verstand[15], die human- und naturwissenschaftliche Aussagen über den Menschen einbezieht und in einem philosophisch-hermeneutischen Verfahren – in das auch Deutungen des Glaubens einfließen können – zu einem Menschenbild verdichtet, aus dem sich dann Handlungs-

13 Vgl. dazu paradigmatisch: Dieter Birnbacher, Analytische Einführung in die Ethik, Berlin 2003, 360–381, bes. 374–381 über schwache religiöse Moralbegründung. Vgl. ebenso: Norbert Hoerster, Ethik und Interesse, Stuttgart 2003, 83–90.

14 Vgl. dazu Hans Albert, Traktat über kritische Vernunft, Tübingen ^{4}1980, 13.

15 Vgl. dazu erstmals Werner Schöllgen, Konkrete Ethik, Düsseldorf 1961, 31–45. Dann auch Hermann Ringeling, Ethik vor der Sinnfrage. Religiöse Aspekte der Verantwortung, Gütersloh 1980, 113–127. Vgl. auch: HCE 1 (^{2}1979) 389–473. Vgl. schließlich auch: Auer, Autonome Moral (s. Anm. 2) 44.

optionen ergeben.[16] Die genauen Kriterien dieses hermeneutischen Verfahrens blieben allerdings oft im Vagen, Abwägungsregeln blieben letztlich unterbestimmt. Auch der weitere Versuch der theologischen Ethik, die *Diskursethik* in der Konzeption von J. Habermas oder K.-O. Apel als Begründungstheorie in die theologische Ethik zu integrieren[17], brachte in dieser Kriterienfrage nicht wirklich weiter. Die – auch bei einem herrschaftsfreien Diskurs bleibende – Notwendigkeit, auch sachbezogene Kriterien für konkrete Abwägungsfragen namhaft zu machen, blieb auch hier letztlich ungeklärt.

Aussichtsreicher – wenn auch von kirchlicher Seite ungeliebt – scheint in dieser Frage der Utilitarismus zu sein. Mit ihm sieht sich die Moraltheologie heute mit einem der führenden Ansätze philosophischer Ethik konfrontiert, wenn man nicht gleich auf eine reine Interessensethik trifft. Im allgemeinen ethischen Diskurs jedenfalls – etwa auch in der medizinischen Ethik – werden, trotz aller medizinethischen Prinzipien (Achtung der Autonomie, Nicht-Schaden, Fürsorge, Gerechtigkeit) und trotz aller Bekenntnisse zur weltanschaulichen Neutralität, Entscheidungen faktisch häufig nach utilitaristischen Abwägungsprinzipien vorgenommen. Das Problem ist jedoch, dass dieser Ansatz des Utilitarismus der verbreiteten moralischen Intuition, aber auch dem traditionellen Prinzip katholischer Moraltheologie widerspricht, dass der gute Zweck nicht das moralisch schlechte Mittel heiligt.

16 Dazu grundlegend: Auer, Autonome Moral (s. Anm. 2) 36–54. Ebenso: Klaus Demmer, Sittlich handeln aus Verstehen. Strukturen hermeneutisch orientierter Fundamentalmoral, Düsseldorf 1980.

17 Vgl. dazu grundlegend in Auseinandersetzung mit dem Ansatz von Alfons Auer: Hans Hirschi, Autonome Moral und christliche Anthropologie, in: Walter Lesch / Alberto Bondolfi (Hg.), Theologische Ethik im Diskurs, Tübingen / Basel 1995, 97–119. Vgl. ebenso die weiteren Beiträge in diesem Band sowie: Römelt, Christliche Ethik in moderner Gesellschaft (s. Anm. 7) 145–148.

Weiterführend könnte es in dieser Situation sein, sich etwa darauf zu besinnen, dass Handlungen dann als unverantwortlich gelten, wenn sie – langfristig gesehen und in universaler Perspektive – unverhältnismäßig bzw. kontraproduktiv werden.[18] Eine Handlungsmöglichkeit ließe sich dann als unerlaubt begründen, wenn sie, um den jeweils angestrebten Wert zu erreichen, unverhältnismäßige Übel anrichtet bzw. durch ihre Nebenwirkungen den angestrebten Wert sogar im Ganzen gesehen mindert oder zerstört. In diesem Fall ließe sich eine innere Widersprüchlichkeit der Handlung selbst aufweisen, die dann auch im Sinne des Kritischen Rationalismus als *Brückenprinzip* zwischen Seins- und Sollensaussagen fungieren könnte[19] und somit auch modernen wissenschaftstheoretischen Anforderungen genügen würde. Zugleich aber erscheint dieses Prinzip offen für alle Einsichten der Human- und Naturwissenschaften, für Empirie sowie für die Situationsbezogenheit menschlichen Handelns. Und doch ließe sich, wenn erst einmal die innere Widersprüchlichkeit der Handlung feststeht, daran festhalten, dass sie nicht noch einmal dadurch geheiligt werden kann, dass man sie zu einem weiteren guten Zweck gebraucht.

18 Vgl. dazu Peter Knauer, Handlungsnetze, Frankfurt a. M. 2002; Stephan Ernst, Grundfragen theologischer Ethik. Eine Einführung, München 2009, 197–230.

19 Vgl. dazu Albert, Traktat über kritische Vernunft (s. Anm. 14) 76 f. Als Kriterien, die eine kritische Prüfung von moralischen Normen möglich machen, nennt Hans Albert hier eine Reihe von Brückenprinzipien, aufgrund derer sich Werturteile unter Bezugnahme auf Sachaussagen wissenschaftlich kritisieren und als falsch ausschließen lassen, nämlich: die getroffenen Wertentscheidungen dürfen *nicht widersprüchlich* werden, sie müssen sich durch *Realisierbarkeit* auszeichnen, und sie müssen dem *Kongruenz-Postulat* genügen, also keine Voraussetzungen machen, die für wissenschaftliche Erkenntnis nicht in Betracht kommen.

III.

Fasst man die bisherigen Überlegungen zusammen, so lässt sich sagen: Ethische Entscheidungen und Handlungsoptionen sind auch im Rahmen einer christlichen Ethik allein mit Hilfe von Vernunft und Erfahrung zu begründen. Zwar lässt sich in theologischer Sicht sagen, dass sich ethische Normen, wenn sie erst einmal mit Hilfe von Vernunft und Erfahrung begründet sind, auch auf Gott und seinen Willen *zurückführen* lassen. Darin unterscheiden sie sich aber in nichts von aller anderen Wirklichkeit dieser Welt, die theologisch gesehen ebenfalls im Ganzen auf Gott zurückzuführen und ohne ihn nichts ist. Allerdings ergibt sich daraus für ethische Entscheidungssituationen kein Erkenntnisgewinn noch wird der Sollensanspruch als solcher begründet oder verstärkt. Der Anspruch, gut und nicht böse zu handeln, gilt bereits unabhängig vom Glauben und von allen theologischen Aussagen unbedingt. Doch worin besteht dann überhaupt noch das eigentlich Christliche einer christlichen bzw. einer theologischen Ethik? Löst sie sich in dieser Sicht nicht vollständig in philosophische Ethik auf? Dazu nun die

2. These: *Die eigentliche Bedeutung des christlichen Glaubens für das ethische Handeln besteht darin, ethisches Wollen und Handeln möglich zu machen.*

Wir hatten bereits im Zusammenhang mit der Autonomen Moral erwähnt, dass hier die Bedeutung des Glaubens eher in ihrer *motivierenden* Funktion für das ethische Handeln als in ihrer konkrete Entscheidungen *begründenden* Funktion gesehen wurde. Diese motivierende Funktion nun erfüllt der christliche Glaube dadurch, dass er das menschliche Handeln – wie es Alfons Auer formuliert hat – in einen neuen und umfassenderen Sinnhorizont einfügt, der sich im Bekenntnis zur *Schöpfung*, *Erlösung* und *Vollendung* der Welt durch Gott ausspricht. Aus dem Glauben an Gottes Schöpfung, an seine Erlösung und an die Vollendung der Welt durch Gott wird der Glaubende dazu bewegt, sich – als Mitarbeiter mit dem Wirken Gottes – für diese Welt und die Menschen einzusetzen.[20]

Ausgehend von diesem Sinnhorizont lässt sich dann aber auch von einer heuristischen Bedeutung des Glaubens für die ethische Erkenntnis sprechen. Der Glaube nämlich kann ethische Einsicht *stimulieren*, indem er stets neu die Zielvorstellung eines brüderlichen und verantwortungsvollen Zusammenlebens aller Menschen vorgibt und einfordert; er kann *kritische* Kraft entfalten, wo Unrecht geschieht oder geschaffene Wirklichkeiten verabsolutiert werden; und er kann schließlich die ethische Einsicht in einen Lebensvollzug aus der umfassenderen Perspektive der Gemeinschaft mit Gott *integrieren*.[21] So könnte sich die stimulierende und kritisierende Kraft einer christlichen Ethik im Bereich der medizinischen Ethik etwa darin entfalten, immer wieder auf den unbedingten Wert menschlichen Lebens zu verweisen und diejenigen Fälle namhaft zu machen, in denen etwa aus finanziellen Interessen, Angst oder Bequemlichkeit dieser Wert relativiert und zur Disposition gestellt wird. All dies ändert jedoch nichts daran, dass die von diesem Horizont her getroffenen Entscheidungen und formulierten Handlungsoptionen im rationalen Diskurs eingelöst werden und begründbar sein müssen. Dass es sich um eine Verletzung des unbedingten Wertes menschlichen Lebens handelt, auf die der Christ, vor allem aber auch das

20 Vgl. dazu: Alfons Auer, Glaube, Hoffnung und Liebe. Die Öffnung eines traditionellen moraltheologischen Traktats in die Dimension des Gesellschaftlichen, in: Heinrich Pompey (Hg.), Funktion und Struktur christlicher Gemeinde (FS Heinz Fleckenstein), Würzburg 1971, 91–114.

21 Vgl. zur Erläuterung dieser drei Funktionen des Glaubens bzw. des Lehramts im Hinblick auf das ethische Handeln: Auer, Autonome Moral (s. Anm. 2) 185–197.

Lehramt – und hier liegt seine unverzichtbare Funktion – dann paränetisch hinweisen muss, muss erst mit Vernunftargumentation aufgewiesen sein.

Allerdings lässt sich die Bedeutung des Glaubens für das ethische Handeln noch etwas genauer herausarbeiten, dann nämlich, wenn man sieht, dass das eigentliche Grundproblem des Menschen im Blick auf das ethische Wollen und Handeln nicht so sehr darin besteht, das Richtige und Verantwortliche zu erkennen und zu begründen, als vielmehr darin, dass er durch seinen Egoismus allzu oft daran gehindert ist, das als richtig und verantwortlich Erkannte auch tatsächlich zu wollen und zu tun, dass er statt dessen lieber das Unverantwortliche tut, obwohl er um seine Unverantwortlichkeit weiß. Fragt man nach dem Ursprung dieses eigentlichen Grundproblems des Menschen hinsichtlich des ethischen Handelns, so stößt man letztlich auf die Existenzangst des Menschen, die mit seiner Endlichkeit und Verletzbarkeit gegeben ist und die ihn unausweichlich dazu bringt, sich um sich selbst zu sorgen und zu sichern und dies – weil immer die Angst dahinter steht –, wenn es sein muss, auch um jeden Preis, auch um den Preis der Mitmenschlichkeit und der Humanität.

Im Blick auf dieses Grundproblem des Menschen, das sich – analog zu Augustinus' Frage „unde malum?“ – auf die vielleicht sehr viel drängendere Frage „unde bonum?“ bringen ließe, lässt sich die eigentliche Bedeutung von Offenbarung und Glaube in christlicher Sicht verdeutlichen. Sie besteht darin, dem Menschen zu helfen, seinen Egoismus und die Sorge um sich selbst zu überwinden. In der Gewissheit des Glaubens nämlich, in Christus von Gott bereits im Vorhinein zu aller Leistung unbedingt angenommen zu sein, muss die Existenzangst nicht mehr das letzte Wort haben und nicht mehr handlungsbestimmend sein. Es muss dem Menschen nicht mehr letztlich in allem um sich selbst gehen, er kann vielmehr von sich absehen und sich dem Mitmenschen wahrhaft selbstlos zuwenden.

Ausgehend von dieser eigentlichen Bedeutung des Glaubens für das ethische Handeln besteht die Aufgabe der Theologischen Ethik darin, diesen Zusammenhang im Blick auf die anthropologischen Voraussetzungen hin zu reflektieren. Dies geschieht etwa im Rahmen der Erbsünden- und Rechtfertigungslehre, aber auch – wie etwa Dietmar Mieth[22] und in letzter Zeit noch einmal Eberhard Schockenhoff[23] deutlich gemacht hat – im Rahmen einer Tugendlehre. Die Tugendlehre nämlich bietet den Ansatzpunkt, deutlich zu machen, wie der Mensch selbst gut wird, wie sich das Leben aus dem Glauben auszeitigt und in der konkreten Lebensführung des Menschen Gestalt gewinnt, welche Bedeutung der Glaube dabei auch für die Bildung ethischer Wertüberzeugungen und Werthaltungen[24] sowie für die Bildung der persönlichen ethischen Identität[25] hat. Auch die Bedeutung der Spiritualität und ihrer Vermittlungsstrukturen kann hier eingebracht werden.[26] So

22 Vgl. Dietmar Mieth, Die neuen Tugenden. Ein ethischer Entwurf, Düsseldorf 1984.

23 Vgl. Eberhard Schockenhoff, Grundlegung der Ethik. Ein theologischer Entwurf, Freiburg i. Br. 2007. Dieses grundlegende Werk einer theologischen Fundamentalethik beginnt in einem ersten Teil mit der Tugendlehre, um dann erst im zweiten Teil eine Normtheorie zu entfalten.

24 Vgl. dazu – auch für die theologisch-ethische Rezeption – grundlegend und exemplarisch: Hans Joas, Die Entstehung der Werte, Frankfurt a. M. 1999.

25 Vgl. grundlegend: Gerfried W. Hunold, Identitätstheorie: Die sittliche Struktur des Individuellen im Sozialen, in: HCC 1 (s. Anm. 15) 177–195; weiterhin: Thomas Laubach (Hg.), Ethik und Identität (FS Gerfried W. Hunold), Tübingen / Basel 1998.

26 Die Thematik der Spiritualität wird in den traditionellen Handbüchern der Moraltheologie obligatorisch und selbstverständlich im Rahmen der Speziellen Moral und dort innerhalb des sog. „Religiösen Pflichtenkreises" behandelt. Neben den göttlichen Tugenden – Glaube, Liebe, Hoffnung – waren hier die Tugend der Gottesverehrung, das Gebet, das Gelübde, die Weihe der Zeit (Sonn- und Feiertage) sowie schließlich die Sakramente

könnte etwa der eigentliche, spezifische Beitrag christlicher Ethik zur medizinischen Ethik darin bestehen, Möglichkeiten zu reflektieren, wie man mit Krankheit leben oder Sterben und Tod in humaner Weise bestehen kann.[27]

Die entsprechende theologische Reflexion auf diese anthropologischen Voraussetzungen geschieht dabei in wissenschaftlicher Weise so, dass die Aussagen des Glaubens vor dem Hintergrund einer natur- und humanwissenschaftlichen An-

Thema. Allerdings wurden diese religiösen Vollzüge so behandelt, dass ausschließlich die Pflichten entfaltet wurden, die die Gläubigen und Amtsträger in diesem Bereich zu erfüllen haben. Ein charakteristisches Beispiel dafür sind etwa die peinlich genauen Bestimmungen im Zusammenhang des Nüchternheitsgebots vor dem Eucharistieempfang. Was dagegen überhaupt nicht in den Blick kam, war der Aspekt, dass der christliche Glaube und eine christliche Spiritualität auch die Verwirklichung ethischen Handelns motivieren und ermöglichen können. Es wundert daher nicht, dass nach dem Zweiten Vaticanum das Thema des Religiösen Pflichtenkreises eher in den Hintergrund getreten ist und darüber geschwiegen wurde. Dies gilt trotz des seit Jahren zu verzeichnenden Booms im Bereich der Spiritualität. Innerhalb der Moraltheologie kommt vor allem Bernhard Fraling das Verdienst zu, die Bedeutung christlicher Spiritualität für das ethische Handeln wieder zum Thema gemacht zu haben. Vgl. dazu den zusammenfassenden Beitrag: Bernhard Fraling, Theologie der Spiritualität und Moraltheologie. Das Verhältnis zweier theologischer Disziplinen zueinander, in: Stephan Haering/Josef Kandler/Raimund Sagmeister (Hg.), Gnade und Recht. Beiträge aus Ethik, Moraltheologie und Kirchenrecht (FS Gerhard Holotik), Frankfurt a.M. u.a. 1999, 17–26. Der Zusammenhang von Spiritualität und Moraltheologie bildet ebenfalls einen zentralen Aspekt der seit 1989 erscheinenden Reihe „Studien zur systematischen und spirituellen Theologie“ (Würzburg). Auch von Seiten der Liturgiewissenschaft gibt es derzeit Ansätze, den Zusammenhang von Liturgie und Kult einerseits und ethischem Handeln andererseits zu bedenken. Vgl. dazu paradigmatisch: Martin Stuflesser/Stephan Winter (Hg.), „Ahme nach, was du vollziehst …“ Positionsbestimmungen zum Verhältnis von Liturgie und Ethik, Regensburg 2009.

27 Vgl. dazu etwa: Erhard Weiher, Das Geheimnis des Lebens berühren. Spiritualität bei Krankheit, Sterben, Tod. Eine Grammatik für Helfende, Stuttgart 2008. Weiterführend für die Praxis vgl.: Franco Rest, Sterbebeistand, Sterbebegleitung, Sterbegeleit. Handbuch für den stationären und ambulanten Bereich, Stuttgart [5]2005.

thropologie als dieser nicht widersprechend aufgewiesen bzw. deren Einwände auf dem Feld der Vernunft selbst entkräftet werden. Zentrales Thema ist hier vor allem die Frage nach der Möglichkeit und Wirklichkeit menschlicher Freiheit angesichts der Bestreitungen durch die Humanwissenschaften, beispielsweise die Hirnforschung.

Schließlich lässt sich von hier aus aber auch der Bogen zur Frage der Begründung ethischer Einsicht und ethischen Entscheidungen zurück schlagen. Ausgehend von der Bedeutung des Glaubens, dass in seiner Gewissheit die Existenzangst und die Sorge des Menschen um sich selbst nicht mehr letztlich leitend sein müssen, wird es nämlich auch möglich, sich der Wirklichkeit der Welt und des Menschen so, wie sie von sich her sind, zu stellen. Man muss sich Gründe für das, was verantwortlich ist, nicht mehr aus eigenen Interessen, aus Angst oder Bequemlichkeit verbergen und sie vertuschen. Der Glaube kann in diesem Sinne auch sehend und bereit machen, auf die Wirklichkeit einzugehen. Er kann dazu bereit machen, sich der Eigengesetzlichkeit (Autonomie) der eigenen Vernunft zu stellen und sich ethischen Fragen in der Haltung der Unparteilichkeit zu nähern.

Insofern kann theologische Ethik, die ja das aus dem christlichen Glauben hervorgehende Ethos reflektiert, sich von einer rein philosophischen Ethik unterscheiden. Ob allerdings – wie Klaus Demmer meint[28] – auch alle Fortschritte der philosophischen Ethik, die auch für die christliche Ethik als Korrektiv dienen kann, letztlich wieder auf das Christusereignis zurückzuführen sind, bleibt eher der Spekulation überlassen als dass es nachweisbar wäre.

28 Zu dieser Einschätzung vgl. Christof Mandry, Ethische Identität und christlicher Glaube. Theologische Ethik im Spannungsfeld von Theologie und Philosophie, Mainz 2002, 62–65.

IV.

Soweit diese skizzenhaften Erläuterung der beiden Thesen. Rückblickend sollte deutlich geworden sein, dass es in der theologischen Ethik darum geht, Vernunft und christlichen Glauben in ein Verhältnis zu setzen, in dem sowohl der Autonomie ethischer Erkenntnis als auch der konstitutiven Bedeutung von Offenbarung und Glaube für die ethische Erkenntnis und das ethische Handeln Rechnung getragen ist. Beides wird – entsprechend dem christologischen Prinzip – *nicht getrennt* und *nicht vermischt*, wohl aber auseinander gehalten und in eine sachgemäße Beziehung gesetzt. In diesem Sinne kann das skizzierte Selbstverständnis der theologischen Ethik als *christliche*, d.h. an Jesus Christus orientierte, nämlich *ihm entsprechend strukturierte* Ethik verstanden werden.[29]

29 In diesem Sinne soll hier das Anliegen der Diskussion um das so genannte „Aufbauprinzip“ der Moraltheologie aufgegriffen und verstanden werden. Dieses Aufbauprinzip, das aus der Mitte der Offenbarung in Christus erfolgen und die sakramental-ontische Basis im Moralsubjekt stärker herausarbeiten sollte, wurde zunächst im Grundprinzip der Nachfolge Christi, in der Königsherrschaft Gottes bzw. in der sakramentalen Christusbildlichkeit gesehen. Allerdings wurde bald deutlich, dass sich daraus keine normativen Aussagen bzw. Theorien gewinnen lassen. Vgl. dazu näher den Hinweis in: Böckle, Fundamentalmoral (s. Anm. 4), 16f., vor allem auch Anm. 5.

GERHARD DROESSER

Zur Bildung der ethischen Persönlichkeit

Verstehen

Die Leitfrage einer hermeneutischen Ethik ist die nach dem Sein und der Bestimmung des Menschen. Was dieses Sein und diese Bestimmung sind, darüber mag sie zu Beginn ihrer Untersuchungen Vorbegriffe haben, die aber im Zuge der Durchführung nicht nur zu präzisieren, sondern mehr noch, zu modifizieren sind, die erweitert werden und womöglich auch durch andere Konzepte abgelöst werden müssen. Ein Gegenstand kann aus der Ferne und der Nähe, von innen und von außen betrachtet werden. Man kann um ihn herumgehen und mit anderen Gegenständen in Beziehung setzen, man kann ihn vergleichen und bewerten. Die Ethik ist nicht nur offen für eine Mannigfaltigkeit von Inhalten, in der Durchführung eines Themas öffnen sich andere Themenfelder mit wiederum neuen Horizonten – sie ist ebenso offen, ihre eigenen Systematisierungen ständig zu verändern. Der Wechsel an Themen und Formen ist kontinuierlich zu reflektieren und zu organisieren, soll die Übersicht nicht verloren gehen.

Was der Mensch ist, was er kann und soll, liegt nicht unmittelbar vor Augen.

Wenn der Fragende Antwort erhalten will, wird er nicht bei sich beharren, sondern sich aufmachen und sich die Wirklichkeiten aufzuschließen suchen, in denen Sein und Bestimmung des Menschen objektiviert sind. Es sind die Wirklichkeiten der Geschichte, in denen Menschen durch ihr Tun und Reden von sich Ausdruck gegeben haben oder geben. Diese Wirklichkeiten sind zugänglich, sofern sie in Texten – und nicht nur den schriftlich verfassten – objektiviert sind. Texte aber müssen verstanden – gehört, erinnert und gedeutet werden.

Die allgemeine Aufgabe des ethischen Verstehens ist zunächst die Darstellung der durch Praxis und Technik hervorgebrachten Lebenszusammenhänge oder der *Lebensformen*, die von den gesellschaftlichen und individuellen Akteuren intentional realisiert sind oder sich in ihrem Rücken als ungewollte Folgen ihres Tuns einstellen. Das ethische Verstehen traversiert im Verfolgen seines Anliegens zwanglos die Horizonte anders gelagerter Erkenntnisinteressen: setzt sich mit Konstruktionen der Soziologie, Historie und Politik etc. auseinander. Die Hermeneutik ist per se auf Interdisziplinarität angelegt, sie ist notwendig offen auf andere Wissensformen. Ohne diese materiale Fundierung könnte sie ihre Vorhaben nicht leisten. Aber ebenso ist die eigene biographische und lebensweltliche Erfahrung des verstehenden Subjekts Quelle für die Differenzierung des Begriffs vom Menschen. Subjektive Erfahrungen bilden sich aus dem Erleben der Gegenwart (der andrängenden Zukunft), ständig in Unruhe versetzt durch die Überraschungen des Weltgeschehens und der Paradigmenwechsel seiner Kommentatoren. Weder die fließenden Erfahrungen noch die hypothetischen Begriffe gewinnen endgültige Sicherheit. Und sie sollen es auch nicht. Gerade durch ihre Fixierung werden sie falsch. Insofern spricht man hier besser von *Idealtypen* oder *Modellen*. Sie sind auf Realität bezogen, bilden sie aber nicht ab. Realität als solche ist nicht darstellbar.

Mit diesen vorgegebenen und sich immer verändernden Wissensbeständen ist sorgsam umzugehen: Die Deutung von Deutungen muss zu sich Distanz halten können, muss wissen, was sie tut, wenn sie fremde oder eigene Erfahrungen in ihre immerhin relative Geltung beanspruchenden Satzstrukturen transformiert und ihren eigenen Weg gehen will.

„Kultur" gründet in den spezifisch menschlichen Hervorbringungsweisen, durch deren Verwirklichung sich Menschen überhaupt erst im „Dasein" halten können, in denen sie sinnhafte Beziehungen zu sich, zueinander und zu ihren Naturumwelten begründen. Diese formale Voraussetzung, durch die sich die Hermeneutik ihr Gegenstandsfeld eröffnet, führt das fragende Subjekt sogleich zu den spezifisch geschichtlichen Sinnzusammenhängen, in denen sich die kulturelle Produktivität objektiviert hat. Die Form des abstrakten Kulturbegriffs hat ihren Inhalt an den konkreten Kulturen. Die Antworten auf die Frage nach dem Wesen des Menschen sind in diesen geschichtlich und kulturell eigentümlichen Sinnkomplexen gegeben und aus ihnen zu erfassen.

Was nicht heißt, dass sie nichts miteinander zu tun hätten. Im zeitlichen Nacheinander, im zeitlichen Nebeneinander sind die spezifischen kulturellen Einheiten ineinander verwoben. Späteres setzt Früheres fort und erneuert es, Zeitgleiches wirkt wechselweise aufeinander, tauscht sich aus. Kulturelle Einheiten sind einander nicht nur indifferent oder ausschließend fremd (auch die Exklusion wie „einst" und „jetzt" oder „wir" und „ihr" ist eine Beziehung), sondern sie fransen aus und überlappen sich, sind offen, die Andersheit des Anderen positiv zu integrieren.

Die besonderen Sinnzusammenhänge greifen ineinander und sind im allgemeinen Sinnzusammenhang „Kulturgeschichte" vermittelt. Jede der besonderen Kulturen soll ihre spezifische Differenz an ihrer „Leitidee" (idée directrice) – besser, an einem Bündel spannungsvoll aufeinander bezogener Ideen – haben, die sich in den objektiven Lebensformen kristallisiert und stabilisiert, die in den dynamisch vordringenden Lebenspraxen sich „entwickelt" oder „emergiert".

Ob die kulturellen Leitideen dann nochmals in einem die allgemeine Kulturgeschichte qualifizierenden Sinnzusammenhang dargestellt werden können, ist von den verstehenden Subjekten immer dann zu reflektieren, wenn das Verstehen zu wertenden Strukturvergleichen genötigt ist (nicht nur: „Wie ist es gewesen?“, sondern: „Ob und wie es fortzuführen ist?“ und: „Aus welchen Gründen?“) und ist eine kulturtheoretische Entscheidung (die geschichtstheologisch und geschichtsphilosophisch beantwortet wurde und – weil auch diese Antworten relativ sind – immer wieder neu beantwortet wird). Wenn die Geschichte Antworten gibt, dann stellt sie eben auch Fragen. Diese Spannung macht das „Gespräch, das wir sind“ aus.

Konstitution

Nun ist die Ethik nicht einfach die objektivierende Darstellung von Praxis, sondern eine Theorie, die selbst konstitutives Moment der Praxis des verstehenden Subjekts und seiner Adressaten ist. Das objektive ethische Wissen wird überformt vom Interesse am Aufbau, an der Vertiefung, an der Kultivierung des ethischen Selbstbewusstseins. Menschen denken über ihr Leben nach und bestimmen, was für sie wichtig ist. Sie bilden sich Vorstellungen und Ideen über das, was sie von sich und ihren nahen und fernen Mitmenschen halten – und, was sie mit sich und diesen anfangen sollen. Durch diese Repräsentationen wird der Druck der unmittelbaren Lebenszumutungen aufgefangen und moderiert. Die Reflexivität des Emotionalen und Sprachlichen ermöglicht, nicht nur blindlings und zwanghaft zu reagieren, sondern – durch Abwägung und Auswahl von Alternativen – relativ frei zu handeln.

Freilich, auch die gewordenen Sprachfiguren können erstarren und zu zwanghaften Ansichten des Wirklichen verführen. Gewordene Begriffe und Leitvorstellungen werden immer wieder zu verflüssigen und zu befragen sein, für welche konkreten Erfahrungen ihr Symbolausdruck denn steht. Dem kritischen Selbstbewusstsein entsteht hier eine Dialektik von Idealität und Faktizität: Wie ist der Wahrheitsgehalt des Idealen – gegen das Faktische – wie ist der Wahrheitsgehalt des Faktischen – gegen das Ideale – zu begründen? Was soll für meine Praxis Norm sein, was macht diese Praxis „gut“? Welchen „Ort“, welchen „Stellenwert“ hat diese Praxis als Moment im Kulturzusammenhang? Wie kann und soll sie an ihm aktiv partizipieren?

Das objektivierte ethische Wissen der Kulturtheorie vermittelt dem ethisch reflektierenden Subjekt ein seinerseits reflektiertes Grundverständnis der sozialen Wirklichkeit und ihrer Problematiken und ein Grundverständnis ihrer Deutungsmöglichkeiten, das diesem Niveaulagen eröffnet, die Herausforderung zur Selbstfindung zu übernehmen, ohne ihm die Entscheidung seiner letzten Handlungsgründe und die Gestaltung seiner konkreten Praxis vorzuschreiben.

Man muss hier keinen Sprung machen – die *vita contemplativa* ist eine fundamentale Vollzugsweise des menschlichen Daseins. Diese wird in der ethischen Reflexion nur kultiviert und diszipliniert. Die hermeneutische Methode wächst aus dem Leben heraus und führt wieder ins Leben zurück. Das Interesse der existenziellen Hermeneutik ist lebenspraktisch orientiert, sie zielt auf die Ermöglichung einer besonnenen *vita activa.*

Die Erwartung ist, dass das handelnde Subjekt sich über seine Bestimmtheiten und seine Bestimmung klar wird, auch über die Unsicherheiten und Ambivalenzen seines Definierens. Es geht nicht um irgendwelche Modifikationen seiner Selbstauffassung, sondern um die Auffassung des Menschen, die ihm angemessen ist: sich selbst und seine Aufgaben in der Welt frei und mit Einsicht zu übernehmen.

„Selbstauffassung“ ergibt sich als Synthese verschiedener Bedeutungshinsichten oder als Struktur verschiedener Bedeutungskomponenten. Diese Konfiguration verdankt sich der religiösen Produktivität des Selbstbewusstseins. Unter „religiös“ soll angezeigt werden, dass, wenn äußere und innere Selbstverständlichkeiten in eine Krise geraten, Lebenskonzepte neu begründet und verantwortet werden müssen. Die Selbstkonzeptualisierung ist umfassender als pragmatische Zielbestimmungen, aber sie steht nicht jenseits der Pragmatik, sondern ist die Bedingung ihrer Möglichkeit. Das sich selbst thematisierende Subjekt muss sich ja äußern, sich in der Welt, die es mit anderen teilt, bestimmen. Es handelt auch dann, wenn es bei den gängigen sozialen Praxen nicht mitmacht oder sie wenigstens unter der Hand anders bewertet, als gemeinhin erwartet.

Der Gebrauch des Wortes „Reflexion“ ist zu erläutern. Es ist nicht beschränkt auf instrumentelle Reflexion („Wie mache ich etwas?“), es ist auch keine pragmatische Reflexion („Welche Ziele will ich verfolgen?“), noch eine moralische Reflexion („Welche Ziele kann ich als gut legitimieren?“) – sondern es geht zunächst um das dem Handeln vorausgesetzte Sein, den Grund und die Gestaltung unserer Lebensvollzüge: „Wer bin ich? – Wer kann ich werden?“ Diese Frage zeigt auf die Chance und Aufgabe, sich zu einem individuellen Ganzen zu entfalten. Die individuelle Persönlichkeit ist nicht einfach ein Bündel sozial eingeforderter Verhaltensweisen. Sie ist auch nicht einfach die Summe ihrer Handlungen, ist nicht einfach identisch mit ihren Zielsetzungen. Noch ist sie mit ihrer empirischen Lebensgeschichte platt identisch, sondern vielmehr die Möglichkeit, sich aus all diesen objektiven Gegebenheiten auf die vorausgesetzte „Mitte“ – den unbedingten Freiheitsgrund – zurück zu beugen, aus den Widersprüchlichkeiten des Lebens sich zu finden. Diese Reflexion geht vom Subjekt aus und führt im Bestimmen des Selbst auf das Subjekt zurück. Das Subjekt bildet sich sein Selbst heran. Dieses Sich-Finden ist selbst ein Werdevorgang, was „Durchbrüche" und „Intuitionen" nicht ausschließt. Die Bewegung des inneren Mit-sich-einig-Werdens ist nicht anders im Fluss als die äußere Lebensbewegung, von dieser ständig angeregt, wiewohl ihre Richtung ins Vertikale aufbricht und nicht nur eine Parallele der horizontalen Entwicklungslinien ist.

Im Zuge der Selbstreflexion wird eine *kontemplative*, eine handlungsdistanzierte Haltung eingenommen. Aus dieser Haltung lässt sich die *personale Identität* erkennen und begründen.

In den gesellschaftlichen Kommunikationen und Interaktionen ist dieses Selbst wie selbstverständlich vorausgesetzt. Es gilt als Bedingung, in verschiedensten Systemen die verschiedensten Funktionen auszuführen. Das Individuum wird in seiner Systemkonformität beansprucht (es zählt nur, sofern es Leistungserwartungen erfüllt) und oft werden für das Ich nur diese Leistungsanforderungen thematisch. Die Begriffe des Individuellen und Sozialen haften nur an den äußeren Anforderungen, an der *äußeren Identität.* Würden sie das ganze Selbst erschöpfen, wäre es als Selbst sich nicht gegeben.

Perspektivenwechsel

Während in der soziologischen Einstellung das Individuum als Moment gesellschaftlicher Strukturen definiert wird, damit dessen *soziale Identität* betont, die Einzelheit des Einzelnen dagegen methodisch vernachlässigt wird, vollzieht die ethische Hermeneutik den Perspektivenwechsel, indem sie den einzelnen Menschen in seinem je eigenen Lebenshorizont und in seiner ihm eigenen Lebensmitte zur Sprache bringt.

Die soziale Identität wird auf ein von ihr Unterschiedenes, eben die *individuelle Identität*, hin relativiert.

Die soziologische Einstellung wird von der existenziellen, philosophisch bedachten Einstellung nicht abgelöst, aber übernommen, transzendiert und integriert.

Der Begriff der Individualität bestimmt den Menschen als Subjekt, das nicht nur von Anderem her – wie der Fall eines Gesetzes – heteronom geordnet ist. Unter dem Apriori der Gesellschaftswissenschaften wird die individuelle Persönlichkeit als Nicht-Identisches angesprochen, aber nicht durchdrungen. Sie erhält dann etwa den Begriff des „Rollenträgers", eines bloßen Substrats (id quod substat). Dagegen, unter dem Apriori der individuellen Reflexion bleibt das Subjekt gesellschaftsbezogen – es erleidet das Andere seiner selbst und wirkt aktiv auf dieses Andere zurück, aber als ein Selbst, das sich aus seiner Mitte bestimmt. Der ethischen Hermeneutik geht es mithin um das Verständnis des Einzelnen, der reflektierend sein individuelles Sein als Grund seines besonderen Selbst erfasst, das im Allgemeinen der gesellschaftlichen Kontexte agiert und reagiert. Wenn sich die ethische Hermeneutik für das Selbstwerden des Einzelnen interessiert, eröffnet sie die Hinsicht, unter der sie geschichtlich-gesellschaftliche Zusammenhänge erörtert: Wieweit diese der Idee des individuellen Selbstprojektes eine objektive Chance geben, wieweit sie es vernachlässigen oder gar verhindern. Das erkenntnisleitende Interesse der ethischen Hermeneutik ist die *Freiheit* – sie sucht die objektiven Freiheitschancen zu erinnern, die in der Geschichte der Gesellschaft errungen wurden und die die Bedingung – nicht der geschichtstranszendente Grund – der subjektiven Freiheitsverwirklichungen sind. Subjektive Freiheit realisiert sich in einer konkreten gesellschaftlichen Situation. Sie wird durch konkrete Vorgaben herausgefordert und wirkt nach Maßgabe ihres Freiheitsbewusstseins auf sie zurück.

Deuten und Entscheiden

Mit der Geburt jedes Menschen werden die geschlossenen Zirkularstrukturen der sozialen Welt unterbrochen. Das Sein dieses Menschen ist nicht-identisch zum gesellschaftlichen Sein, bei aller Vorausprogrammierung ein Unverrechenbares, eine sich eigene Möglichkeit, ein kontingentes „Dieses“, das der sozialen Identität vorausgesetzt ist. Es ist dieses Leben und kein anderes, das sich gegeben ist, sich zu sich verhält. Es ist nicht fertig und geschlossen, sondern eine Möglichkeit, die auf Verwirklichung drängt, die sich entwirft und in ihren Entwurf hinein entfaltet. Es ist Subjekt, das durch Selbstdeutung zur Selbststrukturierung zu gelangen hat.

Die Geschichte der Moderne ist wesentlich durch die Freisetzung des individuellen Menschen bestimmt. Letzte religiöse Wahrheiten sind nicht mehr grundsätzlich die Instrumente der Legitimation und Durchsetzung der Kollektivmoral. Von den verweltlichten Systemen her ist Individualität ein bestimmtes Unbestimmtes.

Die Einigungsformen der modernen Gesellschaft sind in anderen Subsystemen objektiviert: Ökonomie, Recht, Politik. Auch sie rechnen mit der Freiheit des Individuums, aber so, dass sie sie in ihre objektive Systematik zurückbinden. Höhere Ansprüche als die, die die Gesellschaft funktionieren machen, werden von ihnen nicht erhoben. In dieser Öffnung liegt die Chance und Herausforderung der individuellen Religiosität, die sich ethisch Gestalt gibt.

Die soziale Tatsache der Individualisierung ist nicht schon per se deckungsgleich mit dem Begriff ethisch reflektierter Individualität. Denn „Individualisierung“ schließt ja die Uniformisierung und Entmündigung des Individuellen nicht aus. Heißt „Individualisierung“ nicht nur ein mehr oder weniger den äußeren Umständen sich anpassendes formales Zusammenknüpfen objektivierter gesellschaftlicher Erwartungen? Die den Konsumenten präsentierten Idole sind nicht weniger Verbindlichkeit erheischend als einst die Sitte: Nur durch die völlige Durchdringung und Uniformisierung der subjektiven Eigenwelten scheint wohl die Sicherheit und Effizienz des gesellschaftlichen Verkehrs in einer durchrationalisierten Welt gewährleistet. Das Individuum wäre so erneut marginalisiert, sowohl als Produzent wie als Konsument bei der Stange gehalten.

Eine Ethik der Individualität wäre hiervon zu unterscheiden. Sie ist von den Trends zur Individualisierung angeregt, führt aber in andere Dimensionen. Die individuelle Lebensform kann sich nur von innen her begründen, von der Erfahrung des nicht austauschbaren, unvertretbaren Ich seinen Ausgang nehmen. Aber das Ich ist nicht weltlos. In der Bewegung zu sich selbst muss es seine naturalen und sozialen Vorgegebenheiten, in die es durch seine Leiblichkeit und Geistigkeit gebunden ist, durchformen, sich aneignen, in eine Struktur bringen.

Die Selbststrukturierung muss konkret den ganzen Menschen betreffen. Das Individuum, das zu seiner Individualität unterwegs ist, absolviert sich nicht von der sozialen Welt, sondern behauptet sich in ihr, indem es sein Leben führt. *Lebensführung* heißt, dass es zu seiner Situiertheit, seinem Geworfen-Sein ins Dasein, Stellung nimmt, dazu gehört vornehmlich die *Lebensdeutung.*

Diese ist ein konstitutiver Akt, der die verschiedenen, disparaten Lebensfragmente zur Gestalteinheit vermittelt.

In ihr bringt sich die Individualität in ihrem Geworden-Sein, in ihrem aktuellen Werden und in ihren Zukunftserwartungen zur Sprache. Das Ich muss sich erzählen, wer es ist und wer es werden will. Es muss sich klar werden, wieweit es die Deutungen, die es durch Andere erfährt, akzeptiert und wieweit nicht. Und damit muss es sich mit den *Weltdeutungen und den Lebenspraxen der Anderen* auseinandersetzen.

Wie fasst es sich selbst und den Anderen auf? Was ist das eigene Selbst, was ist das Selbst des Anderen? Hier gilt es, verschiedene Schichten und Beziehungen offen zu legen. Wo liegt die Mitte meines Ichs? Verschanze ich mich hinter meiner Berufsrolle? Hinter meinen Gewohnheiten, die mir lieb geworden sind? Welche dunklen und unerfüllten Seiten lasse ich abgeblendet? Kann ich meine eigenen Schwächen und Stärken wahrnehmen, kann ich sie aushalten? Wie formt mich meine Familienstruktur, wieweit gibt sie mir Stand, wieweit blockiert sie mich?

Das Individuum muss sich in seinen Projekten immer wieder neu begründen und übernehmen. Das verlangt die Kraft zur Selbstkritik und Selbstrevision. Wie kann man sich verändern und doch derselbe bleiben?

Gilt soziologisch „Individualisierung" als formalallgemeine Kategorie – im Gegensatz zu der des „Kollektivs", so wird sie nach der Seite ihrer inhaltlichen Erfüllung häufig mit Zufälligkeit, Willkür und beliebiger Neigung gleichgesetzt. Von der Schwierigkeit, den inneren Dramatiken der Lebensführung wird völlig abgesehen. Das ethische Ziel wäre das Annehmen des Individuellen als einer unbeliebigen Forderung und seine Verwandlung und Aufhebung in die Idee der selbstkritisch verantwortlichen Persönlichkeit. Das ist ein lebenslanger Bildungsprozess. In der Soziologie wird diese Bildungsanstrengung nicht bemerkt, weil hier eben von der Selbstaufgegebenheit des Ich abstrahiert wird.

Eine solche Bildung wäre von äußeren Leistungserwartungen durchaus zu unterscheiden, ohne dass die äußeren Forderungen zu vergleichgültigen wären – aber sie sind Teilaspekte oder Momente der Selbststruktur, sie dürfen nicht völlig in Anspruch nehmen. Die sich bildende Persönlichkeit wird sie kritisch thematisieren. In dieser Auseinandersetzung wird sich die eigene Weltdeutung herausbilden und profilieren. Gerade durch den Widerstand der fremden Weltdeutung hindurch gewinnt das Selbstbild *Authentizität*, wird relativ – für sich – notwendig (und nicht schlechthin: denn man kann sich irren und von sich abkommen). Seinem Begriff nach ist das individuelle Selbstbewusstsein gerade nicht solipsistisch, kein willkürliches Umsichkreisen. Es ist das Wahrnehmen und Einbewältigen einer unbeliebigen: dynamisch bewegten Beziehungsvielfalt in der es sich durch Personen und Sachverhalte vermittelt (angegangen) erfährt.

Das Neue des je individuellen Lebens vermittelt sich dem Gegebenen, aber es wird – an sich – nicht von ihm aufgesogen: Die Gesellschaft hat ihren Lebensgrund nicht in sich, sondern wird gerade durch die ständige Unterbrechung ihrer Selbstverständlichkeiten.

Das Individuum steht mit dem sozialen Anderen immer in Kommunikation. Durch Sozialisation wird es zum Mitglied der Gesellschaft herangezogen. Es übernimmt die gängigen Verhaltensstile, deren Ensemble unter dem Begriff der sozialen Identität zu fassen ist. Die Gesellschaft sucht Konformität zu erzwingen, mit mehr oder minder sanften Methoden: In den Bereichen, die eine Gesellschaft für bestandsnotwendig hält, werden Regelverletzungen nicht toleriert.

Nicht nur Techniken, auch praktische Einstellungen werden vermittelt. Das Individuum muss ja auch erfahren, was es selbst – gemäß den Erwartungen der mächtigen Erzieher wert ist, was es in ihren Augen gilt oder gelten soll, und wie es seinerseits seine Mitmenschen einzuschätzen hat. Das Individuum lernt sein Selbst unter die Maßstäbe der Anderen zu stellen: Wieweit unterdrückt das fremde Selbstbild die eigene Selbstwahrnehmung, wieweit verwechselt das Individuum die Erfüllung der Fremderwartungen mit dem eigenen Selbstwerden? Wie lange können Lebensentwürfe unter fremder Flagge fahren? Und ist es für das Glück eines Lebens nicht oft besser, umsorgt und versorgt zu sein, anstatt sich radikal mit sich – diesem kontingenten Dasein – zu konfrontieren? Und sich schmerzhaft mit signifikanten Personen und ihren internalisierten Imagines abzukämpfen?

Die ethische Reflexion wird sich indessen der objektiven Macht des faktischen Ethos nicht beugen. Eine selbstbewusste Ethik entsteht eher aus den Erfahrungen, in denen die äußeren Selbstbilder den inneren widerstreiten – durch die ein Mensch vor die Entscheidung gestellt ist, was ihm als wichtig und gut zu gelten hat. Glatt gehen solche Entscheidungen nicht auf.

Haltungen

Die Lebensdeutung ist nun als Konstituieren der individuellen Identität ihre eigenste Angelegenheit. Andererseits vermittelt sie sich durch allgemeine gesellschaftliche Deutungsformen – das Individuum ist durch Verhaltensweisen und Wertüberzeugungen geprägt, die sie im Prozess der Selbstbesinnung nicht mehr auf Treu und Glauben übernehmen kann, sondern kritisch zu begreifen sucht, was an den überkommenen Sinngehalten denn berechtigt oder unberechtigt ist. Man kann nicht erwarten, dass Individuen über die Kompetenz zu angemessener Interpretation und Transformation fertig verfügen, dass ihre Urteilskraft nur abgerufen werden müsste. Kann man sie lernen und zur Haltung verfestigen?

Ist es nicht hinreichend, die gesellschaftlichen Rollenbilder, die ja durch Sozialisation vermittelt sind, durch das bloß gewohnheitsmäßige Tun zu bestätigen? Findet das Individuum an den äußeren Identitätsvorgaben nicht seine Befriedigung?

Aber: Entspricht das bloße Ausfüllen von Rollen den humanen Zwecken der Gesellschaft? Würde die Gesellschaft nicht am Perfektibilitätswahn ihrer Organisatoren ersticken, würde sie anstelle von Menschen Marionetten erzeugen? Wenn ihre freiheitlichen Grundmuster ernstgenommen werden sollen, dann wären ihre Glieder nicht nur als formal frei anzuerkennen, sondern ebenso ihre individuelle Differenz zu kultivieren. Nur durch deren Kritik und Kreativität können die sittlich-allgemeinen gesellschaftlichen Zwecke erinnert, bewahrt und erweitert werden.

Der *Beruf* gilt nach klassisch modernem Verständnis als Berufung (vocatio, calling), seinem Ideal nach waren subjektive Fähigkeit und Neigung mit den objektiv gesellschaftlichen Erfordernissen versöhnt. Heute dagegen wird man die Behauptung, dass der Beruf – auch wenn er nicht als Job genommen wird, umstandslos mit Selbstverwirklichung in eins zu setzen sei, als nur selten der realen Erfahrung entsprechend einschränken und durch die Kontrasterfahrung relativieren, nach der die Persönlichkeit durch völlige Hingabe an den Beruf dauerhaft beschädigt wird. Technische Fähigkeiten ersetzen die der Praxis nicht. Auch wenn das Berufswissen sich passend in der Berufsausübung realisieren kann, auch wenn der arbeitende Mensch aus dem Gelingen seines Tuns Befriedigung und Selbstbestätigung erhält (sich aus dem Tun auf sich zurückbeugt), dann heißt das nicht, dass damit das Ganze der Persönlichkeit sich entäußert und mit sich zusammengeschlossen, konkretisiert hätte. Im Gegenteil ist doch wahrscheinlicher, dass die Aufgabe der personalen Selbstkonstitution verstellt wird, dass die berufliche Identität nicht in sie aufgehoben und integriert wird, eben weil die Dimension des personalen Ganzen unzureichend oder gar nicht wahrgenommen wird.

Heute wird das Individuum jenseits seiner technischen Leistung ins Unbestimmte frei gelassen. Aus der Berufswelt wechselt es in die Welt des *Konsums*, in der ungleich reichere Identitätsangebote offeriert werden. In ihr hätte er eine bewusste Wahl zu treffen: Was und wie und vor allem wozu soll konsumiert werden? Oft wird er nicht vorweg entscheiden können, was ihm gut tut und was nicht – es ist ein Entdecken und Experimentieren, aber kein wahlloses, sondern durch gute Erfahrungen auf die Mitte hin geleitet. Eine personzentrierte Ethik des Berufs wäre durch eine solche des Konsums zu ergänzen. Fehlt sie, wird der Konsument den Verlockungen der Warenanbieter erliegen und sich von einer zur anderen ins schlecht Unendliche fortziehen lassen. Unter der Oberfläche der Warenwelt mit ihrer Mannigfaltigkeit würde sich dann doch wieder der gesellschaftliche Uniformitätszwang geltend machen. Erlaubt ist alles, was gekauft werden kann. Das Individuum beugt sich der Form des gesellschaftlichen Imperativs, ungeachtet der Varianz der Inhalte. Die maßlose individuelle Selbstverwirklichung fände ihre Grenze lediglich an der finanziellen Kaufkraft. (Das an sich endlose Begehren endet in der Anthropologie Hobbes' mit dem physischen Tod des Individuums, das all seine Kraft verausgabt hat, für den zeitgenössischen Konsumenten mit Zahlungsunfähigkeit, die den Systemausschluss nach sich zieht.)

Den Warenanbietern ist durchaus klar, dass die Individuen nach mehr verlangen als nach bloßen Gebrauchsgütern. Mit den Gütern soll ja zugleich ein bestimmter Lebensstil vermittelt werden. Die Verkaufsstrategien zielen auf das ganze Selbst und das umfassende Glück. Verkäufer und Käufer bilden derart eine Sinngemeinschaft: Angeboten wird, wofür Nachfrage besteht. Dem Angebot korrespondiert eine Bereitschaft, die „Sorge für das Selbst" zu übernehmen. Im Wellness-Bereich geht es um den ganzen Menschen und um das Heil des Körpers und der Seele. Die Warenbeziehung, äußerlich gesehen ein bloßer Tauschakt, enthält nicht nur ästhetische, sondern ebenso religiöse Konnotationen, eine Aura. Sie hätte das kritische Bewusstsein zu durchschauen. Das echte Glück oder sein Vorschein kommen von woanders her.

Das Individuum kann seine sozialen Rollen mithin nur dann angemessen ausführen, wenn es mit ihnen nicht völlig identisch ist und dieser Differenz auch gewahr ist. Es muss sich die Rolle so aneignen, dass es sie als Moment im Ganzen eines Rollenspiels erkennt und im Wissen um diesen Kontext gestaltet. Nicht bloß die Technik und Organisation des Rollenspiels ist zu verstehen, nicht nur seine Organisation, sondern sein praktischer Zweck. Was bringt oder nimmt es mir und dir und anderen? Die über sein unmittelbares Ego hinaus erweiterte Identität ist dann die Bedingung, für die nun begriffene Sozialeinheit Verantwortung zu übernehmen.

Der *Begriff der Verantwortung* führt auf den Begriff des autonomen Subjekts zurück. Ein Subjekt ist nicht autonom, wenn es sich von seinen sozialen Beziehungen abschneidet. Aber es muss sich von ihnen distanzieren, um sich zu verstehen. Es weiß sich dann an sie gebunden, aber so, dass es sie beurteilen kann. Es entsteht die Möglichkeit, soziale Handlungskontexte auf ihren Sinn hin zu befragen, und zwar nicht nur nach den in ihrem oberflächlichen Ablauf zutage tretenden Zielen, sondern nach den Zwecken, die das reflektierende Subjekt als ihnen wesentlich erkennt. Das Verstehen bleibt an der vorgegebenen Faktizität nicht haften: Indem es sie kritisiert und nicht nur nörgelt, transzendiert es die Faktizität des sozialen Anderen und seiner selbst, soweit es in sie als Besonderes vermittelt ist. Es entstehen Gedanken und Vorstellungen, wie das Faktische – die verwirklichte Möglichkeit – zu einem Besseren, das sich als andere Möglichkeit zeigt, fortgeführt werden kann. „Zum Besseren“: Stellt sich das reflektierende Bewusstsein damit nicht unwillkürlich unter die Leitkategorie des *„guten Lebens“* – die je nach Persönlichkeit und sozialer Situiertheit mit ganz verschiedenen Inhalten ausgefüllt werden kann?

Zu unterscheiden ist hier zwischen abstrakten Möglichkeiten, die keine Aussicht auf Realisierung haben, und konkreten Möglichkeiten, die zwar nicht das bloße Fortspulen des Gegebenen meinen (Möglichkeiten, auf die das System eingestellt ist), sondern sich ihm so anschließen, dass es zum Neuen hin verändert werden kann. Das ethische Bewusstsein hätte beides auszubilden: Möglichkeitssinn und Wirklichkeitssinn.

Wie nimmt das Subjekt sich selbst und seine Mitmenschen wahr? Diese Selbstdarstellungen weisen unterschiedliche Komplexitätsgrade auf: Welche der vielfältigen faktisch erlebten Beziehungen werden abstrahiert und im Wissen gegenständlich als Bilder und Gedanken? Wie werden diese Bilder und Gedanken zueinander in Beziehung gesetzt? Wo setzt das Subjekt seine praktischen Schwerpunkte?

Welche Grundvorstellungen legt es seinem Handeln vor? Deutet es den Mitmenschen nur als Objekt, mit dem aus der Perspektive des Eigennutzens zu kalkulieren ist, oder als ein Subjekt, mit dem es in kooperativen Verhältnissen steht, oder erkennt es den Anderen in seinem unverrechenbaren Selbstwert an? In welchem Verhältnis steht es zu den gesellschaftlichen Institutionen – erkennt es ihren sittlichen Charakter: das objektivierte Ethos, an dem es teil hat und um dessen lebensdienliche Qualitäten es sich zu kümmern hätte? Oder gelten sie ihm als ein gleichgültiges Fremdes, das man ignorieren kann oder dem man, wenn es sich als Störung meldet, mit Feindseligkeit begegnet?

Je sensibler das Subjekt für seine sozialen Abhängigkeiten wird, desto reicher wird sein Wirklichkeitsverständnis, desto sachhaltiger und realistischer wird sein Urteil, desto situationsangemessener seine Praxis. Die Frage: „Wie soll ich handeln?“, wird sich durch die Wahrnehmung der vielen erschlossenen Sinntendenzen gerade nicht vereinfachen. Aber es wird möglich sein, für differenziert dargestellte Situationen auch differenzierte Handlungskonzepte zu entwickeln. Damit erhöhen sich die Chancen konkreter Freiheitsverwirklichungen.

Die Weltdeutung zeigt sich selbst als Struktur unterschiedener, auch widersprüchlicher Konzepte. Für das Subjekt heißt das einmal: um seine Identität zu ringen, aber auch nicht starr zu werden, sondern Differenzerfahrungen Raum zu geben. „Identität" ist ein bewegter Vorgang, der immer wieder neue Synthesen und Unterscheidungen verlangt.

Argumentationen

Ohne dass dem Individuum die Last der Lebensdeutung abgenommen werden könnte, können die *philosophischen und theologischen Ethiken* ein Angebot sein, das die Selbstorientierung erleichtert, das sie davor bewahrt, ins Ungefähre zu entgleiten, das ihr den sachgerechten Anschluss an die gesellschaftliche Praxis ermöglicht, ohne die existentiell gewonnene Einsicht und Motivation zurückzulassen und zu privatisieren.

Die philosophischen und theologischen Ethiken konzentrieren wesentliche Erfahrungen, die Menschen in einer bestimmten geschichtlich-gesellschaftlichen Situation machen. Sie legen aber zugleich allgemeinmenschliche Problematiken frei, Fragestellungen, die für jede spätere Gesellschaftsepoche und jedes individuelle Leben immer wieder neu bedeutsam sind. Die Fragehinsicht ist also „stärker" als die Lösung, die die einst gegebene Antwort brachte – was nicht heißt, dass nicht auch sie sinnleitend für spätere Konzeptualisierungen sein könnte.

Jede kulturelle Einheit realisiert einen Grundbestand anthropologisch wesentlicher Möglichkeiten. Sie werden aus verschiedenen theoretischen Perspektiven je unterschiedlich akzentuiert, legitimiert und kritisiert.

In den klassischen Ethiken sind Modelle konstruiert, in denen häufig durch wechselseitige Kritik das Sein und Sollen gesellschaftlicher und individueller Praxis in stimmigen Texturen beschrieben ist. In ihnen werden *Argumente* vorgetragen, die begründen wollen, *warum* ein bestimmtes Verhalten wünschenswert, ein anderes aber abzulehnen sei. Die inhaltliche Füllung des Duals von Gut und Böse und seiner Differenzierungen verdankt sich der *anthropologischen Grundauffassung*, zu der sich die Autoren jeweils durchgerungen haben. Gewiss haben diese Modelle ihren historischen Ort, konzentrieren den Geist einer Epoche. Aber sie sind an ihre Ursprungsepoche nicht geheftet. Ihr Geltungsanspruch ist *transhistorisch.* Sie haben auch Menschen späterer Zeiten etwas zu sagen. Dadurch werden sie „klassisch".

Die durch Rekonstruktion vergegenwärtigten Ethiken leisten Vorklärungen, die bei der Aufklärung der Gegenwart und der Selbstorientierung des in ihr handelnden Menschen behilflich sind. Es sind Reflexionsleistungen, die die Unmittelbarkeit der individuellen Selbstbeziehung und ihre jeweilige Einsicht nochmals kritisieren, aber gerade darin sie auch stabilisieren und erweitern. Gerade der hohe Abstraktionsgrad macht Rekonkretisierungen leicht. Man erhält Grundskizzen, die dann vom Adressaten je nach seiner Weise zu gestalten, in sein konkretes Selbstverständnis zu übersetzen sind.

Zum Beispiel: Das Glück und das Glücklichwerden ist ein allgemeinmenschliches Thema, das ein menschliches Grundverlangen ausdrückt. Was aber das Glück ist und ob man auch ein Recht darauf habe, darüber bestehen unterschiedliche Meinungen. Oder: Dass Menschen ihre Beziehungen zueinander regeln müssen, ist eine Grundgegebenheit; wie sie das aber tun können – ob friedlich oder kriegerisch – darüber besteht keine Einmütigkeit. Oder: Wie soll mit Gefühlen, wie soll mit Trieben umgegangen werden? Wie sind sie überhaupt einzuschätzen, als schädlich oder förderlich? Sind sie einzuklammern, zu unterdrücken oder zu entfalten?

Mit keinem dieser Modelle wird sich ein Subjekt, das hier und heute sein individuelles Leben im sozialen Ganzen zu deuten hat, rückhaltlos identifizieren können. Die innere Logik von Texten und die Gestaltung konkreter Lebenspraxis gehen nicht glatt ineinander auf.

Das deutende Subjekt muss sich auch ihnen gegenüber *Distanz* bewahren, anderenfalls würde es ja wieder dogmatisch und ideologisch. Nur wenn es von den Texten *lernt* und sich ihnen nicht ergibt, ist es auch fähig, mit ihnen etwas über sich zu lernen, die *eigene Situation zu erschließen.*

Die vorgegebenen Texte werden in den Prozess der aktuellen Selbstverständigung hineingezogen. Hierbei wird nicht nur die Struktur ihrer Sinngestalt *rekonstruiert*, sondern ebenso wird der exklusive Geltungsanspruch ihrer Leitprinzipien *dekonstruiert.* Das verstehende Subjekt nimmt die Textperspektive ein und erkennt zugleich ihre Grenzen. Auch andere Perspektiven sind möglich. Das Wissen um diese Relativität führt nun gerade nicht zur Gleichgültigkeit, nicht zur resignativen Einsicht, dass in der Nacht alle Katzen grau sind. Unter dem Eindruck der Mannigfaltigkeit möglicher Ansichten öffnet sich vielmehr die Einsicht in die Notwendigkeit, eine eigene ethische Perspektive zu begründen.

Die vorgegebenen Begrifflichkeiten werden ins eigene Sprachspiel transformiert, wobei die Wortprägungen auch Bedeutungshinsichten mit sich führen, deren Niveau nicht unterboten werden sollte, die aber durchaus fortgedeutet, den Bedürfnislagen der aktuellen Situation angepasst werden können.

Aber nicht nur die Begriffe, auch die Perspektiven der ethischen Tradition können in das aktuelle ethische Denken eingearbeitet werden. Und das ist auch sinnvoll: Die Verschiedenheit der Perspektiven ermöglicht, die Komplexität von Gegenwartsproblematiken wahrzunehmen und damit argumentativen Verkürzungen und Übervereinfachungen durch Perspektivenwechsel und entsprechende Gegenargumentationen zu widerstehen.

Damit entsteht im ethischen Selbstbewusstsein ein komplexes Wissen um die komplexe soziale Realität – ein Wissen um die verschiedenen Institutionen, die verschiedenen Funktionsweisen und die verschiedenen Sinnerwartungen, die mit ihnen verknüpft sind. Zum Beispiel: Welche Aufgabe hat der Staat gegenüber seinen Bürgern, welche Einflussmöglichkeiten haben diese gegenüber dem Staat? Welche Leistungskraft, welche humane Aufgabe hat die moderne Wirtschaft? Worin liegen ihre systemischen Risiken? Wie verhalten sich die Akteure Staat, Wirtschaft, Bürger zueinander?

Hierüber kann ein ethisch sich bildendes Subjekt in grundlegender – das heißt theoretischer – Weise sich verständigen. Es ist ein Wissen, das zum Aufbau seiner Persönlichkeit gehört, nach der Seite, nach der sein Selbst ein Ensemble sozialer Beziehungen ist. Das Verstehen dieser sozialen Beziehungen führt das Selbst zum Für-sich-Sein, zu seinem Selbstbegriff.

Wiederum wäre es verfehlt, dieses Wissen als in sich abgeschlossen zu fixieren. Zum Wissen gehört, dass es die *Grenzen zum Nichtwissen* bezeichnet. Bei allem inneren Reichtum an Perspektive-Möglichkeiten, bei aller Flexibilität in der Begriffsbildung, bei aller Offenheit für die Phänomene holt die ethische Modellbildung die Prozesse der sozialen Wirklichkeit nicht ein. Die Umweltkomplexität ist immer größer als die Eigenkomplexität des Modells. Die ethische Reflexion weiß, dass sie über die Wirklichkeit im Ganzen nicht verfügt. Deswegen ist die formale ethische Bildung ein Beitrag zur Selbstkonstitution von Persönlichkeiten, sie spricht den Kreis von

Menschen an, die sich ansprechen lassen wollen. Was sie mit dieser Bildung anfangen, wenn sie als Experten in ihren hochkomplizierten Systemen tätig sind oder ins Gedränge hochsensibler Intimbeziehungen geraten, ist dann deren Sache. Die Hoffnung ist nur, dass sie in ihrem inhaltlichen Tun hinter den Anspruch bewusster Formgebung der ethischen Persönlichkeit nicht zurückfallen.

HERIBERT HALLERMANN

Das letzte Buch des Konzils

Oder: Wie das Kirchenrecht zur Verlebendigung des Konzils beitragen kann

1. Hinführung

Die Frage, nicht ob, sondern wie das Kirchenrecht zur Verlebendigung des Konzils beitragen kann, mag bei manchen spontane Ablehnung etwa der Art hervorrufen: Ist denn nicht gerade das Kirchenrecht der ständige Bremsklotz, der weitere und wünschenswerte Fortschritte in der Kirche verhindert? Wer an das universalkirchliche Rechtsbuch der lateinischen Kirche, den *Codex Iuris Canonici* von 1983 (CIC), rechtspositivistisch[1] herangeht und es nach Art eines Steinbruchs benutzt,

1 Der Versuch von Georg Bier (Das Recht bietet Vorteile. Die Situation von Kirchenrecht und Kirchenrechtswissenschaft, in: Ulrich Ruh [Hg.], Glauben denken. Theologie heute – eine Bestandsaufnahme [Herder-Korrespondenz Spezial], Freiburg i. Br. 2008, 61–64, hier: 63), den Begriff „rechtspositivistisch" als „Etikett" zu qualifizieren und ihn im Sinne der von ihm vertretenen Hermeneutik positiv zu interpretieren, wird von den meisten Kanonisten im deutschen Sprachraum entschieden abgelehnt. Vgl. etwa Ludger Müller, Codex und Konzil. Die Lehre des Zweiten Vatikanischen Konzils als Kontext zur Interpretation kirchenrechtlicher Normen, in: AfkKR 169 (2000) 469–491, hier: 471–479; ders., Der Diözesanbischof – ein Beamter des Papstes?, in: AfkKR 170 (2001) 106–122, hier: 115–119; Myriam Wijlens, Zur Verhältnisbestimmung von Konzil und nachkonziliarer Rechtsordnung. Eine theologisch-kanonistische Reflexion, in: Peter Hünermann / u. a. (Hg.), Das Zweite Vatikanische Konzil und die Zeichen der Zeit heute, Freiburg i. Br. / Basel / Wien 2006, 331–339, hier: 337–339; Markus Graulich, Unterwegs zu einer Theologie des Kirchenrechts. Die Grundlegung des Rechts bei Gottlieb Söhngen (1892–1971) und die Konzepte der neueren Kirchenrechtswissenschaft (KStKR 6), Paderborn / München / Wien / Zürich 2006, 389–391.

indem er mit Hilfe von Indices oder Suchmaschinen nach bestimmten Stichworten sucht, diese unter Missachtung der geltenden Interpretationsregeln wie etwa des c. 17 CIC aus ihrem Kontext und gesetzessystematischen Zusammenhang herausbricht und das gefundene Ergebnis absolut setzt, der wird seine bereits längst gefassten Vorurteile ein um das andere Mal bestätigt finden: Das Kirchenrecht behindert den Fortschritt in der Kirche! Mehr noch: Das Kirchenrecht geht systematisch hinter das II. Vatikanische Konzil zurück und versucht, vorkonziliare Zustände in der Kirche rechtlich und strukturell zu verfestigen.

Als nur ein Beispiel, das diese Empfindung prägnant thematisiert, mögen die folgenden Ausführungen von Jürgen Werbick dienen. In einer Stellungnahme zum Disput zwischen Klaus Lüdicke, Norbert Lüdecke und Georg Bier über die Hermeneutik des *Codex Iuris Canonici* formuliert er:

> „Unter Theologinnen und Theologen wie unter ‚normalen Kirchenmenschen' ist es vielfach so empfunden worden, dass der CIC von 1983 die Reformimpulse des 2. Vatikanums nur unzureichend zum Tragen kommen lässt oder gar unterdrückt hat. Man entdeckt in den Dokumenten des 2. Vatikanums und an dem in ihnen zum Ausdruck gekommenen ‚Geist des Konzils' eine weit größere Bereitschaft zur Reform der katholischen Kirche, als sie sich dann in der rechtlichen Normierung der kirchlichen Verfassung und des kirchlichen Handelns durch den CIC niedergeschlagen haben. So fordert man eine Interpretation des kirchlichen Gesetzbuches, die sich an den weiter gespannten Reformvorgaben des Konzils orientiere und so womöglich auch eine Weiterentwicklung des kirchlichen Rechts anstoßen könne."[2]

2 Jürgen Werbick, Wie reformbedürftig und reformfähig ist die römisch-katholische Kirche nach dem 2. Vatikanum? Fundamentaltheologische Einwürfe zu einem kirchenrechtlichen Disput, in: Dominicus M. Meier u. a. (Hg.), Rezeption des Zweiten Vatikanischen Konzils in Theologie und Kirchenrecht heute. Festschrift für Klaus Lüdicke zur Vollendung seines 65. Lebensjahres (BzMK 55), Essen 2008, 695–710, hier: 695.

Vor diesem Hintergrund muss man es aber eher als eine Art ‚Bärendienst' qualifizieren, wenn der aus einschlägigen Internetforen bekannte österreichische Kanonist und Eichstätter Vizeoffizial Alexander Pytlik in einem Kommentar zum Hirtenbrief von Papst Benedikt XVI. an die Katholiken Irlands vom 19. März 2010[3] zunächst von einer „Haltung des Antijuridismus nach dem XXI. Ökumenischen Konzil" und einer verbreiteten „Abwertung des Kirchenrechts" schreibt, um dann zu dem Schluss zu kommen: „Papst Benedikt XVI. hat ... die Ehre des in den letzten Wochen auch im deutschen Sprachraum missdeuteten und fehlinterpretierten Rechtes der Kirche gerettet."[4] Die durchaus zutreffende Feststellung, dass der genannte Hirtenbrief des Papstes – wenigstens in manchen Passagen – durchaus juridischen Charakter besitzt und die Beachtung der geltenden kirchenrechtlichen Normen einschärft,[5] ist aber noch kein schlagendes Argument gegen das oben angesprochene Empfinden oder auch Vorurteil: Gerade im Zusammenhang mit dem Missbrauchsskandal steht bis heute – wenn mittlerweile auch abgeschwächt – der Vorwurf im Raum, das Kirchenrecht wäre eine Art von Parallelrecht, das kirchliche Verantwortliche bewusst der staatlichen Strafverfolgung entzieht.[6] Wäre dieser Vorwurf wirklich zutreffend, würde die katholische Kirche ausweislich einer solchen

3 Vgl. Hirtenbrief des Heiligen Vaters Benedikt XVI. an die Katholiken in Irland: http://www.vatican.va/holy_father/benedict_xvi/letters/2010/documents/hf_ben-xvi_let_20100319_church-ireland_ge.html [Zugriff: 30.4.2010].

4 Alexander Pytlik, Der Papst hat für die Opfer das Kirchenrecht gerettet: http://www.kath.net/detail.php?id=26136 [Zugriff: 26.3.2010]. Vgl. auch die Homepage des Autors http://www.padre.at bzw. http://www.internetpfarre.de.

5 Vgl. etwa Hirtenbrief (s. Anm. 3) Nr. 11.

6 Vgl. etwa KNA-Meldungen 100224-SD-1212.26VU#2 vom 24.2.2010; 100225-BD-1816.34SO#2 vom 25.2.2010; 100309-BD-1403.52KE#2 vom 9.3.2010; vgl. auch Andreas Zielcke, Reinheit des Amtes – Reinheit der Lehre. Sexueller Missbrauch und andere Sodomien: Das kanonische Recht ver-

Faktenlage nach wie vor an dem vom II. Vatikanischen Konzil überwundenen Konzept der *societas perfecta*[7] festhalten, und das Kirchenrecht wäre dabei das hauptsächliche Instrument, welches dieses Festhalten an vorkonziliaren Konzepten und Zuständen absichert.

Insofern kann die Frage nach dem Zusammenhang zwischen Konzil und Codex weder rein affirmativ noch überwiegend defensiv in Abwehr der genannten Vorwürfe angegangen werden, sondern bedarf der Reflexion auf mindestens drei Ebenen:[8] In einem ersten Schritt geht es um das Aggiornamento des Kirchenrechts und damit um die Frage, welche Rolle das Konzil bei der Entstehung des kanonischen Rechts spielt. Im zweiten Schritt geht es um die Bedeutung des Konzils für die Interpretation des Kirchenrechts und im dritten Schritt soll der Frage nachgegangen werden, welche Bedeutung das Konzil für die Anwendung des kanonischen Rechts besitzt. Während nach herkömmlicher Auffassung vor allem die ersten beiden Ebenen, nämlich die Analyse des Rechts einerseits und dessen synthetisch-kritische Darstellung andererseits der Kirchenrechtswissenschaft zugeordnet werden,[9] muss der wissenschaftlichen Kanonistik auch die dritte, anwendungsorientierte Ebene zugeordnet werden, weil nämlich aus der

trägt sich nicht mit dem weltlichen, in: Süddeutsche Zeitung Nr. 70 (25.3.2010 – HF2) 11.

7 Vgl. Stephan Schwarz, Art. „Societas perfecta", in: LKStKR 3 (2004) 557–561. Vgl. auch Markus Graulich, Unterwegs zu einer Theologie des Kirchenrechts (s. Anm. 1) 239: „Die zentrale These der Kirche als *societas perfecta* will … nicht das Kirchenrecht rechtfertigen, sondern die Souveränität der Kirche und damit auch ihre Kompetenz zur Rechtssetzung gegen die Ansprüche des Staates als etwas Selbständiges verteidigen."

8 Dieser Zugang widerspricht nicht dem von Myriam Wijlens, Zur Verhältnisbestimmung (s. Anm. 1) 331 f. gewählten Ansatz, die vier Reflexionsebenen unterscheidet, insofern die dort genannte erste Reflexionsebene hier zustimmend vorausgesetzt wird.

9 Vgl. Müller, Codex und Konzil (s. Anm. 1) 490.

tatsächlichen Anwendung des Rechts wiederum rückgeschlossen werden kann, ob bzw. wie weit das Konzil im täglichen Leben der Kirche tatsächlich rezipiert worden ist.[10]

2. Aggiornamento des Kirchenrechts

Der geltende *Codex Iuris Canonici* von 1983 steht in einem ursächlichen Zusammenhang mit dem II. Vatikanischen Konzil und ist in seiner heutigen Gestalt ohne dieses zentrale kirchliche Ereignis des 20. Jahrhunderts nicht zu denken.[11] Der Codex kann dabei nicht als eine Art später ‚Abwehrreaktion' auf den verbreiteten Antijuridismus der Konzils- und Nachkonzilszeit[12] uminterpretiert werden, vielmehr teilt er mit dem II. Vatikanischen Konzil denselben intentionalen und zeitlichen Ursprung. Grundlegend hierfür ist die Rede von Papst Johannes XXIII. am 25. Januar 1959 vor den in St. Paul vor den Mauern versammelten Kardinälen, mit der er alle drei großen Reformvorhaben seines Pontifikats zeitgleich angekündigt hat, nämlich zum einen die Durchführung einer Römischen Diözesansynode und zum anderen ein Ökumenisches Konzil

10 Vgl. P. Johannes Paul II., Ansprache an die Teilnehmer des Symposions zum 10. Jahrestag der Promulgation des CIC am 23.4.1993, in: AAS 86 (1994) 296: „Le comunità s'interroghino anzitutto sull'applicazione e l'osservanza delle norme che il Codex ha sancito per l'attuazione delle decisioni e direttive del Concilio Ecumenico Vaticano II." – Vgl. auch Myriam Wijlens, Die Konzilshermeneutik und das Kirchenrecht, in: Dominicus M. Meier / u. a. (Hg.), Rezeption des Zweiten Vatikanischen Konzils in Theologie und Kirchenrecht heute. Festschrift für Klaus Lüdicke zur Vollendung seines 65. Lebensjahres (BzMK 55), Essen 2008, 711–729, hier: 725.

11 Diese Aussage gilt nicht nur für den Codex der lateinischen Kirche, sondern ebenso und uneingeschränkt für den *Codex Canonum Ecclesiarum Orientalium* von 1990.

12 Vgl. hierzu etwa Graulich, Unterwegs zu einer Theologie des Kirchenrechts (s. Anm. 1) 327–334 mit weiteren Nachweisen.

der Universalkirche. Beide sollten auf glückliche Weise zum längst ersehnten Aggiornamento des *Codex Iuris Canonici* führen und dieser wiederum in seiner erneuerten Gestalt beide kirchlichen Reformvorhaben krönen.[13] Das also war die Intention des Konzilspapstes Johannes XXIII.: Das Konzil sollte zu der seit langem als notwendig erkannten Reform des universalkirchlichen Gesetzbuches führen,[14] und der auf diese Weise erneuerte *Codex Iuris Canonici* sollte die Reformarbeit namentlich des II. Vatikanischen Konzils krönen. Das eine Vorhaben war ohne das andere nicht möglich.[15]

Der zunächst unspezifische italienische Begriff *aggiornamento*, der etwa in der Wendung *corso di aggiornamento* (Fortbildungskurs, Förderungskurs) vorkommt und in seiner Verbform *aggiornare* so viel bedeutet wie ‚auf dem laufenden halten, auf den letzten Stand bringen',[16] wurde von Papst Johannes

13 Vgl. P. Johannes XXIII., Sollemnis Allocutio ad Patres Cardinales in Urbe praesentes die XXV ianuarii anno MCMLIX, in: AAS 51 (1959) 68 f.: „Venerabili Fratelli e Diletti Figli Nostri! Pronunciamo innanzi a voi, certo tremando un poco di commozione, ma insieme con umile risolutezza di proposito, il nome e la proposta della duplice celebrazione: di un Sinodo Diocesano per l'Urbe, e di un Concilio Ecumenico per la Chiesa universale. Per voi, Venerabili Fratelli e Diletti Figli Nostri, non occorrono illustrazioni copiose circa la significazione storica e giuridica di queste due proposte. Esse condurranno felicemente all'auspicato e atteso aggiornamento del Codice di Diritto Canonico, che dovrebbe accompagnare e coronare questi due saggi di pratica applicazione dei provvedimenti di ecclesiastica disciplina, che lo Spirito del Signore Ci verrà suggerendo lungo la via. La prossima promulgazione del Codice di Diritto Orientale ci dà il preannunzio di questi avvenimenti."

14 Vgl. Peter Hünermann, Der Text: Werden – Gestalt – Bedeutung. Eine hermeneutische Reflexion, in: HThK Vat. II 5 (2006) 5–102, hier: 11: „Zur Konzilsidee gehört von vornherein eine auf den Konzilsbeschlüssen aufruhende Reform des kanonischen Rechtes. Die Dokumente des Konzils leiten umfangreiche Revisionsprozesse ein."

15 Vgl. Graulich, Unterwegs zu einer Theologie des Kirchenrechts (s. Anm. 1) 212.

16 Vgl. Langenscheidts Handwörterbuch Italienisch, Berlin / München [11]1994, 35.

XXIII. etwa seit 1957 mit Erfolg in den kirchlichen Sprachgebrauch eingeführt und hat in den vom Konzil verwendeten lateinischen Begriffen wie *accommodatio* und *renovatio accommodata*[17] eine Entsprechung gefunden. So verbindet sich *aggiornamento* mit der Vorstellung vom Jungwerden der Kirche in der jeweiligen Zeit und von der Rückgewinnung eines jugendlichen und sympathischen Antlitzes der Kirche; dies hat nur dem einen Ziel zu dienen, dass die Kirche das Evangelium dem Menschen von heute glaubwürdig und überzeugend vermitteln kann.[18] Die systematische und wohl nur als bösartig zu bezeichnende Uminterpretation des Begriffs *aggiornamento* als ‚Angleichung der Kirche an die säkularisierte Welt', wie sie jüngst von Martin Mosebach behauptet wurde,[19] findet weder im Sprachgebrauch noch im Reformprogramm des Konzilspapstes Johannes XXIII. irgendeine Entsprechung. Im Kontext der Papstrede vom 25. Januar 1959 gewinnt der Begriff *aggiornamento* aber eine ganz spezifische Bedeutung: Johannes XXIII. verwendet ihn in diesem Zusammenhang nicht für das Reformvorhaben des Konzils als Ganzem, sondern ausschließlich für die von ihm gewünschte Erneuerung des universalkirchlichen Gesetzbuches: Dieses soll durch das Konzil und mit Hilfe des Konzils auf das laufende, auf den letzten, d. h. auf den aktuellen Stand gebracht werden.

17 Vgl. Xaverius Ochoa, Index verborum cum documentis concilii Vaticani Secundi, Rom 1967, 19 und 428.

18 Vgl. Giuseppe Alberigo, Art. „Aggiornamento", in: LThK[3] 1 (1993) 231.

19 Vgl. Martin Mosebach, Die Kirche schuldet der Piusbruderschaft Dank: http://www.kreuz.net/print-article.10926.html [Zugriff: 1.4.2010] sowie ders., Er ist ja nur der Papst: http://welt.de/die-welt/kultur/literatur/article7230105/Er-ist-ja-nur-der-Papst.html [Zugriff: 19.4.2010]: In der Perspektive von Mosebach erweist sich der aktuelle Missbrauchsskandal als „die beschämendste Frucht jeder Ideologie des ‚Aggiornamento', die die letzten vierzig Jahre prägte"; insgesamt sieht er das Experiment des ‚Aggiornamento', d.h. – in seinen Augen – der Abgleichung der Kirche an die säkularisierte Welt, als auf furchtbare Weise gescheitert an.

Entsprechend der grundlegenden Interpretationsregel des c. 17 CIC, 1. Halbsatz,[20] lassen sich „gemäß der im Text und im Kontext wohl erwogenen Wortbedeutung“[21] folgende Schlussfolgerungen aus der Ankündigung eines *aggiornamento* des *Codex Iuris Canonici* ziehen: Erstens: Der zur Zeit der Konzilsankündigung in Geltung stehende CIC/1917 ist nicht mehr auf der Höhe der Zeit, d. h., dass er dem theologischen Selbstverständnis sowie den Bedürfnissen der Kirche in einer auf vielfache Weise veränderten Welt nicht mehr entspricht.[22] Zweitens: Der aktuelle Stand soll durch das Ökumenische Konzil erarbeitet werden; insofern kann dem ganzen Konzil die Aufgabe zugesprochen werden, die Kirche auf die Höhe der Zeit zu bringen und den aktuellen Stand ihres Selbstverständnisses in vielfältigen Bezügen lehramtlich zu formulieren; d. h., dass das Konzil den „fundierten zeitgenössischen Consensus der Kirche“[23] zum Ausdruck bringen muss. Drittens: Wenn der erneuerte CIC das Werk des Konzils ‚krönen‘ soll, setzt er inhaltlich-materiell die Konzilsbeschlüsse als „Korpus konstitutioneller Texte“[24] voraus und muss sich notwendigerweise auf diese beziehen. Es besteht folglich ein enger und unabdingbarer Zusammenhang zwischen dem II. Vatikanischen Konzil und dem *Codex Iuris Canonici* von 1983.

Zwei Beispiele mögen diesen Zusammenhang wenigstens beispielhaft deutlich machen: Innerhalb des Normenkomple-

20 Vgl. Müller, Codex und Konzil (s. Anm. 1) 472 f.

21 C. 17 CIC/1983, 1. Halbsatz. Deutsche Übersetzung aus: Codex des kanonischen Rechts. Lateinisch-deutsche Ausgabe mit Sachverzeichnis, Kevelaer ^{5}2001.

22 Vgl. Graulich, Unterwegs zu einer Theologie des Kirchenrechts (s. Anm. 1) 327–330.

23 Peter Hünermann, Ist der CIC revisionsbedürftig? Dogmatische Anfragen an die Kanonistik zur Interpretation des CIC/1983, zum bischöflichen Amt, zur Ortskirche und zu den Laien, in: ThG 50 (2007) 15–30, hier: 18.

24 Ebd., 16. Vgl. auch ders., Der Text (s. Anm. 14) 11–17.

xes über die hierarchische Verfassung der Kirche, der sich im CIC/1917 innerhalb der *pars* I *De clericis* des Buches II *De personis* und dort innerhalb des spezifischen Klerikerrechts (*Sectio II: De clericis in specie*) wiederfindet, wird an erster Stelle als *Caput* I der Römische Papst behandelt, dann folgen als weitere Kapitel das Ökumenische Konzil, die Kardinäle der Römischen Kirche, die Römische Kurie usw. Bei der Neukodifizierung sollte das Verfassungsrecht der Kirche zunächst innerhalb einer *Lex Ecclesiae Fundamentalis* behandelt werden, die als verfassungsrechtliche Gesetzgebung gegenüber den beiden *Codices* für die lateinische Kirche sowie für die katholischen Ostkirchen höherrangig sein sollte.[25] Insofern enthielt das *Schema Codicis* von 1980[26] innerhalb der *pars* II *De Ecclesiae constitutione hierarchica* des Buches II *De populo Dei* einen ersten summarischen c. 277 CIC/Schema 1980, der bezüglich der höchsten Autorität in der Kirche lediglich auf die *Lex Ecclesiae Fundamentalis* verwies. Nach dem Scheitern der *Lex Ecclesiae Fundamentalis*[27] wurden die entsprechenden Normen in den Entwurf des CIC eingefügt, so dass dieser bei der Normierung der hierarchischen Verfassung der Kirche wieder mit einer Norm über den Bischof der Kirche von Rom begann, dem heutigen c. 331 CIC. Erst bei der allerletzten Durchsicht des neuen Gesetzbuches wurde den beiden Artikeln über den Papst und das Bischofskollegium als die beide Artikel verbindende Norm der heutige c. 330 CIC vorangestellt.[28] Dieser enthält, bis auf das ausgelassene Adjektiv *apostolicum* wortgleich,

25 Vgl. Heinrich J. F. Reinhardt, Art. „Lex Ecclesiae Fundamentalis", in: LKStKR 2 (2002) 735 f.

26 Vgl. Pontificia Comissio Codici Iuris Canonici recognoscendo, Schema Codicis Iuris Canonici, Libreria Editrice Vaticana 1980.

27 Vgl. Reinhardt, Art. „Lex Ecclesiae Fundamentalis" (s. Anm. 25) 736.

28 Vgl. Winfried Aymans / Klaus Mörsdorf, Kanonisches Recht. Lehrbuch aufgrund des Codex Iuris Canonici, Band 2: Verfassungs- und Vereinigungsrecht, Paderborn / München / Wien / Zürich [13]1997, 191 f.

den ersten Satz aus *Lumen Gentium* (LG) 22,1: „Sicut, statuente Domino, sanctus Petrus et ceteri Apostoli unum Collegium apostolicum constituunt, pari ratione Romanus Pontifex, successor Petri, et Episcopi, successores Apostolorum, inter se coniunguntur."[29] Der vom II. Vatikanischen Konzil in die Sprache des Lehramtes eingeführte Begriff des Bischofskollegiums[30] und das damit verbundene zentrale Thema des Konzils, nämlich die Kollegialität der Bischöfe,[31] wurde auf diese Weise in das universalkirchliche Gesetzbuch der lateinischen Kirche übernommen und verhindert so eine Übernahme des Verfassungsverständnisses, das für den CIC/1917 typisch war, in das geltende Rechtsbuch.

Ein zweites Beispiel bezieht sich auf das in der Rechtsordnung gespiegelte grundlegende Verständnis der Kirche. Typisch für die Gesetzgebung des CIC/1917 ist das Verständnis der Kirche als *societas inaequalis*, d.h. als Gesellschaft, in der es kraft göttlicher Bestimmung – und somit unveränderlich – eine Über- bzw. Unterordnung der einzelnen Glieder gibt.[32] Dieses Verständnis führte etwa Ulrich Stutz zu der Beurteilung, dass die katholische Kirche die Kirche des Klerus sei, dass nur die Kleriker ‚Vollgenossen' der Kirche und die Laien lediglich ‚Schutzgenossen' seien sowie das von den Klerikern

29 Vgl. c. 330 CIC: „Sicut, statuente Domino, sanctus Petrus et ceteri Apostoli unum Collegium constituunt, pari ratione Romanus Pontifex, successor Petri, et Episcopi, successores Apostolorum, inter se coniunguntur."

30 Vgl. Aymans/Mörsdorf, KanR II (s. Anm. 28) 193. Vgl. auch Karl Rahner, Kommentar zu Art. 18–27 LG, in: $LThK^2$ 12 (1967) 222.

31 Vgl. P. Johannes Paul II., Apostolischen Konstitution *Sacrae discipline leges*: CIC/1983 (s. Anm. 21) XIII; vgl. auch Ilona Riedel-Spangenberger, Art. „Kollegialität", in: LKStKR 2 (2002) 591–593.

32 Vgl. Stephan Schwarz, Strukturen von Öffentlichkeit im Handeln der katholischen Kirche. Eine begriffliche, rechtshistorische und kirchenrechtliche Untersuchung (KStKR 3), Paderborn/München/Wien/Zürich 2004, 123–125.132.137f.

zu leitende und zu lehrende Volk.[33] Das II. Vatikanische Konzil hat sich bewusst von diesem Kirchenbild verabschiedet[34] und dementsprechend in LG 32, 3 formuliert:

„Wenn also in der Kirche nicht alle denselben Weg gehen, so sind doch alle zur Heiligkeit berufen und haben den gleichen Glauben erlangt in Gottes Gerechtigkeit (vgl. 2 Petr 1,1). Wenn auch einige nach Gottes Willen als Lehrer, Ausspender der Geheimnisse und Hirten für die anderen bestellt sind, so waltet doch unter allen eine wahre Gleichheit in der allen Gläubigen gemeinsamen Würde und Tätigkeit zum Aufbau des Leibes Christi. Der Unterschied, den der Herr zwischen den geweihten Amtsträgern und dem übrigen Gottesvolk gesetzt hat, schließt eine Verbundenheit ein, da ja die Hirten und die anderen Gläubigen in enger Beziehung miteinander verbunden sind."[35]

Die fundamentale Gleichheit aller Gläubigen,[36] die jeder Unterscheidung etwa zwischen Klerikern und Laien vorausgeht, wurde in weitgehender Angleichung an den zitierten Konzilstext in den c. 208 CIC übernommen, der an erster und somit durchaus prominenter Stelle des so genannten Katalogs der Gemeinrechte und Gemeinpflichten aller Gläubigen[37] formuliert:

33 Vgl. Ulrich Stutz, Der Geist des Codex Iuris Canonici. Eine Einführung in das auf Geheiss Papst Pius X. verfasste und von Papst Benedikt XV. erlassene Gesetzbuch der katholischen Kirche, Stuttgart 1918, 83.

34 Vgl. Schwarz, Strukturen von Öffentlichkeit (s. Anm. 32) 177f.

35 LG 32,3: „Si igitur in Ecclesia non omnes eadem via incedunt, omnes tamen ad sanctitatem vocantur et coaequalem sortiti sunt fidem in iustitia Dei (cf. 2 Pt 1,1). Etsi quidam ex voluntate Christi ut doctores, mysteriorum dispensatores et pastores pro aliis constituuntur, vera tamen inter omnes viget aequalitas quoad dignitatem et actionem cunctis fidelibus communem circa aedificationem Corporis Christi. Distinctio enim quam Dominus posuit inter sacros ministros et reliquum Populum Dei, secumfert coniunctionem, cum Pastores et alii fideles inter se communi necessitudine devinciantur; ..."

36 Vgl. Heribert Hallermann, Art. „Gleichheit aller Gläubigen, II. Kath.", in: LKStKR 2 (2002) 159–161.

37 Vgl. Aymans / Mörsdorf, KanR II (s. Anm. 28) 72–74 und 81. Vgl. auch Heribert Hallermann, Die Vereinigungen im Verfassungsgefüge der lateinischen Kirche, Paderborn / München / Wien / Zürich 1999, 348.

„Unter allen Gläubigen besteht, und zwar aufgrund ihrer Wiedergeburt in Christus, eine wahre Gleichheit in ihrer Würde und Tätigkeit, kraft der alle je nach ihrer eigenen Stellung und Aufgabe am Aufbau des Leibes Christi mitwirken.“[38]

Mit der Übernahme dieses Textes aus LG 32, 3 hat der geltende CIC versucht, wenigstens auf der Ebene der Gesetzgebung einem ausschließlich hierarchisch orientierten und auf dem Prinzip fundamentaler Unterscheidungen beruhenden Kirchenbild vorzubeugen.[39]

Im Zusammenhang mit der Promulgation hat Papst Johannes Paul II. auf den Zusammenhang von II. Vatikanischem Konzil und CIC hingewiesen und dabei unterstrichen, dass das Konzil die entscheidende und notwendige Voraussetzung für das Entstehen des geltenden lateinischen Gesetzbuches war. In der Apostolischen Konstitution *Sacrae discipline leges* zur Promulgation des Codex schreibt er:

„Deshalb erfordert der neue Kodex, der heute veröffentlicht wird, notwendigerweise die vorausgehende Arbeit des Konzils; und obwohl er zugleich mit jener ökumenischen Versammlung angekündigt worden ist, folgt er ihr doch zeitlich in beträchtlichem Abstand nach, weil die Vorbereitungsarbeiten, die sich ja auf das Konzil stützen mussten, erst nach dessen Abschluss beginnen konnten.“[40]

Der Pro-Präsident der Revisionskommission, Rosalio Castillo Lara, hat bei der Präsentation des neuen CIC am 3. Februar

38 C. 208: „Inter christifideles omnes, ex eorum quidem in Christo regeneratione, vera viget quoad dignitatem et actionem aequalitas, qua cuncti, secundum propriam cuiusque condicionem et munus, ad aedificationem Corporis Christi cooperantur.“ [„Unter allen Gläubigen besteht, und zwar aufgrund ihrer Wiedergeburt in Christus, eine wahre Gleichheit in ihrer Würde und Tätigkeit, kraft der alle je nach ihrer eigenen Stellung und Aufgabe am Aufbau des Leibes Christi mitwirken.“]

39 Vgl. Müller, Codex und Konzil (s. Anm. 1) 485.

40 P. Johannes Paul II., Apostolischen Konstitution *Sacrae discipline leges*, in: CIC/1983 (s. Anm. 21) XIII.

1983 als erstes Kriterium bei der Erarbeitung des neuen Codex die Treue zum Konzil genannt, das möglichst treu in juridische Normen umgesetzt werden sollte;[41] dabei stützt sich nach seinen Aussagen das Kirchenrecht auf die Theologie, die seine Normen begründet. Insofern erscheinen Konzilsdokumente immer wieder unter den Quellen der erneuerten kodikarischen Normen und werden, wo es möglich ist, oftmals wortgetreu in den Codex übernommen.[42] Papst Johannes Paul II. verwendet bei derselben Gelegenheit das Bild eines idealen Dreiecks, um so das normative Beziehungsgefüge in der Kirche anschaulich zu machen. Demnach steht der Codex an der Seite der Konzilsdokumente und über beiden steht das Wort Gottes, dessen Herz und Zentrum das Evangelium ist.[43] Ausgehend von diesem Bild kann der Papst den Codex auch als letztes Buch oder Dokument des Konzils bezeichnen,[44] jedoch nicht, weil er erst mit beträchtlichem zeitlichen Abstand zum Konzil erschienen ist, sondern weil er, wie der Papst ausführt, einen mit Autorität ausgestatteten Führer zur Anwendung des II. Vatikanischen Konzils darstellt. Mit der Bezeichnung des Codex als ‚letztes Buch des Konzils' unterscheidet der Papst zwei Ebenen: Zum einen die Ebene der Lehre mit den Konzilstexten als dem Korpus konstitutioneller Texte der Kirche,[45]

41 Vgl. in diesem Sinne auch ebd., XIX.

42 Vgl. Rosalio Castillo Lara, Ansprache vom 3. Februar 1983, in: AfkKR 152 (1983) 156f.

43 Vgl. P. Johannes Paul II., Ansprache vom 3. Februar 1983 zur Präsentation des neuen CIC, in: AfkKR 152 (1983) 148–156, hier: 155.

44 Vgl. P. Johannes Paul II., Allocutio ad Praelatos Auditores S. Romanae Rotae coram admissos vom 26.1.1984, in: AAS 76 (1984) 643–649, hier: Nr. 2, 644: „…esso rappresenta una guida autorevole per l'applicazione del Concilio Vaticano II, e potrebbe anzi considerarsi, come ho detto in altra occasione, l'ultimo documento conciliare."

45 Vgl. Hünermann, Ist der CIC revisionsbedürftig? (s. Anm. 23) 16.

und zum anderen die Ebene der Anwendung dieses Korpus mit Hilfe des erneuerten CIC.[46]

3. Interpretation des Kirchenrechts

Mit der Bezeichnung des Codex als ‚letztes Buch des Konzils' stellt sich unbedingt die Frage nach der Interpretation des Kirchenrechts und näherhin die Frage danach, welche Bedeutung dem II. Vatikanischen Konzil für die Interpretation der geltenden Rechtsnormen zukommt. Diese Frage hat in den vergangenen Jahren zu einer heftigen Kontroverse geführt,[47] an der sich nicht nur Kanonistinnen und Kanonisten, sondern auch systematische Theologen engagiert beteiligen.[48] In Frage steht die These:

„Nach dem Selbstverständnis des Gesetzgebers ist die Gesetzgebung nicht mit der ‚Konzilsbrille' zu lesen. Vielmehr gilt umgekehrt: Vom

46 Georg Bier, Die Rechtsstellung des Diözesanbischofs nach dem Codex Iuris Canonici von 1983 (FzK 32), Würzburg 2001, 21, Anm. 44, entnimmt der Rede des Papstes vor der Rota (s. Anm. 44) lediglich das Stichwort ‚ultimo documento conciliare', ohne den Kontext des Zitats zu beachten, und kommt somit zu der mit diesem Zitat nicht zu begründenden Aussage, dass das kirchliche Gesetzbuch den für die Interpretation der Konzilsdokumente zu beachtenden Maßstab abgebe. Vgl. in diesem Sinne auch ders., Das Recht bietet Vorteile (s. Anm. 1) 62. Der Papst spricht nämlich nicht von der Interpretation des Konzils, sondern von der Anwendung, d. h. der Verwirklichung des Konzils; dafür sei der Codex ein mit Autorität ausgestatteter Führer.

47 Diese Kontroverse soll hier nicht mit allen Argumenten Pro und Contra nachgezeichnet werden. Es soll im Zusammenhang dieses Beitrags vielmehr genügen, einige Hinweise anzuführen, welche die von der überwiegenden Mehrheit der Kanonisten vertretene Position stützen.

48 Vgl. Bier, Das Recht bietet Vorteile (s. Anm. 1) 61. – Die in diesem Beitrag von Georg Bier vorgenommene Einteilung der Kanonistinnen und Kanonisten in zwei Gruppen könnte darüber hinwegtäuschen, dass der zweiten Gruppe und ihrer Position (vgl. ebd., 62) im wesentlichen nur Norbert Lüdecke und er selbst angehören.

Gesetzestext her kann deutlich werden, was das Konzil tatsächlich gemeint hat. Das kirchliche Gesetzbuch ist das ‚letzte Konzilsdokument' (Johannes Paul II.), es liefert den für die Interpretation der übrigen Konzilsdokumente zu beachtenden Maßstab."[49]

Die Interpretation des Kirchenrechts ist zum einen von der Gesetzgebung zu unterscheiden, zum anderen von der Gesetzesanwendung; sie ist eine hauptsächliche Aufgabe der Kirchenrechtswissenschaft[50] und zielt darauf ab, die einzelnen Rechtsnormen – aber auch das Gesetz als Ganzes – verständlich zu machen.[51] Eigentliches Ziel der Interpretation ist nach Hubert Socha nicht alleine die Feststellung der worteigenen Bedeutung des Gesetzes, sondern das Verstehen und Erkennen des Gesetzessinnes, d. h. der im Gesetzestext enthaltenen Wertungen und Weisungen,[52] oder, wie er an anderer Stelle ausführt, das Erkennen und Feststellen der Absicht des Gesetzgebers, soweit diese im Gesetz enthalten ist.[53] Winfried Aymans weist in seinem Lehrbuch darauf hin, dass es für eine zutreffende Auslegung des Gesetzes nicht genügt, den Wortlaut des Gesetzes zu kennen:

„Erst durch die Kenntnis seines Sinnes, seiner Einordnung und Stellung im System, der theoretischen und praktischen Bedeutung und Tragweite des Rechtssatzes, der hinter diesem stehenden Vernunft und Erfahrung wird das volle Verständnis des Gesetzes erschlossen."[54]

49 Ebd., 62.

50 Vgl. Winfried Aymans/Klaus Mörsdorf, Kanonisches Recht. Lehrbuch aufgrund des Codex Iuris Canonici, Band 1: Einleitende Grundfragen und Allgemeine Normen, Paderborn/München/Wien/Zürich [13]1991, 57–81.

51 Vgl. Richard Potz, Art. „Interpretation", in: LKStKR 2 (2002) 312–313; Wijlens, Zur Verhältnisbestimmung (s. Anm. 1) 337.

52 Vgl. Hubert Socha, MKCIC zu c. 17/4, Rn. 7.

53 Vgl. ebd., zu c. 17/8, Rn. 12.

54 Aymans/Mörsdorf, KanR I (s. Anm. 50) 178. Vgl. auch Graulich, Unterwegs zu einer Theologie des Kirchenrechts (s. Anm. 1) 213.

Als über die Kenntnis des reinen Wortlauts einer Gesetzesnorm hinausführend ist daher der Hinweis von Myriam Wijlens auf die vor allem in der englischsprachigen Kanonistik übliche Unterscheidung der verschiedenen literarischen Formen innerhalb des *Codex Iuris Canonici* zu werten: Dieser beinhaltet nämlich nicht nur Gesetzesnormen im eigentlichen Sinn mit entsprechender Verpflichtungskraft, sondern auch dogmatische Zusammenfassungen, theologische Erkenntnisse, moralischen Ansporn usw.[55] Aus dieser Erkenntnis zieht sie den Schluss:

> „Da die Gesetzestexte die Konsequenz aus der Theologie für das Tätigwerden festlegen, ist bei der Interpretation die dem Gesetz zugrundeliegende Theologie zu berücksichtigen, ... Es kommt darauf an, das Gesetz vor dem Hintergrund dieser theologischen Lehre zu verstehen. Gesetze sind die rechtliche Umsetzung oder Ausgestaltung theologischer Gedanken."[56]

Ilona Riedel-Spangenberger sieht von daher die Hermeneutik des Kirchenrechts sowohl dem wissenschaftlichen Diskurs der Theologie als dogmatischer Grundlegung des Kirchenrechts verpflichtet wie auch der rationalen Rechtswissenschaft, die der kirchlichen Gemeinschaft – ausgehend von dieser Grundlegung – eine operationalisierbare Gestalt und Struktur gibt.[57] So bleibt die notwendige Unterscheidung der verschiedenen Ebenen der Lehre und des Rechts genau so ge-

55 Vgl. Wijlens, Zur Verhältnisbestimmung (s. Anm. 1) 337.

56 Ebd., 338. – Im Unterschied zu Bier, Die Rechtsstellung des Diözesanbischofs (s. Anm. 46) 20 f., der dies mit Verweis auf c. 17 CIC explizit ablehnt, stellt Julio García Martín, Le norme generali del Codex Iuris Canonici, Roma [3]1999, 115 zu c. 17 CIC lapidar fest: „Contesto potrebbe essere il Concilio ecumenico Vaticano II." Vgl. ebenso Potz, Art. „Interpretation" (s. Anm. 51) 312: „Für die Interpretation des CIC/1983 ist die Orientierung an den Beschlüssen des II. Vatikanischen Konzils vorgesehen."

57 Vgl. Ilona Riedel-Spangenberger, Art. „Hermeneutik des Kirchenrechts", in: LKStKR 2 (2002) 235–236. Vgl. hierzu auch die Ausführungen von Winfried Aymans (Aymans / Mörsdorf, KanR I [s. Anm. 50] 62–71), der die Kanonistik definiert als „eine theologische Disziplin, die gemäß den Bedin-

wahrt wie deren gegenseitige enge Zuordnung: Das gesamte *Corpus* der Beschlüsse des II. Vatikanischen Konzils besitzt – trotz ihrer unterschiedlichen Gewichtung im Einzelnen[58] – einen grundlegenden konstitutionellen Charakter und bringt die Intention desselben Gesetzgebers zum Ausdruck, der auch den *Codex Iuris Canonici* als verbindliches Rechtsbuch für die ganze lateinische Kirche erlassen hat:[59] Dieses Gesetzbuch soll, wie Papst Johannes Paul II. erklärt hat, vor allem die ekklesiologische Lehre des II. Vatikanischen Konzils in die kanonistische Sprache übersetzen und sich, weil diese Übertragung nicht erschöpfend möglich ist, auf das konziliare Kirchenbild wie auf ein vorrangiges Beispiel beziehen, das er, soweit es nach seiner eigenen – nämlich rechtlichen – Natur möglich ist, zum Ausdruck bringen soll.[60] Insofern ist der CIC nicht mehr und nicht weniger als ein Instrument, das dem vom II. Vatikanischen Konzil dargelegten Wesen der Kirche entspricht[61] d. h., dass der CIC gegenüber der Lehre des Konzils

gungen ihrer theologischen Erkenntnisse mit juristischer Methode arbeitet." Ebd., 71.

58 Vgl. hierzu etwa Wijlens, Zur Verhältnisbestimmung (s. Anm. 1) 332–336.

59 Vgl. Hünermann, Ist der CIC revisionsbedürftig? (s. Anm. 23) 16–18.

60 Vgl. P. Johannes Paul II., Apostolische Konstitution *Sacrae discipline leges*, in: CIC/1983 (s. Anm. 21) XVIII: „Immo, certo quodam modo, novus hic Codex concipi potest veluti magnus nisus transferendi in sermonem canonisticum hanc ipsam doctrinam, ecclesiologiam scilicet conciliarem. Quod si fieri nequit, ut imago Ecclesiae per doctrinam Concilii descripta perfecte in linguam canonisticam convertatur, nihilominus ad hanc ipsam imaginem semper Codex est referendus tamquam ad primarium exemplum, cuius lineamenta is in se, quantum fieri potest, suapte natura exprimere debet." [„Ja, dieser neue Kodex kann gewissermaßen als ein großes Bemühen aufgefasst werden, die Ekklesiologie des Konzils in die Sprache des Kirchenrechts zu übersetzen. Wenn es auch unmöglich ist, das von der Lehre des Konzils gezeichnete Bild der Kirche vollkommen in die kanonistische Sprache zu übertragen, so muss der Kodex doch immer in diesem Bild, soweit das möglich ist, seinen festen Bezugspunkt haben."]

61 Vgl. ebd., XVIf.: „Instrumentum, quod Codex est, plane congruit cum natura Ecclesiae, qualis praesertim proponitur per magisterium Concilii Va-

instrumentellen Charakter besitzt und somit im Dienst dieser Lehre steht mit der Zielrichtung, das Konzil in das Leben der Kirche zu übersetzen. Deshalb kann er als ‚Codex des Konzils' und nur in diesem Sinne als ‚letztes Dokument des Konzils' bezeichnet werden.[62] Von daher ist, entgegen der von Georg Bier vorgetragenen These, den Codex nicht mit der Konzilsbrille lesen zu dürfen, im Hinblick auf die Interpretation des Kirchenrechts mit Papst Johannes Paul II. festzuhalten: „Der Codex ist ein neues Gesetz und muss in der Optik des II. Vatikanischen Konzils betrachtet werden, an dessen Beschlüsse er sich angleichen will."[63]

4. Anwendung des Kirchenrechts

Weil dem erneuerten Codex nach dem Willen des Gesetzgebers auch die Aufgabe zukommt, zur immer getreueren Ver-

ticani II in universum spectatum, peculiarique ratione per eius ecclesiologicam doctrinam." [„Das Instrument, das der Kodex ist, entspricht voll dem Wesen der Kirche, wie es vom Lehramt des Zweiten Vatikanischen Konzils ganz allgemein und besonders in seiner Ekklesiologie dargestellt wird."]

62 Vgl. P. Johannes Paul II., Ansprache vom 21. November 1983 an die Bischöfe beim Kurs zur Einführung in den Codex Iuris Canonici, in: PRCan 72 (1983) 558: „Ut intelligtur, hic Codex serio studio es subiciendus. Non est enim id quod praesertim fuit Codex 1917: unificatio ac purificatio iuris exsistentis, prout ab illo incomparabili pastore Pio X fuit id intellectum. Codex 1983, promulgatus atque in vigorem missus hoc anno iubilari Redemptionis, valde es diversus. Certo, idem inseritur in traditionem ecclesialem, sed ipsam vivificat spiritu et normis Conciliaribus. Codex est Concilii et, hoc sensu, est ‚ultimum documentum conciliare', quod quidem eius constituet vigorem atque valorem, eius unitatem atque irradiationem."

63 P. Johannes Paul II., Allocutio ad Praelatos Auditores S. Romanae Rotae coram admissos vom 26. 1. 1984, in: AAS 76 (1984) 645: „Il Codice è una nuova legge e va valutato primordialmente nell'ottica del Concilio Vaticano II, al quale ha inteso conformarsi pienamente."

wirklichung und Anwendung des Konzils beizutragen,[64] und weil der Codex zu einem Instrument werden soll, mit dessen Hilfe sich die Kirche selbst entsprechend dem Geist des II. Vatikanischen Konzils vervollkommnet,[65] soll nun in einem dritten Schritt nach der Bedeutung des Konzils für die Anwendung des Kirchenrechts gefragt werden.

Bei der Anwendung des Rechts treffen die abstrakte Gesetzesnorm und das konkrete Leben mitunter unvermittelt aufeinander.[66] Wegen des in c. 1752 CIC verankerten Grundsatzes, dass bei jeder Rechtsanwendung die *salus animarum* das oberste Gesetz in der Kirche sein muss,[67] kann die reine Erfüllung gesetzlicher Normen dem übergeordneten Willen des kirchlichen Gesetzgebers nicht immer genügen. Eine Kirche nämlich, die nach der von ihr selbst gesetzten Maßgabe der Pastoralkonstitution des II. Vatikanischen Konzils die Freude und Hoffnung, die Trauer und die Angst der Menschen von heute wirklich teilen will, so dass sie zu ihrer eigenen Freude und Hoffnung, Trauer

64 Vgl. P. Johannes Paul II., Ansprache vom 21. November 1983 (s. Anm. 62) 558 f.: „*Studium Codicis, Schola Concilii*! Ita quidem considerandum studium protractum Codicis: ... applicatio pastoralis quae in dies fidelius Concilium actuare debet, ...". Vgl. auch Markus Graulich, Studium Codicis, Schola Concilii. Zweites Vatikanisches Konzil und Codex Iuris Canonici bei Johannes Paul II., in: Meier / u. a., Rezeption des Zweiten Vatikanischen Konzils (s. Anm. 2) 163–182.

65 Vgl. P. Johannes Paul II., Apostolische Konstitution *Sacrae discipline leges*, in: CIC/1983 (s. Anm. 21) XX: „Quibus omnibus consideratis, optandum sane est, ut nova canonica legislatio efficax instrumentum evadat, cuius ope Ecclesia valeat se ipsam perficere secundum Concilii Vaticani II spiritum, ac magis magisque parem se praebeat salutifero suo muneri in hoc mundo exsequendo." [„Nach all diesen Überlegungen darf man wohl wünschen, dass die neue Kirchengesetzgebung sich als wirksames Instrument erweist, mit dessen Hilfe die Kirche sich selbst entsprechend dem Geist des Zweiten Vatikanischen Konzils vervollkommnen kann und sich als immer geeigneter für die Erfüllung ihres Heilsauftrages in dieser Welt erweist."]

66 Vgl. Wijlens, Zur Verhältnisbestimmung (s. Anm. 1) 339.

67 Vgl. Klaus Lüdicke, Art. „Rechtsanwendung", in: LKStKR 3 (2004) 348–349.

und Angst werden,[68] wird auf der Anwendungsebene die Flexibilität des Kirchenrechts nutzen, um einerseits die Identität und die Ordnung der Kirche zu wahren und andererseits im Interesse der *salus animarum* den Bedürfnissen der Menschen und der konkreten Situationen möglichst entsprechen zu können. Die Rechtsanwendung, die hier nur beispielhaft betrachtet werden kann, umfasst sowohl die Anwendung des universalkirchlichen Rechts im generellen Fall, die etwa im Erlass partikularen Rechts ihren Ausdruck findet, als auch die Anwendung im konkreten Einzelfall, die etwa in Einzelfallentscheidungen und Urteilen zum Ausdruck kommt.

4.1 Nichtkatholischer Taufpate?

Das erste Beispiel bezieht sich auf die Frage nach dem Taufpaten. In c. 874 CIC werden die Kriterien benannt, die erforderlich sind, damit jemand zum Patendienst bei der Taufe – und gemäß c. 893 § 1 CIC auch bei der Firmung – zugelassen werden kann: Unter § 1 Nr. 3 wird gefordert, dass der Betreffende katholisch und gefirmt sein muss und durch den Empfang der Eucharistie voll initiiert sein soll; ebenso muss er ein Leben führen, das dem Glauben und dem Dienst, den er übernehmen soll, entspricht. In § 2 wird zudem normiert, dass ein Getaufter, der einer nichtkatholischen kirchlichen Gemeinschaft angehört, nur zusammen mit einem katholischen Paten und

68 Vgl. GS 1: „Gaudium et spes, luctus et angor hominum huius temporis, pauperum praesertim et quorumvis afflictorum, gaudium sunt et spes, luctus et angor etiam Christi discipulorum, nihilque vere humanum invenitur, quod in corde eorum non resonet." [„Freude und Hoffnung, Trauer und Angst der Menschen von heute, besonders der Armen und Bedrängten aller Art, sind auch Freude und Hoffnung, Trauer und Angst der Jünger Christi. Und es gibt nichts wahrhaft Menschliches, das nicht in ihren Herzen seinen Widerhall fände."]

zwar nur als Taufzeuge zugelassen werden darf.[69] Damit entsprechen die Zulassungskriterien sachlich weitgehend denen, die bereits in can. 765 CIC/1917 festgelegt waren.[70] Während dort aber nach Maßgabe der Nr. 2 ein Getaufter, der einer häretischen oder schismatischen Sekte angehörte – das war die

69 Vgl. c. 874 CIC: „§ 1. Ut quis ad munus patrini suscipiendum admittatur, oportet: 1° ab ipso baptizando eiusve parentibus aut ab eo qui eorum locum tenet aut, his deficientibus, a parocho vel ministro sit designatus atque aptitudinem et intentionem habeat hoc munus gerendi; 2° decimum sextum aetatis annum expleverit, nisi alia aetas ab Episcopo dioecesano statuta fuerit vel exceptio iusta de causa parocho aut ministro admittenda videatur; 3° sit catholicus, confirmatus et sanctissimum Eucharistiae sacramentum iam receperit, idemque vitam ducat fidei et muneri suscipiendo congruam; 4° nulla poena canonica legitime irrogata vel declarata sit innodatus; 5° non sit pater aut mater baptizandi. – § 2. Baptizatus ad communitatem ecclesialem non catholicam pertinens, nonnisi una cum patrino catholico, et quidem ut testis tantum baptismi, admittatur." [„§ 1. Damit jemand zur Übernahme des Patendienstes zugelassen wird, ist erforderlich: 1° er muss vom Täufling selbst bzw. von dessen Eltern oder dem, der deren Stelle vertritt, oder, wenn diese fehlen, vom Pfarrer oder von dem Spender der Taufe dazu bestimmt sein; er muss zudem geeignet und bereit sein, diesen Dienst zu leisten; 2° er muss das sechzehnte Lebensjahr vollendet haben, außer vom Diözesanbischof ist eine andere Altersgrenze festgesetzt oder dem Pfarrer oder dem Spender der Taufe scheint aus gerechtem Grund eine Ausnahme zulässig; 3° er muss katholisch und gefirmt sein sowie das heiligste Sakrament der Eucharistie bereits empfangen haben; auch muss er ein Leben führen, das dem Glauben und dem zu übernehmenden Dienst entspricht; 4° er darf mit keiner rechtmäßig verhängten oder festgestellten kanonischen Strafe behaftet sein; 5° er darf nicht Vater oder Mutter des Täuflings sein. – § 2. Ein Getaufter, der einer nichtkatholischen kirchlichen Gemeinschaft angehört, darf nur zusammen mit einem katholischen Paten, und zwar nur als Taufzeuge, zugelassen werden."]

70 Vgl. can. 765 CIC/1917: „Ut quis sit patrinus, oportet: 1° Sit baptizatus, rationis usum assecutus et intentionem habeat id munus gerendi; 2° Ad nullam pertineat haereticam aut schismaticam sectam, nec sententia condemnatoria vel declaratoria sit excommunicatus aut infamis infamia iuris aut exclusus ab actibus legitimis, nec sit clericus depositus vel degradatus; 3° Nec sit pater vel mater vel coniux baptizandi; 4° Ab ipso baptizando eiusve parentibus vel tutoribus aut, his deficientibus, a ministro sit designatus; 5° Baptizandum in actu baptismi per se vel per procuratorem physice teneat aut tangat vel statim levet seu suscipiat de sacro fonte aut de manibus baptizantis."

vorkonziliare Bezeichnung für alle nichtkatholischen Christen bzw. deren Gemeinschaften – absolut vom Patendienst ausgeschlossen war, wird vom geltenden CIC wenigstens eine teilweise Zulassung ermöglicht: Der Christ, der einer nichtkatholischen kirchlichen Gemeinschaft angehört, kann, zusammen mit einem katholischen Taufpaten, als Taufzeuge zugelassen werden. Mit dem im CIC/1983 verwendeten Begriff „nichtkatholische kirchliche Gemeinschaften" werden die aus der Reformation hervorgegangenen Kirchen bezeichnet; der § 2 des c. 874 CIC bezieht sich demnach nicht auf orthodoxe Christen, während hingegen das Kriterium des § 1 Nr. 3 auch diese vom Patendienst ausschließt.

Im Sinne der grundlegenden Interpretationsregel des c. 17 CIC[71] stellt sich der Wortlaut des c. 874 CIC als klar und eindeutig dar; die Wortbedeutung ist weder zweifelhaft noch dunkel: Nichtkatholiken, auch nichtkatholische Christen, können nicht zum Patendienst bei Taufe und Firmung zugelassen werden. Etwas anders stellt sich die Situation dar, wenn als Kontext dieser Norm nicht nur der unmittelbare Satzzusammenhang herangezogen wird, sondern zunächst der c. 874 CIC als Ganzer betrachtet und schließlich der Blick auf die gesamte universalkirchliche Gesetzgebung geweitet wird.[72] Aus dem Gesamtzusammenhang des c. 874 CIC kann man erstens entnehmen, dass alle in den Nr. 1–5 genannten Kriterien grundsätzlich gleichgeordnet sind,

71 Vgl. c. 17 CIC: „Leges ecclesiasticae intellegendae sunt secundum propriam verborum significationem in textu et contextu consideratam; quae si dubia et obscura manserit, ad locos parallelos, si qui sint, ad legis finem ac circumstantias et ad mentem legislatoris est recurrendum." [„Kirchliche Gesetze sind zu verstehen gemäß der im Text und im Kontext wohl erwogenen eigenen Wortbedeutung; wenn sie zweifelhaft und dunkel bleibt, ist zurückzugreifen auf Parallelstellen, wenn es solche gibt, auf Zweck und Umstände des Gesetzes und auf die Absicht des Gesetzgebers."]

72 Zum Verständnis von ‚Text' und ‚Kontext' in c. 17 CIC vgl. Hubert Socha, MKCIC zu c. 17/3, Rn. 6.

allenfalls aus der numerischen Reihung lässt sich eine gewisse Rangfolge entnehmen in dem Sinn, dass der Taufpate vorzugsweise vom Täufling selbst oder, im Fall der Kindertaufe, von den Eltern des Täuflings bestimmt werden soll. Zweitens fällt in § 1 Nr. 2 auf, dass das dort festgelegte Mindestalter von 16 Jahren nicht unumstößlich ist: generell kann vom einzelnen Diözesanbischof ein anderes, d. h. ein höheres oder niedrigeres Mindestalter für die Übernahme des Patendienstes festgelegt werden; es ist aber auch möglich, dass – unabhängig von allen gesetzlichen Festlegungen – der zuständige Pfarrer oder der Taufspender im Einzelfall eine Ausnahme macht, sofern er dafür einen gerechten Grund (*iusta causa*) erkennen kann. Das bedeutet nur, dass die Ausnahme begründbar sein muss, nicht aber, dass es dafür eine Notwendigkeit (*necessitas*) gibt, die eine andere Entscheidung nicht zuließe. Im weiteren gesetzgeberischen Zusammenhang kann festgestellt werden, dass das geltende Ökumenische Direktorium von 1993 in Nr. 98 b) gesetzlich eine Ausnahme vom Kriterium der Katholizität des Paten normiert: Orthodoxe Christen können demnach aufgrund der in höherem Maße verwirklichten Gemeinschaft mit der katholischen Kirche bei der katholischen Taufe eines Kindes oder eines Erwachsenen zugelassen werden, jedoch unter der Bedingung, dass gleichzeitig ein katholischer Pate vorhanden ist und dass für die katholische Erziehung des Getauften genügend Sorge getragen wird.[73] Hier ist

73 Vgl. Pontificium Consilium ad unitatem christianorum fovendam, Directorium oecumenicum noviter compositum, in: AAS 85 (1993) 1039–1119, hier: 1080 Nr. 98 b): „En raison de l'étroite communion existante entre l'Église catholique et les Églises orientales orthodoxes, il est permis pour une juste raison d'admettre un fidele oriental au rôle de parrain en même temps qu'un parrain catholique (ou une marraine catholique) au baptême d'un enfant ou d'un adulte catholique, a condition qu'on ait suffisamment pourvu a l'éducation du baptisé et que l'idonéité du parrain soit reconnue." [„Wegen der engen Gemeinschaft, die zwischen der katholischen Kirche und den orthodoxen Kirchen des Ostens besteht, ist es erlaubt, aus einem

offenkundig, dass der universalkirchliche Gesetzgeber das vom Konzil in LG 15 und *Unitatis Redintegratio* (UR) 3 grundgelegte und in c. 205 CIC normierte Prinzip der dynamisch zu verstehenden gestuften Communio angewendet hat. Demnach kann die Feststellung einer mehr oder weniger voll verwirklichten Communio mit der katholischen Kirche niemals abschließend sein, sondern muss stets offen sein für die durch die Fortschritte in der Ökumene ausgelöste Dynamik hin zu einer intensiveren Einheit der Kirchen.

Damit kommt das II. Vatikanische Konzil als der weitere Kontext der kodikarischen Normen in den Blick, dem insbesondere bei der Anwendung des universalkirchlichen Rechts eine bedeutende Rolle zukommt: Ausgehend von der ökumenischen Selbstverpflichtung der katholischen Kirche[74] und eingedenk der in *Gaudium et spes* (GS) 1 getroffenen Grundoption hat der damalige Bischof von Eichstätt von seinem Dispensrecht gemäß cc. 86 und 87 § 1 CIC Gebrauch gemacht und am 29. April 2002 eine Pastoralinstruktion erlassen, mit der die Zulassung sowohl von evangelischen Christen als Taufpaten als auch von solchen katholischen Christen, die nicht voll initiiert sind, auf teilkirchlicher Ebene geregelt wird:

> „Wenn es in einem Einzelfall aus einem wichtigen Grund nicht möglich ist, für das Kind oder den Jugendlichen einen katholischen Tauf- bzw. Firmpaten zu bestimmen und wenn für diesen Dienst ein nichtkatho-

gerechten Grund einen orientalischen Gläubigen als Taufpaten bei der Taufe eines katholischen Kindes oder Erwachsenen zuzulassen, wenn gleichzeitig ein katholischer Taufpate (oder Taufpatin) vorhanden ist. Voraussetzung ist jedoch, dass man genügend für die katholische Erziehung des Getauften Sorge getragen hat und dass die Eignung des Taufpaten festgestellt wurde."]

74 Vgl. UR 4 sowie c. 755 CIC.

lischer Christ zugelassen werden soll, ist der zuständige Pfarrer gehalten, den Ortsordinarius um Dispens anzugehen."[75]

Die Bedeutung des Konzils für die Anwendung des universalkirchlichen Rechts wird hier offenkundig: Ausweislich des der Pastoralinstruktion beigegebenen offiziellen Kommentars geht der Bischof aus von der pastoralen Situation der Gläubigen, insbesondere auch in den Diasporagebieten seiner Diözese, von der üblichen Praxis der Sakramentenvorbereitung sowie von der wachsenden ökumenischen Praxis. Dann erst wendet er sich den rechtlichen Voraussetzungen für die Übernahme des Patendienstes zu, von denen er sagt, dass sie insgesamt auf eine überzeugende und glaubwürdige christliche Persönlichkeit abheben und stets zusammen zu sehen und anzuwenden sind; von daher könne die Frage der Eignung für den Patendienst nicht ausschließlich anhand des Kriteriums der vollen Zugehörigkeit zur katholischen Kirche entschieden werden.[76] Im Anschluss daran beschreibt er die Aufgaben der Paten im geltenden Recht und wendet sich schließlich in einem vierten Punkt besonderen Problemfällen in der pastoralen Praxis zu, wie etwa den konfessionsverschiedenen Familien, dem Kirchenaustritt und der ungültigen Ehe, und versucht, bezüglich der Übernahme des Patendienstes auch hier Lösungen anzubieten.[77] Insofern ist diese Pastoralinstruktion ein Beispiel für die flexible Anwendung des geltenden Rechts, die vom Geist des II. Vatikanischen Konzils angeregt und motiviert wird.

75 Pastoralinstruktion: Der Dienst der Tauf- und Firmpaten: Pastoralblatt des Bistums Eichstätt 149 (2002) 51, 93–100 (I. Pastoralinstruktion; II. Kommentar), hier: 93. – Vgl. zum ganzen auch Heribert Hallermann, Patendienst bei Katholiken durch nichtkatholische Christen? Ekklesiologische Vorgaben, rechtliche Normierung und pastorale Handlungsmöglichkeiten, in: Una Sancta 57 (2002) 311–320.

76 Vgl. Pastoralinstruktion (s. Anm. 75) 97.

77 Vgl. ebd., 99 f.

4.2 Reservation der Homilie?

Das zweite Beispiel bezieht sich auf die Homilie und deren als ‚Verbot der Laienpredigt' empfundene Reservation für Kleriker. Der c. 767 § 1 CIC lautet:[78]

„Unter den Formen der Predigt ragt die Homilie hervor, die Teil der Liturgie selbst ist und dem Priester oder dem Diakon vorbehalten wird; in ihr sind das Kirchenjahr hindurch aus dem heiligen Text die Glaubensgeheimnisse und die Normen für das christliche Leben darzulegen."

Noch eindrücklicher oder unausweichlicher wirkt diese Norm, wenn in § 2 desselben Canons bestimmt wird:

„An Sonntagen und gebotenen Feiertagen ist in allen Messen, die unter Beteiligung des Volkes gefeiert werden, eine Homilie zu halten; sie darf nur aus schwerwiegendem Grund ausfallen."

Die Aussage dieser Norm ist klar und bedarf keiner weiteren Interpretation: Nur Priester oder Diakone dürfen die Homilie innerhalb der Eucharistiefeier halten; folglich sind Laien wie etwa Pastoral- oder Gemeindereferentinnen und -referenten davon ausgeschlossen. Im Anschluss an das Inkrafttreten des CIC wurde diese Reservation und das damit verbundene Verbot durch Instruktionen[79] des Apostolischen Stuhls eingeschärft,

78 Vgl. c. 767 CIC: „§ 1. Inter praedicationis formas eminet homilia, quae est pars ipsius liturgiae et sacerdoti aut diacono reservatur; in eadem per anni liturgici cursum ex textus sacro fidei mysteria et normae vitae christianae exponantur. – § 2. In omnibus Missis diebus dominicis et festis de praecepto, quae concursu populi celebrantur, homilia habenda est nec omitti potest nisi gravi de causa." [„§ 1. Unter den Formen der Predigt ragt die Homilie hervor, die Teil der Liturgie selbst ist und dem Priester oder dem Diakon vorbehalten wird; in ihr sind das Kirchenjahr hindurch aus dem heiligen Text die Glaubensgeheimnisse und die Normen für das christliche Leben darzulegen. – § 2. An Sonntagen und gebotenen Feiertagen ist in allen Messen, die unter Beteiligung des Volkes gefeiert werden, eine Homilie zu halten; sie darf nur aus schwerwiegendem Grund ausfallen."]

79 Zum Rechtscharakter von Instruktionen vgl. Heribert Hallermann, Art. „Instructio", in: LKStKR 2 (2002) 307–308.

teilweise auch mit der Tendenz, das Verbot selbst zu verschärfen.[80] Durch eine Entscheidung der Päpstlichen Kommission zur

80 Vgl. etwa Kongregation für den Klerus u. a., Instruktion zu einigen Fragen über die Mitarbeit der Laien am Dienst der Priester vom 15. August 1997 (VApSt 129), Art. 3 § 1: „§ 1. Die Homilie ist als herausragende Form der Predigt, ‚qua per anni liturgici cursum ex textu sacro fidei mysteria et normae vitae christianae exponuntur', Teil der Liturgie selbst. Daher muss die Homilie während der Eucharistiefeier dem geistlichen Amtsträger, Priester oder Diakon, vorbehalten sein. Ausgeschlossen sind Laien, auch wenn sie in irgendwelchen Gemeinschaften oder Vereinigungen Aufgaben als ‚Pastoralassistenten' oder Katecheten erfüllen. Es geht nämlich nicht um eine eventuell bessere Gabe der Darstellung oder ein größeres theologisches Wissen, sondern vielmehr um eine demjenigen vorbehaltene Aufgabe, der mit dem Weihesakrament ausgestattet wurde. Deshalb ist nicht einmal der Diözesanbischof bevollmächtigt, von der Norm des Kanons zu dispensieren. Es handelt sich nämlich nicht um eine bloß disziplinäre Verfügung, sondern um ein Gesetz, das die Aufgaben des Lehrens und Heiligens betrifft, die untereinander eng verbunden sind. Man kann daher die gelegentlich geübte Praxis nicht gestatten, wonach die Homilie Seminaristen anvertraut wird, die als Theologiestudenten noch nicht das Weihesakrament empfangen haben. Die Homilie kann nicht als Übung für den künftigen Dienst betrachtet werden. Jegliche frühere Norm, die Laien die Homilie innerhalb der Messfeier gestattet hatte, ist durch c. 767 § 1 als aufgehoben anzusehen." – Fundort des Originals und Auszug in Latein: s. Anm. 91. Vgl. auch Kongregation für den Gottesdienst und die Sakramentenordnung, Instruktion *Redemptionis Sacramentum* über einige Dinge bezüglich der heiligsten Eucharistie, die einzuhalten und zu vermeiden sind vom 25. März 2004 (VApSt 164): „Nr. 64: Die Homilie, die während der Feier der heiligen Messe gehalten wird und Teil der Liturgie selbst ist, ‚wird in der Regel vom zelebrierenden Priester gehalten oder von ihm einem konzelebrierenden Priester oder manchmal, wenn dies angebracht erscheint, auch einem Diakon übertragen, niemals aber einem Laien. In besonderen Fällen kann die Homilie aus einem gerechten Grund auch von einem Bischof oder einem Priester gehalten werden, der an der Feier teilnimmt, ohne konzelebrieren zu können.' – 65. Es muss daran erinnert werden, dass jedwede frühere Norm, die nichtgeweihten Gläubigen die Homilie innerhalb der Messfeier gestattet hatte, aufgrund der Vorschrift von c. 767 § 1 als aufgehoben anzusehen ist. Diese Praxis ist verworfen und kann deshalb nicht aufgrund irgendeiner Gewohnheit gestattet werden. – 66. Das Verbot der Zulassung von Laien zur Predigt innerhalb der Messfeier gilt auch für die Alumnen der Seminare, für Studenten der theologischen Disziplinen und für jene, die als sogenannte ‚Pastoralassistenten' eingesetzt sind, sowie für jedwede Art, Gruppe, Gemeinschaft oder Vereinigung von Laien."

authentischen Interpretation der Gesetzestexte vom 20. Juni 1987 wurde zudem festgelegt, dass der Diözesanbischof von der Norm des c. 767 § 1 CIC, wonach die Homilie dem Priester oder Diakon vorbehalten ist, nicht dispensieren kann.[81] Für die Diözesen innerhalb des Zuständigkeitsbereichs der Deutschen Bischofskonferenz ist damit eine Situation eingetreten, die als schmerzlicher Rückschritt hinter die im Anschluss an die Würzburger Synode mit ausdrücklicher päpstlicher Billigung[82]

81 Vgl. Pontificia Commissio Codici Iuris Canonici authentice interpretando, Responsio ad propositum dubium vom 20. Juni 1987, in: AAS 79 (1987) 1249; Deutsch in: AfkKR 156 (1987) 161 f. – In diesem Zusammenhang stellt sich die theologische und kirchenrechtliche Frage nach der Geltung von CD 8,1 und 2 bzw. cc. 87 § 1 und 381 § 1 CIC.

82 Vgl. Reskript der Klerus-Kongregation an den Vorsitzenden der Deutschen Bischofskonferenz über die Beauftragung von Laien zur Predigt vom 20. November 1973 (Prot. 144 823/I), in: GSyn 1, 182–185; hier: 184: „1. Wo Priester und Diakone fehlen, können die Bischöfe Laien auswählen, die imstande sind, die Homilie in Wortgottesdiensten zu halten, so dass an Sonn- und gebotenen Feiertagen den Gläubigen die Gelegenheit zur Heiligung des Tages gegeben wird. – 2. a) Während der Messfeier wird die Predigt gewöhnlich vom Zelebranten gehalten. – b) Wenn es aber dem Zelebranten physisch oder moralisch unmöglich ist, seiner eigenen Aufgabe nachzukommen, und ein anderer Priester oder Diakon nicht zur Stelle ist, so dass die Gläubigen die geistliche Nahrung aus dem Wort Gottes entbehren müssten, so können die Bischöfe, wo eine solche Lage dazu zwingt oder es angeraten sein lässt, Laien mit der Predigt auch in der Messfeier beauftragen. – c) Die gleiche Vollmacht können die Bischöfe gewähren, wenn in besonderen Situationen (z. B. am Fest der christlichen Familie, am Caritassonntag, am Missionssonntag oder an anderen Festen nach Ermessen des Bischofs) Laien mit speziellen Fähigkeiten vorhanden sind und deren Ansprache für sehr nützlich gehalten wird. – 3. Je nach Opportunität soll die Predigt eines Laien vom Zelebrans eingeleitet oder abgeschlossen werden. – 4. Damit die Laien die Predigtaufgabe im Gottesdienst übernehmen können, brauchen sie die ‚Missio canonica', d. h. die Delegation durch den Bischof. Handelt es sich um eine Beauftragung zur Predigt, die für einen längerdauernden Zeitraum gilt oder die die Fälle unter Nr. 2 b) und c) betrifft, soll der Bischof persönlich die ‚Missio canonica' erteilen. Subdelegationsvollmacht kann er nur den Weihbischöfen, Generalvikaren und Bischofsvikaren geben. Der Bischof kann die ‚Missio canonica' widerrufen aus Gründen, die er für vernünftig hält."

geltende rechtliche Regelung empfunden werden kann.[83]

Trotz – oder gerade wegen – der Eindeutigkeit der Rechtslage, die für Interpretationen im Sinne des c. 17 CIC keinen Raum lassen, sollen, unbeschadet einer noch ausstehenden vertieften kanonistischen Bearbeitung der Frage,[84] aus der Perspektive des Konzils wenigstens einige Anfragen formuliert werden, um dadurch möglicherweise zu einer Art der Rechtsanwendung beizutragen, die sich nicht durch Rigidität auszeichnet, sondern durch das Interesse an einer sachgerechten, pastoral motivierten und dem *bonum commune Ecclesiae* zuträglichen Praxis.

Vorausgeschickt sei, dass es bei c. 767 CIC ausdrücklich nur um eine Regelung für die Homilie geht, nicht jedoch für andere Formen der Predigt; für diese gilt beispielsweise auch die Bestimmung des c. 766 CIC, wonach Laien nach Maßgabe der Vorschriften der jeweiligen Bischofskonferenz zur Predigt in einer Kirche oder einer Kapelle zugelassen werden können, wenn das unter bestimmten Umständen notwendig oder in Einzelfällen als nützlich angeraten ist.[85] Von einem allgemei-

83 Vgl. zur gesamten Problematik Rüdiger Althaus, Die Rezeption des Codex Iuris Canonici von 1983 in der Bundesrepublik Deutschland unter besonderer Berücksichtigung der Voten der Gemeinsamen Synode der Bistümer in der Bundesrepublik Deutschland, Paderborn / München / Wien / Zürich 2000, 729–759.

84 Dabei werden, insbesondere im Hinblick auf die Entstehung dieser Norm, auch die einschlägigen Ausführungen von Christoph Ohly, Der Dienst am Wort Gottes. Eine rechtswissenschaftliche Studie zur Gestalt von Predigt und Katechese im Kanonischen Recht (MThSt.K 63), St. Ottilien 2008, 451–617 zu berücksichtigen sein.

85 Vgl. c. 766 CIC: „Ad praedicandum in ecclesia vel oratorio admitti possunt laici, si certis in adiunctis necessitas id requirat aut in casibus particularibus utilitas id suadeat, iuxta Episcoporum conferentiae praescripta, et salvo c. 767, § 1." [„Zur Predigt in einer Kirche oder einer Kapelle können, nach Maßgabe der Vorschriften der Bischofskonferenz und vorbehaltlich von can. 767, § 1, Laien zugelassen werden, wenn das unter bestimmten Umständen notwendig oder in Einzelfällen als nützlich angeraten ist."]

nen Verbot der Laienpredigt nach kanonischem Recht kann demnach keine Rede sein. Allerdingst stellt sich die Frage, ob die hierfür rechtlich eröffneten Möglichkeiten in der Praxis der Diözesen und Pfarreien hinreichend genutzt werden.

Die Homilie wird, im Unterschied und in Abgrenzung zu anderen Formen der Predigt, in c. 767 § 1 CIC als herausragende Form der Predigt bezeichnet (*Inter praedicationis formas eminet homilia*). Für den Begriff ‚Homilie', der im CIC lediglich in den cc. 386 § 1, 528 § 1 und 767 §§ 1–3 CIC verwendet wird,[86] bietet der Codex keine Legaldefinition. Der Begriff wird jedoch vom Gesetzestext selbst näher bestimmt durch drei Kennzeichen, die in den weiteren Satzteilen des c. 767 § 1 CIC gleichgeordnet aufgezählt werden: Demnach ist die Homilie erstens Teil der Liturgie selbst; zweitens wird sie dem Priester oder Diakon vorbehalten; drittens sind in der Homilie aus dem heiligen Text die Glaubensgeheimnisse und die Normen für das christliche Leben darzulegen. Weil die ersten beiden Kennzeichen, dass nämlich die Homilie Teil der Liturgie ist und dass sie Klerikern vorbehalten ist, nicht kausal miteinander verbunden sind, bietet der Text des c. 767 § 1 CIC keine Begründung für die Reservation. Auch in den anderen kodikarischen Bestimmungen zur Homilie[87] findet sich hierfür keine Begründung.

Weitere erklärende Hinweise zum Begriff der Homilie können den Konzilskonstitutionen *Sacrosanctum Concilium* (SC) und *Dei Verbum* (DV) entnommen werden. Demnach besitzt die Homilie innerhalb des liturgischen Ablaufs der Eucharistiefeier einen festen Ort, nämlich unmittelbar nach dem Evangelium und dient so der Auslegung des verkündeten Wortes

86 Vgl. Xaverius Ochoa, Index verborum ac locutionum Codicis Iuris Canonici, Rom 1984, 211.

87 Vgl. cc. 386 § 1, 528 § 1 CIC.

Gottes.[88] Der heilige Text (*textus sacer*), auf den sich die Homilie beziehen soll, umfasst sowohl die gelesenen Schrifttexte als auch die liturgischen Texte wie auch Einzelheiten in Wort und Ritus der Liturgie.[89] Die nachdrückliche Empfehlung der Homilie in SC 52 *ut pars ipsius liturgiae* bezieht sich auf das Bemühen, „die wieder eifrig gepflegte Predigt enger mit der Messe zu verbinden und sie nach Inhalt und Form wieder ihrem Rahmen einzufügen."[90] Der Konzilstext ist daher vor dem Hintergrund zu verstehen, dass nach der gängigen liturgischen Praxis die Predigt weitgehend aus dem Rahmen der Eucharistiefeier herausgelöst war und vor oder nach dieser stattfand; selbst das Ablegen des Messgewandes für die im Rahmen der Eucharistiefeier stattfindende Predigt und das die Predigt einleitende Kreuzzeichen brachten sinnenfällig zum Ausdruck, dass die Predigt eigentlich nicht zur Eucharistiefeier gehörte und nicht Teil derselben war.

Die genaue Betrachtung des c. 767 CIC zeigt, dass der Text überwiegend konziliare Quellen hat: Der erste Teilsatz des § 1 *inter praedicationis formas eminet homilia* ist DV 24 entnommen, wobei dort die Homilie gegenüber den anderen Formen des Dienstes am Wort, also allgemeine Verkündigung, Katechese und christliche Unterweisung, hervorgehoben wird. Der Rest des § 1 und der § 2 stellen – trotz einiger Umstellungen – eine weitgehende Wiedergabe von SC 52 dar. Die Reservation *sacerdoti auf diacono reservatur* wurde ohne Nachweis einer entsprechenden konziliaren Quelle eingefügt. Insofern zeigt auch diese Überprüfung, dass die Reservation der Homilie unbegründet bleibt und weder aus dem Text der Norm

88 Vgl. SC 53 und 78. Vgl. auch Josef Andreas Jungmann, Kommentar zu SC, in: LThK^2 12 (1967) 54 f.

89 Vgl. ebd., 55.

90 Ebd. Vgl. auch SC 35.

noch aus dem Kontext der Konzilsbeschlüsse erhellt werden kann.

Die Instruktion der Kleruskongregation und anderer Kongregationen vom 15. August 1997 verbindet nun die beiden Aussagen, dass die Homilie zum einen Teil der Liturgie ist und dass sie zum anderen Priestern und Diakonen vorbehalten ist, betont kausal: „Homilia, eminens praedicationis forma ... ipsius liturgiae partem constituit. Quapropter homilia intra Eucharisticam celebrationem sacro reservatur ministro, vel presbytero vel diacono."[91] Mit dieser Kausalität wird das ursprüngliche Textzitat aus SC 52 sowohl hinsichtlich seines Wortlauts als auch der damit verbundenen Aussageabsicht in verfälschender Weise wiedergegeben. Aber es stellen sich, gerade aus dem Kontext der Liturgiekonstitution und auch des geltenden Rechts, weitere Fragen: Sollen im Blick auf die Eucharistiefeier die in SC 26–32 dargelegten grundlegenden, sich aus der Natur der Liturgie ergebenden Regeln nun nicht mehr gelten und die Eucharistiefeier als ausschließlich klerikales Handeln bestimmt werden? Soll ignoriert werden, dass es gemäß c. 228 § 1 CIC Laien geben kann und gibt, die zu kirchlichen Ämtern und Aufgaben herangezogen und dafür mit der erforderlichen kirchlichen Sendung ausgestattet werden, die sie dazu befähigt, im Namen der Kirche und somit in diesem

91 Vgl. Congregatio pro Clericis et aliae, Instructio De quibusdam quaestionibus circa fidelium laicorum cooperationem sacerdotum ministerium spectantem, in: AAS 89 (1997) 852–877, hier: 864: Art. 3 De homilia „§ 1. Homilia, eminens praedicationis forma, qua per anni liturgici cursum ex textu sacro fidei mysteria et normae vitae christianae exponuntur', ipsius liturgiae partem constituit. Quapropter homilia intra Eucharisticam celebrationem sacro reservatur ministro, vel presbytero vel diacono. Excluduntur fideles non ordinati, etsi illud impleant munus quod esse dicitur ‚assistentium pastoralium' vel catechistarum apud quodlibet genus communitatis vel associationis." Deutsch: s. Anm. 80.

Sinne ‚amtlich' zu handeln?[92] Diese Möglichkeit wird in c. 759 CIC für den gesamten Dienst am Wort ausdrücklich wiederholt und spezifiziert. Oder soll die in c. 386 § 1 CIC normierte Verpflichtung des Diözesanbischofs, „dafür zu sorgen, dass die Vorschriften der Canones über den Dienst am Wort, vor allem über die Homilie und die katechetische Unterweisung, sorgfältig befolgt werden, damit so die ganze christliche Glaubenslehre allen überliefert wird"[93] nun eine andere, der Intention des Konzils[94] und des Codex widerstreitende Finalität erhalten?

Aus der Perspektive solcher grundlegender Fragen kann der Aussage der Instruktion vom 15. August 1997 zugestimmt werden, dass es sich bei den Bestimmungen zur Homilie nicht um eine bloß disziplinäre Verfügung handelt; es handelt sich aus der Sicht des Kanonisten vielmehr um Bestimmungen, die grundlegende theologische und ekklesiologische Fragen berühren und insofern einer Antwort bedürfen.[95] Auf der Handlungsebene wäre bis dahin jedoch zu bedenken, ob nicht ein Bischof oder Bischöfe gemeinsam in dieser Sache von ihrem *ius remonstrandi*[96] Gebrauch machen und die von den Kongregationen vorgetragene Rechtsauffassung zurückweisen, weil

92 Vgl. Stephan Schwarz, Handeln im Namen der Kirche. Die Laien mit kanonischer Sendung in der Diözese, in: Ilona Riedel-Spangenberger (Hg.), Rechtskultur in der Diözese. Grundlagen und Perspektiven (QD 219), Freiburg i. Br. / Basel / Wien 2006, 388–405.

93 Vgl. c. 386 § 1 CIC: „… curet etiam ut praescripta canonum de ministerio verbi, de homilia praesertim et catechetica institutione sedulo serventur, ita ut universa doctrina christiana omnibus tradatur." [„… er hat auch dafür zu sorgen, dass die Vorschriften der Canones über den Dienst am Wort, vor allem über die Homilie und die katechetische Unterweisung, sorgfältig befolgt werden, damit so die ganze christliche Glaubenslehre allen überliefert wird."]

94 Vgl. etwa SC 24, 48, 51 und 52.

95 Vgl. hierzu auch Anm. 81.

96 Vgl. Hans-Jürgen Guth, Art. „Remonstrationsrecht, in: LKStKR 3 (2004) 433–435.

sie diese als unpassend oder gar schädlich für die ihnen anvertrauten Diözesen betrachten.

5. Schluss

Kann das Kirchenrecht zur Verlebendigung des Konzils beitragen? Nach den Worten von Papst Johannes Paul II. hat das geltende Kirchenrecht die Aufgabe, auf instrumentelle Weise dazu beizutragen, dass die Kirche sich entsprechend dem Geist des II. Vatikanischen Konzils vervollkommnet und für die Erfüllung ihres Heilsdienstes in der Welt immer besser geeignet wird.[97] Eine Kirchenrechtswissenschaft, die sich als theologische Disziplin begreift und gemäß ihrer eigenen Methode arbeitet, wird durch ihre spezifischen Bemühungen dazu beitragen können, dass die Kirche insgesamt diesem Auftrag gerecht werden kann und dass das Konzil lebendig bleibt. Der Codex als letztes Buch des Konzils ist für den der Kirche aufgetragenen Reformprozess ein wichtiger Bezugspunkt; er wird aber nie der unverrückbare ‚archimedische Punkt' sein, von dem aus sich das Konzil aus den Angeln heben ließe. Vielmehr gilt: In einer *ecclesia semper reformanda* wird auch das Kirchenrecht ein *ius semper reformandum* sein.

97 Vgl. Anm. 65.

MARTIN STUFLESSER

Liturgiewissenschaft: Theologie zwischen gefeiertem Glauben und gelebter Hoffnung[1]

1. Die Liturgiewissenschaft: ein alter kirchlicher Grundvollzug, aber eine junge Disziplin der Theologie

Sprechen wir von Liturgie, so handelt es sich hierbei um einen der drei Grundvollzüge der Kirche (vgl. Dogmatische Konstitution über die Kirche *Lumen gentium* [LG] 24) neben der Diakonie und der Martyria. Die Liturgie als kirchlicher Grundvollzug feiert die Mitte des christlichen Glaubens. Umso erstaunlicher erscheint es, dass jene theologische Disziplin, die sich mit diesem Grundvollzug vornehmlich beschäftigt, eine relativ junge Disziplin der Theologie ist. Franz Kohlschein spricht zu Recht von einer „Konzilswissenschaft", die im Zuge der Liturgiereform des II. Vatikanischen Konzils eine beson-

1 Es handelt sich bei den hier vorgelegten Überlegungen um die schriftliche Fassung des Vortrags, der im Rahmen der Ringvorlesung der Katholisch-Theologischen Fakultät Würzburg gehalten wurde. Das Ziel des Vortrags war es, einem möglichst breiten, interessierten Publikum, dem Motto der Ringvorlesung folgend: „Was treibt die Theologie?", einen Einblick in die Arbeit der theologischen Fachdisziplin „Liturgiewissenschaft" zu bieten. Hieraus ergibt sich, dass die vorgelegten Überlegungen keine umfassende wissenschaftliche Abhandlung sein wollen, sondern bewusst der Sprachgestalt und Form eines überblicksartigen Essays zu einem wissenschaftlichen Thema folgen. Eine wissenschaftliche Grundlegung zu Gegenstand und Methodik des Faches „Liturgiewissenschaft" habe ich an anderer Stelle vorgelegt, vgl.: Martin Stuflesser / Stephan Winter, Liturgiewissenschaft – Liturgie und Wissenschaft? Versuch einer Standortbestimmung im Kontext des Gesprächs zwischen Liturgiewissenschaft und Systematischer Theologie, in: LJ 51 (2001) 90–118.

dere Blüte erlebt hat.[2] So wurde auch hier in Würzburg ein liturgiewissenschaftlicher Lehrstuhl in der Zeit nach dem II. Vatikanum errichtet.[3] Bedeutsam für diesen nachkonziliaren Aufschwung des Faches waren die Aussagen der Liturgiekonstitution des II. Vatikanischen Konzils *Sacrosanctum Concilium* (SC), wo es in Art. 16 über das Fach Liturgiewissenschaft heißt:

„Das Lehrfach Liturgiewissenschaft ist in den Seminarien und den Studienhäusern der Orden zu den notwendigen und wichtigen Fächern und an den Theologischen Fakultäten zu den Hauptfächern zu rechnen. Es ist sowohl unter theologischem und historischem wie auch unter geistlichem, seelsorglichem und rechtlichem Gesichtspunkt zu behandeln. Darüber hinaus mögen die Dozenten der übrigen Fächer, insbesondere die der dogmatischen Theologie, die der Heiligen Schrift, der Theologie des geistlichen Lebens und der Pastoraltheologie, von den inneren Erfordernissen je ihres eigenen Gegenstandes aus das Mysterium Christi und die Heilsgeschichte so herausarbeiten, daß von da aus der Zusammenhang mit der Liturgie und die Einheit der priesterlichen Ausbildung deutlich aufleuchtet."

Freilich ist zu sagen, dass es eine inhaltliche, theologische Auseinandersetzung mit der Feier der Liturgie, als einem der Grundvollzüge der Kirche, schon von Beginn der Theologie-

2 Franz Kohlschein, Liturgiewissenschaft – Selbstverständnis einer „Konzilswissenschaft", in: Georg Kraus (Hg.), Theologie in der Universität. Wissenschaft-Kirche-Gesellschaft. FS zum Jubiläum 350 Jahre Theologie in Bamberg (Bamberger Theologische Studien 10), Frankfurt a.M. 1998, 193–207. Vgl. differenzierend hierzu die Ausführungen von: Winfried Haunerland, Wege guter Liturgiewissenschaft. Erkundungen als Annäherung an eine Kriteriologie, in: Clemens Sedmak (Hg.), Was ist gute Theologie? (STS 20), Innsbruck 2003, 210–224, hier: 210 f.

3 In Würzburg wurde 1966 ein eigenständiger Lehrstuhl für Liturgiewissenschaft eingerichtet, dessen erster Lehrstuhlinhaber Prof. Dr. Georg Langgärtner bis zu seinem Tod 1987 war. Ihm folgte von 1989 bis zu seiner Pensionierung 1999 Prof. Dr. Walter von Arx. Von 2001 bis zu seinem Wechsel an die Universität München im Jahr 2005 war Prof. Dr. Winfried Haunerland für das Fach zuständig. Seit Oktober 2007 ist der Autor Lehrstuhlinhaber und vertritt das Fach in Forschung und Lehre.

geschichte an gab. Und selbst das Fach Liturgiewissenschaft als eigenständige theologische Disziplin ist in seinen Anfängen, die bis in die Aufklärungszeit zurück reichen, deutlich älter.[4]

Dennoch: Wer selbst zu Zeiten der liturgischen Bewegung unmittelbar nach dem 2. Weltkrieg in Deutschland an einer Universität die Liturgie studieren wollte, der belegte in seinem Stundenplan nicht Liturgiewissenschaft, sondern Rubrizistik. Hier wurde gelehrt, was notwendig war, um die Liturgie erlaubt und gültig zu feiern. Da es sich bei „erlaubt" und „gültig" um rechtliche / moralische Kategorien handelt, verwundert es nicht, dass diese Form der wissenschaftlichen Beschäftigung mit der Liturgie häufig vom Fachvertreter für Kirchenrecht oder Moraltheologie übernommen wurde.

Das nun zu einem Hauptfach erhobene Fach Liturgiewissenschaft trägt im Deutschen die Bezeichnung „Wissenschaft" sogar im Namen. Dies ist in anderen Sprachen anders – im Englischen etwa heißt das Fach schlicht: „liturgy". Allerdings ist im Deutschen auch der Wissenschaftsbegriff deutlich offener gehalten als etwa das englische „science", das vornehmlich auf die Naturwissenschaften verweist.[5]

Wenn Liturgiewissenschaft aber eine Wissenschaft ist und wir hier untersuchen, was diese Wissenschaft denn konkret

4 Vgl. als kurzen, prägnanten Überblick: Benedikt Kranemann, Art. „Liturgiewissenschaft. Liturgik", in: LThK[3] 6 (1997) 989–992, sowie ausführlicher ders., Grenzgängerin zwischen den theologischen Disziplinen. Die Entwicklung der deutschsprachigen Liturgiewissenschaft im 19. und 20. Jahrhundert, in: TThZ 108 (1999) 253–272.

5 Wissenschaft ist im Deutschen ein Oberbegriff, der sich durch Gegenstand und Methode definiert (incl. Überprüfbarkeit der Kriterien und Ergebnisse), aber ansonsten offen ist für alle Inhalte, siehe Buchwissenschaft, Kulturwissenschaft oder Filmwissenschaft usw. Dies ermöglicht die Unter-, Ein- und Zuordnung eben auch theologischer Disziplinen, ohne dass es dafür einer Rechtfertigung bedarf.

im Kontext der universitären Theologie „treibt“, dann bietet es sich an, von der klassischen Definition Wilhelm von Humboldts auszugehen, dass eine Wissenschaft sich auszeichnet durch einen Gegenstand (das Materialobjekt) und eine Methode (das Formalobjekt).

So gliedern sich auch meine Ausführungen entsprechend dieser Kriteriologie: Der folgende, zweite Unterpunkt untersucht den Gegenstand der Liturgiewissenschaft, der dritte Unterpunkt dann die Methodenvielfalt, mit der die Liturgiewissenschaft sich diesem Gegenstand annähert und ihn untersucht. Ein vierter Unterpunkt, der den Titel meines Vortrags aufgreift, soll meine Überlegungen in Form eines Ausblicks beschließen.

2. Der Gegenstand: Von den Sakramenten zur Liturgie, von der Liturgie zu Gottesdienst und Ritual

Welches ist nun also der Gegenstand der Wissenschaft vom Gottesdienst, der Liturgiewissenschaft? Was ist ihr Materialobjekt? Werfen wir einen Blick in die Bibliothek des Lehrstuhls für Liturgiewissenschaft hier an der Universität Würzburg, so finden wir neben umfangreicher Sekundärliteratur, auf die in Punkt 3 bei der Frage der Methodik noch einmal eigens einzugehen sein wird, als Primärquelle zunächst liturgische Bücher.

Es gibt liturgische Bücher, die auch heute noch bei der liturgischen Feier in Gebrauch, demnach also „aktuell“ sind. Und es gibt liturgische Bücher, die vor Zeiten in der Liturgie Verwendung fanden und heute als historische Zeugnisse einer vergangenen Zeit von Interesse sind. Solche liturgischen Bücher sind: Ritualien, Missale / Messbücher, Lektionare, aber auch Bücher für die Musik: Kantorale, Graduale, um nur einige solche liturgischen Bücher zu nennen.

Vordergründig könnte man also zunächst einmal festhalten: Liturgiewissenschaft hat zum Gegenstand die Liturgie, wie sie in den liturgischen Büchern niedergeschrieben und fixiert ist. Sie ist damit im klassischen Sinne eine Textwissenschaft.

Und doch ist einsichtig, dass ein Messbuch alleine noch keine Eucharistiefeier ausmacht. Die schriftlich fixierten, liturgischen Texte müssen von Menschen vorgetragen und mit Leben erfüllt werden. Dabei gibt es in der Feier der Liturgie unterschiedliche Rollen, was sich in unterschiedlichen Rollenbüchern zeigt: Das Messbuch ist etwa für den Vorsteher der Liturgie (Bischof oder Priester) vorgesehen, das Lektionar für den Lektor / die Lektorin, das Gesangbuch für die Gemeinde, usw. Und doch reichen auch diese differenzierten Rollenbücher alleine nicht aus, um den Gegenstand der Liturgiewissenschaft zu beschreiben.

Würden wir heute eine liturgische Feier auf Video aufzeichnen, so würden u. U. nicht die gesprochenen / gebeteten / verkündigten Texte im Mittelpunkt unseres Interesses stehen, sondern bestimmte rituelle Vollzüge. Da gibt es Körperhaltungen, Prozessionen, Gesten und Gebärden, da gibt es Weihrauch, Fahnen, Leuchter, liturgische Gewänder. All dies ließe sich zusammenfassen als non-verbale (nicht-sprachliche) Ausdrucksformen der Liturgie.

Liturgiewissenschaft muss also als Gegenstand die sprachlichen und nicht-sprachlichen Ausdrucksformen der Liturgie in synchroner und diachroner Perspektive, also in aktuellen wie historischen Feierformen untersuchen.

Aber ist denn damit alles Liturgie, was irgendwie rituelle Vollzüge aufweist? Feiert ein Mensch, der sich mit einer Kerze in einer Hand und einem Weihrauchfass in der anderen in eine Kirche stellt, schon Liturgie? Auch hierfür muss es doch (wissenschaftlich überprüfbare) Kriterien geben, was Liturgie überhaupt ist.[6]

Hilfreich für die Entwicklung einer Kriteriologie, was Liturgie ist und was nicht, können zwei Filmbeispiele sein, die beide auf Youtube zu finden sind. Der erste Film-Clip zeigt einen Konvent von Benediktinerinnen aus Frankreich, welche die Tagzeitenliturgie nach den liturgischen Büchern der Vorkonzilszeit feiern. Der Clip zeigt die Ordensfrauen beim Singen von Teilen der Vesper im lat. Gregorianischen Choral. Der zweite Film-Clip heißt „JK Wedding Entrance Dance“ und ist einer der am häufigsten angeklickten Clips auf Youtube überhaupt.[7] Er zeigt ein Brautpaar, das bei seiner Hochzeit, die dem aktuellen Trauritus der röm.-kath. Kirche folgt, begleitet von den Brautjungfern und Trauzeugen durch den Mittelgang zum Altarraum der Kirche tanzt.

Die beiden Video-Ausschnitte zeigen: Der Frauenkonvent, der in vorkonziliarer Feier das Ritual vollzieht und damit den entsprechenden liturgischen Büchern und dem Kirchenrecht des CIC/1917 unterliegt, feiert keine Liturgie, sondern eine fromme Übung („pia exercitia“), während der Hochzeitstanz uns zwar vielleicht albern oder unangemessen vorkommt, aber sehr wohl der Pastoralen Einführung zur Feier der Trauung (1992) entspricht und offizielle Liturgie der Kirche darstellt.[8]

Hieraus ergeben sich zwei Rückschlüsse: Zum einen ist festzuhalten, dass die Definition, was unter Liturgie im Einzelnen zu verstehen ist, sich in der Liturgiegeschichte offenbar wan-

6 An dieser Stelle wurden in der Powerpoint-Präsentation zwei kurze Film-Clips eingespielt, deren Inhalt hier in der schriftlichen Fassung nun kurz narrativ nacherzählt wird.

7 http://www.youtube.com/watch?v=M4viWixgVUo (Abgerufen am 15.8.2010).

8 Vgl. im Ordo Celebrandi Matrimonium (^{2}1990) in den Praenotanda die Nr. 41,7 u. 43.

deln und verändern kann.[9] Zum anderen ist es die Aufgabe der Liturgiewissenschaft, eine solche Definition, was Liturgie ist und was nicht, und die daraus ableitbare Kriteriologie kritisch zu reflektieren.

Im Anschluss an SC 13 erscheint es sinnvoll, zunächst zwischen der Liturgie als der offiziellen, amtlich geordneten Feier der Gesamtkirche und dem Begriff „Gottesdienst" als eine Art Oberbegriff zu differenzieren.[10] Die Feier der Sakramente ist in diesem Sinne Liturgie der Gesamtkirche, und ihre amtliche Ordnung spiegelt sich wider in den liturgischen Büchern und Ritualien. Daneben gibt es aber eine Fülle von gottesdienstlichen Vollzügen, die u. U. in ihrer rituellen Gestaltung wesentlich freier sind (Taizé-Gebet, Frühschichten, ...).

Neben diesen eher rechtlichen Kategorien gibt es auch inhaltliche Kriterien, um zu beschreiben, wann etwas Liturgie ist und wann nicht. Wenn etwa SC 7 als Minimalanforderung nennt, dass sich zumindest „zwei oder drei" (Mt 18,20) zur liturgischen Feier versammeln, wird hieraus ersichtlich, dass die Feier der Liturgie als kirchlicher, gemeinschaftlicher Grundvollzug und das private Abendgebet (auf der Bettkante) schon formal zu unterscheiden sind. Wenn SC 5 betont, dass

9 Vgl. hierzu auch unsere Überlegungen in Punkt 3.2.

10 Zu unterscheiden wäre demgemäß zwischen „liturgia", „sacra exercitia" und „pia exercitia". Vgl. SC 13: „Die Andachtsübungen des christlichen Volkes werden sehr empfohlen, sofern sie den Vorschriften und Regeln der Kirche entsprechen. Das gilt besonders, wenn sie vom Apostolischen Stuhl angeordnet sind. Besonderer Würde erfreuen sich auch die gottesdienstlichen Feiern der Teilkirchen, die gemäß Gewohnheit oder nach rechtlich anerkannten Büchern in bischöflichem Auftrag gehalten werden. Diese Übungen und Feiern sollen indes die liturgische Zeit gebührend berücksichtigen und so geordnet sein, daß sie mit der heiligen Liturgie zusammenstimmen, gewissermaßen aus ihr herausfließen und das Volk zu ihr hinführen; denn sie steht von Natur aus weit über ihnen." Vgl. Winfried Haunerland, Ist alles Liturgie? Theologische Unterscheidungen aus praktischem Interesse, in: MThZ 57 (2006) 253–270.

die Feier der Liturgie die Feier des Paschamysteriums Jesu Christi ist: also Feier von Leiden, Tod und Auferstehung Jesu Christi, so ist dies ein inhaltliches Kriterium, das qualitative Abstufungen erlaubt zwischen der Feier der Eucharistie (als Höchstform; vgl. LG 11) und einem gemeinsamen Morgenlob (als Feier des Tagespascha).

Wenn schließlich SC 14 die fromme, tätige und bewusste Teilnahme aller Getauften an der Liturgie der Kirche fordert, so ist dies kein rein formales Kriterium, das zu hektischem Aktionismus in der liturgischen Feier verpflichtet, wohl aber ein Kriterium, das ausschließen will, dass die Mitfeiernden „wie Außenstehende und stumme Zuschauer" dem liturgischen Geschehen lediglich beiwohnen (vgl. SC 48).

Diese theologischen Kriterien sind hilfreich und wichtig, um den Gegenstand der Liturgiewissenschaft zu beschreiben, um Differenzierungen vorzunehmen, um eine Kriteriologie zu entwickeln, was eine angemessen Feier der Liturgie ist und was nicht. Es handelt sich um eine liturgie-immanente Kriteriologie, die grundlegend und wichtig ist. Allerdings sieht sich die Liturgiewissenschaft in jüngster Zeit auch noch einmal durch ganz neue Phänomene herausgefordert.[11] So darf die

11 An dieser Stelle wurden im mündlichen Vortrag einige tagesaktuelle Beispiele angeführt: Da wird in Berichten über die aktuelle Fussball-WM in Südafrika die Atmosphäre im Stadion inklusive der summenden Vuvuzelas mit Sprachbildern aus dem gottesdienstlichen Bereich beschrieben. Der Reporter führt aus: „Die Vorstellung der Mannschaftsaufstellung über den Stadionlautsprecher gleicht einer Litanei der Heiligen." Da lassen sich immer mehr Menschen in Friedwäldern um und an Bäumen bestatten, suchen das anonyme Begräbnis und freie Trauerredner sind eine gern gebuchte Alternative zur christlichen Totenmesse mit anschließendem christlichem Begräbnisritual. Da heiratet die schwedische Kronprinzessin Victoria und wir wissen von dieser gottesdienstlichen Feier bislang nur, dass es heftige Auseinandersetzungen in der schwedischen Presse gab, ob ihr Vater, König Carl XVI. Gustav von Schweden, seine Tochter zum Altar führen soll oder nicht, weil hierdurch, so kolportierte es die Presse, ein pa-

wichtige und notwendige liturgie-immanente Kriteriologie nicht dazu führen, vor der Vielfalt von rituellem Handeln in und außerhalb der Kirche die Augen zu verschließen. Gerade weil nicht jedes rituelle Handeln im weiteren kirchlichen Kontext mit *der* Liturgie *der* Kirche gleichzusetzen ist, ergeben sich hier spannungsreiche Bezüge und Verweiszusammenhänge, die als Gegenstand der Liturgiewissenschaft zu berücksichtigen sind.[12]

3. Die Methode: Vielfache methodische Zugänge angesichts vielfältiger theologischer Herausforderungen

Doch wie wird der Gegenstand der Liturgiewissenschaft, den wir nun kennengelernt haben, methodisch untersucht? Ich möchte die drei „klassischen“ methodischen Zugangswege im Folgenden kurz skizzieren und jeweils mit einem aktuellen Beispiel kurz erläutern.

3.1 Die historische Zugangsweise

Es ist fast auf den Tag genau drei Jahre her, dass Papst Benedikt XVI. in seinem Motu Proprio „Summorum Pontificum“ vom 7. Juli 2007 gestattet hat, neben der derzeit gültigen Feiergestalt der Messe, die im Missale Romanum Papst Pauls VI. von

triarchalistisches und anachronistisches Gesellschaftsbild in den Gottesdienst hineingetragen würde.

12 Vgl. hierzu: Benedikt Kranemann, Wie übersetzt man Tradition? Liturgiewissenschaft zwischen Gottesdienst und Gottlosigkeit, in: Herder Korrespondenz Spezial – Glauben denken, Freiburg i. Br. 2008, 49–53. ders., Mit Scharnierfunktion zu den Geistes- und Kulturwissenschaften. Die deutschsprachige Liturgiewissenschaft im Studienjahr 2008/09, in: LJ 59 (2009) 269–285.

1970 und den entsprechenden muttersprachlichen nachkonziliaren Missalien niedergelegt ist, auch das Missale Romanum von 1962 als sog. „außerordentlichen Usus" („forma extraordinaria"[13]) des einen römischen Ritus zu verwenden. Interessant ist ein Satz des Papstes, der sich im Begleitschreiben zu besagtem Motu Proprio findet. Es heißt dort: „Was früheren Generationen heilig war, bleibt auch uns heilig und groß; es kann nicht plötzlich rundum verboten oder gar schädlich sein."[14]

Dieser Satz wurde vielfältig zitiert und kolportiert. Gerade in Kreisen, die der Liturgiereform des jüngsten Konzils sehr kritisch gegenüber stehen, wurde er überspitzt positivistisch gelesen im Sinne von: Was damals liturgisch richtig war, kann heute liturgisch nicht falsch sein.[15] Eine mit historischer Methodik arbeitende Liturgiewissenschaft wird hier fragen müssen: Kann es wirklich nicht?

Häufig wurde in diesem Zusammenhang auf eine Weihnachtsansprache des Papstes an Mitarbeiter der Kurie in Rom vom 22. Dezember 2005 verwiesen, in der dieser – so viele Autoren –

13 Hier ist eine wissenschaftlich präzise Sprechweise angeraten. So heißt es im Begleitbrief des Papstes zum Motu Proprio ganz klar: „Es ist nicht angebracht, von diesen beiden Fassungen des Römischen Messbuchs als von ‚zwei Riten' zu sprechen. Es handelt sich vielmehr um einen zweifachen Usus ein und desselben Ritus." Zitiert nach: http://www.vatican.va/holy_father/benedict_xvi/letters/2007/documents/hf_ben-xvi_let_20070707_lettera-vescovi_ge.html (Abgerufen am 15. 8. 2010).

14 Im Gesamtzusammenhang liest sich der Satz freilich schon etwas anders: „Es gibt keinen Widerspruch zwischen der einen und der anderen Ausgabe des Missale Romanum. In der Liturgiegeschichte gibt es Wachstum und Fortschritt, aber keinen Bruch. Was früheren Generationen heilig war, bleibt auch uns heilig und groß; es kann nicht plötzlich rundum verboten oder gar schädlich sein."

15 Vgl. hierzu die Ausführungen von John F. Baldovin, Reforming the Liturgy. A Response to the Critics, Collegeville (USA) 2008, bes. 134–157. Baldovin unternimmt eine Kategorisierung der unterschiedlichen (theologischen) Motive für die Kritik an der Liturgiereform des II. Vatikanischen Konzils, ordnet diese in die größeren theologie- und geistesgeschichtlichen Zusammenhänge ein und setzt sich kritisch mit diesen Motiven auseinander.

vor einer Hermeneutik des Bruches gewarnt habe, also einer Auslegung, die das Konzil und seine Liturgiereform als Bruch mit der bisherigen kirchlichen Tradition interpretiert, und stattdessen eine Hermeneutik der Kontinuität gefordert habe.

Eine Liturgiewissenschaft, die historisch arbeitet, wird hier kritisch nachfragen müssen: Sie wird zunächst nachweisen können, dass Papst Benedikt zwar in besagter Ansprache wirklich von einer „Hermeneutik des Bruches" spricht, die er ablehnt, sich aber dann für eine „Hermeneutik der Reform" stark macht.[16] So verweisen ja auch die Eingangsworte des Motu Proprio „Summorum Pontificum" darauf, dass es immer wieder die Sorge der Päpste war, die Liturgie zu ordnen, was eben nichts anderes heißt, als sie zu reformieren.

Liturgiewissenschaft in historischer Perspektive zu betreiben, kann hier helfen zu erkennen, dass es nicht nur eine Liturgiereform gab und gibt, sondern immer wieder vielfältige Liturgiereformen. Wer sich historisch mit der Wende von der griech. zur lat. Liturgiesprache oder mit der karolingischen Liturgiereform im 8./9. Jahrhundert beschäftigt oder mit der gregorianischen Reform unter Papst Gregor VII. († 1085) im

16 Benedikt XVI. führt dort aus: „Nun ja, alles hängt ab von einer korrekten Auslegung des Konzils oder – wie wir heute sagen würden – von einer korrekten Hermeneutik, von seiner korrekten Deutung und Umsetzung. Die Probleme der Rezeption entsprangen der Tatsache, dass zwei gegensätzliche Hermeneutiken miteinander konfrontiert wurden und im Streit lagen. [...] Auf der einen Seite gibt es eine Auslegung, die ich ‚Hermeneutik der Diskontinuität und des Bruches' nennen möchte [...]. Auf der anderen Seite gibt es die ‚Hermeneutik der Reform', der Erneuerung des einen Subjekts Kirche, die der Herr uns geschenkt hat, unter Wahrung der Kontinuität; die Kirche ist ein Subjekt, das mit der Zeit wächst und sich weiterentwickelt, dabei aber immer sie selbst bleibt, das Gottesvolk als das eine Subjekt auf seinem Weg." Papst Benedikt XVI.: Ansprache an das Kardinalskollegium und die Mitglieder der Römischen Kurie beim Weihnachtsempfang. 22. Dezember 2005. Zitiert nach: http://www.vatican.va/holy_father/benedict_xvi/speeches/2005/december/documents/hf_ben_xvi_spe_20051222_roman-curia_ge.html (Abgerufen am 15. 8. 2010).

Hochmittelalter oder mit der Liturgiereform des Konzils von Trient, wird erkennen, dass dies ebenfalls einschneidende Reformen der Liturgie waren.[17]

Wird die liturgische Feier nach dem Missale Romanum 1962 unsinnigerweise als „Messe Gregors des Großen" tituliert, so kann eine historische Liturgiewissenschaft dieses Missverständnis anhand von historischen Quellen aufklären und zeigen, dass die auf die Liturgiereform des Konzils von Trient zurückgehenden Missalien (MR 1570 bis MR 1962) mitnichten einfach die Messfeier zur Zeit des Hl. Gregor des Großen († 604) abbilden, sondern eher dem Usus Romanae Curiae aus dem Hochmittelalter entsprechen.[18]

Als theologisches Studienfach bietet die Liturgiewissenschaft einen Überblick über die historische Entwicklung der Feiergestalt der Liturgie. Sie hilft Studierenden liturgische Entwicklungen historisch einzuordnen. Liturgiewissenschaft hilft, aus der Geschichte zu lernen, wenn das Diktum von Reiner Kunze gilt: „Wer die Vergangenheit nicht kennt, den kann es die Zukunft kosten."

Eine von der Methodik her historisch arbeitende Liturgiewissenschaft wird den wissenschaftlichen Diskurs (Austausch) und das Gespräch suchen mit der Kirchengeschichte, aber auch

17 Vgl. hierzu die jüngsten Ausführungen von Arnold Angenendt zum geschichtlichen Werden der Liturgie. Angenendt zeigt auf, dass es die oft vorgestellte „organische Liturgieentwicklung" in dieser Form einfach nicht gibt: Arnold Angenendt, Lobpreis der Alten Liturgie?, in: StZ 135 (2010) 651-662, bes. 657 u. 660.

18 Hier genügte ein Blick in das vorkonziliare und völlig unverdächtige Standardwerk Josef Andreas Jungmanns (Missarum Sollemnia. Eine genetische Erklärung der römischen Messe, Bd. I–II, Freiburg i. Br. [5]1962). Es ist nicht ohne Ironie, dass gerade der nachkonziliare Ordo Missae (1969) und damit auch das Missale Romanum 1970 einer päpstlichen Stationsliturgie der Spätantike/des Frühmittelalters wieder näher kommt als seine unmittelbaren Vorgängerformen.

mit Profanhistorikern, mit der Archäologie, mit den Kulturwissenschaften, der Kunst-, Musik- und Kulturgeschichte.

Eine historische Liturgiewissenschaft wird in der Forschung die vielfältigen historischen Quellen aufbereiten, sie entsprechend präparieren, sie edieren (und damit zugänglich machen) und untersuchen.

3.2 Die systematische Zugangsweise

Da Liturgiewissenschaft eine theologische Disziplin ist, wollen die historisch erforschten Quellen theologisch interpretiert werden. In der systematischen Liturgiewissenschaft hat sich hier die Unterscheidung von Sinn- und Feiergestalt der Liturgie bewährt.[19] Diese Begrifflichkeit geht zurück auf den Innsbrucker Liturgiewissenschaftler Hans-Bernhard Meyer und bezieht sich auf Artikel 21 der Liturgiekonstitution.[20]

19 Mit dem Begriff „Sinngestalt“ beschreibt Hans Bernhard Meyer die theologische Grundgestalt der Liturgie, wir können auch vom Sinngehalt sprechen. Mit dem Begriff „Feiergestalt“ benennt Meyer den materialen Ausdruck der formalen Sinngestalt. Beide Kategorien greifen dabei ineinander und sind nur von der jeweils anderen Kategorie her zu verstehen: „Denn die formale Sinngestalt kann nur aus dem ‚Material‘ der Feiergestalt(en) gewonnen werden. Umgekehrt ist die Sinngestalt Kriterium für die sachgerechte Feiergestalt.“ (Vgl. Hans Bernhard Meyer, Eucharistie [Gottesdienst der Kirche. Handbuch der Liturgiewissenschaft 4], Regensburg 1989, 444 ff.) Zu fragen ist: Wie zeigt sich in den unterschiedlichen Texten, Handlungen, Gebärden, Symbolen und Riten der Liturgie deren Sinngehalt? Im Hinblick auf die historische Entwicklung der Liturgie kommt es immer wieder zu Veränderungen der Feiergestalt. Hier ist zu fragen: Welcher Sinngehalt kommt in diesen sich im Wandel der Zeiten verändernden Feiergestalten zum Ausdruck? Ist der Sinngehalt aus der jeweiligen Feiergestalt zu erheben, also bei der Mitfeier nachzuvollziehen? Bleibt der Sinngehalt gleich oder verändert sich dieser mit der sich verändernen Feiergestalt?

20 SC 21: „Damit das christliche Volk in der heiligen Liturgie die Fülle der Gnaden mit größerer Sicherheit erlange, ist es der Wunsch der heiligen Mutter Kirche, eine allgemeine Erneuerung der Liturgie sorgfältig in die Wege zu leiten. Denn die Liturgie enthält einen kraft göttlicher Einsetzung

Mit dem Begriff „Sinngestalt“ beschreibt H. B. Meyer die theologische Grundgestalt der Liturgie, wir können auch vom Sinngehalt sprechen. Mit dem Begriff „Feiergestalt“ benennt Meyer den materialen Ausdruck der formalen Sinngestalt: Wie zeigt sich also in den unterschiedlichen Texten, Handlungen, Gebärden, Symbolen und Riten der Liturgie deren Sinngehalt?

So wird niemand bestreiten, dass die beiden Feiern des Usus der römischen Messe in ihrer vorkonziliaren und nachkonziliaren Erscheinungsform unterschiedliche Feiergestalten darstellen. Wie verhält es sich jedoch mit dem Sinngehalt? Hat auch dieser sich verändert?[21]

unveränderlichen Teil und Teile, die dem Wandel unterworfen sind. Diese Teile können sich im Laufe der Zeit ändern, oder sie müssen es sogar, wenn sich etwas in sie eingeschlichen haben sollte, was der inneren Wesensart der Liturgie weniger entspricht, oder wenn sie sich als weniger geeignet herausgestellt haben. Bei dieser Erneuerung sollen Texte und Riten so geordnet werden, daß sie das Heilige, dem sie als Zeichen dienen, deutlicher zum Ausdruck bringen, und so, daß das christliche Volk sie möglichst leicht erfassen und in voller, tätiger und gemeinschaftlicher Teilnahme mitfeiern kann. Zu diesem Zweck hat das Heilige Konzil folgende allgemeinere Regeln aufgestellt.“

21 Zumindest die sog. „Piusbruderschaft“ scheint dieser Meinung zu sein und favorisiert so gerade eine „Hermeneutik des Bruches“, die der Papst ablehnt, wenn es auf der Webseite der deutschen Sektion der Piusbruderschaft heißt: „Könnte man sich nicht ein friedliches Nebeneinander von Neuer und Alter Messe vorstellen? Nein. Beide verhalten sich zueinander wie Feuer und Eis. Die Alte Messe ist katholisch und predigt das Christkönigtum; die Neue Messe ist ökumenisch und demokratisch. Eine Koexistenz ist auf Dauer nicht vorstellbar. Das ist der Grund, warum einerseits im Raum der ‚konziliaren‘ Kirche die Alte Messe so sehr unterdrückt und verfolgt wird, und warum andererseits die Priesterbruderschaft St. Pius X. sich weigert, die Neue Messe anzuerkennen. Erzbischof Lefebvre nannte die Neue Messe einen ‚illegitimen Ritus‘; denn sie ist eine Mischung aus katholischen und protestantischen Elementen, sie ist keine wirklich katholische Messe mehr. Langfristig wird einer der beiden Riten verschwinden müssen. Der katholische wird es nach den Worten Unseres Herrn sicher nicht sein.“ Siehe: Priesterbruderschaft St. Pius X., Fragen zum überlieferten Messritus – FAQ (Abgerufen auf www.priesterbruderschaft.de am 15. 8. 2010). Unlängst hat hierzu Benedikt Kranemann noch einmal klar herausgearbeitet,

Sicherlich lassen sich auch bei unterschiedlicher vor- und nachkonziliarer Feiergestalt wichtige und grundlegende Übereinstimmungen im Sinngehalt festhalten: Die Messe ist von ihrer theologischen Grundgestalt her Eucharistia, Danksagung, lobpreisendes Gedächtnis für das Heilshandeln Gottes in Jesus Christus. Und doch lassen sich innerhalb dieses Sinngehalts auch durchaus unterschiedliche Akzentsetzungen und Akzentverschiebungen ausmachen. Betrachten wir etwa die allerersten Worte der Messbücher in ihrer vorkonziliaren und nachkonziliaren Gestalt:

Missale Romanum / Das Römische Messbuch (1570)–1962	**Die Feier der Gemeindemesse (MR 1970 / MB 1975)**
„Sacerdos Missam celebraturus …“	„Populo congregato …“
„Mit allen liturgischen Gewändern angetan, nimmt der Priester mit der Linken den Kelch, legt die Rechte auf die Bursa, macht eine Verneigung vor dem (Sakristei-)Kreuz und begibt sich mit bedecktem Haupt zum Altar“	„Die Gemeinde versammelt sich. Darauf tritt der Priester an den Altar. Er wird begleitet von denen, die … einen besonderen Dienst versehen …“

Eine systematische Liturgiewissenschaft wird hier kritisch nachzufragen haben, welche unterschiedlichen ekklesiologi-

dass es bei der Ablehnung der nachkonziliaren Liturgie durch die „Piusbruderschaft“ keineswegs nur um Fragen der Feiergestalt geht, sondern sich dahinter eine grundsätzliche Ablehnung der Liturgietheologie verbirgt, wie sie das II. Vatikanische Konzil in der Liturgiekonstitution Sacrosanctum Concilium grundgelegt hat: Benedikt Kranemann, Die Theologie des Pascha-Mysteriums im Widerspruch. Bemerkungen zur traditionalistischen Kritik katholischer Liturgietheologie, in: Peter Hünermann (Hg.), Exkommunikation oder Kommunikation? Der Weg der Kirche nach dem II. Vatikanum und die Pius-Brüder (QD 236), Freiburg i. Br. 2009, 123–151.

schen Bilder hier deutlich werden.[22] Eine systematische Liturgiewissenschaft wird daran erinnern, dass es die Konzilsväter selbst waren, die offenbar die vorkonziliare Feiergestalt in einigen Punkten als defizitär angesehen haben und sie deshalb zu reformieren suchten (vgl. SC 48 u. ö.).

Als theologisches Studienfach bietet die systematische Liturgiewissenschaft eine theologische Erschließung der Liturgie und ihrer unterschiedlichen Feiergestalten. Systematische Liturgiewissenschaft interpretiert die Riten „im Lichte der Heilsereignisse"[23], führt in den Sinn der Zeichen ein und erschließt sie so mystagogisch. Studierenden stellt sich somit die Frage: Verstehen wir auch, was wir hier feiern?

Eine vom methodischen Ansatz her systematisch-theologisch arbeitende Liturgiewissenschaft wird den wissenschaftlichen Diskurs (Austausch) und das Gespräch suchen mit der Philosophie und der Systematischen Theologie, sie wird mit der biblischen Theologie nach Kriterien für den Sinngehalt suchen und die daraus resultierende Feiergestalt der Liturgie.

22 So auch kritisch Winfried Haunerland: „Doch muss man unterscheiden zwischen dem Glaubensgeheimnis, das gefeiert wird, und den theologischen Bildern, die in unterschiedlichen Zeiten und Kontexten als hilfreich angesehen werden oder prägend sind. Auch die Kirche bleibt sich selbst treu, obwohl es unterschiedliche Kirchenbilder gibt, die sich gegenseitig ergänzen, trotzdem aber nicht alle zugleich in allen Zeiten dominant sein können. Entsprechend sind natürlich auch die unterschiedlichen Entwicklungsstufen des Römischen Ritus Ausdruck unterschiedlicher theologischer Akzentsetzungen." In: Winfried Haunerland, Eine innovative Lösung und ihre Konsequenz. Drei Jahre „Summorum Pontificum" – ein differenzierter Blick auf die Wiederzulassung der Liturgie in der Gestalt von 1962, in: Academia 103 (2010) 214 f., hier: 215.

23 In: Nachsynodales Apostolisches Schreiben Sacramentum Caritatis seiner Heiligkeit Papst Benedikt XVI. an die Bischöfe, den Klerus, die Personen gottgeweihten Lebens und an die christgläubigen Laien über die Eucharistie, Quelle und Höhepunkt von Leben und Sendung der Kirche, 22. Februar 2007 (Verlautbarungen des Apostolischen Stuhles 177), Hg. v. Sekretariat der Deutschen Bischofskonferenz, Bonn [2]2007, hier: Nr. 64.

Eine ökumenische Liturgiewissenschaft[24] wird im Gespräch mit der Ökumenischen Theologie untersuchen, wie christliche Liturgie in den verschiedenen Kirchen und kirchlichen Gemeinschaften in unterschiedlichen Feiergestalten begangen wird und um ein gemeinsames Verständnis des Sinngehaltes christlicher Liturgie ringen (Stichworte: Was bedeuten Lob, Dank und Bitte als Grundkategorien christlicher Liturgie?[25] Was ist das gemeinsame Verständnis der Sakramente, also von Taufe und Eucharistie / Abendmahl?). Systematische Liturgiewissenschaft wird in der Forschung Denkmodelle zu entwickeln suchen, wie und nach welchen Regeln Liturgie „funktioniert".[26] Sie wird das Axiom lex orandi – lex credendi, nach dem sich liturgisches Gebet und Glaube entsprechen (sollen), auf seine Plausibilität hinterfragen und an einzelnen inhaltlichen Themen verifizieren.[27]

24 Vgl. Angelus Häußling, Was heißt: Liturgiewissenschaft ist ökumenisch? In: Karl Schlemmer (Hg.), Gottesdienst – Weg zur Einheit. Impulse für die Ökumene (QD 122), Freiburg i. Br. 1989, 62–89. Als aktuelle Standortbestimmung einer ökumenisch ausgerichteten Liturgiewissenschaft vgl. Albert Gerhards, Liturgiewissenschaft: Katholisch – Evangelisch – Ökumenisch, in: Michael Meyer-Blanck (Hg.), Liturgiewissenschaft und Kirche. Ökumenische Perspektiven, Rheinbach 2003, 63–90. Sowie ders., Scienza liturgica ed ecumenismo. Una definizione delle posizioni, in: Goffredo Boselli (Hg.), Liturgia e ecumenismo (Bibliotheca „Ephemerides Liturgicae". Subsidia 150), Rom 2009, 213–230.

25 Vgl. hierzu meine eigenen Überlegungen in: Martin Stuflesser, „... zu fördern, was immer zur Einheit aller, die an Christus glauben, beitragen kann ...". Liturgie und Ökumene – Versuch einer Standortbestimmung, in: LJ 60 (2010) 69–93.

26 Vgl. etwa: Stephan Winter (Hg.), „Das sei euer vernünftiger Gottesdienst" (Röm 12,1). Liturgiewissenschaft und Philosophie im Dialog, Regensburg 2006.

27 Vgl. als Beispiel: Martin Stuflesser, Memoria Passionis. Das Verhältnis von lex orandi und lex credendi am Beispiel des Opferbegriffs in den Eucharistischen Hochgebeten nach dem II. Vatikanischen Konzil (Münsteraner Theologische Abhandlungen 51), Altenberge 1998, ²2000.

3.3 Die pastoral-praktische Zugangsweise

Schließlich ist die Liturgiewissenschaft ein Teil der Praktischen Theologie, denn ihre theologische Reflexion hat ganz konkrete Implikationen für die Praxis und die Pastoral der Kirche. Auch dies sei an zwei aktuellen Beispielen erläutert:

Seit September 2009 gibt es für die Bistümer des deutschen Sprachgebiets eine neue Ausgabe der „Kirchlichen Begräbnisfeier“.[28] Dieses neue Begräbnisrituale ist eigentlich seit dem 1. Advent 2009 verpflichtend eingeführt und löst damit die bisherige Fassung des Rituale von 1972/73 ab.[29] Dieses neue Begräbnisrituale stieß allerdings wohl bei den für die Feier des Begräbnisses vor Ort verantwortlichen Pfarrern und Pastoralen Mitarbeitern aus vielfältigen Gründen auf eine breite Front der Ablehnung.[30] Dies wiederum hat dazu ge-

28 Freiburg i. Br. u. a. 2009. Es handelt sich um die zweite authentische Ausgabe auf der Grundlage der Editio typica von 1969. Vgl. hierzu: Winfried Haunerland, „Die kirchliche Begräbnisfeier“. Neuausgabe des Rituale, in: gd 43 (2009) 133–135.

29 So heißt es in der separat publizierten Pastoralen Einführung zum neuen Begräbnisrituale zur Frage der vacatio legis: „Nachdem die Bischofskonferenzen und konferenzfreien Erzbischöfe des deutschen Sprachgebietes im Jahre 2006 die Neuausgabe approbiert haben und diese durch die Kongregation für den Gottesdienst und die Sakramentenordnung am 5. März 2007 rekognosziert wurde, tritt die zweite authentische Ausgabe des Buches ‚Die kirchliche Begräbnisfeier‘ ab dem 1. Adventssonntag (29. November) 2009 an die Stelle der Ausgabe von 1972/1973. Die Neuausgabe kann jedoch unmittelbar nach ihrem Erscheinen verwendet werden.“

30 Zu den einzelnen Motiven für diese Ablehnung schreibt der Vorsitzende der Liturgiekommssion der Deutschen Bischofskonferenz, Kardinal Joachim Meisner aus Köln, in einem Brief an die Vorsitzenden der deutschsprachigen Bischofskonferenzen: „Seit der Veröffentlichung begegnet das neue Rituale anhaltender Kritik bei Bischöfen, Priestern und Diakonen. Diese betrifft vor allem die Qualität der liturgischen Texte bzw. Übersetzungen, einzelne praxisfremde rubrikale Vorgaben, aber auch Größe und Umfang des Buches, die seine Verwendung erschweren. Einwände dieser Art werden aus dem gesamten deutschen Sprachraum geäußert und nicht selten mit der persönlichen Ankündigung verbunden, alternative Wege be-

führt, dass die Deutsche Bischofskonferenz nun das neue Rituale noch einmal überarbeiten wird und bis zum Erscheinen der neuen, überarbeiteten Fassung auch die Verwendung der bisherigen Ausgabe des Rituale von 1972/73 wieder gestattet.[31] Die Liturgiewissenschaft hat die pastoral-praktischen Konsequenzen dieses bislang wohl einmaligen Prozesses einer Nicht-Rezeption eines liturgischen Buches zu reflektieren.

Seit dem Jahr 2001 gibt es mit „Liturgiam Authenticam" eine neue Übersetzerinstruktion für die Erstellung muttersprachlicher, liturgischer Texte, die eine größere Nähe zum lateinischen Originaltext fordert.[32] Hatte die erste Übersetzerinstruktion „Comme le prévoit" aus dem Jahr 1969 noch einen methodischen Akzent auf die möglichst getreue Übertragung der Inhalte gelegt, so fordert „Liturgiam Authenticam" nun eine möglichst wortgetreue Übersetzung aus dem Lateinischen.

Im englischen Sprachraum werden zurzeit erste Erfahrungen mit den durch die Kommission „Vox clara" neu-überset-

schreiten zu wollen." http://www.liturgie.de/liturgie/hdownload/verordnungsblattsalzburg2010mai.pdf (Abgerufen am 15. 8. 2010).

31 So kommt Kardinal Joachim Meisner in besagtem Brief zu dem Fazit: „Die Deutsche Bischofskonferenz ist im Rahmen ihrer Frühjahrsvollversammlung am 23. Februar 2010 zu der Feststellung gelangt, dass das neue Rituale in der vorliegenden Fassung als gescheitert gelten muss." Als verlängerte Frist für die weitere Verwendung des bisherigen Rituales (1972/73) wird der 1. Advent 2011 (27. 11. 2011) benannt.

32 Diese fünfte Instruktion zur ordnungsgemäßen Ausführung der Konstitution des II. Vatikanischen Konzils über die Heilige Liturgie findet sich unter: http://www.vatican.va/roman_curia/congregations/ccdds/documents/rc_con_ccdds_doc_20010507_liturgiam-authenticam_ge.html (Abgerufen am 15. 8. 2010). Allerdings erlaubt auch „Liturgiam Authenticam" eine stärker paraphrasierende Übersetzung, wenn es dort in Nr. 25 heißt, dass die Übersetzungen „in Worte gefasst werden, die dem Verständnis angepasst sind", und Nr. 20 betont, dass es das Ziel der Übersetzungsarbeit sein muss, „dass ein flüssiger und dem Rhythmus des Gemeindegebetes angepasster volkssprachiger Text entsteht".

zen Texten des neuen „Roman Missal“ gesammelt,[33] die zum Teil wenig ermutigend sind.[34] Kritiker bescheinigen den neuen englischen Texten eine „verworrene Sprache“, „unverständliche Worte“, gar „grammatikalisch falsche Sätze“, nur um möglichst nahe an Wortwahl, Satzbau und Grammatik der lateinischen Vorlage zu bleiben.[35]

Eine pastoral-praktische Liturgiewissenschaft wird fragen, wie diese neuen Anforderungen an muttersprachliche liturgische Texte in Relation zu setzen sind mit dem Wunsch des Konzils nach der bewussten Teilnahme aller Gläubigen, wenn es in SC 59 heißt: „Es ist darum sehr wichtig, daß die Gläubigen die sakramentalen Zeichen leicht verstehen und immer wieder zu jenen Sakramenten voll Hingabe hinzutreten, die eingesetzt sind, um das christliche Leben zu nähren.“[36]

Als weitere aktuelle und ganz konkrete Herausforderungen wären zu nennen: Was bedeutet die Schaffung neuer pastoraler Verwaltungsinstanzen (Stichwort: „Pfarreiengemeinschaften“) für die Feier der Liturgie in diesen neuen Großpfarreien? Welche Auswirkungen hat der Priestermangel für das

33 Diese wurde am 25. März 2010 durch Papst Benedikt XVI. im Beisein der Kommission „Vox clara“ in Rom konfirmiert, ohne jedoch zuvor von den jeweiligen Bischofskonferenzen approbiert worden zu sein. Vgl. SC 22 und 36 §4.

34 Vgl. die kritische Analyse der neuen englischen Übersetzungen des Roman Missal von Bischof Donald W. Trautmann, Bischof des Bistums Erie in Pennsylvenia / USA und ehemaliger Vorsitzender der Liturgiekommission der US-Bischofskonferenz, in einem Vortrag am 22. Oktober 2009 an der Catholic University of America in Washington DC. Im Internet abrufbar unter: http://eriercd.org/pdf/mcmanus.pdf (Abgerufen am 15. 8. 2010).

35 Dr. Tom Elich, Sekretär der Liturgischen Kommission des Bistums Brisbane in Australien, spricht in einem Interview mit „The Australian“ von: „convoluted expressions, incomprehensible words and ungrammatical sentences in its attempt to be faithful to the Latin.“ In: http://www.theaustralian.com.au/news/features/fresh-embrace-of-everlasting-salvation/story-e6frg6z6-1225869540589 (Abgerufen am 15. 8. 2010).

36 Vgl. zum Kriterium der Verständlichkeit auch SC 17 u. 48.

liturgische Leben einer Gemeinde vor Ort? Wie kann die Forderung des II. Vatikanischen Konzils nach einer tätigen Teilnahme aller Getauften am Gottesdienst der Kirche in angemessener Weise wirklich umgesetzt werden?[37]

Als theologisches Studienfach reflektiert die praktische Liturgiewissenschaft die konkreten liturgischen Aufgaben und Herausforderungen, vor die sich die Kirche zu Beginn des dritten Jahrtausends gestellt sieht. Studierende lernen, Kriterien zu entwickeln für eine theologisch wie pastoral-praktisch angemessene Feier der Liturgie.

Eine pastoral-praktische Liturgiewissenschaft wird den wissenschaftlichen Diskurs (Austausch) und das Gespräch suchen mit den übrigen Geisteswissenschaften, etwa mit den Philologen (Stichwort: Übersetzung von liturgischen Texten), sie wird das Gespräch mit den Human- und Biowissenschaften suchen, um die leib-seelische Verfasstheit des Menschen und sein symbolisches Handeln verstehen zu können. Liturgiewissenschaft sucht das Gespräch mit der Religionssoziologie, mit der Psychologie, den Kulturwissenschaften.

Praktische Liturgiewissenschaft erforscht die Bedingungen der Möglichkeit für liturgisches Handeln des Menschen (Stichwort: Liturgiefähigkeit des Menschen / Menschenfähigkeit der Liturgie). Praktische Liturgiewissenschaft entwickelt konkrete Modelle, wie das spannungsreiche Verhältnis von Sinngehalt und Feiergestalt der Liturgie konkret zu gestalten ist. Sie begleitet die Reformprozesse der Liturgie durch kritische empirische Forschung, hinterfragt Plausibilitäten und entwickelt Methoden zur liturgischen Qualitätssicherung.

37 Vgl. hierzu: Martin Stuflesser, Actuosa Participatio. Zwischen hektischem Aktionismus und neuer Innerlichkeit. Überlegungen zur „tätigen Teilnahme“ am Gottesdienst der Kirche als Recht und Pflicht der Getauften, in: LJ 59 (2009) 147–186.

4. Ausblick: Liturgiewissenschaft zwischen gefeiertem Glauben und gelebter Hoffnung

Wir haben gesehen, die Aufgaben der Liturgiewissenschaft sind vielfältig. Der komplexe (Forschungs-)Gegenstand und die teilweise immer neuen Fragestellungen stellen das Fach vor vielfältige Herausforderungen.

Wenn sich Liturgiewissenschaft als *theologische* Disziplin verstehen will, dann müssen die hier nur kurz skizzierten methodischen Zugangsweisen zur Untersuchung des Forschungsgegenstandes notwendig ineinandergreifen.

Auf eine kurze Formel gebracht lässt sich sagen: Liturgiewissenschaft zeichnet sich dadurch aus, dass sie erstens als Theologie mit einem ausgewiesenen systematisch-theologischen Instrumentarium zweitens an (historischen und / oder aktuellen) liturgischen Feiergestalten (Texten und liturgischen Quellen) arbeitet und drittens in pastoral-praktischer Perspektive den Gebrauch dieser liturgischen Feiergestalten daraufhin befragt, ob sie der Glaubensfeier heutiger Menschen angemessen sind.[38]

Liturgiewissenschaft reflektiert den gefeierten Glauben. Ein konkretes Beispiel hierfür ist das am hiesigen Lehrstuhl für Liturgiewissenschaft angesiedelte, von der Deutschen Forschungsgemeinschaft geförderte Forschungsprojekt „Die Liturgiereform und ihr theologischer Rezeptionsprozess. Zur ortskirchlichen Wirkungsgeschichte des II. Vatikanischen

38 Vgl. die ähnliche Formulierung bei Benedikt Kranemann, der die Verschränkung der drei Bereiche in seinem Grundsatzartikel über die Liturgiewissenschaft im LThK wie folgt beschreibt: Die Liturgiewissenschaft „(…) befragt … die liturg. Ordnung der Kirche der Ggw., in Verantwortung vor der Trad. u. der theol. Sinngestalt der Liturgie, ob sie den Glauben u. seine Ursprungssituation widerzuspiegeln vermag u. Glaubensfeier heutiger Menschen ist." (Benedikt Kranemann, Art. „Liturgiewissenschaft, Liturgik. I. Aufgabe u. Methode", in: LThK [^{3}1997] 990).

Konzils". Der bedeutsame Zeitabschnitt vierzig Jahre nach der Liturgiereform des jüngsten Konzils wird in diesem Forschungsprojekt kritisch reflektierend begleitet.[39]

Liturgiewissenschaft reflektiert auf gelebte Hoffnung hin. Dies zeigt das Forschungsprojekt zum Verhältnis von Liturgie und Ethik, von lex agendi (dem Gesetz des Handelns) und wie diese in der lex orandi (der Feier der Liturgie) begründet ist. „‚Ahme nach, was du vollziehst …' Positionsbestimmungen zum Verhältnis von Liturgie und Ethik" (StPaLi 22, Regensburg 2009) – so lautet ein im Jahr 2009 erschienener Sammelband, der erste Forschungsergebnisse auf diesem neuen Forschungsfeld bündelt. Die Ergebnisse eines weiteren Forschungskolloquiums zum Thema Liturgie und Ethik unter dem Titel „Liturgy, Power and Public Life", das im März 2010 mit den Kollegen am Boston College in den USA stattfand, werden in einem weiteren Sammelband publiziert werden.

Liturgiewissenschaft wirkt und arbeitet in produktiver Spannung zwischen gefeiertem Glauben und gelebter Hoffnung. Sie weiß sich dabei dem Auftrag der Liturgiekonstitution *Sacrosanctum Concilium* verpflichtet, den dieses am 4. Dezember 1963 promulgierte erste Dokument des II. Vatikanischen Konzils in seinem allerersten Satz so zusammenfasst (SC 1):

39 „Vierzig Jahre sind im kommunikativen Gedächtnis ein bedeutsames Datum; nach Jan Assmann handelt es sich um die Zeit des unmittelbaren Erfahrungshorizonts. Vierzig Jahre, so Assmann, scheinen eine ‚kritische Schwelle' zu bilden. (…) Vierzig Jahre – ein Zeitpunkt des Resümees, ein Moment, wo Vergangenes historisch eingeordnet werden will, ein Augenblick, an dem man wissen möchte, wie es denn zukünftig weitergehen soll." In: Benedikt Kranemann, Glaubenstradition und Zeitgenossenschaft. Die Liturgiereform des 2. Vatikanischen Konzils im Kontext neuzeitlicher Reformen des Gottesdienstes, in: Martin Klöckner / ders. (Hg.), Gottesdienst in Zeitgenossenschaft. Positionsbestimmungen 40 Jahre nach der Liturgiekonstitution des Zweiten Vatikanischen Konzils, Fribourg 2006, 49–72, hier: 49.

„Das Heilige Konzil hat sich zum Ziel gesetzt, das christliche Leben unter den Gläubigen mehr und mehr zu vertiefen, die dem Wechsel unterworfenen Einrichtungen den Notwendigkeiten unseres Zeitalters besser anzupassen, zu fördern, was immer zur Einheit aller, die an Christus glauben, beitragen kann, und zu stärken, was immer helfen kann, alle in den Schoß der Kirche zu rufen."

Das „treibt" die Liturgiewissenschaft.

HANS-GEORG ZIEBERTZ

Praktische Theologie als empirische Wissenschaft*

Die konfessionelle christliche Theologie ist an das Christusereignis gebunden, sie reflektiert dieses Ereignis und die Geschichte des Christentums und der Kirche bis in die heutige Zeit. Theologie ist ohne diese Perspektive „nach rückwärts" nicht möglich – zugleich will und kann die Theologie nicht „rückwärtsgewandt" sein. Theologie ist vor allem auf das Hier und Jetzt bezogen. In der Gegenwart kommt das Erbe zur Geltung und auch die Verheißung einer Zukunft, von der die Schriften des Neuen Testaments vor allem in dem Bild des „Reiches Gottes" sprechen. Wenn die Gegenwart betont wird, dann nicht nur als eine Adresse des Empfangs theologischer Lehren, sondern als ein locus theologicus. Die moderne Theologie bezieht die Subjekte in ihr Wissenschaftstreiben ein, die als gläubige und religiöse Menschen handeln. Sie sind es, durch die sich Religion und Christentum wesentlich konstituieren.

Sich dieser Praxis zuzuwenden ist eine Aufgabe der Praktischen Theologie – sie will die religiöse Praxis verstehen und erklären und ihr eine Stimme geben. Wie kann sie dieser Aufgabe gerecht werden? – Zweifelsohne gibt es auf diese Frage viele Antworten, denn auch die Praktische Theologie ist vielgestaltig. Ich möchte in diesem Kapitel den Blick auf das eigene Forschungsprofil einer „Empirischen Praktischen Theologie" lenken und skizziere dessen methodologische Basis in vier Abschnitten.

* Leicht veränderte Fassung eines Textes aus Praktische Theologie 39 (2004) 47–55.

1. Praktische Theologie – Konturen einer „praktischen Wissenschaft“

In der wissenschaftstheoretischen Literatur wird man häufig die Formulierung finden, dass Wissenschaft zunächst um der Wissenschaft willen geschieht. Wissenschaft zielt auf Erkenntnis, die sich jedoch von der Erkenntnis unterscheiden soll, die Menschen im Alltag vielfach machen. Es geht um eine spezielle Art von Erkenntnis, die in einem Wissen münden soll, das als „gesichert“ gelten kann. Damit ist gemeint, dass dieses Wissen auf Überprüfung beruht und in seiner Genese nachvollziehbar und nachprüfbar ist. Dieses Wissen nimmt idealiter die Form eines Modells oder einer Theorie an.[1] Daher gilt, dass das Ziel jeder Wissenschaft in der Entwicklung von Theorie gesehen wird. Unter Theorie verstehen wir eine begriffliche Abstraktion eines Gegenstands oder einer Handlung. Eine Theorie ist die Behauptung einer gewissen Regelhaftigkeit oder sogar Gesetzmäßigkeit, deren Erkenntnis das Ergebnis eines Verfahrens ist, für welches die Wissenschaft wiederum bestimmte Regeln aufstellt. Prüfende Wissenschaften behaupten nicht (oder nur sehr selten), dass sie eine „Wahrheit“ gefunden haben, sondern betrachten jedes Ergebnis selbst wieder als eine Hypothese, die (zum Beispiel von anderen Forschern) untersucht werden kann, bis ihre Konfirmation als hinreichend „gesättigt“ oder ihre Falsifikation als hinreichend nachgewiesen zu betrachten ist.

Dass Überlegungen dieser Art wissenschaftspolitisch und -praktisch durchaus konsequenzenreich sind, zeigen die Überlegungen von Dietmar Willoweit und Wolfgang Frühwald in diesem Band. Nicht jede Disziplin, die sich im Wissenschaftsgefüge platziert, wird von allen als Wissenschaft be-

1 Ulrich Kelle, Empirisch begründete Theoriebildung, Weinheim ²1997.

trachtet. Daher kann sich die Theologie nicht davon dispensieren, im Kontext des modernen Wissenschaftsbetriebs ihr wissenschaftliches Selbstverständnis zu entfalten und zu kommunizieren. Wenn wir in diesem Beitrag nicht die Theologie in ihrer Ausdifferenzierung, sondern nur die Praktische Theologie herausgreifen: Ist das oben kurz skizzierte Wissenschaftsprogramm auch relevant für die Praktische Theologie? Hat die Praktische Theologie nicht – vielleicht im Gegengewicht zu den sprachwissenschaftlichen, historischen und philosophischen Disziplinen – geradezu „praktisch" zu sein? Sollte sie nicht, wie Rautenstrauch dies Ende des 18. Jahrhunderts im Rahmen einer Studienreform intendiert hat, am Ende des Studiums den angehenden Theolog/inn/en zeigen, wie sie umsetzen können, was sie zuvor studiert haben? Sollte sie vielleicht ein Repertoire von Rezepturen entwickeln, so wie man vor 100 Jahren in Handbüchern den Pfarrern empfohlen hat, am Montag niemals einen Hausbesuch zu machen, weil dann Waschtag sei und man der Hausfrau immer ungelegen käme?

Auch im religionspädagogischen und pastoralen Feld ist die Erwartung weit verbreitet, die Praktische Theologie solle Theologie auf die tatsächlichen Probleme „herunterbrechen". Nicht wenige Praktische Theologen bedienen dieses Bedürfnis, und wenn es tatsächlich gelingt, soll man dankbar dafür sein. Jedoch gehört es inzwischen nicht mehr zum Selbstverständnis der Praktischen Theologie, sich darin zu erschöpfen. Praktische Theologie, die sich als Wissenschaft versteht, produziert zunächst einmal Theorie, was nichts anderes bedeutet als systematisch erhobenes Wissen, Kenntnis und Einsicht *in* und *über* einen bestimmten Problemzusammenhang.

Fragen wir präziser: Was ist der Charakter praktisch-theologischer Theorien? Wenn von Theorie gesprochen wird, ist die Unterscheidung zwischen drei Theorieformen hilfreich:

Alltagstheorien, die im routinierten Alltagshandeln eine Orientierungsfunktion wahrnehmen;

reflektierte Handlungstheorien, die einen höheren Reflexions- und Komplexitätsgrad aufweisen und professionelles Handeln steuern, sowie

Gegenstandstheorien, mit denen Theorien in wissenschaftlichem Sinn gemeint sind.

Als Wissenschaft produziert auch die Praktische Theologie Gegenstandstheorien, die durchaus praktischen Wert haben, wenn sie ihren Gegenstand adäquat erfassen und durch Analyse und Deskription Aufklärung leisten. Pfarrer/innen und Religionslehrer/innen brauchen solche Gegenstandstheorien, weil sie an ihnen ihre professionelle Handlungstheorie schärfen und überprüfen können. Diese Theorien helfen auch, die Praxis bewusster zu machen, indem sie Ordnungsschemata zur Reflexion und Orientierung professionellen Handelns anbieten. Wenn man so ansetzt, verbietet sich ein verbreitetes und gleichwohl problematisches Verständnis einer linearen Deduktion von Theorie auf Praxis.[2]

„Praxis" kommt in der Theoriebildung der Praktischen Theologie demnach nicht als Anwendungsbereich für Theologie in den Blick, sondern „Praxis" verweist auf den Gegenstand, auf den sich praktisch-theologische Theorien beziehen. Bis hierher sehe ich keine Differenz zu dem Wissenschaftskonzept, dass Willoweit in seinem Beitrag vorträgt. Die Gemeinsamkeit besteht nicht mehr, wenn Anwendungsbezüge von Wissen ins Spiel kommen. Man könnte statt „Anwendung" aber auch von Relevanz sprechen, und ich sehe keinen

2 Vgl. Gerben Heitink, Praktische Theologie, Kampen 1993; Norbert Mette, Von der Anwendungs- zur Handlungswissenschaft, in: Otmar Fuchs (Hg.), Theologie und Handeln, Düsseldorf 1984, 50–63; Dietrich Rössler, Grundriss der Praktischen Theologie, Berlin ^{2}1994; Karl-Fritz Daiber, Praktische Theologie als Handlungswissenschaft, München/Mainz 1977.

prinzipiellen Unterschied, wenn diese Relevanz als „wissenschaftliche“, „gesellschaftliche“, „kulturelle“ usw. präzisiert wird. Letztlich kann Relevanz auch in der Bedeutung festgemacht werden, die Wissen für die Praxis hat. Auf diesen Kontext wird man in den meisten Wissenschaften nicht verzichten können: die Relevanz wissenschaftlicher Erkenntnisse in der Medizin für die Praxis der Heilung, in der Jurisprudenz für die Praxis der „Gerechtigkeit“, in der Ökonomie für das Funktionieren der Wirtschaft, usw. Vielleicht ist es aber weniger die Relevanz, als vielmehr das Problem der Normativität, das als Demarkationslinie für Wissenschaft und Nicht-Wissenschaft gilt. Aber dann gilt ebenso: Die abstrakte Normativität der Medizin ist Heil und nicht Unheil, die der Jurisprudenz die Orientierung an dem bestehenden Rechtssystem und seinen Implikationen, die der Ökonomie wirtschaftliche Prosperität und nicht Chaos, die der Soziologie verträgliche Sozialstrukturen, usw. Insofern wird man kaum wertfreie Wissenschaft gegen normative ausspielen können. In diesem Punkt hat sich das Wissenschaftsverständnis in den letzten 100 Jahren erheblich verändert.

Kommen wir wieder zur eigenen Disziplin: Als *Theologie* ist die Praktische Theologie über die Beschreibung der religiösen Praxis hinaus daran interessiert, diese zu verstehen, zu erklären und Orientierungsmöglichkeiten für zukünftiges Handeln bereitzustellen. Insbesondere der Anspruch auf Handlungsorientierung schließt eine theologisch-normative Reflexion ein. Die Praktische Theologie erforscht somit Zusammenhänge der religiösen Praxis in engerem (kirchlicher Glaube) oder weiterem Sinn (Religiosität). Wenn sie sich als Wissenschaft versteht, ist ihr *direktes* Ziel die Bildung von Theorie, ihr *indirektes* Ziel ist Aufklärung und Handlungsorientierung. Handlungsorientierung ist eine Möglichkeit, mit Theorie umzugehen. Würde man hingegen Handlungsorientierung als *direktes* Ziel ausgeben, hätte es eine solche Disziplin wohl schwer, Anerkennung als Wissenschaft zu finden.

Die Frage ist nun, wie solche Gegenstandstheorien der Praxis entwickelt werden. Reicht der „gesunde Menschenverstand", denn Erfahrungen, wie es in der Praxis zugeht, machen alle? Oder braucht es zur Wahrnehmung der Praxis dieselbe Sorgfalt und Systematik, mit der sich auch andere Disziplinen ihrem Gegenstand zuwenden? Hierzu haben sich im Laufe der Wissenschaftsgeschichte bestimmte methodische Standards herausgebildet. In der systematischen Theologie dominiert die Hermeneutik und in der Exegese eine historisch-kritische bzw. sprachwissenschaftliche Forschung. Welcher methodische Zugriff empfiehlt sich der Praktischen Theologie? Im Kontext der Humanwissenschaften, die unterschiedliche Facetten menschlicher Praxis untersuchen, wird man ohne Zweifel sagen müssen, dass zumindest eine empirische Orientierung der Praktischen Theologie unverzichtbar ist.[3] Es würde heute zu kurz greifen, Praxis allein spekulativ oder gar normativ zu erfassen. Die empirische Orientierung kann freilich unterschiedlich konkretisiert werden: als Rezeption empirischer Daten oder als selbständige empirische Forschungspraxis. In jedem Fall muss die Praktische Theologie methodologisch begründen, *wie* sie sich der Praxis zuwendet und *wie* sie Erkenntnisse gewinnt. Es gehört zu den Spielregeln der Wissenschaft, dass Wissen nicht aufgrund von Autorität, sondern aufgrund der Nachvollziehbarkeit ihrer Gewinnung etwas zählt. Theologisch lässt sich hinzufügen, dass es gute Gründe gibt, mittels empirischer Forschung der Praxis eine Stimme zu verleihen und den gelebten Glauben bzw. gelebte

3 Hans-Georg Ziebertz, Religionspädagogik als empirische Wissenschaft, Weinheim 1994.

Religiosität in das Theologie-Treiben zu (re-) integrieren.[4] Damit könnte erreicht werden, die Theologie insgesamt stärker mit der Praxis zu verbinden und theologisches Reden mit der „gelebten Religion" in einen Diskurs zu bringen – und sich auch von ihr anfragen zu lassen.

2. Empirische Praktische Theologie und empirische Sozialwissenschaft

Diese Überschrift kann als ernst zu nehmende Frage rekonstruiert werden, ob eine empirische Praktische Theologie in der Religionssoziologie bzw. Sozialwissenschaft aufzugehen droht. Ohne Frage kommt es zu Überschneidungen und es kann sein, dass beide Disziplinen dasselbe materiale Objekt untersuchen (z. B. den Gottesglauben von Protestanten und Katholiken). Im Hinblick auf das Formalobjekt der Disziplinen wird es jedoch Unterschiede geben. Wenn man formuliert, wie es Klostermann und Zerfaß[5] getan haben, dass das Formalobjekt der Praktischen Theologie in der Spannung liegt, wie Praxis *ist* und wie sie *sein könnte* bzw. *sollte*, reicht der Anspruch über deskriptiv-analytische Interessen hinaus und lässt ein theologisches Interesse an der Erhellung der Praxis mit dem Ziel der Fortentwicklung unter religionspädagogischen, ekklesiologischen, diakonalen, liturgischen oder homiletischen Gesichtspunkten erkennen. Immer noch könnte gefragt werden: Warum greift die Praktische Theologie für diese Reflexion nicht auf Daten und Befunde der Religionsso-

4 Vgl. Henning Luther, Religion und Alltag, Stuttgart 1992; Wilhelm Gräb / Dietrich Korsch / Gerson Raabe, Pfarrer fragen nach Religion, Hannover 2002.

5 Ferdinand Klostermann / Rolf Zerfaß (Hg.), Praktische Theologie heute, Mainz / München 1974.

ziologie oder der Sozialwissenschaften zurück? Sollte man es nicht den empirisch geübteren Disziplinen überlassen, empirische Erkenntnisse zu generieren, die anschließend der Praktischen Theologie als Material dienen, Praxisreflexion zu betreiben? Van der Ven[6] hat diese Konzeption als „multi-disziplinär" bezeichnet. Sie beruht auf zwei Phasen. In der ersten Phase werden innerhalb des Referenzrahmens der Sozialwissenschaft Daten über einen Gegenstand erhoben, und in der zweiten Phase werden diese Daten von einem theologischen Standpunkt aus interpretiert. Auch wenn die Praktische Theologie in diesem Fall überzeugt ist, Datenmaterial von „Hilfswissenschaften" zu übernehmen, ist deren Einfluss faktisch weitaus bedeutender. Wir sehen dies konkret an der Bezugnahme auf die Shell-Jugendstudien und deren Bearbeitung des religiösen Feldes. Regelmäßig nach Erscheinen dieser (sicher wertvollen) Studien regt sich Widerstand in den Reihen der Religionspädagogik und es wird die geringe Differenzierung religiöser Konzepte moniert.

Empirische Forschung ist nicht einfach „neutral" oder „objektiv", sondern basiert auf zahlreichen Entscheidungen, die in den Ergebnissen enthalten sind bzw. ohne die es die Ergebnisse in dieser Form nicht geben würde. Seit der Kritik an methodischem Positivismus sind diese Einsichten Gemeingut. Die theologische Reflexion der Daten ist nicht ohne weiteres in der Lage, diese Vorentscheidungen zu erkennen oder sie gar zu neutralisieren. Das bedeutet, dass sich die Theologie qualitativ und quantitativ abhängig macht. Die Folge kann eine undifferenzierte Vermischung von sozialwissenschaftlichen und theologischen Reflexionsniveaus sein. Wenn nicht soziologisch und theologisch Begriffe wie Kirche, Glaube, Frömmig-

6 Johannes A. van der Ven, Entwurf einer empirischen Theologie, Kampen/Weinheim 1990, 103–139.

keit, Kasualien etc. konzeptuell und operational unterschiedliche Ladungen hätten, würde die Unterscheidung der Disziplinen keinen Sinn machen. Auch die Praktische Theologie beschäftigt sich mit realen empirischen Entitäten, wenn sie nach Kirche, Glaube, usw. fragt. Der Schwachpunkt des multi-disziplinären Ansatzes ist das Fehlen einer praktisch-theologischen Methodologie. Er verfügt über kein Konzept, wie sozialwissenschaftliche und theologische Sprachspiele vermittelt werden können.

Die direkte Alternative ist ein intra-disziplinärer Ansatz. Dabei übernimmt die Praktische Theologie Methoden, die nicht originär für die Theologie sind, wenn man überhaupt von Theologie-spezifischen Methoden sprechen kann – m. E. gibt es solche nicht. „Übernahme" ist zu verstehen als Inkorporation, also als ein heimisch machen empirischer Methoden und Techniken in der Praktischen Theologie.[7] Diese erlauben es ihr, eigenständig empirisch fundierte Theorien über eine religiöse Handlungspraxis zu entwickeln. Eine solche Verschmelzung ist in der Theologie nicht neu, denkt man an die Exegese und die historisch-kritische Methode oder die systematische Theologie und die Hermeneutik. Beide Methoden erscheinen heute als selbstverständlich und ‚einheimisch', aber sie haben sich ihren Platz in der katholischen Theologie gegenüber einer offenbarungspositivistischen und neuscholastischen Theologie vor gut 100 Jahren hart erkämpfen müssen. Der Methodenwandel war nötig geworden, weil das hergebrachte Instrumentarium nicht mehr ausreichte. So gilt auch für die Praktische Theologie, dass sie den Zugang auf ihr materiales Objekt, die religiöse Praxis, methodologisch klären und absichern muss. Der Vorteil des intra-disziplinären Ansatzes liegt darin, dass alle Entscheidungen innerhalb des Re-

7 Van der Ven, Entwurf (s. Anm. 6) 117–130.

ferenzrahmens der Praktischen Theologie verbleiben und terminologische oder konzeptuelle Irritationen (weitgehend) ausgeschlossen sind. Die Praktische Theologie erhöht auf diese Weise ihre Kooperationsfähigkeit mit der Religionssoziologie und der Sozialwissenschaft, sie alle streben nach Begriffen, mit denen die religiöse Wirklichkeit verstanden und erklärt werden kann.[8] Intra-Disziplinarität kann die Basis schaffen, dass Inter-Disziplinärität möglich wird.

3. Theologische Implikationen im Forschungsprozess

Fragen wir im Folgenden nach den theologischen Implikationen im Forschungsprozess, wenn die Praktische Theologie selbst empirische Forschung betreibt. Wir können dies am Beispiel der Unterscheidung verdeutlichen, die für Forschungsdesigns üblich ist. Darin wird differenziert zwischen dem Entdeckungs-, Begründungs- und Verwendungszusammenhang.

Zunächst zum *Entdeckungszusammenhang*, also dem Ort im Forschungsprozess, an dem eine Untersuchung „geboren" wird. Karl Popper[9] hatte diesen Bereich als „vor-wissenschaftlich" bezeichnet, denn hier sei allein die Virtuosität der Forscher gefragt. In der methodologischen Diskussion nach Popper sieht man diesen Sachverhalt differenzierter. Die Entdeckung eines Problems hat zahlreiche Implikationen. Denn warum kommt gerade dieser Problembereich in den Blick?

8 Beispiele dafür sind: Hans-Georg Ziebertz/Ulrich Riegel (Hg.), Europe: secular or post-secular?, Münster 2008; Hans-Georg Ziebertz u. a. (Hg.), Youth in Europe (Band 1: 2005; Band 2: 2006; Band 3: 2008), Münster; Hans-Georg Ziebertz/Ulrich Riegel (Hg.), How Teachers in Europe teach Religion, Münster 2009.

9 Karl Popper, Logik der Forschung, Stuttgart [8]1984.

Warum wird gerade diese Facette des Problems ausgewählt und nicht eine der alternativen Möglichkeiten? Wie wird das Problemfeld grundsätzlich konstituiert, noch bevor es zur Formulierung der ersten konkreten Hypothese kommt?[10] Die Entdeckung und Aufgliederung des Problemfeldes lässt sich rekonstruieren nach der individuellen (sogar biographischen) und wissenschaftlichen (praktisch-theologischen) „Gerichtetheit" der Forschenden. Man kann sagen, dass in der Entdeckung des Problems theologische Normativität enthalten ist, denn alle Abwägungen und Entscheidungen, die getroffen werden, sind immer zugleich „für" einen Weg und „gegen" alternative Wege gerichtet. In dieser ersten Phase muss die intra-disziplinäre Praktische Theologie erklären können, worin die praktisch-theologische Relevanz des Forschungsproblems liegt. Das Problem wird somit als „theologisches" begriffen.

Gegenwärtig ist offenkundig, dass viele empirisch orientierte Praktische Theologen in der zunehmenden Fremdheit die stärkste Herausforderung sehen, mit der einerseits Kirche und Theologie der Präsenz von Religion in unserer Gesellschaft begegnen und andererseits der Fremdheit, die viele Menschen empfinden, wenn sie auf Inhalte oder Sozialformen stoßen, die von der klassischen Theologie und den traditionellen religiösen Institutionen vertreten werden. Die Notwendigkeit ist offensichtlich, die veränderte Situation und die handelnden Subjekte in ihrem biographischen und sozialen Kontext zu verstehen.

Praxis zu verstehen und zu erklären ist im Kern ein hermeneutisches Interesse, dieses verlängert sich zu einer empirischen Orientierung: empirische Verfahren verdanken sich der

10 Vgl. Werner Meinefeld, Realität und Konstruktion. Erkenntnistheoretische Grundlagen einer Methodologie der empirischen Sozialforschung, Opladen 1995.

hermeneutisch-theologischen Reflexion – und sie sind auf eine Fortsetzung durch sie angewiesen.[11] Die empirische Leistung besteht nicht nur in der Lieferung technischen Wissens, sondern schließt Verstehensprozesse bevorzugt ein. Empirie in der Praktischen Theologie ist mit theologischer Hermeneutik untrennbar verknüpft.

Auch im *Begründungszusammenhang* fällt eine Vielzahl von Entscheidungen, bei denen die Intra-Disziplinärität der Praktischen Theologie zur Geltung kommt. Der Begründungszusammenhang ist nach Popper die Forschungsphase, in der Daten erhoben und ggf. Hypothesen getestet werden. In der Methodologie nach Thomas Kuhn wird dieser Bereich nicht mehr als „reine Erkenntnislehre" betrachtet, sondern als Forscherhandeln rekonstruiert, das retrospektiv mit dem Entdeckungs- und antizipativ mit dem Verwendungszusammenhang in Verbindung steht. Untersuchungspraktisch werden bei der Analyse von Daten kontinuierlich Entscheidungen oder Interpretationen verlangt, die nicht durch methodologische Regeln allein begründet werden können. Forscher sind darauf zurückverwiesen, welche Erkenntnisgründe sie gehabt haben, welche Problemwahrnehmung dabei eine Rolle vorgeherrscht hat, wie sie auf das Gegenstandsfeld zugegangen sind, welche „Lösungen" sie antizipiert haben, usw. Der Begründungszusammenhang ist iterativ mit dem Entdeckungs- und Verwendungszusammenhang verbunden. Damit wird der konstruktive Anteil empirischer Verfahren offensichtlich. Zwischen der Position des radikalen Konstruktivismus, der Objektivität für unerreichbar hält, und der Position des Objektivismus, nach dem das Objekt direkt wahrnehmbar ist,

11 Vgl. Friedrich Schweitzer, Praktische Theologie und Hermeneutik: Paradigma – Wissenschaftstheorie – Methodologie, in: Johannes A. van der Ven / Hans-Georg Ziebertz (Hg.), Paradigmendiskussion in der Praktischen Theologie, Weinheim / Kampen 1993, 19–47.

Ihre Meinung ist uns wichtig!

Welchem Buch haben Sie diese Karte entnommen?

Erfüllt das Buch inhaltlich Ihre Erwartungen?

Wie gefällt Ihnen die Gestaltung des Buches?

Was würden Sie an diesem Buch gerne anders wünschen?

☐ Senden Sie mir bitte Ihren Neuerscheinungsprospekt
 ☐ einmalig ☐ regelmäßig
☐ Informieren Sie mich bitte per E-Mail über Ihre Neuerscheinungen

www.echter.de

Wie sind Sie auf das Buch aufmerksam geworden?

☐ Prospekt
☐ Rezension
☐ Anzeige in Zeitschrift
☐ Empfehlung des Buchhändlers
☐ Homepage des Verlages
☐ Internet allgemein
☐ Andere ____________________

richtet sich der Blick in der empirisch-kritischen Wissenschaft auf das Wechselspiel zwischen Erkenntnisgegenstand und Erkenntnissystem, zwischen Objekt (Feldpraxis) und Wissenschaftspraxis.[12] Auch in diesem Zusammenhang ist die disziplinäre Matrix von Bedeutung, auf der die Forschung geschieht. Praktische Theologen betreiben Forschung auf der Basis ihrer praktisch-theologischen Professionalität, d. h., ihre theologische Konzeptbildung ist präsent und wirksam, wenn sie praktische Untersuchungsentscheidungen fällen.

Schließlich ist der *Verwendungszusammenhang* „Theologiegeladen". Dies kann am Beispiel von drei Funktionen empirischer Forschung gezeigt werden.[13]

Erstens kommt der empirischen Forschung in der Praktischen Theologie eine wichtige Rolle zu bei der Reflexion und Kontrolle pastoralen und religionspädagogischen Handelns. Dabei kann es um die Wirkung der Predigt oder um personale und funktionale Aspekte der Gemeindeleitung gehen. Empirische Forschung kann die Effekte religionsdidaktischer Materialien aufzeigen, Lernvorgänge bei Schülern erhellen, das Zusammengehen von Lerninhalten und Selbstkonzept der Schüler zueinander darstellen, sie kann überprüfen, ob theoretische Konzepte wie „Lernen am Modell", „Lernen am Vorbild" oder „Religionslehrer als Zeuge des Glaubens" usw. einlösen, was ihnen als Leistung unterstellt wird. Sehr oft fehlen Erfahrungsdaten, ob Hoffnungen, die mit bestimmten Ideen verbunden sind, zu Recht an sie geknüpft werden.

12 Hans-Georg Ziebertz, Empirical Orientation of Research in Religious Education; in: Bert Roebben / Michael Warren (Hg.), Religious Education as Practical Theology, Leuven / Paris / Sterling 2001, 105–123; Hans-Georg Ziebertz, Normativity and Empirical Research in Practical Theology; in: Journal of Empirical Theology 15 (2002/1) 5–18.

13 Vgl. Johannes A. van der Ven, Practical Theology: From Applied to Empirical Theology, in: Journal of Empirical Theology 1 (1988) 7–27.

Zweitens stellt die empirische Praktische Theologie Wissen zur Orientierung des Handelns bereit. Auf der Basis ihrer Forschung kann sie empirisch begründete Szenarien entwickeln, die den tatsächlich Betroffenen eine Grundlage bieten, verantwortet Entscheidungen zu fällen. Wissenschaftler sind jedoch keine Kirchenpolitiker oder Schulleiter. Das bereitgestellte Wissen ist im Kern deskriptiv-analytischer und nicht normativer Art.

Drittens hat die empirische Forschung in der Praktischen Theologie eine kritische Funktion innerhalb der Theologie selbst. Sie gibt der „Praxis" eine Sprache und koppelt diese zurück an die theologische Reflexion insgesamt. In der römisch-katholischen Kirche gab und gibt es die Tendenz, Theologie „von oben nach unten" zu deduzieren. Die Zeit der Neuscholastik hat eindringlich vor Augen geführt, wie gefährlich es ist, wenn die Theologie die „Bodenhaftung" verliert und ein Begriffssystem entwickelt, von dem man meint, es müsse spiegelbildlich in der Praxis zu finden sein. Wenn beispielsweise immer mehr Menschen abstrakt von Gott denken und ihnen personale Dimensionen fremd sind: Kann das die theologische Gotteslehre unberührt lassen? Wenn die Religiosität der Schüler/innen stetig geringer konfessionell und kirchlich ausgerichtet ist: Tangiert das nicht die kirchliche Konzeption von Religionsunterricht in der Schule? Die Praktische Theologie kann solche Erkenntnisse begrifflich fassen und sie in den theologischen und kirchlichen Diskurs einbringen. Der empirische Praxisbezug hat somit auch eine kritische und regulative Funktion. Er konfrontiert die theologische Normativität und ihre impliziten (oftmals zufälligen) Annahmen über religiöse Praxis mit systematisch erhobenen Daten zu dieser Praxis. Die Theologie soll nicht der Praxis folgen, aber sie kann in Kenntnis der Praxis ihr Theologisieren verändern. Theologie wird bedeutsam, wenn sie dem Diskurs über die Spannung zwischen Tradition und Erfahrung nicht aus dem Weg geht, sondern diese direkt angeht. Solche Spannungen sind nicht nur „ein Problem“, sondern vielmehr „eine Aufgabe“ für die praktische Wissenschaft.

4. Empirische Praktische Theologie als eigenständige Form des Theologie-Treibens?

Stellt nun empirische Forschung in der Praktischen Theologie eine eigenständige Form des Theologie-Treibens dar? Am Ende dieses Beitrags kann die Gegenfrage gestellt werden. Wieso sollte empirische Forschung, die in eine praktisch-theologische Hermeneutik eingebettet ist, kein eigenständiger Beitrag sein? Die empirische Forschung eröffnet einen Zugang zur religiösen Dimension der Wirklichkeit, den die biblische, historische und systematische Theologie in dieser Form nicht bieten kann. Sie zeigt, warum Menschen auf Religion zugehen, wie sie mit Religion umgehen – und was sie von Religion wegführt. Sie findet Begriffe für zeitgenössische religiöse Suchbewegungen und sie deckt Enttäuschungen auf. Sie erhellt die Bedeutungen, die Menschen in der Kirche und in der religiös vermittelten Praxis in Kirche und Gesellschaft erzeugen. Sie thematisiert die Praxis, die implizit in allem theologischen Sprechen mitgedacht wird.

Man kann es auch stärker methodisch fassen. Wer die Wirklichkeit in sozialen Zusammenhängen mit Hilfe empirischer Verfahren verstehen und erklären will, tut dies nicht neutral und interessenlos. Gadamer hat herausgearbeitet, dass die Auslegung eines Sachverhalts (subtilitas explicandi) Bestandteil des Verstehens (subtilitas intelligendi) ist und dass beide mit einem Verwendungssinn (subtilitas applicandi) verbunden sind.[14] Damit will er darauf hinweisen, dass die Auslegung von Beobachtungen, Bildern, Texten usw. nicht allein wegen ihres impliziten Sinngehalts geschieht, sondern dass sie immer auch auf ein Urteil abzielt, wie zukünftig gehandelt werden soll. Will man die Praktische Theologie als Handlungswissenschaft verstehen, ist ihre Selbstbestimmung in diesem praktischen Aufgabenzusammenhang zu finden. Sie liefert freilich nicht diese Normativität, sondern macht sie zum Thema.

Verstehen ist nicht gleichbedeutend mit Wittgensteins' „Kennen einer Regel" und „Partizipation an einem gemeinsamen Sinnvorat". Dieses Verstehen hieße, im Forschungsprozess jene religiös-kulturelle Selbstverständlichkeit aufzudecken, die zum Greifen nahe, aber verdeckt war. Verstehen markierte dann den Endpunkt einer Untersuchung. Heute geht es wohl eher darum, einen geteilten Sinn durch Interpretationsprozesse herbei zu führen. Eine verstehende Untersuchung spiegelt nicht die „wahre Wirklichkeit", sondern eröffnet einen Diskursraum, indem es mögliche Interpretations- und Deutungsschemata zur Verfügung stellt. Es ist also gerade die Ungleichzeitigkeit, die Nicht-Identität etc., die das Verstehen- und Erklären-Wollen herausfordert. Die Praktische Theologie, die sich empirischer Methoden bedient, bringt eine eigene Wahrnehmung und eine eigene Sprache in das Theologie-Treiben ein. Sie erinnert daran, dass die Wirklichkeit von Kirche und Christentum *eine Praxis war* und (idealiter) *eine Praxis ist* – und dass dieser Praxis eine eigene theologische Dignität zukommt.

14 Vgl. hierzu Reinhard Uhle, Qualitative Sozialforschung und Hermeneutik, in: Eckard König/Peter Zedler (Hg.), Bilanz qualitativer Forschung I, Weinheim 1995, 33–73.

ERICH GARHAMMER

Pastoraltheologie – ein Fach mit Beziehungen

1. Ein Modell aus den 70er Jahren

Im Jahr 1984 hat Rolf Zerfaß als Methode für die Pastoraltheologie eine Art kybernetisches Modell vorgeschlagen:[1] Die laufende Praxis müsse über empirische Situationserhebung und Konfrontation mit der geltenden Überlieferung – was beides die praktisch-theologische Theorie zu leisten habe – in eine erneuerte, reformierte und methodisch reflektierte Praxis überführt werden. Hinter den Überlegungen von Zerfaß verbarg sich die Hermeneutikdiskussion der 70er Jahre: Während Hans-Georg Gadamer an der Prädominanz der Tradition festhielt, mahnte Jürgen Habermas an, dass im hermeneutischen Diskurs nicht automatisch der Wahrheitsvorsprung auf Seiten der Tradition liege.[2] Zerfaß, der zur selben Zeit in seiner Würzburger Antrittsvorlesung Predigt als herrschaftsfreie Rede proklamierte, stand dabei eher in der Nähe von Habermas als von Gadamer; er bezeichnete die bloße Rezitation des Überlieferungsanspruchs als konfliktverstärkend. Aus dieser

1 Rolf Zerfaß, Praktische Theologie als Handlungswissenschaft, in: Ferdinand Klostermann/ders. (Hg.), Praktische Theologie heute, München/Mainz 1974, 164–177, hier: 166. Vgl. hierzu auch Erich Garhammer, Die Frage nach den Kriterien, in: Herbert Haslinger (Hg.), Handbuch Praktische Theologie Bd. 1: Grundlegungen, Mainz 1999, 304–317.

2 Vgl. zum Theoriediskurs der letzten 50 Jahre Jochen Hörisch, Theorie-Apotheke. Eine Handreichung zu den humanwissenschaftlichen Theorien der letzten fünfzig Jahre, einschließlich ihrer Risiken und Nebenwirkungen, Frankfurt a. M. 2010, 154–160.

Analyse leitete er eine dreifache Forderung an die Pastoraltheologie ab:

- Sie muss die Überlieferung als kritische Potenz in den Streit um die Gegenwart und Zukunft einbringen.
- Sie muss die Bedürfnisse der Gegenwart nicht nur registrieren, sondern ernsthaft aufgreifen, theologisch würdigen und als Anfrage an die Überlieferung plausibilisieren.
- Sie muss die daraus sich ergebenden Impulse zur Veränderung kirchlicher Praxis nicht nur deklamieren, sondern bis in die Realisierungsphase kritisch begleiten.

Aus diesen Forderungen wiederum entwickelte Zerfaß ein konkretes Anforderungs- und Kompetenzprofil für das pastorale Personal:

- Neugier und Interesse für den Einzelfall
- die Fähigkeit, Situationen analytisch aufzuhellen, ihre „Verwicklungen" nicht nur auszuhalten, sondern mit eigenen Interventionen klären zu helfen
- die Fähigkeit zur Realisierung von Zielen, zur Einteilung in Phasenabläufe und zum Einspielen von Handlungsalternativen

Dieses Modell von Rolf Zerfaß erbrachte eine dreifache Leistung:[3]

- Es platzierte die Pastoraltheologie in den damaligen Diskurs der Sozialwissenschaften.
- Es überwand die Regionalisierung der Fächer der Theologie und forderte ein integratives Modell.
- Es verdeutlichte den Praxisbezug der Praktischen Theologie und lieferte dafür ein praktikables Modell.

3 Kritisch dazu Jörg Seip, Der weiße Raum. Prolegomena einer ästhetischen Pastoraltheologie, Freiburg i. Br. 2009, 164–178. Er attestiert dem Regelkreismodell die Eindimensionalität einer Maschine. Zum Ansatz von Jörg Seip zu einer ästhetischen Pastoraltheologie vgl. auch seinen Beitrag in diesem Band.

Wenn heute nach Kriterien praktisch-theologischer Theorie gefragt wird, sind allerdings zwei wesentliche Unterschiede zum damaligen Wissenschaftsdiskurs festzuhalten:

- Der Optimismus der 70er Jahre mit dem implizierten Fortschrittsmodell gehört der Vergangenheit an. Selbst die positive Rezeption des Zweiten Vatikanischen Konzils ist nicht mehr selbstverständlich.
- Das Phänomen der Individualisierung und der Erosion der konfessionellen Milieus wie der Entstehung von neuen Erlebnismilieus hat den Focus mehr auf biographische und milieusensible Methoden gelenkt.[4]

Während also die 70er Jahre des 20. Jahrhunderts sehr stark von einem Impuls der Innovation geprägt waren, ist heute angesichts der Phänomene wie Globalisierung und „Entbettung“[5] die Suche nach Kohärenz und identitätskonstituierenden Erzählungen wieder gefragt.[6]

Das Verhältnis von Tradition und Situation hat der Lyriker und Poet Philippe Jaccottet so zum Ausdruck gebracht: „In Wirklichkeit und dem entgegen, was viele heutigen Tages verkündigen, sind die Werke der Vergangenheit, die unsere Kultur ausmachen, nur in dem Maß vorhanden und mächtig, als sie, statt zu überschatten, uns erleuchten, statt eine Last zu sein, uns beflügeln.“[7]

So kann auch die praktisch-theologische Methode nicht mehr ausschließlich von einem kritischen Gestus ausgehen, sondern sie hat ihr Vorgehen und ihr Selbstverständnis rekon-

4 Michael Ebertz/Hans-Georg Hunstig (Hg.), Hinaus ins Weite. Gehversuche einer milieusensiblen Kirche, Würzburg 2008.

5 Vgl. Anthony Giddens, Konsequenzen der Moderne, Frankfurt a.M. ^{2}1997, 33–43.

6 Vgl. dazu Lieven Boeve, Der schwierige Dialog zwischen Glaube und Kultur, in: Christian Wessely (Hg.), Kunst des Glaubens – Glaube der Kunst. Der Blick auf das „unverfügbare Andere“ (FS Larcher), Regensburg 2006, 11–26.

7 Philippe Jaccottet, Landschaft mit abwesenden Figuren, Stuttgart 1992, 103.

struktiv zu realisieren. Solches Rekonstruieren arbeitet immer auch an den blinden Flecken des Selbstkonstruierten.

2. Das neue Skrutinium: die Zeichen der Zeit

Die Pastoralkonstitution *Gaudium et spes* (GS) hat die Kriterien für die praktisch-theologische Theorie folgendermaßen festgehalten: „nach den Zeichen der Zeit zu forschen und sie im Licht des Evangeliums zu deuten" (lat.: „signa temporis perscrutandi et sub Evangelii luce interpretandi") (GS 4). Obgleich die Einschätzung der Pastoralkonstitution zwischen den Polen vergangenheitsverhaftet (ein „Gegensyllabus"[8], so die Position von Joseph Ratzinger) und zukunftsweisend („ein dogmatischer Fortschritt"[9], so die Position von Elmar Klinger) schwankt, ist sie trotz aller unterschiedlichen Interpretationen die unhintergehbare Dimensionierung heutiger Praktischer Theologie. Die Pastoralkonstitution fordert eine neue Bewährungsprüfung, ein neues „Skrutinium", nämlich die Erforschung der Zeichen der Zeit unter dem Licht des Evangeliums. Dies impliziert eine spezifische theologische Semiotik; es gibt bisher drei unterschiedliche semiotische Theologiekonzepte:

– Die Zeichenprägnanz einer *a-signierten* Theologie: Diese Art von Theologie benutzt das Evangelium als Scheinwerfer, den die Theologie in der Hand hält, um damit gesellschaftliche Vorgänge und Entwicklungen zu beleuchten. Sie geht von einem streng definierten Offenbarungsbegriff aus, der ein für allemal feststeht und abgeschlossen ist. A-signiert

8 Joseph Ratzinger, Der Weltdienst der Kirche. Auswirkungen von Gaudium et spes im letzten Jahrzehnt, in: Andreas Bauch / Alfred Gläßer / Michael Seybold (Hg.), Zehn Jahre Vaticanum II, Regensburg 1976, 36–53.

9 Elmar Klinger, Armut. Eine Herausforderung Gottes. Der Glaube des Konzils und die Befreiung des Menschen, Zürich 1990.

ist diese Theologie insofern, als sie zwar eine theologische Zeichenlehre entfaltet, sie aber nicht auf das eigene Theologietreiben anwendet.

- Eine *von diffusen Zeichen signierte* Theologie: Diese Art von Theologie präferiert einen expansiven Offenbarungsbegriff, wonach alles irgendwie von Gott spricht oder als spirituell tituliert wird. Die Konsequenz ist eine Theologie ohne Optionen.
- Eine von prägnanten Zeichen signierte Theologie: Diese Art von Theologie geht von der Relevanz des Evangeliums in allen Bezügen aus, dessen Licht aber nicht nur auf die Phänomene der Säkularität, sondern auch auf Theologie und Kirche fällt. Es handelt sich also um eine Theologie mit Gravurtiefe, der die Zeichen der Zeit eingeschrieben sind und die eine pathische Dimension aufweist, keine a-pathische. In diesem Sinne berühren sich der Stigma-Begriff[10] und der Zeichen-Begriff. Das Stigma bildet den Schmerzpunkt des Semeions. Das Zeichen des Menschensohns Jesus Christus kann nur so verstanden werden. Im Ohnmachtsmessias Jesus bilden Semeion und Stigma eine Einheit.

Wenn die „Zeichen der Zeit" das neue Skrutinium sind, so ist nach dem Ort dieser Entdeckung zu fragen. Die Geschichte der Entstehung der Pastoralkonstitution ist der hermeneutische Schlüssel zu ihrem Verständnis[11]. Am Beginn stehen ein Sche-

10 Vgl. Erving Goffman, Stigma. Über Techniken der Bewältigung beschädigter Identität, Frankfurt a. M. [9]1990.

11 Zur Geschichte und Hermeneutik der Pastoralkonstitution ist zu verweisen auf: Charles Moeller, Die Geschichte der Pastoralkonstitution, in: LThK[2] 14 (1968) 242–279; Guilherme Baraúna (Hg.), Die Kirche in der Welt von heute: Untersuchungen und Kommentare zur Pastoralkonstitution „Gaudium et Spes" des II. Vatikanischen Konzils, Salzburg 1967, sowie Hans-Joachim Sander, Theologischer Kommentar zur Pastoralkonstitution über die Kirche in der Welt von heute „Gaudium et spes", in: HThK Vat. II 4 (2005) 581–886.

ma der theologischen Vorbereitungskommission mit dem Titel „De ordine morali christiano" und ein Schema der Vorbereitungskommission für das Laienapostolat mit dem Titel „De ordine sociale". Beide Entwürfe erwiesen sich jedoch unter pastoralem Gesichtspunkt als unzureichend, erschöpften sich vielmehr in scholastischer Doktrin. Der erste gemeinsame Textentwurf einer gemischten Kommission („De praesentia efficaci Ecclesiae in mundo hodierno") war ebenso unbrauchbar, weil er eine Überordnung der Lehre über das Leben vorsah, ohne gegenseitige Verhältnisbestimmung. Vom 6. bis 8. September 1963 wurde deshalb unter der Leitung von Kardinal Suenens in Mecheln ein neuer Text erarbeitet, der pastoral ausgerichtet war, allerdings an einem Mangel an soziologischer Analyse und präziser Beschreibung der pastoralen Aufgabe litt.

So kam es Anfang 1964 zu einem weiteren Textentwurf, dem sogenannten „Züricher Text". Er behandelte die unveräußerliche Berufung des Menschen, die Kirche im Dienst vor Gott und der Welt, das Verhältnis des Einzelnen und der christlichen Gemeinde gegenüber der heutigen Welt, die drängendsten Probleme der modernen Welt sowie einen Appell an die getrennten Christen und alle Menschen guten Willens.

Die gemischte Kommission nahm diesen Text im März 1964 an und stellte ihn unter das Gesamtthema „Gaudium et spes". Sie vollzog allerdings für die Diskussion im Konzilsplenum eine taktische Änderung: Sie unterstrich den dogmatischen Gehalt des Textes und klammerte den pastoralen Schwerpunkt mit der soziologischen Analyse vom offiziellen Schema aus. Der ausgeklammerte Text firmierte unter dem Begriff „Adnexa", also als nicht autorisierter Anhang zum amtlichen Text. Ein wichtiges Ergebnis der Konzilsdebatte war dann die Forderung nach Aufnahme der Adnexa in den amtlichen Entwurf.

Die Endredaktion erfolgte 1965 in Ariccia. Am 6. und 7. Dezember 1965 wurde der Text verabschiedet. Er besteht aus zwei

Teilen: einem dogmatischen über die Kirche und die Berufung des Menschen und einem pastoralen im Sinne der „Adnexa". Die beiden Teile sind einander zugeordnet und gleichrangig. Der Gedanke einer Unter- oder Überordnung wurde in einer Fußnote, die eigens verabschiedet wurde und somit zum amtlichen Text gehört, überwunden.

Der Text der Fußnote lautet:

„Die Pastoralkonstitution über die Kirche in der Welt von heute besteht zwar aus zwei Teilen, bildet jedoch ein Ganzes. Sie wird ‚pastoral' genannt, weil sie, gestützt auf Prinzipien der Lehre, das Verhältnis der Kirche zur Welt und zu den Menschen von heute darzustellen beabsichtigt. So fehlt weder im ersten Teil die pastorale Zielsetzung noch im zweiten Teil die lehrhafte Zielsetzung.

Im ersten Teil entwickelt die Kirche ihre Lehre vom Menschen, von der Welt, in die der Mensch eingefügt ist, und von ihrem Verhältnis zu beiden. Im zweiten Teil betrachtet sie näher die verschiedenen Aspekte des heutigen Lebens und der menschlichen Gesellschaft, vor allem Fragen und Probleme, die dabei für unsere Gegenwart besonders dringlich erscheinen. Daher kommt es, dass in diesem zweiten Teil die Thematik zwar den Prinzipien der Lehre unterstellt bleibt, aber nicht nur unwandelbare, sondern auch geschichtlich bedingte Elemente enthält.

Die Konstitution ist also nach den allgemeinen theologischen Interpretationsregeln zu deuten, und zwar, besonders im zweiten Teil, unter Berücksichtigung des Wechsels der Umstände, der mit den Gegenständen dieser Thematik verbunden ist" (GS, Anmerkung zum Titel).

Die entscheidende Implikation dieser Entstehungsgeschichte besteht darin: Der dualistischen Versuchung, die reine Lehre jenseits von individueller Glaubensgeschichte und gesellschaftlicher Praxis zu bestimmen, wird widerstanden. Ein Dualismus von Lehre und Leben, Dogma und Praxis ist ausgeschlossen. Ferner hat sich der Titel „Pastoralkonstitution" durchgesetzt. Es handelt sich also um ein Verfassungsdokument, eine Konstitution der Pastoral, nicht um pastorale Instruktionen aus einer feststehenden Kirchendogmatik. Damit ist der soziologische Annex zum Nexus der Konstitution geworden: Die zunächst ausgeschiedene Fremdperspektive ist nun Schlüsselthema im Selbstverständnis der Kirche. Die Kirche versteht sich dann am besten, wenn sie den Menschen versteht. Diese Fremdperspektive muss das Fach sowohl interdisziplinär als auch intradisziplinär erbringen.[12]

3. Interdisziplinäre Austauschbeziehungen[13]

Wichtig bei den unhintergehbaren Austauschbeziehungen der Praktischen Theologie mit den Humanwissenschaften ist die Präzisierung ihres genuinen Selbstverständnisses und ihre Einheit als Disziplin. Unter dieser Perspektive zeigt sich etwa am Beispiel der Rezeption der Sozialwissenschaften folgender Befund:

– Häufig werden die sozialwissenschaftlichen Ansätze einlinig gebraucht, und es wird jeweils nur ein Ansatz rezipiert: etwa die Kritische Theorie aus der Frankfurter Schule, die Psychoanalyse Sigmund Freuds, der wissenssoziologische Ansatz oder die Organisationsentwicklungstheorie.
– Die aus den Sozialwissenschaften rezipierten Ergebnisse werden häufig unmittelbar anwendungsorientiert behan-

12 Vgl. dazu Erich Garhammer, Was ist Pastoral? Auf der Suche nach der pastoralen Dimension von Lehramt und Theologie, in: PThI 25 (2005), Heft 2, 120–127. Aus evangelischer Perspektive: Christian Grethlein, Die Rezeption der pastoralen Konstitution aus der Perspektive evangelisch-praktischer Theologie, ebd., 75–86, hier: 85.

13 Vgl. dazu Norbert Mette / Hermann Steinkamp, Sozialwissenschaften und Praktische Theologie (Leitfaden Theologie 11), Düsseldorf 1983; Friedrich Schweitzer, Praktische Theologie. Kultur der Gegenwart und Sozialwissenschaften – Interdisziplinäre Beziehungen und die Einheit der Disziplin, in: Karl Ernst Nipkow / Dietrich Rössler / Friedrich Schweitzer (Hg.), Praktische Theologie und Kultur der Gegenwart. Ein internationaler Dialog, Gütersloh 1991, 170–184; Hans-Martin Gutmann, Wider den Reduktionismus. Aspekte einer praktisch-theologischen Neubesinnung im Gespräch mit den sogenannten Humanwissenschaften, in: PTh 87 (1998) 105–122.

delt. Dabei wird die analytische Potenz der Praktischen Theologie nicht genügend bemüht.
- Der Austausch mit den Sozialwissenschaften geschieht häufig auf der Ebene einer Subdisziplin in der Praktischen Theologie; ein Beispiel dafür sind etwa die kognitiven Stufentheorien in der Religionspädagogik.

Auf diesem Hintergrund ergeben sich für die Austauschbeziehungen mit den Sozialwissenschaften und die Rezeption ihrer Ergebnisse folgende fünf Forderungen:
- Der Dialog zwischen unterschiedlichen Partnern sollte als solcher immer markiert werden. Dadurch kann noch viel deutlicher werden, dass ein wesentlicher Teil der Grundfragen jeweils gemeinsam ist.
- Die Sozialwissenschaften sollten nicht einfach in das Prokrustesbett theologischer Interessen gezwängt werden, sondern in ihrem spezifischen, allerdings auch begrenzten Erkenntnisinteresse wahrgenommen werden.
- Die Sozialwissenschaften sind nicht nur die Interpreten der modernen Kultur, sondern auch ihr Ausdruck und ihre Folge. Dies stellt keine naive Kritik dar, sondern macht deutlich, dass die Sozialwissenschaften nicht nur als Instrument, sondern auch als Quelle für das praktisch-theologische Verständnis des Menschen in der Moderne dienen können.
- Wichtig ist eine Erweiterung der anwendungsorientierten Rezeption der Sozialwissenschaften auf einen mehr analytischen Zugang. Damit würde die häufig einseitige „Tandem-Bildung“[14] zwischen Praktischer Theologie und einem einzigen sozialwissenschaftlichen Ansatz vermieden.

14 Henning Schroer, Theologie, Glaube, Kirche – ein Spannungsfeld. Die Praktische Theologie zwischen Ekklesiologie und sozialwissenschaftlicher Theorie, in: DtPfrBl 75 (1975) 363–366, hier: 364.

– Ferner muss zwischen legitimen und illegitimen Formen der Auswahl unterschieden werden. Legitim ist die Selektivität bei der Beschränkung auf eine Forschungsmethode, um angesichts knapper Zeit, knapper Mittel und eigener Begrenzung überhaupt noch zu konkreten Ergebnissen kommen zu können. Die Legitimität dieser Selektivität endet allerdings dann, wenn eine sozialwissenschaftliche Theorie als normativ eingestuft wird. Dies würde zu einer Verabsolutierung einer einzigen Methode führen.

4. Intradisziplinäre Austauschbeziehungen

Bei den intradisziplinären Austauschbeziehungen ist es die Aufgabe der Pastoraltheologie, die biblischen, historischen und systematischen Fächer auf ihre Praxisrelevanz hin zu stimulieren, sich aber selbst immer auch von ihnen kritisch befragen zu lassen.

4.1 Das Veto-Recht des biblischen Textes: die Kooperation mit der Exegese

Beim Rückbezug auf die Bibel geht es darum, biblische Situationen nicht einfach und naiv auf heute zu applizieren. Neben vielen anderen Methoden (sozialgeschichtlich, psychologisch, feministisch, kanonisch[15]) bleibt die historisch-kritische Methode unentbehrlich.

Nach Martin Ebner arbeitet die historisch-kritische Exegese mit vier Grundoptionen:

15 Vgl. Päpstliche Bibelkommission, Die Interpretation der Bibel in der Kirche (Verlautbarungen des Apostolischen Stuhls 115), hg. v. Sekretariat der Deutschen Bischofskonferenz, Bonn 1994.

Option 1: Sie konfrontiert die Kirche mit ihren Basisschriften und mit dem Impuls: Vieles am Anfang war anders und könnte auch heute wieder anders werden.

Option 2: Es gab immer schon Traditionsbrüche und ungenutzte Traditionsmöglichkeiten. Traditionsbildung ereignet sich nie nur bruchlos.

Option 3: Man muss die Hl. Schriften lesen als Zeugnis für die Auseinandersetzung mit der Gesellschaft sowie von christlichen Gruppen untereinander.

Option 4: Man muss die Hl. Schriften als Gruppentexte lesen und den Kanon insgesamt als Konsens- bzw. Kompromissdokument.[16]

Sie insistiert darauf, mit der Explikation des Damals nicht sofort eine Applikaton auf das Heute zu verknüpfen. In der Praktischen Theologie gibt es zwei häufig praktizierte Irrtümer gegenüber der Bibel: Der eine ist eine „biblische Archäologie", in der jeweils das früheste Stadium als normativ erachtet wird. Das würde z. B. bedeuten, dass die Logienquelle Q die größte Jesustreue garantierte. Das andere Missverständnis ist die „biblische Evolution", in der das späteste Stadium als normativ gilt. Dies hätte zur Konsequenz, dass die Pastoralbriefe mit ihrem statischen Traditionskonzept normativ wären. Gegenüber solchen unkritischen Vereinnahmungen der Bibel nimmt die Exegese eine Wächterfunktion wahr:

- Die Exegese bringt die Unvereinnahmbarkeit des Anfangs zur Geltung.
- Die Exegese setzt sich kritisch mit der Wirkungsgeschichte der Hl. Schrift auseinander.
- Aufgabe der Exegese ist es, den oft konfessionell oder parteilich bedingten Streit um die rechte Anwendung bibli-

16 Martin Ebner, Grundoptionen der historisch-kritischen Exegese, in: zur debatte 5/2008, 7–9.

scher Texte durch den Hinweis auf die Relativität jeder aktuellen Übertragung zu entschärfen.

- Aufgabe der Exegese ist es, den Reichtum der Schrift gegenüber jeder Vereinnahmung zu verdeutlichen.
- Die Exegese betont den Charakter des Wagnisses jeder Auslegung. Auch die Anwendung der historisch-kritischen Methode bietet keine Sicherheit, sondern führt ebenso notwendigerweise in das Wagnis der je eigenen Auslegung.
- Die Exegese lässt jede Auslegung als vorläufiges Menschenwerk erscheinen. Dadurch verhindert sie eine Verwechslung der eigenen Applikation mit dem „Wort Gottes".
- Die Exegese weist auf die Fragwürdigkeit einfacher Übertragung biblischer Texte auf Erfordernisse der Gegenwart hin.
- Die Exegese ist ein kritisches Instrumentarium, vor allem dann, wenn aktuelle Anwendungen gegen wichtige biblische Grundeinsichten verstoßen oder spezifische Dimensionen ausblenden.
- Die Exegese hat eine ideologiekritische Funktion, insofern sie die Interessen vorherrschender Auslegungen aufzudecken versucht.

Die historische Interpretation erbringt den Gewinn einer rekonstruktiven Hermeneutik: Sie erschließt den primären Kontext und ermittelt die Fragen, auf die der Text eine Antwort war. Die Exegese fungiert als Sachwalterin des Textes im Kommunikationsprozess der „Lektüre" und der praktischen Aneignung. Damit sind ExegetInnen von der oft an sie gestellten Zumutung befreit, den Text genau das sagen lassen zu müssen, was man heute auch ohne ihn schon immer meint. In der Vielfalt der Applikationsmöglichkeiten des Textes ist die Exegese nicht die hyperkompetente Schiedsrichterin, sondern Anwältin der ursprünglichen Aussageabsicht. Wenn der Text nicht für alles und jedes gebraucht werden kann, kann er erst seine wahre „Sinnkarriere“ (Paul Ricoeur) entfalten.[17]

4.2 Die Relativität der Geschichte: die Kooperation mit der Kirchengeschichte[18]

Gläubiges Vorurteil („die faktische Kirche ist der fortlebende Christus“) und ideologiekritischer Ansatz („die faktische Kirche ist eine Anmaßung des Lehramtes“) wirken in ihrer Unvermitteltheit spaltend.[19] Einen Ausweg daraus bietet die chalcedonensische Signatur der Kirche, wie sie in der Kirchenkonstitution *Lumen gentium* (LG) entwickelt wird: „...die sichtbare Versammlung und die geistliche Gemeinschaft, die irdische Kirche und die mit himmlischen Gaben beschenkte Kirche sind nicht als zwei verschiedene Größen zu betrachten, sondern bilden eine einzige komplexe Wirklichkeit, die aus menschlichem und göttlichem Element zusammenwächst. Deshalb ist sie in einer nicht unbedeutenden Analogie dem Mysterium des fleischgewordenen Wortes ähnlich“ (LG 8). Dem in diesem Abschnitt formulierten Selbstverständnis nach, begreift sich die Kirche als die vom Geiste Christi erbaute Gemeinschaft der Glaubenden und zugleich als eine gesellschaftliche Realität, als ein soziales System. Diese beiden

17 Vgl. Knut Backhaus, „Die göttlichen Worte wachsen mit dem Leser.“ Exegese und Rezeptionsästhetik, in: Erich Garhammer / Heinz-Günther Schöttler (Hg.), Predigt als „offenes Kunstwerk“. Homiletik und Rezeptionsästhetik, München 1998, 149–167.

18 Vgl. dazu Dominik Burkard, Identität und Offenheit. Wo steht die Kirchengeschichte?, in: HK Spezial: Glaube denken. Theologie heute – eine Bestandsaufnahme, Freiburg i. Br. 2008, 28–32. Vgl. auch seinen Beitrag in diesem Band sowie den Beitrag von Nicole Priesching.

19 Vgl. Erich Garhammer, Seminaridee und Klerusbildung bei Karl August Graf von Reisach. Eine pastoralgeschichtliche Studie zum Ultramontanismus des 19. Jahrhunderts, Stuttgart 1990, 11–14.

Aspekte vereint sie in sich ungetrennt, womit einem Auseinanderfallen von göttlichem Wesen und irdischer Erscheinung gewehrt wird, und unvermischt, wodurch die Divinisierung einer empirischen Wirklichkeit kritisch ferngehalten wird. Wo die Kirchengeschichte die Intentionalität des kirchlichen Handelns zur Sprache bringt, redet sie immer auch vom Konflikt zwischen der im kirchlichen Handeln behaupteten Nachahmung des barmherzigen und gerechten Handelns Gottes und der sich konkret-geschichtlich auswirkenden Ambivalenz der kirchlich Handelnden. Die Praktische Theologie rezipiert also nicht nur kirchengeschichtliche Ergebnisse, sondern stiftet die Kirchengeschichte an, im Interesse des gegenwärtig kritischen Verhältnisses von kirchlicher Verkündigung und kirchlichem Handeln die Geschichte dieses Verhältnisses kritisch zu erheben. Wenn sich die Kirchengeschichte so versteht, dass sie die Geschichte der Kirche im kritischen Licht der Intentionalität des Evangeliums erzählt, identifiziert sie die Kirche nicht mit dem Reich Gottes, hört aber auch nicht auf, beide Größen immer neu aufeinander zu beziehen. Historische Theologie zielt dann auf die Auslegung vergangener Geschichte der Kirche und die Neugestaltung dieser Kirche in der Gegenwart. Damit wird auch die geschichtliche Beschäftigung in der Praktischen Theologie nicht zum Selbstzweck, sondern sie ermittelt ein Potential an Antworten für die schwebenden Fragen von heute und für die blockierten Situationen der gegenwärtigen Kontroversen. Dadurch bekommen gegenwärtige Konflikte eine historische Tiefendimension. Sie brauchen somit weder überbewertet noch verharmlost zu werden.[20]

20 Vgl. dazu Klaus Unterburger, Vom Lehramt der Theologie zum Lehramt der Päpste? Pius XI., die Apostolische Konstitution „Deus scientiarum Dominus" und die Reform der Universitätstheologie, Freiburg i. Br. 2010.

4.3 Der Mehrwert und die Ambivalenz von Tradition: die Kooperation mit der systematischen Theologie[21]

Der Begriff der Tradition kann durch die Unterscheidung von kulturellem und kommunikativem Gedächtnis[22] präzisiert und praktisch-theologisch operationalisiert werden. Kommunikatives Gedächtnis meint den für eine Generation überschaubaren Diskurs, der natürlich in einer Mediengesellschaft ein viel schnelleres Verfallsdatum hat; kulturelles Gedächtnis umschreibt die Anbindung der Gegenwart an einen vorausliegenden, die Gegenwart gründenden Ursprung durch feste Traditionen und Rituale. Während das kommunikative Gedächtnis die synchrone Solidarität mit den Menschen von heute sicherstellt, leistet das kulturelle Gedächtnis die diachrone Identität mit den Menschen von gestern. Tradition wird so nicht zu einer starren, sondern zu einer lebendigen Größe; sie wird, wie Gilbert Keith Chesterton es formuliert hat, zur „Demokratie für die Toten".[23] Das Mitspracherecht der Toten kann in der Kommunikationsgemeinschaft Kirche sowohl liturgisch-symbolisch (Totengedächtnis) als auch dogmatisch-diskursiv (Dogmen als Erhebung des Gedachten in das immer Denkwürdige) ausgedrückt werden. Die Prakti-

21 Vgl. dazu Jan Assmann, Das kulturelle Gedächtnis. Schrift, Erinnerung und politische Identität in frühen Hochkulturen, München 1992; Siegfried Wiedenhofer, Traditionsbrüche – Traditionsabbruch? Zur Identität des Glaubens, in: Michael von Brück/Jürgen Werbick (Hg.), Traditionsabbruch – Ende des Christentums?, Würzburg 1994, 55–76; Klaus Müller (Hg.), Fundamentaltheologie. Fluchtlinien und gegenwärtige Herausforderungen. Regensburg 1998; Bernhard Fresacher, Gedächtnis im Wandel. Zur Verarbeitung von Traditionsbrüchen in der Kirche (Salzburger Theologische Studien 2), Innsbruck/Wien 1996.

22 Vgl. Maurice Halbwachs, Das Gedächtnis und seine sozialen Bedingungen, Frankfurt a. M. 1985; ders., Das kollektive Gedächtnis, Frankfurt a. M. 1985.

23 Gilbert Keith Chesterton, Orthodoxie. Eine Handreichung für die Ungläubigen, Frankfurt a. M. 2001, 99.

sche Theologie achtet in diesem Zusammenhang auf den Mehrwert (im Sinne des noch nicht Abgegoltenen früherer Ansätze), aber auch auf die Ambivalenz (im Sinne von starren Vorschriften oder von bloßer Formelrepetition) von Tradition.

5. Pastoraltheologie als kommunikatives und kulturelles Gedächtnis[24]

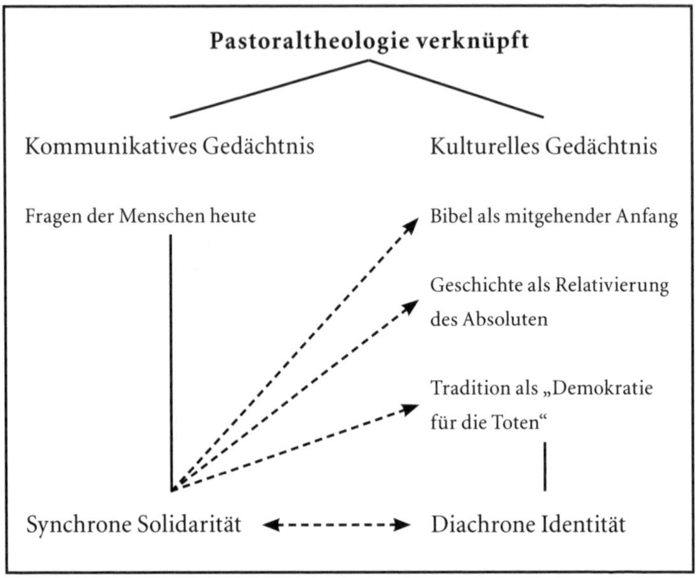

Dieser Ansatz versucht, die vorherigen Überlegungen zu bündeln und zu einem operativen Modell zu entwickeln. Die Pastoraltheologie steht qua eigenem Selbstverständnis optional auf der Seite der Menschen von heute und ihren konkreten Nöten; angesichts der globalen Herausforderungen ist eine synchrone Solidarität mit den Betroffenen optional vorran-

24 Erich Garhammer, Kulturelles und kommunikatives Gedächtnis. Überlegungen zum Selbstverständnis der Pastoraltheologie in einer Mediengesellschaft, in: ComSoc 29 (1996) 54–68.

gig. Diese Solidarität muss aber nicht beim Nullpunkt ansetzen, sondern wurzelt im kulturellen Gedächtnis der Kommunikationsgemeinschaft Kirche: Sowohl die Bibel als auch die Tradition sind Dokumente solcher erkämpfter, erlittener, erstrittener, erbeteter und auch verfehlter Solidarität. Die synchrone Solidarität ist also kein Gegensatz zur diachronen Identität, sondern aktualisiert sie. Hier wurzelt auch der sonst missverständliche Begriff des „Aggiornamento". Aggiornamento ist mehr als nur Anpassung oder Reform; es ist die Bemühung um eine neue Inkulturation der Offenbarung.[25] Pastoraltheologie ist die Kunst, dass das Gestern auch im Heute noch zündet, weil das Heute durch das Gestern nicht überwältigt wird. Die Pastoraltheologie hat dafür zu sorgen, dass uns die Tradition nicht überschattet, sondern beflügelt und erleuchtet. Sie schlägt aus der Tradition neue Funken und redet sie nicht zu, wie der von Thomas Bernhard beschriebene Kunsthistoriker, wobei der Kunsthistoriker austauschbar ist mit allen positivistischen Wissenschaftlern: „Wenn wir einem Kunsthistoriker zuhören, wird uns übel, sagte er, indem wir einem Kunsthistoriker zuhören, sehen wir, wie die Kunst, die er beschwätzt, vernichtet wird, mit dem Geschwätz des Kunsthistorikers schrumpft die Kunst und wird vernichtet. Tausende, ja zehntausende Kunsthistoriker verschwätzen und vernichten die Kunst, sagte er. Die Kunsthistoriker sind die tatsächlichen Kunsttöter, hören wir einem Kunsthistoriker zu, nehmen wir an der Kunstvernichtung teil, wo ein Kunsthistoriker auftritt, wird die Kunst vernichtet, das ist die Wahrheit."[26] Im Gegensatz dazu steht der Museumswärter Irsigler, der die Kunstwerke nicht mit Geschwätz zudeckt, sondern nur so viel sagt, dass sie den Betrachtern aufgehen. Obwohl der Muse-

25 Vgl. Guiseppe Alberigo, Art. „Aggiornamento", in: $LThK^3$ 1 (1993) 231.

26 Thomas Bernhard, Alte Meister. Komödie, Frankfurt a. M. 1985, 34f.

umswärter die Kunstwerke hütet und bewacht, steht er auf der Seite der Betrachter: Er erschließt ihnen die Kunstwerke, weil er beide liebt: die Menschen und die Kunst. Gleiches sollte auch für die Pastoraltheologie gelten.

AUSBLICKE

Frömmigkeitsgeschichte und Ästhetik

NICOLE PRIESCHING

Herz-Jesu-Verehrung

Ein Kult im Spannungsfeld von Frömmigkeit und Politik[1]

Nach Karl Rahner ist ‚Herz' ein ‚Urwort'. Es meint, so schreibt er in seinen Thesen zur Herz-Jesu-Verehrung, „die für alles andere an der menschlichen Person ursprüngliche und innerste Mitte der menschlichen Person …".[2] In dieser Bedeutung besage es „somit nicht einfachhin schon von vorne herein die Liebe."[3] Denn ein Herz könne auch lieblos und böse sein und die Liebe peripher. Dass die Wirklichkeit im Letzten Liebe sei, erfahre der Mensch „erst in der Erfahrung des Herzens des Herrn."[4] Dass die ganzmenschliche Personmitte des Herrn frei ‚Liebe für uns' sein wollte, sei gerade die unbegreifliche Erfahrung, die wir an ihm machen (und die darum mit Recht noch eigens symbolisiert wird durch die Herzenswunde, Blut und Wasser, Strahlen, Kreuz, Dornenkrone).[5]

Folgt man den Ausführungen Rahners, so bezieht sich die Herz-Jesu-Verehrung auf die innerste Mitte der Person Jesu Christi, insofern in dieser das Wesen Gottes ansichtig wird, der, wie es im ersten Johannesbrief (1 Joh 4,8) heißt, die Liebe ist. In diesem Beitrag möchte ich nun die Geschichte der Herz-

1 Der vorliegende Beitrag stellt die leicht überarbeitete Fassung meiner Antrittsvorlesung dar, die ich am 15. Juni 2010 an der Katholisch-Theologischen Fakultät der Westfälischen-Wilhelms-Universität in Münster gehalten habe.

2 Karl Rahner, Einige Thesen zur Theologie der Herz-Jesu-Verehrung, in: Josef Stierli, Cor Salvatoris. Wege zur Herz-Jesu-Frömmigkeit, Freiburg i. Br. 1954, 166–199, hier: 169.

3 Ebd., 169.

4 Ebd., 170.

5 Ebd., 169 f.

Jesu-Verehrung im Spannungsfeld von Frömmigkeit und Politik näher beleuchten. Es soll also nicht um eine systematisch-theologische Reflexion darüber gehen, was im Herz-Jesu-Kult eigentlich verehrt wird, ob es dabei zum Beispiel um das zentrale Organ allein der Menschennatur Jesu Christi geht, wie der Jesuitenpater Joseph Francois Gallifet im 17. Jahrhundert meinte, oder um die Personenmitte Jesu Christi, in der die Einheit von göttlicher und menschlicher Natur offenbar wird, wie der Jesuitenpater Karl Rahner im 20. Jahrhundert lehrte. Die Geschichte der Herz-Jesu-Verehrung soll vielmehr als Beispiel dafür dienen, wie ein Kult aufgrund bestimmter religiöser Bedürfnisse in einem bestimmten historischen Kontext entsteht und sich mit der Veränderung dieses Kontextes weiterentwickelt. Dass er im Verlauf dieser Entwicklung auch für kirchliche und politische Interessen instrumentalisiert werden kann, liegt auf der Hand. Es könnte sogar sein, dass ein Kult das äußere Interesse gerade dann besonders auf sich zieht, wenn er erfolgreich ist, und dass die Indienstnahme durch äußere Interessen umgekehrt zur Erfolgsgeschichte eines Kults entscheidend beiträgt. Frömmigkeit ist sowohl Ausdruck religiöser Erfahrung als auch Gegenstand politischer Lenkung. Die Theologie versuchte die Entwicklungen auf dem Felde des gelebten Glaubens zumeist im Nachhinein reflexiv einzuholen, wobei zu beachten ist, dass viele ihrer Vertreter zum Teil recht eindeutig für bestimmte kirchenpolitische Lager Partei ergriffen und die gedankliche Begründung zur Reglementierung religiöser Praktiken zu liefern suchten. Frömmigkeitsgeschichte ist insofern mehr als nur eine Ansammlung volksfrommer Anekdoten und theologisch belangloser Praktiken, von schwärmerischen Übertreibungen und sonderbaren Bräuchen an der Grenze zum Aberglauben. Sie ist Kirchengeschichte im Sinne einer ‚Geschichte des geglaubten Gottes', wobei Kirche als ‚Volk Gottes' alle Gläubigen einschließt, d.h.

sie will nicht nur die Geschichte einzelner herausragender Mystiker sein.[6] Sie ist darüber hinaus Kulturgeschichte im Sinne einer ‚histoire totale', da sie letztlich alle Kategorien der Verortung historischer Ereignisse und Entwicklungen einbezieht.[7] Jede Form religiöser Praxis muss daher in möglichst umfassender Weise in ihre jeweiligen kulturellen Kontexte eingeordnet werden, wobei die jeweils vorhandenen bewussten wie unbewussten kognitiven Gehalte zu berücksichtigen sind.[8]

Im Folgenden soll die Geschichte der Herz-Jesu-Verehrung in einer longue durée skizziert werden, wobei ein Schwerpunkt auf Margareta Alacoque liegt, da sich die Herz-Jesu-Verehrung mit ihr und nach ihr entscheidend verändert hat.

6 Andreas Holzem, Die Geschichte des „geglaubten Gottes". Kirchengeschichte zwischen „Memoria" und „Historie", in: Andreas Leinhäupl-Wilke / Magnus Striet (Hg.), Katholische Theologie studieren: Themenfelder und Disziplinen (Münsteraner Einführungen: Theologie, Bd. 1), Münster / Hamburg / London 2000, 73–103.

7 Bei der Kulturgeschichte geht es nicht nur um eine Erweiterung der Sozialgeschichte, sondern um eine „‚Kulturwissenschaft' in historischer Absicht" (Otto Gerhard Oexle, Geschichte als historische Kulturwissenschaft, in: Wolfgang Hardtwig / Hans-Ulrich Wehler (Hg.), Geschichte und Gesellschaft, Sonderheft 16: Kulturgeschichte heute, Göttingen 1996, 16–41, hier: 21). Sie bezieht methodisch wichtige Impulse aus den Schriften von Max Weber, Georg Simmel, Emile Durkheim, Aby Warburg u. a. So ist ‚Kultur', „wie auch Simmel erläutert, das Ganze, die ‚Totalität', also die Gesamtheit der Hervorbringung des Menschen auf Gebieten des Lebens, die dann immer wieder aufs Neue transformiert und umgedeutet, verstanden oder missverstanden, angeeignet oder abgelehnt werden" (ebd., 25 mit Bezug auf Georg Simmel, Philosophie des Geldes, Vorrede). Einen guten Überblick über kulturgeschichtliche Ansätze bietet Ute Daniel, Kompendium Kulturgeschichte. Theorien, Praxis, Schlüsselwörter, Frankfurt a. M. [5]2006.

8 Auf die Bedeutung unbewusster kognitiver Gehalte wird methodisch besonders in der Mentalitätsgeschichte reflektiert. Bei den Mentalitäten geht es um Einstellungen, die sich unmittelbar im alltäglichen Lebensvollzug äußern. Die religiöse Praxis verweist insofern auf die praktische Seite zweck- und wertrationale Einstellungen. Vgl. Volker Sellin, Mentalität und Mentalitätsgeschichte, in: Historische Zeitung 241 (1985), 555–598. Bei Sellin fehlt allerdings eine Einbeziehung von ‚Gefühlen' in die Mentalitätsgeschichte.

An ihrem Beispiel wird besonders deutlich, wie sich vor dem Hintergrund einer bestimmten religiösen Erfahrung eine Verehrungspraxis entfaltet. Die weiteren Ausführungen konzentrieren sich dann vor allem auf die Ausgestaltung und instrumentelle Verwendung des Kultes im Dienste kirchlicher und politischer Interessen.

1. Die Vorgeschichte: Herz-Jesu-Frömmigkeit bis Margareta Alacoque

Das Herz als Quelle der Erkenntnis begegnet bereits bei den Kirchenvätern, wobei die am Kreuz geöffnete Seitenwunde Jesu als ‚Fons vitae' (Quelle des Lebens) meditiert worden ist.[9] Von Origenes (ca. 185–254) stammt die Deutung, wonach der Apostel Johannes „im Innersten des Herzens Jesu (in principali cordis Jesu) geruht haben soll."[10]

Die biblische Grundlage der Herz-Jesu Verehrung besteht vor allem in der Verehrung der Seitenwunde Christi, beigebracht durch die Lanze des Longinus, die nach verbreiter Auffassung bis ins Herz vorgedrungen sei.[11]

9 Hugo Rahner, Anfänge der Herz-Jesu-Verehrung in der Väterzeit, in: Stierli, Cor Salvatoris (s. Anm. 2) 46–72.

10 Zitiert nach Walter Baier, Brennpunkte mittelalterlicher Herz-Jesu-Frömmigkeit, in: Leo Scheffczyk (Hg.), Christusglaube und Christusverehrung. Neue Zugänge zur Christusfrömmigkeit, Aschaffenburg [2]1982, 100–123, 103.

11 Longinus soll dem Nikodemusevangelium nach der römische Soldat gewesen sein, der nach Joh 19,34 mit einer Lanze die Seite Jesu durchstach. Nach griechischer Überlieferung sei er später Bischof in Kappadozien geworden, habe gepredigt und in Cäsarea unter Pilatus enthauptet worden. In der volkstümlichen Weiterbildung der Legende wurde Longinus mit dem Centurio Kornelius kontaminiert. Nach der Legende des Josef von Arimathäa soll er das Blut Christi in einem Kelch aufgefangen und nach Mantua gebracht haben. Mit der Popularität des Kultes des heiligen Blutes stieg auch

„Ein zentrales Element der Ikonographie des Gekreuzigten seit der Spätantike bis in die Reformationszeit hinein“ bildete „das aus der Seitenwunde Christi ausströmende Blut.“[12] Die beiden folgenden Abbildungen zeigen zwei Kreuzzugsdarstellungen, die eine (Abb. 1) ist 586 n. Chr. in Mesopotamien entstanden (Kreuzigung und Frauen am Grabe, Rabula-Codex) und die andere (Abb. 2) um 1554 von Lucas Cranach d. Älteren (Kreuzigung, Stadtkirche Weimar):

Abb. 1

Abb. 2

Bei der Betrachtung dieser beiden Kreuzigungsdarstellungen lässt sich feststellen, dass das Herz des Erlösers – aller anatomischen Kenntnisse zum Trotz – rechts dargestellt wurde – was völlig angemessen ist, wenn man bedenkt, dass nach Mt 25 die Erlösten beim Endgericht auch auf der rechten Seite sitzen.

die seine (Leander Petzoldt, Longinus von Cäsarea, in: Lexikon der christlichen Ikonographie 7 [1974] 410 f.).

12 Wilhelm Geerling, Rechts, wo das Herz sitzt. Die Kirche aus der Seitenwunde Christi, 89–106, in: Wilhelm Geerling/Andreas Mügge (Hg.), Das Herz – Organ und Metapher, Paderborn 2006, 90.

In anderen Darstellungen wird der Blutstrahl häufig in einem Kelch aufgefangen, was vor allem als Hinweis auf den eucharistischen Kelch zu deuten ist. Bereits hier kündigen sich erste Verbindungen zwischen einer Herz-Jesu-Verehrung und eucharistischer Frömmigkeit an.

Im Mittelalter entwickelte sich eine spezifische Herz-Jesu-Mystik. Für Hildegard von Bingen war das Herz sowohl Sitz der Erkenntnis und als auch Sitz der Seele.[13] In den Predigten des Bernhard von Clairvaux (1090–1153) findet sich die Bedeutung der Herzenswunde als größte Offenbarung der Liebe.[14] Einen Höhepunkt erlebte die Herz-Jesu-Mystik im ausgehenden 13. Jahrhundert im Zisterzienserinnenkloster Helfta bei Eisleben bei Frauen wie Mechthild von Magdeburg und Gertrud von Helfta (1256–1302).[15]

13 Irmgard Müller / Christian Schulze, Das Herz als anatomisches und theologisches Thema im Mittelalter, in: Geerling / Mügge (Hg.), Das Herz – Organ und Metapher (s. Anm. 12) 133–148, hier: 143: „ …, weil ja im Herzen das Denken des Menschen geordnet und der Wille gehütet wird." (Hildegard von Bingen, Scivias. Wisse die Wege, hg. v. Adelgundis Führkötter, Turnhout 1978).

14 In der 61. Predigt über das Hohelied 2,13: „Ich aber eigne mir aus dem Herzen des Herrn getrost alles an, was mir persönlich fehlt, weil es von Barmherzigkeit überquillt und die Öffnungen nicht fehlen, aus denen sie hervorquillt … Die Schleier seines Herzens sind durch die Wunden seines Leibes gelüftet. Offen liegt das große Geheimnis seiner Liebe. Offenbar ist das tiefinnerste Erbarmen unseres Gottes, womit uns der Aufgang aus der Höhe heimgesucht hat (Lk 1,27)." Zitiert nach Reinhold J. Dessl O. Cist., Die Herz-Jesu-Verehrung in Oberösterreich im 18. und 19. Jahrhundert: Etappen der kirchlichen Integration einer Frömmigkeitsform, in: Jahrbuch des Oberösterreichischen Musealvereins 132 (1987) 81–136, hier: 83 f.

15 Vgl. Mechthild von Magdeburg: Das fließende Licht der Gottheit, hg. von Gisela Vollmann-Profe, Frankfurt a. M. 2003; Gertrud von Helfta (1256–1301/02), Das zweite Buch des „Gesandten der göttlichen Liebe", in: Johanna Lanczkowski (Hg.), Mystische Texte des Mittelalters, Stuttgart 1988, 134–178. Zur Einführung: Alois Haas, Gottleiden-Gottlieben. Zur volkssprachlichen Mystik im Mittelalter, Frankfurt 1989.

Zu Beginn des 16. Jahrhunderts erlebten die Werke der Klosterfrauen von Helfta durch die Kartäuser von St. Barbara in Köln eine Renaissance. Der Jesuit Petrus Canisius (1521–1597), Schüler des Kölner Kartäusers Johannes Justus von Landsberg (1490–1539), trug bis zu seinem Tode ein kleines Heftchen mit Herz-Jesu-Gebeten der Mechthild von Hackeborn bei sich.[16] Von der Kölner Kartause geht die Traditionslinie auch über Ludwig Blosius (1506–1566)[17] zu Franz von Sales (1567–1622)[18], dessen ganze Frömmigkeit stark vom Geheimnis des Herzens Jesu durchdrungen war. Franz von Sales prägte damit den von ihm gemeinsam mit Franziska von Chantal (1572–1641) 1610 gegründeten Orden der Salesianerinnen.[19]

Damit sind wir schon bei Margareta Maria Alacoque angelangt. Sie trat 1671 in den Orden der Salesianerinnen ein. Mit ihr erfuhr die Herz-Jesu-Verehrung eine entscheidende Wende. Erst mit ihr begann nämlich die Entwicklung des Herz-Jesu-Kultes zur Volksandacht mit ihren sozialen und politischen Implikationen. Es ist deshalb notwendig, auf das Spezifische ihrer Verehrung des Herzens Jesu näher einzugehen, bevor die Entwicklung des Kultes im Spannungsfeld von Frömmigkeit und Politik näher beschrieben werden soll.

16 Dessl, Herz-Jesu-Verehrung (s. Anm. 14) 84.

17 François-Louis de Blois (auch Ludwig Blosius) war ein französischer Benediktiner, Reformator des Benediktinerordens und mystischer Dichter, der auch unter dem Pseudonym Dacrianus publizierte. Er entstammte einer bedeutenden flämischen Adelsfamilie und wurde gemeinsam mit Karl V. in den Niederlanden erzogen. 1530 wurde er Abt des Klosters Liessies, wo er bis zu seinem Tode blieb (Friedrich Wilhelm Bautz, Louis de Blois, in: BBKL 1 (1975) Sp. 625–626).

18 Josef Stierli, Die Herz-Jesu-Verehrung vom Ausgang der Väterzeit bis zur hl. Margareta M. Alacoque, in: Ders., Cor Salvatoris (s. Anm. 2) 73–136, hier: 116. Zu Franz von Sales: Etienne-Jean Lajeunie, Franz von Sales. Leben – Lehre – Werk, Eichstätt ^{2}1980. Zusammen mit Franziska von Chantal gründete er 1610 die Ordensgemeinschaft der Schwestern von der Heimsuchung Mariens, heute auch Salesianerinnen genannt.

19 Dessl, Herz-Jesu-Verehrung (s. Anm. 14) 84f.

2. Die Herz-Jesu-Verehrung der Margareta Alacoque (1647–1690)

Margareta Maria Alacoque wurde am 22. Juli 1647 in einem burgundischen Dorf als Tochter eines königlichen Richters und Notars geboren.[20] Sie war acht Jahre alt, als ihr Vater starb und ihre Mutter mit fünf Kindern zurückblieb. Sie bekam eine Krankheit – man kann heute nicht mehr genau sagen welche[21] – , die sie vier Jahre ans Bett fesselte. Die Ärzte konnten ihr nicht helfen und so setzte sie ihre ganze Hoffnung auf den helfenden Beistand Jesu und Mariens. In mittelalterlicher Manier legte das Mädchen das Gelübde ab, sich als geistliche Tochter unter den Schutz Mariens zu begeben, wenn sie geheilt würde. Dahinter stand die Auffassung von Krankheit als Strafe Gottes für begangenes Unrecht, in letzter Konsequenz für die Schuld Adams. Und tatsächlich trat eine Besserung ein. Bestärkt von diesem Erfolg fing die 13jährige an, täglich zwei Stunden mit „Betrachtungen" zu verbringen. Besondere Freude erfuhr sie beim Empfang der hl. Kommunion. Schließlich fing sie mit sogenannten Abtötungen an, d. h. sie fastete dreimal pro Woche, schlief auf hartem Boden und kasteite sich mit diversen Bußwerkzeugen. Damit drohten nun freilich neue Gefahren für ihre Gesundheit. Ihre besorgte Mutter drängte sie zur Heirat. Sie schwankte, wodurch sich der zwanghafte Hang zur Selbstkasteiung aber noch weiter steigerte und schließlich darin gipfelte, dass der jungen Frau Christus in einer Vision erschien und ihr mitteilte, ihre Eitelkeiten hätten zu seiner – Christi – Geißelung beigetragen. Christus begeg-

20 Ihr Vater war Claudius Alacoque, die Mutter hieß Philiberta Lamyn. Sie hatte vier Brüder. Zu ihrer Biographie siehe: M. Strom, Leben der ehrwürdigen Schwester Margaretha Maria Alacoque und das allerheiligste Herz Jesu, Köln / Neuß 1864, 1.

21 In den Quellen heißt es nur „eine Art Gicht".

nete ihr mit Vorwürfen, die ihr „wie brennende Pfeile das Herz durchbohrten“, wie sie später schrieb. Sie entschloss sich, Nonne zu werden.[22]

Am 25. Mai 1671 trat sie in das von Franz von Sales gegründete Haus der Heimsuchung Mariä zu Parai-le-Monial ein.[23] Hier entwickelte sich ihr asketisches und visionäres Leben weiter. Christus erschien ihr nun fortwährend und lenkte in ihrer Wahrnehmung ihre Schritte. Dabei spielte das „Herz“ als geistige und leibliche Mitte des Menschen in den Visionen eine große Rolle. So diktierte ihr Christus einmal beim Empfang der hl. Kommunion, was er von ihr im Kloster erwartete:

> „Schau hier die Wunde meiner Seite, auf dass du darin für nun und immer deine Wohnung aufschlagest; hier kannst du das Kleid der Unschuld rein bewahren, womit ich Deine Seele geschmückt habe. Du sollst von jetzt an das Leben des Gottmenschen leben, sollst leben, als lebtest Du nicht, damit Ich vollkommen in Dir lebe; sollst an deinen Leib und Alles , was ihn betrifft , nicht anders denken, als wäre er nicht mehr da. Dazu müssen alle Deine Kräfte und Sinne begraben sein in Mir, du musst taub, stumm und blind für alles Irdische sein. Du musst wollen, als wolltest du nicht, ohne Verlangen, ohne eigenes Urteil, ohne Zu- oder Abneigung, ohne andern Willen, als mir zu gefallen; das muss deine ganze Seligkeit ausmachen... Lieben und blindlings leiden, sei dein Wahlspruch. Nur ein Herz, nur eine Liebe, nur ein Gott!“[24]

Noch in mittelalterlicher Tradition erfolgt der Hinweis auf das Herz Jesu über die Seitenwunde. Die Aufgabe des eigenen Willens nach der Maxime „du musst wollen, als wolltest du nicht, ohne Verlangen“ erinnert zwar an das geistliche Prinzip der Indifferenz bei Ignatius von Loyola, gehörte aber zum Standardrepertoire der Mystik.

22 Strom, Leben der ehrwürdigen Schwester Margaretha Maria Alacoque (s. Anm. 20) 1–21, hier: 20.

23 Ebd., 31.

24 Ebd., 41f.

Die erste Offenbarung in Sachen Herz Jesu erfuhr Alacoque zwei Jahre nach ihrer Profess.[25] Darin vernahm sie die Forderung Jesu, ihm ihr Herz zur Verfügung zu stellen. Dann stellte er ihr Herz in Seines, so dass sie durch seine Seitenwunde in dieses hineinschauen konnte. Zuletzt gab er ihr ihr Herz zurück, welches nun aus einer herzförmigen Flamme bestand.[26]

So beschrieb sie ihre ekstatische Erfahrung. Die *unio mystica* mit Gott wird dabei als Vereinigung mit dem Herzen Jesu gedeutet. Das Motiv der „Herzschenkung“ ist sowohl aus der Minnelyrik wie der Mystik bekannt. Der Hinweis auf die Seitenwunde bettet diese Vision zudem in die mittelalterliche Passionsfrömmigkeit ein.

Auch die Verehrung eines Bildes des Herzens Jesu war an sich nichts Neues. Sie findet sich ebenfalls bereits im Mittelalter, wobei in den entsprechenden Darstellungen das Herz aber zumeist zusammen mit den vier Wunden dargestellt worden ist.[27]

Doch während in der mittelalterlichen Passionsfrömmigkeit die Gestalt des passiven, leidenden Herrn dominiert, wird bei Alacoque dem Herzen Jesu nun eine aktive Rolle zuteil, insofern es als Zentrum der Flammen seiner Liebe vorgestellt wird. Dieses Bild ist neu und wird sich später auch in einer neuen Ikonographie zum Herz Jesu niederschlagen.[28]

25 „Mein Herz ist so erfüllt von Liebe zu den Menschen und zu dir insbesondere, dass Es Seine Liebesflammen nicht länger in Sich zu verschließen vermag; Es muss sie durch deine Vermittlung ausströmen, und Sich den Menschen kundtun, um sie mit den Schätzen zu bereichern, die Es enthält. Ich mache Dich mit dem Werte dieser Schätze bekannt: es sind die heilenden und heiligenden Gnaden, die allein die Menschen aus dem Abgrunde des Verderbens zu retten vermögen.“ (Ebd., 90).

26 Ebd., 91.

27 Dessl, Herz-Jesu-Verehrung (s. Anm. 14) 87.

28 Der grundlegende Beitrag zur Frage, was „neu“ an den Visionen Alacoques war, ist: Anna Coreth, Voraussetzungen zur Aufnahme der „neuen“ Herz-Jesu-Verehrung in Österreich vor 1700, in: Karl Amon/Bruno Primetsho-

Berühmt ist ihre Bildvision aus dem Jahr 1674. Darin sah Alacoque das Herz Jesu auf einem flammenden Thron, mit der Dornenkrone umgeben und von einem Kreuz überragt. Christus wünschte, unter dem Bild seines leiblichen Herzens verehrt zu werden und versprach allen dafür reiche Gnaden.[29]

Nach einer weiteren Vision aus dem Jahr 1674 erschien Christus mit den fünf Wundmalen, die wie fünf Sonnen leuchteten. Dabei stand jedoch der ganze Herr in Flammen. Er beklagte sich über den Undank der Menschen und forderte sie auf, Sühne zu leisten für die Sünder. Diese Sühne schloss den häufigen Empfang der hl. Kommunion sowie die Teilhabe am Todesleiden Christi in der Nacht von Donnerstag auf Freitag ein.[30]

Bedeutsam ist die Vision vom 21. Juni 1675, in der sie aufgefordert wird, die Andacht des heiligsten Herzens Jesu einzuführen. Ganz im Sinne mittelalterlicher Überlieferung stand ihr das Bild vor Augen, wie der Speer des Longinus die Seite Jesu durchbohrte – bis in sein Herz, aus dem Blut und Wasser herausflossen. Die Verehrung sollte dem Herzen, das durchbohrt und dann verklärt im Himmel wohnt, gelten.[31]

In der letzten Offenbarung (im Jahr 1675) erging schließlich der Auftrag Jesu, dass am ersten Freitag nach der Fronleichnamsoktav ein Fest zur Verehrung seines heiligsten Herzens eingesetzt werde zur Sühne für den unehrenhaften Umgang mit dem Altarsakrament.[32]

Was war also das Neue dieser Herz-Jesu-Frömmigkeit?

fer / Karl Rehberger / Gerhard Winkler / Rudolf Zinnhobler (Hg.), Ecclesia Peregrinans. Josef Lenzenweger zum 70. Geburtstag, Wien 1986, 223–237.

29 Dessl, Herz-Jesu-Verehrung (s. Anm. 14) 87.

30 Ebd.

31 Ebd., 110 f.

32 Ebd., 87. Für die Frömmigkeitspraxis wurden im Namen Jesu also folgende Forderungen erhoben: 1. Die Freitage sollten der Verehrung des heiligsten Herzens geweiht sein. Daraus leitete sich später der Brauch ab, an Herz-Jesu-Freitagen zur Sühnekommunion zu gehen. 2. Am ersten Freitag nach

Vor allem zwei entscheidende neue Merkmale wurden eingeführt: Der Aspekt der Sühne und die Forderung nach einer allgemeinen Volksandacht. Im Unterschied zur Herz-Jesu-Verehrung der mittelalterlichen Mystiker sollte diese Form der Herz-Jesu-Verehrung für alle Menschen gelten. Damit war ein kirchenpolitisches Programm geboren.[33] Mit der Aufforderung, sie solle jeden ersten Freitag des Monats kommunizieren, wird die Herz-Jesu-Verehrung mit einer eucharistischen Frömmigkeit verbun-

der Fronleichnamsoktav soll ein eigenes Fest zur Verehrung des Herzens Jesu eingesetzt werden.

33 Neben der Herz-Jesu-Verehrung in der Tradition von Alacoque gab es auch theologische Impulse durch ihren Zeitgenossen Jean Eudes (1601–1680), der unabhängig von ihr und sogar etwas früher in seiner von ihm gegründeten Weltpriesterkongregation der „Eudisten" 1671 die Feier zum Herz Jesu einführte. Der Impuls für diese Frömmigkeit kam für Eudes von den französischen Oratorianern, einer 1611 von Pierre de Berulle gegründeten Priesterkongregation, der er angehört hatte, bevor er 1643 seine eigene Kongregation gegründet hatte. Berulle hatte bereits großen Wert darauf gelegt, in der mystischen Versenkung das Innenleben Christi zu erkunden und sich in diesem Sinne für ein eigenes Herz-Jesu-Fest eingesetzt (Norbert Busch, Katholische Frömmigkeit und Moderne. Die Sozial- und Mentalitätsgeschichte des Herz-Jesu-Kultes in Deutschland zwischen Kulturkampf und Erstem Weltkrieg, Gütersloh 1997, 40). Das auf diese Weise eingeführte Herz-Jesu-Fest – erst bei den Oratorianern dann bei den Eudisten – wurde jedoch von der Umwelt nicht als etwas Neues wahrgenommen. Die kirchliche Liturgie in Frankreich wurde im 17. Jahrhundert regelmäßig mit neuen Offizien erweitert. Zudem blieb die Praxis auf den Kreis der Eudisten beschränkt. Wie Alacoque nahm auch Eudes Einflüsse der Salesianer auf, nämlich das Herz als Sinnbild der Liebe Christi. Darüber hinaus verband er mit dem Herz die auf Berulle zurückgehende Metapher des jesuanischen Innenlebens. Seine Innovationsleistung bestand in der Synthese dieser beiden Einflüsse. Es dauerte allerdings bis in das 20. Jahrhundert (Eudes wurde 1909 selig- und 1925 heiliggesprochen), dass Eudes hinter dem Schatten von Alacoque hervortrat, als deren Vorläufer, verhaftet noch in der mittelalterlichen Herzens-Mystik er galt. Wirkungsgeschichtlich bedeutsamer wurde zunächst der Herz-Jesu-Kult in seiner Verbindung mit den Visionen Alacoques. So zählte Eudes für den Jesuiten Hermann Josef Nix im Jahre 1888 noch zu den späten Ausläufern der mittelalterlichen Herzens-Mystik (ebd.).

den.[34] Die Förderer des Herz-Jesu-Kultes wurden später deshalb auch die Förderer des häufigen Kommunionempfangs.

3. Das 17. und 18. Jahrhundert: Die langsame Verbreitung des Kultes und sein Aufstieg zum (kirchen-)politischen Symbol

Die ersten Anhängerinnen der Herz-Jesu-Verehrung fand Margareta Alacoque in einigen Mitschwestern ihres Klosters.[35] Über die Oberin Franziska von Saumaise des Klosters von Parai-le-Monial (bis 1678) kam die Andacht auch in die Klöster von Moulins und Dijon.[36] Dennoch blieb die Andacht in diesen Klöstern nur eine Sache von Einzelnen.

Spürbaren Aufwind bekam Margaretas Anliegen erst im Jahre 1675, als der Jesuitenpater Claude de la Colombiere nach Parai geschickt wurde, um den dortigen Jesuiten als Rektor vorzustehen.[37] Als ihr Beichtvater ermutigte er sie, ihre Visionen aufzuschreiben. Nach seinem Tod 1682 wurde der 26jährige Pater Jean Croiset (1656–1738) ihr Beichtvater. Als Regens im Jesuitenkolleg von Lyon nahm er die Andacht zum Herzen Jesu in seine Unterweisungen auf. Ein Jahr nach dem Tode Margaretas (1690) brachte Croiset sein Buch „La devotion au Sacre Coeur de Notre Seigneur Jesus Christ“

34 Vgl. Dessl, Herz-Jesu-Verehrung (s. Anm. 14), 92f.

35 So entwickelte zum Beispiel Schwester Deselures eine besondere Andacht zum Herzen Jesu.

36 So führte Oberin Saumaise die Andacht in Moulins ein, wo sie von 1678–1681 Oberin war. 1686 führte sie dann die Andacht offiziell in Dijon ein (Strom, Leben der ehrwürdigen Schwester Margaretha Maria Alacoque [s. Anm. 20] 222f).

37 Nun sah sie in einer Vision zwei Herzen im Feuer des Herz Jesu und deutete diese zwei Herzen als das ihrige und das des Paters Colombiere (ebd., 105).

(1691) heraus, zusammen mit einer Skizze über das Leben Alacoques und ihre Visionen. Die zweite Ausgabe von 1694 kam 1704 auf den römischen Index, was seine Verbreitung jedoch nicht aufhielt. Schließlich ist noch der Jesuit Joseph François Gallifet[38] zu erwähnen, der von seinem Beichtvater P. de la Colombière in die Herz-Jesu-Frömmigkeit eingeführt worden war. Nachdem er 1690 von einer tödlichen Infektion genesen war, weihte er sein Leben der Ausbreitung dieser Andacht. Sein Aufstieg zum Provinzial und schließlich zum Assistenten des Jesuitengenerals in Rom eröffnete ihm hierfür wichtige Kontakte. 1726 erschien in Rom sein Buch „De cultu sacrosancti Cordis Dei ac Domini Nostri Jesu Christi" mit einer Widmung an Benedikt XIII.[39] Mit

38 Gallifet, 1678 in die SJ eingetreten, hatte 1680 in Lyon P. Colombière zum Seelenführer. Von ihm erhielt er die erste Einführung in die Herz-Jesu-Frömmigkeit. Als er 10 Jahre später an einer lebensbedrohlichen Krankheit litt, machte Croiset im Namen von Gallifet das Gelübde, dieser werde im Fall seiner Heilung sein Leben der Ausbreitung der Herz-Jesu-Verehrung weihen. Gallifet erholte sich und betrachtete das Gelübde als verpflichtend. Er wurde Provinzial und später Assistent des Generals. Gerade seine römische Zeit öffnete ihm Wege zur Verbreitung der Herz-Jesu-Andacht (vgl. ebd.).

39 „Der schwächste Teil" dieser Abhandlung „ist wohl die psychologische Darstellung mit der unhaltbaren These, dass das leibliche Herz Sitz und Zentrum des emotionalen Lebens sei" (Josef Stierli, Die Entfaltung der kirchlichen Herz-Jesu-Verehrung in der Neuzeit, in: ders., Cor Salvatoris [s. Anm. 2] 137–165, hier: 159). Für ihn ist das Herz das mit Leben gefüllte Zentralorgan der Menschheit Christi (Huberto Reifenhäuser M. S. C., Der Kult des Gottesherzens. Zur ersten von P. Josef de Gallifet, S. J. verfassten Herz-Jesu-Theologie. Historisch-theologische Studie, Rom 1965, 42). Zugleich erfährt der Mensch das Herz als in der Mitte des Leibes befindlich, wo er die Reaktionen der Seele spürt. Das Herz sei geradezu mitschaffendes Organ der sensitiven Liebe (ebd., 44f.). Nicht nur das Herz spricht auf die Liebe an, sondern umgekehrt auch die Liebe auf das Herz. Nach Gallifet wirkt das organische Herz somit auf die Liebe und die seelischen Regungen ein. Er sieht sich zu dieser These veranlasst, da nur so der Zusammenschluss von körperlichen und geistlichen Element zu einer Einheit zu denken sei (ebd., 55). Herz meint bei Gallifet also keine nachträgliche Zusammensetzung von Herz und Geist, sondern die im Leib sich offenbarende

diesem Buch wollte Gallifet dem Kult einen dogmatischen Unterbau geben.[40]

Wie Croiset bekam er in Rom jedoch eine ablehnende Haltung zu spüren. Auch sein Werk kam auf den Index, was der damalige Ordensgeneral Thyrus Gonzales zu verantworten hatte.[41] Auch seine Gesuche um die Einführung des Festes in den Jahren 1726–1729 scheiterten. Prospero Lambertini, der unter Benedikt XIII. als „Promotor fidei“ über neue Andachtsformen entschied begründete die Ablehnung mit der Sorge Roms, „der Kult des Herzens Jesu könne (…) alle nur von einer frommen Phantasie erfindbaren weiteren Feste involvieren, zu der Seite, den Augen oder der Zunge des Herrn“. Außerdem bedürfe es einer genaueren Prüfung der Alacoqueschen Privatoffenbarungen.[42]

Erst 1765 wurde auf eine Bittschrift der polnischen Bischöfe hin unter Klemens XIII. die Feier des Herz-Jesu-Festes mit eigener Messe und eigenem Offizium erlaubt, zunächst aber nur für Polen und den Heimsuchungsorden.[43]

Doch trotz der skeptischen Haltung Roms fand der Herz-Jesu-Kult allmählich Verbreitung. Zur liturgischen Feier des Herz-Jesu-Festes wurden bald Bruderschaften gegründet, die diese Feier als Titularfest einführten. 1726 zählte man bereits mehr als 300 solcher Bruderschaften.[44]

Was die Verbreitung der Herz-Jesu-Verehrung in den deutschen Ländern betrifft, so spielen zwei Faktoren eine Rolle. Zum einen die Abwehr jansenistischen Gedankenguts. So

ganzmenschliche Wesenseinheit (ebd., 57). Demgegenüber spielt das Herz als Symbol eine untergeordnete Rolle (ebd., 59).

40 Ebd., 26.

41 Busch, Katholische Frömmigkeit und Moderne (s. Anm. 33), 50 f.

42 Zitiert nach ebd., 51.

43 Dessl, Herz-Jesu-Verehrung (s. Anm. 14) 88.

44 Strom, Leben der ehrwürdigen Schwester Margaretha Maria Alacoque (s. Anm. 20) 226.

griffen die jesuitischen Niederlassungen zu Beginn des 18. Jahrhunderts in den deutsch-französischen Grenzgebieten, an Rhein und Mosel, die Herz-Jesu-Frömmigkeit auf, da dort ein Übergreifen jansenistischer Ideen am ehesten befürchtet wurde und man die Gläubigen hiergegen immunisieren wollte.[45] Verstärkte Bemühungen diesbezüglich lassen sich in Trier zwischen 1708 und 1736 nachweisen.[46]

Zum anderen spielten Frauenorden und -kongregationen bei der Verbreitung eine große Rolle. Eine Schlüsselrolle kommt vermutlich den Ursulinen zu, die ihre Klosterkirche in Düsseldorf dem Herz Jesu weihten und dort 1709 eine entsprechende Bruderschaft gründeten.[47] Wichtig für den österreichischen Raum wurden die Linzer Ursulinen. „1744 übernahm Mutter Maria Anna Carolina (gest. 1756), geborene Gräfin von Thürheim, die Leitung des Hauses."[48] Mit Hilfe des Jesuitenpaters Adam Kögl gelang es ihr 1745, das Herz-Jesu-Fest in ihrem Haus einzuführen.[49] Noch im selben Jahr wurde in der Linzer Ursulinenkirche ein eigener Herz-Jesu-Altar errichtet. Eine eigene Herz-Jesu-Bruderschaft wurde gegründet. Parallel entstand im Ursulinenkloster in Wien eine Herz-Jesu-Bruderschaft. Die Ursulinen überholten damit die Jesuiten, die erst 1768 ein Herz-Jesu-Bild für die Linzer Jesuitenkirche ankauften.[50] Bis 1786 wurde das Herz-Jesu-Fest bei den Ursulinen ordnungsgemäß gefeiert und strahlte von hier in die Umgebung aus.[51]

45 Busch, Katholische Frömmigkeit und Moderne (s. Anm. 33) 55.

46 Ebd., 56.

47 Ebd., 57.

48 Dessl, Herz-Jesu-Verehrung (s. Anm. 14) 96. Ferner: Rudolf Ardelt, Geschichte des Ursulinenklosters zu Linz, in: Historisches Jahrbuch der Stadt Linz (1975) 219–306.

49 Ebd.

50 Dessl, Herz-Jesu-Verehrung (s. Anm. 14) 102.

51 Ebd., 99.

Besonders die Jesuiten, wenn auch nicht sie allein, spielten für die Verbreitung des Kultes eine große Rolle. Dieser Eifer hatte gute Gründe, wie Norbert Busch ausgeführt hat: „Die Offenbarungen Alacoques entsprachen den Grunddeterminanten der optimistisch ignatianischen Anthropologie und kamen den pastoralen Praktiken des Ordens entgegen.“[52] Der Herz Jesu Kult eröffnete den Gläubigen die Möglichkeit, aus eigenem Willen einen Beitrag zur Sicherung des ewigen Heils zu leisten. Buße und Eucharistie gehörten zum offiziellen kirchlichen Sakramentenrepertoire. „Auch das Kultobjekt, das *leibliche* Herz Jesu, korrespondierte mit der für plastisch-drastische Formen bekannten Seelsorgsmethodik der Jesuiten.“[53]

Freilich ist zwischen der Frömmigkeit einer Margareta Alacoque und der jesuitischen Prägung des Kultes zu differenzieren. Wenn bei ihr eine optimistische Anthropologie vorlag, so auf der Grundlage einer rigorosen Moral, die sich in ihrer elitären und durchaus düsteren Passionsmystik widerspiegelt.

Erst die Jesuiten bemühten sich, die Privatoffenbarungen der ungebildeten Nonne theologisch zu fundieren. Dabei gewann die Herz-Jesu-Verehrung vor allem in zwei Punkten eine antijansenistische Stoßrichtung:

– Der Heilsplan für alle Menschen durch die allgemeine Verbreitung der Herz-Jesu-Frömmigkeit widersprach der jansenistischen Prädestinationslehre und der Auffassung vom

52 Busch, Katholische Frömmigkeit und Moderne (s. Anm. 33) 43.

53 Ebd., 44. Zur Seelsorge der Jesuiten siehe Gottfried Maron, Ignatius von Loyola. Mystik – Theologie – Kirche, Göttingen 2001; John W. O'Malley, Die ersten Jesuiten, Würzburg 1995; Robert Bireley, Neue Orden, katholische Reform und Konfessionalisierung, in: Wolfgang Reinhard/Heinz Schilling (Hg.), Die katholische Konfessionalisierung, Münster 1995, 145–157.

Menschen als „Knecht der Begierde" im Kontext des Gnadenstreits.
- Die jansenistische Abwertung des Leiblichen widersprach der Verehrung der Menschheit Christi, wie sie nach Gallifet im Herz Jesu zum Ausdruck kommen sollte.

Die Jansenisten interessierten sich zwar zunächst nicht für die Herz-Jesu-Verehrung, aber als der bedeutende Antijansenist und Bischof von Soissons, Jean-Joseph Languet de Gergy (1677–1753) im Jahre 1729 eine umfangreiche „Vie de la Vénérable Mère Marguerite Alacoque" veröffentlichte, mehrten sich die Gegenstimmen gegen die neue Andacht. Die jansenistische Opposition trat ab 1758 deutlich zutage und verstärkte sich ab 1765, also nach der offiziellen Anerkennung der Andacht durch Rom.[54] Für sie war Herz-Jesu-Verehrung „Fleischanbetung". Auch die jansenistische Reformsynode von Pistoja 1786 befasste sich mit der Herz-Jesu-Andacht und verwarf sie.[55] Acht Jahre später (1794) wurden diese Beschlüsse wiederum vom Papst verworfen.[56] Damit war der Schuss von Pistoja nach hinten losgegangen, denn so war der Papst zu einem öffentlichen Bekenntnis zur Herz-Jesu-Frömmigkeit veranlasst worden.[57]

3.2 Das Herz Jesu als Feindsymbol des Josephinismus

Aber nicht nur in jansenistischen Kreisen wurde gegen die Herz-Jesu-Verehrung polemisiert, wie die theologische Abhandlung von P. Amand Gret von 1780 zeigt, die als 26 Seiten starke Handschrift im Stiftsarchiv Lambach (Oberösterreich)

54 Dessl, Herz-Jesu-Verehrung (s. Anm. 14) 107.

55 Strom, Leben der ehrwürdigen Schwester Margaretha Maria Alacoque (s. Anm. 20) 226 f.

56 Ebd., 227.

57 Vgl. Busch, Katholische Frömmigkeit und Moderne (s. Anm. 33) 61.

überliefert ist. Die aufklärerische Polemik dieser Schrift richtet sich gegen die Verehrung des ‚fleischlichen' Herzens Jesu im Sinne eines Körperorgans, die quasi eine Kreaturvergöttlichung darstelle.[58] Er bezog sich wiederum auf das Büchlein des Jesuitenpaters Franz Schauenburg (1716–1772) „Das leidende Herz Jesu", Bamberg und Würzburg 1769.[59]

Im Hinblick auf den Herz-Jesu-Kult waren sich Jansenismus und Josephinismus einig. Die „Fleischanbetung" – so der Hauptvorwurf – musste verboten werden. So legte Joseph II. in einem Dekret vom 20. Februar 1782 an alle Bischöfe der Monarchie den Hirtenbrief des Bischofs von Verona, Johann Morosini (1772–1811) als Muster für weitere Hirtenbriefe gegen die Herz-Jesu-Andacht vor.[60] Als 1783 alle Bruderschaften im Zuge der josephinischen Reformen aufgehoben wurden, traf dies auch die Herz-Jesu-Bruderschaften. Zudem kam die Forderung auf, alle Herz-Jesu-Bilder in den Kirchen zu entfernen oder zu übermalen.[61] So wurde wohl kurz nach 1773 – also nach der Auflösung des Jesuitenordens – in der Linzer Jesuitenkirche das Herz-Jesu Bild entfernt.[62]

Der Josephinismus führte allenthalben zu heftigen Gegenreaktionen in der Bevölkerung. Besonders stark war die Aversion gegen die Reformmaßnahmen in Tirol ausgeprägt. 1796 erzwang die Diözese Brixen schließlich das Zugeständnis zur Feier des Herz-Jesu Festes.[63] Das Herz Jesu wurde in

58 Dessl, Herz-Jesu-Verehrung (s. Anm. 14) 106.

59 Ebd.

60 Ebd., 108 f.

61 Ebd., 109.

62 Ebd.

63 Die Maßnahmen Joseph II. gegen den Herz-Jesu-Kult stießen in Tirol auf entschiedene Ablehnung, die bis zur Gehorsamsverweigerung gingen. „Nach Wien wurde die Möglichkeit von Aufständen in Tirol berichtet. Deshalb sah sich der Kaiser noch unmittelbar vor seinem Tod gezwungen, durch einen Sonderkommissär die Andachten wieder zu genehmigen"

Tirol zum Symbol dessen Widerstands gegen das Ausland und gegen die Eingriffe des Staates im Inneren.[64] So nutzte Andreas Hofer die Symbolkraft des Herzens Jesu, indem er während des Aufstandes von 1809 immer ein Bildnis mit sich führte. Die im Vorfeld gepredigte und auf Tiroler Verhältnisse zugeschnittene Herz-Jesu-Frömmigkeit löste einen „heiligen Krieg“ aus, „über dessen Berechtigung man heute streiten mag, dessen Ausgang tragisch war, und der inzwischen volkstümlich derart verklärt ist, dass noch heute die Tiroler Landesregierung zum jährlichen Landesgelöbnis vor einer Kopie des Hoferschen Herz-Jesu-Bildes zusammenkommt, um danach die Ehrenformation der ausgerückten Tiroler Schützen abzunehmen.“[65]

Trotz der antiaufklärerischen Tendenz der Tiroler Herz-Jesu-Predigten im Vorfeld von 1809 (zum Beispiel in der Ablehnung der Werte der französischen Aufklärung), wurde „keine vormoderne, sondern eine moderne Variante des Patriotismus und Nationalismus grundgelegt.“[66] Tragisch ist die Ver-

(Philipp Benitius Mayr, Der Väter Bund mit dem Herzen des Welterlösers. Festpredigt bei der ehemaligen feierlichen Erfüllung des Landesgelübdes in Innsbruck am 25. September 1796, in: ZKth 131 (2009) 134–149, hier: 135 f.).

64 Zum Herz-Jesu-Kult in Tirol siehe Laurence Cole, „Für Gott, Kaiser und Vaterland“. Nationale Identität der deutschsprachigen Bevölkerung Tirols 1860–1914, Frankfurt a. M. / New York 2000; Nicole Priesching, Maria von Mörl (1812–1868). Leben und Bedeutung einer „stigmatisierten Jungfrau“ aus Tirol im Kontext ultramontaner Frömmigkeit, Brixen 2004, 84–91.

65 Boris Repschinski, 1809–2009. Das Tiroler Jubiläumsjahr und die Herz-Jesu-Frömmigkeit, in: ZKTh 131 (2009) 105 f., hier: 106. Das ganze Heft 2 (2009) der Zeitschrift für Katholische Theologie Bd. 131 befasst sich mit der Geschichte der Verquickung zwischen religiösen und politischen Symbolen seit den Identität stiftenden Tiroler Ereignissen von 1809.

66 Roman A. Siebenrock, Das „uneingelöste“ Gelöbnis, in: ZKth 131 (2009) 107–133, hier: 122. Siebenrock analysiert die Predigten vor 1809 auf ihre leitende Theologie und Zeitanalytik. Vor allem Laurence Cole (s. Anm. 64) hat gezeigt, wie sie das Tirolerbewusstsein deutschnational verengt und das Herz-Jesu-Fest zu einem „deutschen Fest“ wurde.

drängung der Idee eines gewaltfreien Widerstandes gegen Unterdrückung. Das Herz Jesu wurde eingebettet in eine heilgeschichtliche Perspektive der Erwählung Tirols, wobei die ZuhörerInnen der Predigten die Spannung von göttlichem Schutz und möglichen göttlichen Strafgericht vor Augen geführt bekamen.[67]

3.3 Das Herz Jesu als Feindsymbol der französischen Revolution

Schließlich sei noch kurz erwähnt, dass die Herz-Jesu-Verehrung in der französischen Revolution unterdrückt wurde. Es stand als Symbol für den alten Glauben, für die enge Verbindung von Kirche mit dem alten Feudalsystem. Ludwig XVI. soll wiederum kurz vor seiner Hinrichtung das Land in einem symbolischen Akt dem Herzen Jesu geweiht haben.[68] Obwohl dies aus historischer Perspektive umstritten ist, sicherte diese Episode später den Status von Sacré-Coeur als bevorzugtes Symbol des Widerstands gegen die Revolution.[69] Das Herz Jesu avancierte in der Revolution zum Zeichen monarchistischer Gesinnung und später in der Restauration zum konterrevolutionären Symbol.[70]

67 Vgl. ebd., 109.

68 Vgl. Busch, Katholische Frömmigkeit und Moderne (s. Anm. 33) 61.

69 Die Etablierung des Sacré Coeur als konterrevolutionäres Symbol wird ausführlich behandelt bei Raymond A. Jonas, France and the Cult of the Sacred Heart. An Epic Tale for Modern Times, Berkeley / Los Angeles / London 2000.

70 Zur Bedeutung der Kirche Sacré Coeur in Paris siehe Jacques Benoist, Le Sacré-Coeur de Montmartre. De 1870 à nos jours (3 Bde.), Paris 1992–2000.

4. Das 19. und frühe 20. Jahrhundert: Der Siegeszug des Herz-Jesu-Kultes bis zu seiner Krise

In den vierziger Jahren des 19. Jahrhunderts begann der französische Klerus, die Belebung der Herz-Jesu-Frömmigkeit zu fordern, wie Claudia Schlager jüngst herausgearbeitet hat.[71] In dieser Phase wurde 1844 das Gebetsapostolat gegründet, das zur bedeutendsten internationalen Herz-Jesu-Organisation avancierte. In der Folge der Revolution hatte sich in Frankreich im Zuge der Restauration eine blühende „piété ultramontaine“ entwickelt, in der auch die Herz-Jesu-Verehrung eine große Rolle spielte.[72]

Im Zusammenhang mit dem deutsch-französischen Krieg 1870/71 erhielt der Herz-Jesu-Kult eine erneute massive politische Aufladung, die sich schließlich im Bau der Votivkirche Sacré Coeur auf dem Pariser Montmartre manifestierte. Von weiten Teilen des französischen Katholizismus wurde der verlorene Krieg als gerechte Strafe Gottes für die Sünden, die das laizistische Frankreich begangen hatte, gedeutet, was sich in diesem Bau als nationalem Sühnemonument zeigen sollte.

71 Ganz neu ist die Arbeit von Claudia Schlager, Herz Jesu – Sacré Coeur – Christus Rex. Deutsch-französischer Vergleich zu Funktionen, Objektivationen und Modifikationen eines Kultes im Kriegseinsatz 1914–1925. Dissertation zur Erlangung des akademischen Grades Doktor der Sozialwissenschaften in der Fakultät für Sozial- und Verhaltenswissenschaften der Eberhard-Karls-Universität Tübingen, vorgelegt Dezember 2009. Die Arbeit ist noch unveröffentlicht. Recht herzlich bedanke ich mich bei Frau Schlager, dass ich ihre Arbeit (sowohl Bild- wie Textteil) für meine Antrittsvorlesung verwenden durfte. Neben Norbert Busch (s. Anm. 33) dürfte dies das zweite unverzichtbare Standardwerk über den Herz-Jesu-Kult werden, wobei bei Schlager auch die französische Seite einbezogen wurde.

72 Schlager, Herz Jesu – Sacré Coeur – Christus Rex (s. Anm. 71) 90 f. Zum Ultramontanismus grundlegend: Otto Weiß, Der Ultramontanismus. Grundlagen – Vorgeschichte – Struktur, in: ZBLG 41 (1978) 821–877.

Eine vergleichbare Politisierung der Herz-Jesu-Verehrung im Krieg ist bereits Ende des 18. Jahrhunderts in Tirol zu beobachten. Angesichts der Bedrohung durch napoleonische Truppen 1796 legte die Bozner Bevölkerung das Gelübde ab, in Zukunft das Herz-Jesu-Fest jährlich zu begehen. Der Erfolg der österreichischen Truppen im Gefecht bei Spinges 1797 gegen die Franzosen sowie der Sieg Andreas Hofers am Berg Isel 1809, der vor der Schlacht gegen Bayern das Herz-Jesu-Gelübde erneuert hatte, trugen in der Folge dazu bei, „den Glauben der Tiroler an ein Exklusivverhältnis mit dem Herzen Jesu zu verstärken". Anlässlich aufwändiger Jahrhundertfeiern, bei denen nicht nur der Siege gedacht, sondern vor allem an die Herz-Jesu-Gelübde erinnert wurde, erschienen 1896 und 1909 zahlreiche patriotische Herz-Jesu-Publikationen, die auch deutsche Katholiken rezipierten. Vor allem der *Sendbote* zog in Zeiten der Gefahr die patriotische Herz-Jesu-Verehrung in Tirol immer wieder als nachahmenswertes, da erfolgversprechendes Muster der Christusverehrung heran. Im Ersten Weltkrieg wurde die prägnante Tiroler Herz-Jesu-Verehrung von den deutschen und österreichischen Bischöfen als Bindeglied zur Festigung des Bündnisses der Mittelmächte installiert und etwa in Predigten und Kleinschriften massiv propagiert.[73]

Einen wichtigen Markstein in der Geschichte des Herz-Jesu-Kultes stellt die im Jahr 1889 von Papst Leo XIII. durchgeführte Erhebung des Herz-Jesu-Festes in den höchsten liturgischen Rang eines Kirchenfestes „erster Klasse" („duplex primae classis") dar. Das Fest musste daraufhin in den Gemeinden mit einem feierlichen Gottesdienst, meist mit einem Hochamt, begangen werden. Sommerlicher Blumenschmuck, eingängige Herz-Jesu-Lieder und die Teilnahme der Herz-Jesu-Bruder-

73 Schlager, Herz Jesu – Sacré Coeur – Christus Rex (s. Anm. 71) 95 f.

schaften mit ihren Fahnen trugen zu einer alle Sinne ansprechenden und einprägsamen Kultinszenierung bei.

1899 weihte Leo XIII. die gesamte Menschheit dem Herzen Jesu und löste damit eine Forderung ein, die seit dem I. Vatikanum von Herz-Jesu-Lobbyisten immer wieder erhoben worden war. Im Rahmen einer dreitägigen Andacht wurde der Weiheakt als ritueller Höhepunkt zelebriert. Den umfangreichen Feierlichkeiten in allen Gemeinden der katholischen Welt kam dabei nicht nur eine religiöse, sondern eine eminent politische Funktion zu. Die symbolisch hochverdichtete Manifestation dieser Weltweihe kann als Fanal eines wiedererwachten katholischen Triumphalismus und als ein absoluter kirchlicher Herrschaftsanspruch im Kontext der Säkularisierung gedeutet werden. So teilte Leo XIII. in der Enzyklika *Annum Sacrum* den Gläubigen mit, wie einst das Kreuz zu Zeiten Konstantins, so sei das Herz Jesu in der Gegenwart „Verheißung und Zugleich die Ursache des baldigen glänzenden Sieges".[74]

Schließlich sei noch kurz auf die Bedeutung des Herz-Jesu-Kultes im Kontext des Ersten Weltkrieges hingewiesen.[75] In einem Hirtenbrief vom Dezember 1914 hieß es: Den „besonderen Erbarmungen seines göttlichen Herzens ... verdanken wir diese Heilsfrüchte des Krieges. Ihm verdanken wir die herrlichen Erfolge und Siege, mit denen der Himmel unsere Waffnen gesegnet hat."[76] Fünf Monate nach Kriegsbeginn wurde in

74 Ebd., 118 f.

75 Zum Ersten Weltkrieg und seine Wirkung auf die Frömmigkeitsgeschichte siehe Étienne Fouilloux, Première guerre mondiale et changement religieux en Europe, in: Jean-Jacques Becker / Stéphane Audoin-Rouzeau (Hg.), Les Sociétés européennes et la guerre de 1914–1918, Paris 1990, 439–452; Gottfried Korff (Hg.), Alliierte im Himmel. Populare Religiosität und Kriegserfahrung, Tübingen 2006.

76 Abgedruckt in: Kirchliches Amtsblatt Paderborn 57 (1914) 179–183, zitiert nach Busch, Katholische Frömmigkeit und Moderne (s. Anm. 33) 96 f.

allen katholischen Kirchen Deutschlands mit großem Aufwand die nationale Herz-Jesu-Weihe zelebriert. Nach Möglichkeit sollten auch die Soldaten an der Front und in der Etappe Gelegenheit bekommen, an entsprechenden Gottesdiensten teilzunehmen.[77] Wie Norbert Busch gezeigt hat, wurde die Herz-Jesu-Verehrung zu *dem* „Kriegsbewältigungskult"[78] schlechthin- und zwar sowohl auf deutscher wie auf französischer Seite.

Gleichzeitig war damit der Wendepunkt erreicht. Zum Siegesgaranten stilisiert, geriet der Herz-Jesu-Kult vor dem Hintergrund der Kriegserfahrungen in eine Krise, von der er sich nicht mehr wirklich erholte. Die triumphalistische Weiterentwicklung des Herz-Jesu-Kultes bildete dann das 1925 offiziell eingeführte Christkönigsfest.[79]

Fazit: Herz-Jesu-Verehrung im Spannungsfeld von Frömmigkeit und Politik

Die Herz-Jesu-Verehrung wurde im 19. Jahrhundert zu einem Zentralkult ultramontaner Frömmigkeit. Seine Wurzeln reichen jedoch weit zurück. Eine entscheidende Etappe für die Entwicklung zum Volkskult stellten die Visionen der Margareta Alacoque aus dem 17. Jahrhundert dar und ihre Rezeption durch die Jesuiten. Der Herr hatte ihr gezeigt, dass er unter dem Bild seines Herzens verehrt werden wolle, und zwar von allen, und dass er im Gegenzug reiche Gnaden dafür austeile. Es entsprach der noch mittelalterlich geprägten Frömmigkeit

77 Schlager, Herz Jesu – Sacré Coeur – Christus Rex (s. Anm. 71) 129.
78 Busch, Katholische Frömmigkeit und Moderne (s. Anm. 33) 103.
79 Busch, Katholische Frömmigkeit und Moderne (s. Anm. 33) 308. Ferner: Christoph Joosten, Das Christkönigsfest. Liturgie im Spannungsfeld zwischen Frömmigkeit und Politik, Tübingen / Basel 2002.

einer Margareta Alacoque, dieses für die Menschen leidende Herz Jesu kontemplativ zu verehren. Imitatio – compassio – conformitas waren die Eckpfeiler mittelalterlicher Passionsmystik. Doch aus dem passiv leidenden Herzen Jesu wurde nun ein aktiv flammend liebendes. Es drängte über sich hinaus, wollte sich mitteilen in Visionen, in der Eucharistie, schließlich in den speziellen Formen des Herz-Jesu-Kultes. Aus der introvertierten mystischen Herzensschau wurde somit ein missionarisch extrovertierter Kult.

Im Rahmen gruppenspezifischer Selbstvergewisserung – ob bei den Jesuiten oder den Ultramontanen – gewann der Kult eine zentrale Bedeutung und wurde zum Symbol im Kampf gegen Feinde aller Art, seien diese innerhalb der Kirche oder außerhalb bis hin zum Feind im Krieg. „In diesem Zeichen wirst Du siegen" – dies wurde nun mit dem Herz Jesu verbunden. Aus dem Kampf um den Herz-Jesu-Kult wurde im 19. Jahrhundert bis zum Ersten Weltkrieg der Kampf des Herz Jesu auf der einen oder anderen Seite des Schlachtfelds.

Dabei zeigte sich, dass auch die leidensfähige Liebe eine Form von Aggressivität darstellen kann, eine Aggressivität, die in gewisser Hinsicht bereits im Sühnegedanken bei Alacoque angelegt ist. Der Herr war von den vielen Unwürdigen beleidigt worden, deshalb offenbarte er sich ihr und wollte Abhilfe schaffen. Der Zorn des Herrn offenbarte sich zwar nicht mehr als blitzeschleudernder Zeus – wie wir ihn von mancher Darstellung aus Pestzeiten kennen, wohl aber als flammender Verwundeter, dessen fortwährendes Leiden untrennbar mit menschlicher Schuld verbunden ist. Der Triumphalismus des Kultes beruhte ferner auf einem Appell zur Opferbereitschaft, was sowohl von kirchlicher als auch von staatlicher Seite instrumentalisiert werden konnte. Ganze Nationen weihten sich dem Herz-Jesu und erhofften sich davon himmlischen Beistand. Der Papst weihte ihm die ganze Welt. Es wäre interessant zu untersuchen, inwiefern die Beleidigungen des Papstes durch die Moderne im 19. Jahrhundert mit einer Beleidigung des Herzens Jesu identifiziert wurden.

Der Herz-Jesu-Kult ist ein zentraler Gegenstand der Frömmigkeitsgeschichte, insofern sich an ihm die Mechanismen des Zusammenspiels von religiösen Erfahrungen und gesellschaftlichen Kontexten dieser Erfahrungen über mehrere Jahrhunderte hinweg beobachten und analysieren lassen. Die longue-durée Perspektive ermöglicht hierbei, Veränderungen, neue Schwerpunktsetzungen und Funktionszusammenhänge ebenso in den Blick zu nehmen wie Kontinuitäten über Epochengrenzen hinweg. Auch wenn das Fach Mittlere und Neuere Kirchengeschichte manchmal an der strukturellen Anforderung leidet, sich nicht auf eine Epoche beschränken zu dürfen wie die allgemeine Geschichte[80], so liegt doch gerade in der Entgrenzung der Perspektive auch die Möglichkeit, große Linien zu ziehen. Die „Kirche“ als Gegenstand der Kirchengeschichte ist zweitausend Jahre alt. Sich ihrer Geschichte zu vergegenwärtigen bedeutet nicht die Beschreibung einer Institution, bestehend aus diversen Ämtern, sondern die Erinnerung an einen fortwährenden Institutionalisierungsprozess zwischen Amtspersonen (und ihren Rollen) und dem Volk Gottes, ohne dessen Glaube es keine Kirche gäbe.

80 Ich vermeide bewusst den Ausdruck „Profangeschichte“, da dies eine Beschränkung der allgemeinen Geschichte auf „profane“ Themen bedeuten würde, die nicht zwingend ist.

Abbildungsnachweise

Abb. 1: Kreuzigung und Frauen am Grabe, Rabula-Codex, 586 n. Chr. in Mesopotamien entstanden.

Abb. 2: Kreuzigung, um 1554 von Lucas Cranach d. Älteren, Stadtkirche Weimar.

JÖRG SEIP

(Ex-)Kommunikation des Evangeliums

Anwendung einer ästhetischen Pastoraltheologie

Im Januar 2010 wurde das iPad von Apple in einem Artikel der Süddeutschen Zeitung unter der Überschrift angekündigt: „Dein Tablet komme".[1] Das ist eine Glücksverheißung mittels religiöser Sprache. Mittels einer umgeschrieben Vaterunser-Bitte wird die Ankunft des Heils, des Evangeliums erwartet. Aber es ist nicht das Gottesreich, das kommen möge, sondern das Apple-„Tablet": Jetzt wird alles neu. Endlich. Das Warten hat bald ein Ende. Seht ihr's nicht. Und das beschnittene, aber erkennbare Firmenlogo von Apple auf dem Bild darunter, der angebissene Apfel, also eine Replik auf Gen 3, sagt, neben vielem anderen, auch: Nun sieh, ich hab in die verbotene Frucht gebissen, ich hab sie gekostet, mir macht das nichts. Was wiegt der Verlust des Paradieses schon angesichts einer solchen Verheißung, die das Logo kommuniziert. Kommunikation geschieht hier – und das trotz oder auch gerade wegen ironischer Brechungen – in erster Linie auf ästhetische Weise: der Ausschnitt eines angebissenen Apfels und die Transformation einer vielfach bekannten religiösen Bitte.

Im Mai 2010 erschien dann, in einer anderen Zeitung, der *taz*, dieser Aufmacher: „Der wahre Preis des iPads", darunter der Kommentar: „Apple ist in der Verantwortung".[2] Kritisiert werden die unmenschlichen Arbeitsbedingungen bei

1 Artikel von Johannes Kuhn, Phänomen Apple. Dein Tablet komme, in: SZ vom 27.1.2010.

2 Aufmacher und Kommentar von Sven Hansen, Apple ist in der Verantwortung, in: taz vom 28.5.2010.

der Herstellung des iPads in China. In diesem Jahr gab es dort mehr als zehn Selbstmorde. Kommuniziert wird hier ein blinder Fleck in der ästhetischen Erlösungs-Verheißung des Großkonzerns, kurz: Kommunikation geschieht hier ethisch.

Beides nun ist die Kommunikation eines Evangeliums: In beiden Fällen geht es um eine Heilsansage: die eine gilt den Käufern, die andere gilt den Arbeitern. Was dieses populärkulturelle Beispiel zeigt – auch ohne daß ich es einer medientheoretischen Analyse unterziehe – ist, daß gar nicht unbedingt schon klar ist, *was* Kommunikation qualifiziert. Dasselbe gilt für die Verheißung: *Welches* Evangelium ist denn nun gemeint, an welchem Evangelium wird denn „in dieser Zeit" (*Gaudium et spes*) geschrieben? Kommunikation des Evangeliums – das klingt zunächst einmal sehr unbestimmt. Auch ist der Schritt zu einer Exkommunikation des Evangeliums gar nicht so weit entfernt – wie der Perspektivwechsel in der *taz* zeigt.

„Kommunikation des Evangeliums" – das ist auch eine Redewendung der Pastoraltheologie. Ich stelle in einem ersten Schritt diesen „fokussierenden Leitbegriff" dar. Als Referenzpunkt wähle ich Norbert Mette. In einem zweiten Schritt kritisiere ich von anderem Ort aus den Leitbegriff: Schließt er möglicherweise etwas aus? Was schließt er aus? Was oder wen exkommuniziert er ins Außen? Ein dritter Schritt führt den Ansatz mittels heuristischer Bilder weiter und ermöglicht Verschiebungen, die verunsichern, unterbrechen, andere Mikropraktiken ermöglichen.

Das Wort „Kommunikation" avancierte in den 1970er und 1980er Jahren zu einem Grundbegriff auch der Theologie. Diskutiert wurde er von zahlreichen theologischen Disziplinen: etwa als *communio*-Begriff in Trinitätslehre und Ekklesiologie, als Rezeptionsbegriff in der Exegese (der alte Text und die neuen Leser), als normativer Begriff in Religionspädagogik und Pastoraltheologie (bis hin zum vierten Grundvollzug von Kirche: *koinonia*).

Dabei ist die pastoraltheologische Wendung „Kommunikation des Evangeliums" geborgt. Nicht wörtlich, wohl aber was sie meint, taucht schon 1956 in der Schrift „The communication of the Christian faith" des niederländischen Missionstheologen und Religionshistorikers Hendrik Kraemer auf. Dieser unterscheidet dabei „Kommunikation von" und „Kommunikation zwischen" und bezieht diese beiden Aspekte, den inhaltlichen und den personalen, aufeinander. Kraemer sieht zudem einen Übergang angebrochen vom *approach* – einem Zugang bzw. einer Annäherung aneinander, wie er sagt – hin zur *Kommunikation*: Diese „setzt eine schon bestehende Solidarität voraus, indem man seinen Standpunkt *in* der Welt und als Teil der Welt des andern einnimmt".[3] Kommunikation sucht teilzunehmen am Innen „des andern" und überschreitet so das eigene Innen.

Eingeführt wurde der Begriff in die Praktische Theologie 1964 von Ernst Lange im Anschluß an Johannes C. Hoekendijk. Er sollte einerseits der Vermittlung zwischen theologischen und humanwissenschaftlichen Gesichtspunkten dienen und andererseits hierarchische Mißverständnisse des Verkündigungsbegriffs zu überwinden suchen.[4] Kommunikation

3 Hier und zuvor: Hendrik Kraemer, Die Kommunikation des christlichen Glaubens. Aus dem Englischen übersetzt von Verena Appenzeller-Gassmann, Zürich 1958, 47.

4 Vgl. Gottfried Adam / Rainer Lachmann, Was ist Gemeindepädagogik?, in: dies. (Hg.), Neues Gemeindepädagogisches Kompendium, Göttingen 2008, 15–40, hier: 29–31; Michael Meyer-Blanck / Birgit Weyel, Studien- und Arbeitsbuch Praktische Theologie, Göttingen 2008, 90.

ist für Lange insofern der Grundbegriff christlicher Praxis.[5] Verpflichtung der Glaubenden ist für Lange – unter Hinweis auf Apg 2,42ff. – in Kommunikation zu bleiben: „Sie hielten in der Lehre der Apostel fest und in der Gemeinschaft (*koinonia*; Vulgata: *communicatione*; Anm. J. S.) [...].“ Die Glaubensgemeinschaft hat dem Evangelium in ihren Innen- wie Außenbeziehungen zu entsprechen.[6]

Ich beschränke mich nun absichtlich auf die Benutzung dieser Redewendung bei Norbert Mette: zum einen hat er erst jüngst eine Gesamtpastoraltheologie unter diesem fokussierenden Leitbegriff herausgegeben.[7] Zum anderen läßt sich mit Mette mein Anliegen in der hier gebotenen Kürze gut klären. Die Fokussierung soll aber nicht zu einem blinden Fleck führen, die anderen Ansätze laufen im Subtext mit. Ich denke an Edmund Arens[8], der Kritische Theorie und Jesu Gleichnisse aufeinander bezieht und Peukerts kommunikative Handlungstheorie modifiziert. Oder an die semiotische Analyse bei

5 Ernst Lange, Aus der „Bilanz 65“, in: ders., Kirche für die Welt. Aufsätze zur Theorie kirchlichen Handelns, München / Gelnhausen 1981, 63–160, hier 101: „Wir sprechen von Kommunikation des Evangeliums und nicht von ‚Verkündigung‘ oder gar ‚Predigt‘, weil der Begriff das prinzipiell Dialogische des gemeinten Vorgangs akzentuiert und außerdem alle Funktionen der Gemeinde, in denen es um die Interpretation des biblischen Zeugnisses geht – von der Predigt bis zur Seelsorge und zum Konfirmandenunterricht – als Phasen und Aspekte ein und desselben Prozesses sichtbar macht.“ Für den Gemeindetraktat siehe die Weiterführung mittels der Ansätze von Peirce und Luhmann bei Beate Großklaus, Erfahrungsraum. Gemeinde als Kommunikationsgeschehen, Münster 2003.

6 Vgl. Jan Hermelink, Die homiletische Situation, Göttingen 1992, 179–184.

7 Norbert Mette, Einführung in die katholische Praktische Theologie, Darmstadt 2005.

8 Vgl. Edmund Arens, Kommunikative Handlungen. Die paradigmatische Bedeutung der Gleichnisse Jesu für eine Handlungstheorie, Düsseldorf 1982; ders. (Hg.), Kommunikatives Handeln und christlicher Glaube. Ein theologischer Diskurs mit Jürgen Habermas, Paderborn / München / Wien / Zürich 1997.

Wilfried Engemann[9] sowie die Arbeiten von Ottmar Fuchs[10], etwa zur Opfer-Täter-Perspektive und die diskurskritisch daraus abzuleitende „Wachsamkeit". Schließlich erwähne ich im Rahmen der dialogisch-kreativen Religionsdidaktik Udo Schmälzle und den Leitbegriff „Beziehung".[11] Aus Mettes „Einführung in die katholische Praktische Theologie" unterziehe ich nun einige grundlegende Seiten einer detaillierten Lektüre. Dabei hebe ich nicht auf Vollständigkeit ab, sondern auf ein paradigmatisches Ansichtigmachen der Bedingungen der Redewendung.

1. Kommunikationen des Ansatzes

Daß der fokussierende Leitbegriff „Kommunikation des Evangeliums" nicht eindeutig festgelegt ist, ermöglicht es Mette, verschiedene Aspekte miteinander zu verknüpfen.[12] Unter diesem Leitbegriff läßt sich – so Mette – alles zusammenbündeln, „was Kirche faktisch tut". So kann er den Begriff dann auf die Gemeindelehre, die Seelsorgelehre und weitere Traktate beziehen. Dabei eröffnet der Begriff eine Doppelper-

9 Vgl. Wilfried Engemann, Zum Problem der Maschinisierung der Kommunikation. Herausforderungen für den Erwerb und die Pflege von Religiosität in der Gegenwart, in: WzM 52 (2000) 141–155.

10 Vgl. Ottmar Fuchs, Die Opfer-Täter-Perspektive als notwendige Basis der Kommunikation des Evangeliums, in: Tobias Kläden / Judith Könemann / Dagmar Stoltmann (Hg.), Kommunikation des Evangeliums (Festschrift für Udo F. Schmälzle), Münster 2008, 145–157.

11 Vgl. Udo F. Schmälzle, Gott handeln. Fragen eines praktischen Theologen zur Gottesrede, in: Matthias Lutz-Bachmann (Hg.), Und dennoch ist von Gott zu reden (Festschrift für Herbert Vorgrimler), Freiburg i. Br. 1994, 326–342; Bernhard Grümme, Beziehung als Kategorie der Religionspädagogik, in: Kläden / Könemann / Stoltmann, Kommunikation des Evangeliums (s. Anm. 10) 207–216.

12 Hier und im folgenden: Mette, Einführung (s. Anm. 7) 14–17.

spektive – empirisch und normativ: ihm wohnt sowohl ein *diagnostisches* Potential inne, im Sinne eines Konstatierens gelingender wie mißlingender Kommunikation, sowie eines Suchens der Ursachen dafür – als auch ein *reformerisches* Potential, im Sinne eines Engagements zur Behebung von Kommunikationskrisen und zur Gestaltung einer Kirche, die glaubwürdig das Evangelium kommuniziert. Dazu bedarf es – noch immer Mette – neben einer „zeitgemäßen Sprache" „dialogischer Prozesse". Das Wörtchen „dia" in Dialog markiert für Mette die „Einspruch erhebende bzw. widersprechende Kraft des Evangeliums" vor dem „Zeitgeist". Das Evangelium ist für Mette eine Größe der Alterität und kritische Instanz gegenüber den „vorherrschenden Gewohnheiten" und „Anpassungen".

Und nun fällt bei Mette ein Satz, der näherer Betrachtung wert ist:

„‚Kommunikation des Evangeliums' [hat] sehr wohl etwas damit zu tun, dass dort, wo es sich [1.] vom Evangelium her ergibt, Einspruch und Widerspruch erhoben wird – allerdings [2.] ohne die Möglichkeit zu haben, dieses mit Zwang auch durchsetzen zu können, sondern [3.] im Setzen darauf, dass den eigenen Argumenten *als solchen* genügende Überzeugungskraft inne wohnt."[13]

In diesem Satz bündelt sich die Habermasrezeption der Pastoraltheologie der 1980er Jahre. Ich lese hier:

[1.] für den einen Pol des Grundbegriffs, das Evangelium, heraus: die Betonung des Kontrafaktischen des Evangeliums, analog dem „kontrafaktischen Vorgriff" bei Habermas, der dort eine paradoxe Konstruktion darstellt und als Möglichkeitsbedingung eines Konsenses gilt.

Sodann lese ich

13 Ebd., 16 (Numerierung und Kursivierung J. S.).

[2.] für den anderen Pol, die Kommunikation, heraus: die Abwehr von Zwang, analog dem Subjektbegriff[14] und der Abwehr eines instrumentellen oder strategischen Handelns bei Habermas und also ein Plädoyer für ein kommunikatives Handeln, was

[3.] bedeutet: die Notwendigkeit eines Insistierens auf Argumente und Einsichten und zwar „als solchen", die den Gesprächspartner überzeugen und einen Konsens stiften können – mit Habermas gesagt: Kommunikative Handlungen finden statt,

„wenn soziale Interaktionen nicht über die egozentrischen Erfolgskalkulationen eines jeden Einzelnen, sondern durch kooperative Verständigungsleistungen der Teilnehmer koordiniert werden. Im kommunikativen Handeln sind die Aktoren nicht in erster Linie am eigenen Erfolg, sondern am Zustandekommen eines Einverständnisses orientiert, welches die Bedingung ist, unter der jeder Interaktionsteilnehmer seine jeweils eigenen Pläne verfolgen darf."[15]

Soweit die knappe Darstellung des Grundbegriffs bei Mette und seine Grundierung. Der Begriff und seine Verwendung spiegeln natürlich auch den Diskurs jener Zeit, der von außen betrachtet mit Schlagworten wie „Vereinheitlichung" und „Zukunftsoptimismus" gekennzeichnet werden kann, und von innen her – Mette spricht das an – als Kritik an Autoritäten und unbefragten Hierarchien. Dem Diskurs wohnen

14 Vgl. ebd., 64–79. Eine kritische Aufnahme und Verteidigung des Subjekts bei Reinhold Boschki, Von welchem Subjekt reden wir eigentlich? Für eine beziehungsorientierte Subjektkonstruktion in Pastoraltheologie und Religionspädagogik, in: Doris Nauer / Rainer Bucher / Franz Weber (Hg.), Praktische Theologie. Bestandsaufnahme und Zukunftsperspektiven (Ottmar Fuchs zum 60. Geburtstag), Stuttgart 2005, 58–64.

15 Jürgen Habermas, Vorstudien und Ergänzungen zur Theorie des kommunikativen Handelns, Frankfurt a. M. 1984, 541. Die Diskurs-, und das heißt bei Habermas: Gesprächsteilnehmer, sind Subjekte.

Kennzeichen der Moderne inne: ein selbstgewisses Subjekt, ein Fortschritt, ein Ziel, hier: das einer für die Gesprächspartner gültigen Verständigung.

Dieser Diskurs – so meine erste These – trägt blinde Flecken und schließt etwas aus. Der Diskurs hat zudem – so meine zweite These – gewechselt, d. h. der Optimismus der modernen Einheit (Identität) scheint abgelöst durch den Realismus der nachmodernen Vielheit (Differenz). Beide Thesen deuten formal den Spagat der Praktischen Theologie seit ihrer Einführung als universitäre Disziplin an: den Spagat zwischen normativen Ansprüchen (Soll) einerseits und deskriptiven Zeiterkundungen (Ist) andererseits. Gerade letztere machen eine Umstellung des Ansatzes und die Frage nötig: Was exkommuniziert der so applizierte Leitbegriff?

2. Exkommunikationen des Ansatzes

Der Übersichtlichkeit halber greife ich die drei im Mette-Zitat von mir numerierten Punkte auf. Das stimmt in etwa mit den Größen „Evangelium", „Subjekt" und „Konsens" überein.

[1.] *Evangelium als „Einspruch und Widerspruch"*. Einspruch und Widerspruch vor dem „Zeitgeist" kann erhoben werden, wo es sich vom Evangelium her ergibt. Nun ist das Evangelium ein weites Feld. Nicht weniger der Zeitgeist. Wer legt aus, was Evangelium ist? Gibt es das Evangelium schon vor der Auslegung? Existiert ein Evangelium ohne Zeitgeist? Von diskurskritischer Position aus gesagt: Nein. Das Evangelium ist eine Größe, die erst im Tun sich zeigt bzw. hervorgebracht wird. Es ist eine in und durch Praktiken – in Gesten und Deutungen – erst entstehende Größe. Der *point of view* des diskurskritischen Blicks ist: es gibt das Evangelium als reine, vorliegende

Größe nicht, sondern dieses ist ein Diskursprodukt. Und zwar der Subjekte, die in diesem Diskurs stehen und von diesem geführt werden.[16]

Das Evangelium ist nicht (kontrafaktische oder hypostatische) Vorlage, sondern immer zugleich Effekt des (eines) Diskurses. Ausgeschlossen werden die Produktionsbedingungen dessen, was so selbstverständlich mit „Evangelium" bezeichnet wird.

[2.] *Subjekt – „ohne Zwang durchsetzen"*. Die Möglichkeit, das Evangelium mit Zwang durchzusetzen, wird abgelehnt. Damit sind die Subjekte thematisiert. Die Wendung „Kommunikation des Evangeliums" geht bei Mette von selbstbestimmten, selbstgewissen Subjekten aus, von Subjekten, die auf Augenhöhe den Diskurs bestimmen.

In der Außensicht ergeben sich zwei Fragen: eine epistemische und eine praktische. Die *epistemische* Frage, ob das so oder nicht doch eher umgekehrt ist, wiederholt die alte Frage zwischen Habermas und Foucault, die beider Diskursbegriff scheidet im Sinne: Bestimmt das freie Subjekt den Diskurs (Habermas) oder ist das Subjekt nicht längst bestimmt, ja sogar hervorgebracht vom Diskurs und dessen *sujet* (Foucault)?[17] Die zweite Frage ist eine *praktische* Frage der

16 Das bedeutet nicht, daß es keine schriftliche Grundlage (Vor-Schrift) gäbe, sondern legt vielmehr das Augenmerk auf den Produktionsakt einer jedweden Lektüre und Skriptur. Auf hermeneutischer Ebene ist der Buchstabe tot und sein Sinn wird erst mittels Geist gefunden. Auf diskurskritischer Ebene bringe ich – auch durch normatives Bezeichnen – den Gegenstand erst und zwar im Sinne des bezeichnenden Diskurses hervor. Die Betonung liegt also auf „rein": das Evangelium liegt insofern nicht vor(aus), als es durch vielerlei Rezeptionen und das heißt Formatierungen zu uns kam. Die Wegstrecke ist ihm eingeschrieben.

17 Vgl. Michel Foucault, Das Subjekt und die Macht, in: Hubert L. Dreyfus/Paul Rabinow, Michel Foucault. Jenseits von Strukturalismus und Hermeneutik. Mit einem Nachwort von und einem Interview mit Michel Foucault (1982/1983). Aus dem Amerikanischen von Claus Rath und Ulrich

Pastoral: Wer erfüllt denn die Bedingungen des hier konstruierten Subjekts? Oder anders, als Aussage: Wer die Möglichkeitsbedingungen dieses Diskurses erfüllt, hat Anteil am Diskurs, aber auch nur der und die – alle anderen sind nicht Diskursteilnehmer und ausgeschlossen. Daraus ist nun nicht naiv zu folgern, man solle doch einen Diskurs ermöglichen, der nicht ausschließt und nicht zwingt: diese normative Folgerung scheint mir gerade der Ausgangspunkt des Begriffs „Kommunikation des Evangeliums" in den 1980er Jahren zu sein. Übersehen wird bei diesem Ausgangspunkt, daß jeder Diskurs, auch dieser, über Ein- und Ausschließungen funktioniert.

Stattdessen ergibt sich für mich die weiterführende, nicht abzuschließende Frage: Wer steht in einem anderen Diskurs? *Wer* wurde *von wem* und *wozu* in diesen Diskurs gestellt? Wer setzt die Ordnung des Diskurses fest? Dies gilt es zu kommunizieren. Damit komme ich zu einer weiteren Diskursbedingung:

[3.] *Konsens durch „eigene Argumente als solche"*. Gesetzt wird auf die eigenen Argumente *als solche* und deren Überzeugungskraft. Die „eigenen Argumente als solche" – das ist nie nur eine Frage der Argumente, sondern eine Frage des Geflechts von Macht und Wissen, also der Kanalisierung und

Raulff, Frankfurt a.M. 1987, 241–261, hier 246f.: „Diese Form von Macht wird im unmittelbaren Alltagsleben spürbar, welches das Individuum in Kategorien einteilt, ihm seine Individualität aufprägt, es an seine Identität fesselt, ihm ein Gesetz der Wahrheit auferlegt, das es anerkennen muss und das andere in ihm anerkennen müssen. Es ist eine Machtform, die aus Individuen Subjekte macht. Das Wort *Subjekt* hat einen zweifachen Sinn: vermittels Kontrolle und Abhängigkeit jemandem unterworfen sein und durch Bewußtsein und Selbsterkenntnis seiner eigenen Identität verhaftet sein. Beide Bedeutungen unterstellen eine Form von Macht, die einen unterwirft und zu jemandes Subjekt macht."

Regelung des Diskurses und demzufolge eines Teilgebens an diesem.[18] Kein Argument ist unschuldig.[19]

Ein mittels Argumente zu erzielender Konsens beruht *einerseits* auf dem Zwang der vom Diskurs erlaubten Argumentationsfiguren und *andererseits* auf dem Zwang der vom Diskurs vorgegebenen Zielgerichtetheit. In dieser Sicht spielt die Unterscheidung eines nötigen, notwendigen Konsenses und eines nötigenden Konsenses gar keine Rolle – so hilfreich sie in anderen Perspektiven ist. Denn der Konsens als solcher zwingt die Differenzen zur Einheit.

Zu markieren ist darum ein Mangel. Spielerisch als Frage formuliert: Was war zuerst da, das Argument oder das Ziel? Als Aussage halte ich fest: Der Konsens und seine Zielgerichtetheit blenden aus und zwar: die Differenz, das Zufällige, den Traum, das Flanieren, mit einem Wort: das „Ereignis" (Jacques Derrida).[20]

18 Vgl. zur verborgenen „polizeilichen" Machtstruktur des Konsenses: Jacques Rancière, Überlegungen zur Frage, was heute Politik heißt, in: Dialektik. Zeitschrift für Kulturphilosophie 11 (2003) Heft 1, 113–122. Anschließbar wäre auch eine Analyse des Konsenswillens mithilfe der Diskursregeln in Foucaults Antrittsvorlesung „Ordnung des Diskurses".

19 Argumente sind – mit Certeau gesagt – taktisch, wenn nicht gar strategisch: das Argument *als solches* ist eine Fiktion. Das verunmöglicht nicht das Argumentieren, sondern nur eine bestimmte Repräsentationsform des Argumentierens.

20 Vgl. Jacques Derrida, Gesetzeskraft. Der „mystische Grund der Autorität". Aus dem Französischen von Alexander García Düttmann, Frankfurt a.M. 1991, 50f.: „Jeder Entscheidung, jeder sich ereignenden Entscheidung, jedem Entscheidungs-Ereignis wohnt das Unentscheidbare wie ein Gespenst inne, wie ein wesentliches Gespenst. Sein Gespensterhaftes dekonstruiert im Inneren jede Gegenwarts-Versicherung, jede Gewißheit, jede vermeintliche Kriteriologie, welche die Gerechtigkeit einer Entscheidung (eines Entscheidungs-Ereignisses) (ver)sichert, ja welche das Entscheidungs-Ereignis selbst sicherstellt. Wer wird jemals (ver)sichern können, daß sich eine Entscheidung als solche ereignet hat?"

Ich habe blinde Flecken der Wendung „Kommunikation des Evangeliums“ aufgesucht und schlage nun einen ersten Schritt auf dem Weg zu einer möglichen Transformation vor.

3. Transformationen des Ansatzes

Dabei ersetze ich die Wendung nun nicht durch eine andere Wendung, sondern überschreibe sie mittels dreier heuristischer Bilder von Michel de Certeau, die auf den ersten Blick wie Binome erscheinen.

Würde ich die Redewendung ersetzen, setzte ich bloß einen neuen Diskurs an die Stelle des alten. Doch darum geht es mir nicht: ich möchte Praktiken vorschlagen, die in jedem Diskurs eine kritische, und das heißt für mich: eine „sehende“ Haltung anregen. Der Reiz dieser Bilder liegt also darin, einerseits das binomische Denken in (s)einer Wiederkehr aufzulösen und andererseits eine unbedingte Kommunikation anzustoßen.

Die folgenden Doppelbilder sind eine „Einübung in Wachsamkeit“: indem sie für die modernen dichotomischen Praktiken wachsam machen, wehren sie ihre Binomisierung zugleich ab. Solche Dichotomien praktizieren wir alle Weile: Innen / Außen, Kirche / Welt, Theorie / Praxis.[21] Auch die Wendung „Kommunikation des Evangeliums“ kann als Binom praktiziert werden. Bei Mette ist das einmal versteckt der Fall, wo er Evangelium und Zeitgeist einander gegenüberstellt. Das Evangelium begreift er als Einspruch gegen den Zeitgeist, gegen die „vorherrschenden Gewohnheiten“, zugleich bedient er mit der Redewendung „Kommunikation“ genau jenen Zeit-

21 Zum Binom Täter / Opfer vgl. Fuchs, Die Opfer-Täter-Perspektive (s. Anm. 10).

geist, also den vorherrschenden Diskurs.[22] Evangelium und Zeitgeist erscheinen als Binom Innen / Außen. Das Evangelium wird aber stets im Zeitgeist ausgelegt – und darauf genau zu blicken ist Aufgabe der Pastoraltheologie: Sie ist Zeitgeistkunde, hat den Diskurs wahrzunehmen, in dem „ich" spreche bzw. von dem „ich" so und nicht anders hervorgebracht werde und in dem „ich" die Gegenstände eben so und nicht anders hervorbringe. Der theologiegenerative Ort für die Pastoraltheologie ist der Diskurs der Zeit: Dieser ist zusammengesetzt aus den schon formatierten Praktiken und – erst dem zweiten Blick sich zeigend – aus den Praktiken des Formatierens.

Die hier (in Aussage und Praktik zugleich) angeregten Praktiken der Verschiebung können einiges bewirken. Das ist nützlich, denn Binome stellen still. Ihre ambivalente Gabe ist eine klare und eindeutige (*clare et distincte*) Identität. Ob ihrer Starrheit – und das ist ihr Nachteil – ist die so praktizierte Identität allerdings unbeweglich und zerbricht an der Verzeitigung.[23] Wenn ich nun aber etwas nicht als Binom lese, wenn ich nicht (in) Dichotomien praktiziere, und dafür stehen die folgenden Bilder, dann setzt das in eine Bewegung: das ist die von Certeau angeregte *Kunst* des Handelns.

Nun zu den Bildern. Diese entnehme ich Michel de Certeaus „Kunst des Handelns", einem Standardwerk des *topological turn*, im weiten Sinne aber auch einer Pastoraltheologie dieser Zeit. Die Bilder sind folgende drei: das vom Ort und vom

22 Vgl. Mette, Einführung (s. Anm. 7) 15.

23 Denn es ist eine zeitlose Identität, die hervorgebracht wird, eine geschichtslose. Eine Überschreitung dieser Geschichtslosigkeit ermöglichen nachmoderne Relektüren der Identitätskonstruktion bei Paulus: vgl. Jörg Seip, Der Rest, die Christen. Paulus in der Nachmoderne, in: Konrad Schmidt (Hg.), Paulus – ein unbequemer Apostel. Fragen und Impulse, Paderborn 2009, 168–189.

Raum, das von der Karte und von der Wegstrecke, das vom Voyeur und vom Fußgänger.

3.1 Drei Doppelbilder Michel de Certeaus

Certeau unterscheidet *den Ort und den Raum.*[24] Ein Ort ist (1.) eine Ordnung, an dem Elemente in Koexistenzbedingungen aufgeteilt sind, also nebeneinander zu stehen kommen. Darum gilt am Ort (2.) das Gesetz des „Eigenen", jedes Element befindet sich in einem eigenen Bereich. „Ein Ort ist also eine momentane Konstellation von festen Punkten." Ein Raum hingegen entsteht, wenn man Bewegungen und die Zeit veranschlagt. „Ein Raum ist […] also [1.] ein Geflecht aus [2.] beweglichen Elementen." „Im Gegensatz zum Ort gibt es also weder eine Eindeutigkeit noch die Stabilität von etwas ‚Eigenem'." Ich übertrage das so: Ein Ort schafft (oder sichert) Identität, ein Raum schafft (oder sichert) Differenz. Ort und Raum sind vergleichbar der festgelegten sprachlichen Einheit einerseits (das festgebundene Wort) und dem performativen Sprechakt andererseits (das bewegliche Wort). Beides geht nur zusammen gut. Ein Beispiel: Der Raum ist „*ein Ort*, mit dem man etwas macht. So wird zum Beispiel die Straße, die der Urbanismus geometrisch festlegt, durch die Gehenden in einen Raum verwandelt. Ebenso ist die Lektüre ein Raum". Certeau geht es also nicht um den Ort an sich und den Raum an sich, sondern um die Handlungen, um die Praktiken und zwar des Raumes. So machen Erzählungen permanent aus einem Ort einen Raum und umgekehrt.

24 Die folgenden Zitate entnehme ich Michel de Certeau, Kunst des Handelns. Aus dem Französischen übersetzt von Ronald Voullié, Berlin 1988, 217–226, bes. 218; 222.

Dem lese ich nun das zweite Bild ein, *die Karte und die Wegstrecke.* Die Karte bildet nicht nur einen Ort ab, sondern ist selber ein Ort: sie ist „eine totalisierende Planierung der Beobachtungen“. Beispiel solch einer Karte aus der Mitte des 20. Jahrhunderts wären die Kommunikationsschaubilder, die mit dem Sender-Empfänger-Schema arbeiten: Sender → Empfänger.[25] Demgegenüber praktiziert die Wegstrecke oder Route einen Raum: sie ist „eine diskursive Reihe von Handlungen“. Ein Beispiel dafür wäre die Erzählung, aber auch die Handlungsanweisungen in den ignatianischen Exerzitien: Gehe mit Jesus durch die staubigen Straßen Kafarnaums und betrete das Haus der Schwiegermutter des Petrus. Dann nähere dich dem Bett usw. Das ist die numerierte Wegstrecke einer biblischen Perikope, die in der Imagination einen Ort zum Raum transformiert. Karte und Weg sind zwei Weisen von Kommunikation. Die Karte macht Kommunikation als *depositum* eines Ortes (als Information). Die Wegstrecke macht Kommunikation als Bewegung differenter Orte (als Relation). Beides geht die Pastoraltheologie an: Orte zu bilden und Bewegungen anzuregen.[26]

25 Zu einer anderen Lesart dieser Schemata kommt die „soziologische Theorie der Kommunikation“ von Dirk Baecker, Form und Formen der Kommunikation, Frankfurt a. M. 2005.

26 Die ersten mittelalterlichen Karten zeigten Bewegungen an. Sie waren Wegstrecken, also Handlungsanweisungen für Pilger. In ihr fanden sich Bilder und Erzählungen. Das reißt um das 16. Jahrhundert ab, die Abbildungen verschwinden, Mitte der Welt ist nicht mehr Jerusalem, die Nordung wird erfunden, kurz: die Karte kolonisiert den Raum, die Erzählungen in der Karte verschwinden und machen die Welt zum Ort. Dafür bekomme ich dann auch all das, was einen Ort ausmacht: nämlich eine verlässliche Ordnung der Elemente nebeneinander. Aber die Erzählungen verschwinden. Sie stehen nicht mehr auf Karten. Vgl. de Certeau, Kunst des Handelns (s. Anm. 24) 223–224.

Hier setzt das dritte Bildpaar *vom Voyeur und Fußgänger* an.[27] Die Ordnung der Karte ist aus der Distanz des Voyeurs geschaffen. Dieser überblickt beispielsweise die Stadt, als stünde er hoch oben auf einem Hochhaus und schaut hinunter auf die Stadt und kartographiert deren Straßen. Die erhöhte Position, der „skopische[] Trieb" erlaubt es ihm, die Welt in einen Text zu verwandeln und diesen Text zu lesen. Anders der Fußgänger: Er lebt „‚unten' (down), jenseits der Schwellen, wo die Sichtbarkeit aufhört" und spielt mit „unsichtbaren Räumen", in denen er sich blind auskennt. Er kartographiert nicht, sondern findet das, was jeder Karte notwendig durchgeht. Der Fußgänger geht: Das ist in der Stadt möglich.[28] Da sind die subversiven Praktiken der Stadt, die Un-Orte. Michel Foucault spräche von Heterotopien. Certeau sagt: „Gehen bedeutet, den Ort zu verfehlen."[29] Gehen verfehlt den Ort, weil es einen Raum praktiziert. Voyeur und Fußgänger stehen also für zwei unterscheidbare Denkfiguren: die der Lesbarkeit, der Planbarkeit und der Sichtbarkeit einerseits und die des Schreibens, des Flanierens und der Blindheit andererseits.

Die vorgestellten Bilder eröffnen eine Topologie, die ich nun auf mein Thema übertrage (griechisch *metaphérein*) und mit dem Leitbegriff verlese. Es geht mir – andeutend – um die Verschiebung des Leitbegriffs aus seinem normativen Diskurs in einen topologischen Diskurs.

27 Vgl. zu folgenden Zitaten ebd., 179–182.

28 Vgl. Aristoteles' Unterscheidung des Geschichtsschreibers und des Dichters, dem er einen Möglichkeitssinn zuspricht. Derrida erweitert letzteren durch die Rede im Futur II.

29 De Certeau, Kunst des Handelns (s. Anm. 24) 197.

3.2 Unbedingt Kommunikation des Evangeliums[30]

Das Evangelium ist zunächst ein Fundort im Sinne der aristotelischen Topik. Diesen Fundort sucht die christliche Gemeinschaft auf und transportiert (griechisch *metaphérein*) etwas von dort zu sich und umgekehrt. Denn alleine ist das Evangelium etwas Starres bzw. wie oben schon gesagt: als „reines" ist es eine „Fiktion des Wissens"[31]. Es bedarf der Bewegung. Man kann in dieser Bewegung – dem Schreiben gleich – beides aus ihm machen: einen Ort und einen Raum. Ich spiele das in drei Schritten durch, auch wenn es weitere Kombinationen gibt.

1. Schritt: Vom Ort zum Raum (Ort → Raum). Das Evangelium wird nun gelesen und das schon heißt: es bleibt nicht Ort, sondern wird unter der Lektüre zu einem Raum. Solches Überführen kann ich „Kommunikation" nennen. Daß das eine Unterbestimmung ist, muß hier noch nicht stören. Statt „Kommunikation" wird heute eher die Redewendung „Beziehung" gebraucht, weil sie die Linie (Sender → Empfänger) durchbricht und nicht mehr den technischen oder kybernetischen Diskurs, dem einige Kommunikationstheorien entstammen, aufruft. Bei „Beziehung" klingt die Vernetzung mit, das ist mehr als Linie. Mit Guattari und Deleuze: eine unbedingte Beziehung macht Rhizom.

Eine Weise der „Beziehung" oder „Kommunikation" ist das Lesen. Nach Certeau ist das nun dasselbe wie Gehen. Lesen ist Gehenmachen des Evangeliums. Rezeptionsästhetische Lese-

30 Das „unbedingt" ist wörtlich zu lesen als *bedingungslos* bzw. *ohne Bedingung*. Ergänzend und in Distanz zur zuvor vertretenen Diskursdefinition, der nach der Diskurs die Subjekte und Gegenstände formatiert hat, suche ich nun dekonstruktiv den *nicht bedingten* Inhalt der Wendung „Kommunikation des Evangeliums".

31 De Certeau, Kunst des Handelns (s. Anm. 24) 180.

theorien wurden längst als „Beziehung“, nämlich die zwischen Text und Leserin, gedacht und als „Raumkonzepte“ entworfen, ich denke etwa an die transdisziplinäre-theologische Hermeneutik von Hartmut Raguse: sie machen das Evangelium gehen.

Lesen macht aus dem Ort des Evangeliums einen Raum. Es geht durch eine Passage, in der ihm, dem Evangelium etwas widerfährt, passiert (hebr. פסח), zugefügt wird. Dieser Transport ist in den Kommunikationsbegriff einzulesen. Aber er geht weiter:

2. *Schritt: Vom Raum zum Ort (Raum → Ort).* Das „Passieren“ ist die Bedingung der Möglichkeit dafür, das Evangelium an anderen Orten zu realisieren, das heißt: zu kommunizieren. Das Evangelium kann nun, nach dem blinden Queren des Raums, dem Ort etwas zufügen. Kommunikation wirft hier die Bedeutung von Transformation ab. Das Evangelium ist vor der Lektüre abwesend und noch gar nicht da, sondern erst präsent, wo es den Raum quert. Die Frage nun ist, wie ich diese „Kommunikation aus dem Evangelium“ (Leitbegriff als gen. subjectivus) gestalte: als Voyeur oder als Fußgänger?

Eben sagte ich: Daß ich freie Subjekte postuliere, heißt ja noch nicht, daß solche Subjekte auch geschaffen und ermöglicht werden. Ein Postulat ist ein Ort. Jetzt ergänze ich: Die Rede von freien Subjekten ist Rede des Voyeurs: das ist die normative Rede und diese ist ein Ort. Dieser ist wichtig. Ich habe die Rede aber zu gehen, zum Beispiel in Gesten zu zeigen.[32]

Wenn – in ähnlichem Kontext bei Hans-Joachim Sander, Rainer Bucher und anderen – vom Ortswechsel die Rede ist, bedeutet das neben anderem eine Verschiebung von den Prak-

32 Die praktische Theologie ist eine Wissenschaft, die ihre Normen auch zu erproben hat in – ein lange verbotenes Wort – Anleitungen.

tiken des Voyeurs hin zu Praktiken des Fußgängers. Das Queren des Raums (also die Differenz) erst ermöglicht Identität, frei mit Certeau: erst die Blindheit ermöglicht das Sehen (und umgekehrt). Die Ausbildung von Gesten wiederum ermöglicht, daß es zu einem Ort kommt. Nicht immer werden diese Orte anerkannt. Und an dieser Stelle ist die Machtfrage im Spiel, die der Leitbegriff „Kommunikation des Evangeliums" verschleiert.

3. Schritt: Beziehung zwischen Ort und Raum (Ort ↔ Raum). Mette spricht vom Zwang und wehrt diesen und jeglichen Machteinfluß ab. Allerdings gibt es keinen machtfreien Raum. Davon sprechen Karte und Wegstrecke: beides sind ja bloß verschiedene Weisen der Machtausübung. Die Karte zeigt die Beschaffenheit des Ortes. Sie sagt: *das* ist Kommunikation und *das* ist Evangelium. Die Wegstrecke hingegen gibt mir Handlungsanweisungen. Sie sagt: *so* kommunizierst du das Evangelium (gen. objectivus) bzw. im Evangelium (gen. subjectivus).

Wehre ich Macht grundsätzlich ab, besetze ich noch immer den Ort eines normativen, (oder wie Foucault sagt:) ontologischen Machtverständnisses, und folgerichtig bleibe ich blind für jene Macht, die noch in der Abwehr dieser Macht liegt. Denke ich Macht hingegen als Funktion, ist sie produktiv, da sie Beziehungen verändert: zum Beispiel einen blinden Raum in einen sichtbaren Ort überträgt, an dem man Opfer schützen und Täter belangen kann.[33]

Anhand des Leitbegriffs „Kommunikation des Evangeliums" erspiele ich die ganze Zeit parallel eine wichtige Metho-

33 Orientierend zum funktionalen Machtbegriff Gerhard Plumpe/Clemens Kammler, Wissen ist Macht. Über die theoretische Arbeit Michel Foucaults, in: PhR 27 (1980) 185–218.

de für das Fach Pastoraltheologie. Ich möchte hinaus auf dieses, eine Metaebene: Würde ich diese Fragen verendgültigen, machte ich hier – während Ihrer Lektüre – eine Karte. (Was auch nichts Schlechtes wäre – eine Vorlesung wird eben daran gemessen.) Entscheidender allerdings finde ich, ein solches Fragen und Verschieben (franz. différer) an statthabende pastorale Praktiken anzulegen. Dann kann der Leitbegriff „Kommunikation des Evangeliums" jemanden sehend und etwas sichtbar machen – und ist befreit von der normativen Last, jenem Rahmen („frame"[34]), der die Wahrnehmung vorab festlegt und unsere Interpretation steuert.[35] Er fungiert dann vielmehr als ein Leitbegriff der Verschiebung, des Transportes – zum Beispiel des Rahmens, den Personen, Situationen und Traditionen vorgeben und aufgeben, also kommunizieren.

Den möglichen Kritikpunkt, wo denn der normative Anteil eines solchen Ansatzes bleibt, sehe ich. Ich würde ihm so begegnen: Zunächst einmal ist die hier angeregte Transformation ein Sehraster: „Kommunikation des Evangeliums" macht

34 Vgl. Judith Butler, Raster des Krieges. Warum wir nicht jedes Leid beklagen. Aus dem Englischen von Reiner Ansén, Frankfurt a. M. 2010, 16: „Die Erfassung durch ein Raster bedeutet, dass um eine Handlung herum ein ‚Rahmen' konstruiert wird, sodass der Betrachter unvermeidlich in diesem Rahmen schon einen Schuldigen sieht. […] Ganz im Gegenteil zeigt man, indem man den Rahmen infrage stellt, dass der Rahmen die Szene, die er begrenzen sollte, niemals vollständig in sich einschließt, dass immer schon etwas außerhalb seiner liegt, was den Sinn dessen, was innerhalb liegt, erst ermöglicht und erkennbar macht."

35 Eine solche normative Last zeigt sich etwa im Konsenswillen: den von freien Subjekten zu erzielenden Konsens praktiziert Mette ebenso als einen Ort wie das Evangelium. Aber erst, wenn ich Konsens und Evangelium als Raum praktiziere, komme ich (im) jenseits der normativen Rede zu dem, was diese Rede hervorbringen will: freie Subjekte. Das Evangelium wäre dann erst im Werden, es geschieht, es entsteht, und zwar, wo Kommunikation statthat. Es liegt uns voraus, es wird gelesen worden sein. Und umgekehrt: Kommunikation scheint vom Evangelium her auf: sie ist ein Versprechen.

etwas sichtbar und *anderes* nicht. Jedes Sehraster muß ausblenden um einer Sichtbarkeit wegen. Sodann sind Normen ja nicht verunmöglicht, werden allerdings in die Verschiebung eingespeist, um hinzukommen zur „unbedingten Kommunikation des Evangeliums". Dieser Verschiebung geht es um ein Offenhalten – und zwar für das Unbedingte. Zugleich und zeitgleich ist das Unbedingte jener Kommunikation aber schon mit Praktiken zu versehen, womit wir an die Ausgangsfrage nach einer Kommunikation des Evangeliums zurückgelangt sind: mittels der dekonstruktivistischen Schleife, jedoch mit einer anderen Karte als zuvor und einer neuen Wegstrecke uns voraus.

4. Ausblick: Der eigene pastoraltheologische Ort

„Kommunikation des Evangeliums". Von diesem „fokussierenden Begriff"[36], diesem Konzept, dieser Redewendung der Pastoraltheologie bin ich ausgegangen. Ich habe den Begriff, das Konzept, die Wendung zunächst mit seinen Ein- und Ausschlüssen dargestellt und dann den Vorschlag einer Transformation mittels heuristischer Bilder angeregt. Ich sprach die ganze Zeit von einem bestimmten Ort aus. Diesen *eigenen* Ort möchte ich im Ausblick näher beschreiben, ihn kommunizieren, d. h. mit dem alten Wort für „Gemeinde": ihn *gemein* machen. Dabei geht es um mein Verständnis von Pastoraltheologie. In vier knappen Punkten skizziere ich dies:[37]

36 Mette, Einführung (s. Anm. 7) 14.

37 Zur Verortung und zur Methodik ausführlicher Jörg Seip, Der weiße Raum. Prolegomena einer ästhetischen Pastoraltheologie (PThK 21), Freiburg i. Br. 2009.

1. *Das Außen ist ein theologischer Ort.* Ich unterscheide das Innen und das Außen. Innen-Außen-Scheidungen kennen Sie alle: eine, die zur Zeit auf der Tagesordnung steht, ist die von Kirche als dem Innen und Welt als dem Außen: ob die Wiederaufnahme von Mitgliedern der Piusgemeinschaft oder ob das öffentliche Umgehen mit dem Mißbrauchsskandal, immer geht es um die Kommunikation (oder Fehlkommunikation) des Innen und des Außen.

Was heißt das für die Pastoraltheologie?

Pastoraltheologie begibt sich ins Außen. Sie speist in die Theologie die Außenposition ein. Dieses Außen ist nicht einfach nur – möglicherweise noch pejorativ zugespitzt – „die Welt", sondern dieses Außen ist ein theologischer Ort.

2. *Das Außen macht sichtbar, was das Tun tut. Eine* Methode der Pastoraltheologie, angewandt schon in der Pastoralkonstitution *Gaudium et spes*, ist der Dreischritt von Joseph Cardijn: Sehen – Urteilen – Handeln. Dem Außen kann die Funktion des Sehens zugewiesen werden. Das Außen macht sichtbar, was vom Innen nicht wahrnehmbar bzw. nicht sagbar ist.

Im nachhinein gesagt: Ich habe den Grundbegriff „Kommunikation des Evangeliums" eben von außen betrachtet, d. h. ich habe nicht im Diskurs gesprochen, der diesen Grundbegriff hervorgebracht hat und der ihn benutzt. Ich unternahm eine Verschiebung, die das Tun des Tuns[38] sichtbar macht.

3. *Das Außen ist Zeitgeistkunde.* Wenn *Gaudium et spes* von „Zeichen der Zeit" spricht, die im Licht des Evangeliums zu le-

38 Mit Foucault gesagt: „Die Leute wissen, was sie tun; häufig wissen sie, warum sie das tun, was sie tun; was sie aber nicht wissen, ist, was ihr Tun tut." Zitat aus: Dreyfus/Rabinow, Michel Foucault. Jenseits von Strukturalismus und Hermeneutik (s. Anm. 17) 219.

sen seien, sind Umstellungen oder Verschiebungen in dieser Zeit gemeint[39]: Dieses Heute läßt sich mit dem Begriffspaar Moderne und Postmoderne analysieren.

Unter Moderne verstehe ich eine Haltung der Gewißheit, insbesondere der Repräsentationsgewißheit. Im Bild gesagt: die Moderne ist eine von Repräsentationsgewißheit, Optimismus, Technik, Fortschritt geprägte Haltung.

Gleichzeitig gibt es aber das, was viele Postmoderne nennen. Das ist für mich keine Epoche, sondern ebenfalls eine Haltung, die sich schon vor Jahrhunderten anbahnt.

Postmoderne meint das Zerbrechen jener Gewißheiten, die die Moderne trägt. Allerdings bleibt die Post- oder Nach- oder Zweite Moderne da nicht destruktiv stehen, dies ist ein Mißverständnis, das viele gegenüber der Postmoderne hegen und darum suchen sie mit dem Wort „Beliebigkeit" einen Bann auszusprechen. Postmodern sein heißt keineswegs beliebig sein, sondern auf etwas vorgreifen. Mit Jean Francois Lyotard gesagt: „*Postmodern* wäre [...] als das Paradox der Vorzukunft (*post-modo*) zu denken."[40] Das ist die Rede im Futur II: die Kommunikation des Evangeliums wird sich erwiesen haben.

4. *Das Außen ermöglicht Kritik.* Das bislang Gesagte noch einmal anders in eine Serie bringend: Ich werbe für folgende formale Definition der Praktischen Theologie: „Pastoraltheologie ist eine Praktik der Kritik und eine Kritik der Praktiken."[41]

39 Bopp spricht von einer den Geist der Zeit und den Zeitgeist unterscheidenden „Zeitstilkunde": Linus Bopp, Zwischen Pastoraltheologie und Seelsorgewissenschaft. Eine Einführung in die pastoraltheologischen Grund-Sätze und die seelsorgewissenschaftlichen Grund-Fragen, München 1937, 66. Vgl. Jörg Seip, Der weiße Raum (s. Anm. 37) 140–150.

40 Jean Francois Lyotard, Postmoderne für Kinder. Briefe aus den Jahren 1982–1985, hg. von Peter Engelmann, Wien 1987, 30.

41 Seip, Der weiße Raum (s. Anm. 37) 345.

Der Begriff Praktiken hat gegenüber dem idealistisch bzw. normativ aufgeladenen Praxisbegriff den Vorteil, daß er zugleich seine eigene Zugriffsweise (Repräsentationsweise) thematisiert, er praktiziert also selbst schon doppelt: über einen Gegenstand wie auch über den sprachlichen Zugriff auf den Gegenstand.

Kritik meint das Offenlegen der Bedingtheiten: des eigenen Blicks, des Denkens, Redens und Tuns. Die Arretierungen und Regenten durchschauen lernen, das ist Kritik – in Michel Foucaults Worten heißt das: sich nicht regieren lassen.[42]

So etwas ist produktiv. Kritik „bringt ‚in [eine] Krise', weil sie Automatismen nicht nur hinterfragt, sondern auch zu unterbrechen sucht. Sie erfindet und vergisst nie, dass es auch anders sein könnte. [Kritik] ist [mit Edward Said gesagt] die ‚unersättliche Vorliebe für Alternativen'."[43]

42 Vgl. Michel Foucault, Was ist Kritik? (1990). Aus dem Französischen von Walter Seitter, Berlin 1992, 12: „die Kunst nicht dermaßen regiert zu werden".

43 Brigitte Schwens-Harrant, Literaturkritik. Eine Suche, Innsbruck 2008, 173. Mit Zitat von Said und Anspielungen auf Roland Barthes und Musil: Robert Musil, Der Mann ohne Eigenschaften. Roman, hg. von Adolf Frisé. Bd. 1, Reinbek bei Hamburg 1986, 16: „Nun, es könnte wahrscheinlich auch anders sein". Edward W. Said, Die Welt, der Text und der Kritiker. Aus dem Englischen von Brigitte Flickinger, Frankfurt a. M. 1997, 292.

Autorenverzeichnis

Jürgen Bründl, Dr. theol., Privatdozent und Wissenschaftlicher Assistent am Lehrstuhl für Dogmatik an der Universität Würzburg

Dominik Burkard, Dr. theol., Professor für Kirchengeschichte des Mittelalters und der Neuzeit an der Universität Würzburg

Gerhard Droesser, Dr. theol., Dr. phil., Professor für Christliche Sozialwissenschaft an der Universität Würzburg

Stephan Ernst, Dr. theol., Professor für Moraltheologie an der Universität Würzburg

Wolfgang Frühwald, Dr. phil., Dr. h. c. mult., Professor emeritus für Neuere Deutsche Literatur an der Universität München, ehemaliger Präsident der Deutschen Forschungsgemeinschaft und Ehrenpräsident der Alexander-von-Humboldt-Stiftung

Erich Garhammer, Dr. theol., Professor für Pastoraltheologie an der Universität Würzburg

Heribert Hallermann, Dr. theol., Professor für Kirchenrecht an der Universität Würzburg

Wolfgang Klausnitzer, Dr. theol., Professor für Fundamentaltheologie und vergleichende Religionswissenschaft an der Universität Würzburg

Nicole Priesching, Dr. theol., Privatdozentin an der Universität Münster, Koordinatorin zur Einwerbung von Drittmitteln an der Universität Würzburg

Theodor Seidl, Dr. theol., Professor i. R. für Altes Testament und biblisch-orientalische Sprachen an der Universität Würzburg

Jörg Seip, Dr. theol., Privatdozent an der Universität Würzburg und Lehrbeauftragter für Homiletik an der Theologischen Fakultät Paderborn

Martin Stuflesser, Dr. theol., Professor für Liturgiewissenschaft an der Universität Würzburg

Dietmar Willoweit, Dr. jur., Professor emeritus für Deutsche Rechtsgeschichte, Bürgerliches Recht und Kirchenrecht an der Universität Würzburg, Altpräsident der Bayerischen Akademie der Wissenschaften

Hans-Georg Ziebertz, Dr. theol., Dr. rer. soc., Professor für Religionspädagogik und Didaktik des Religionsunterrichts an der Universität Würzburg

WÜRZBURGER THEOLOGIE (WTh)

Herausgegeben von der Katholisch-Theologischen Fakultät der Universität Würzburg

Band 1: Winfried Haunerland (Hg.)
Mehr als Brot und Wein
Theologische Kontexte der Eucharistie
2005

Band 2: Erich Garhammer (Hg.)
Ecclesia semper reformanda
Kirchenreform als bleibende Aufgabe
2006

Band 3: Erich Garhammer (Hg.)
BilderStreit
Theologie auf Augenhöhe
2007

Band 4: Heribert Hallermann (Hg.)
Menschendiener – Gottesdiener
Anstöße – Ermutigungen – Reflexionen
2010

In Vorbereitung:

Dominik Burkard/Erich Garhammer (Hg.)
Christlich-jüdisches Gespräch – erneut in der Krise?

Bernd Dennemarck/Heribert Hallermann/
Thomas Meckel (Hg.)
Von der Trennung zur Einheit
Das Bemühen um die Pius-Bruderschaft